国家社会科学基金重点项目资助

中国养老服务资源整合研究

戴卫东/著

科 学 出 版 社
北 京

内 容 简 介

本书是国内第一部关于养老服务体制转型与资源整合的研究成果。第一，从养老服务需求侧的转变与供给侧的特征分析出发，首次提出长期护理保险制度试点是传统养老服务体制改革开端的观点，并剖析了长期护理保险试点政策碎片化现象；第二，特别从筹资渠道和服务供给两大方面论证了长期护理保险制度资源整合的可行路径；第三，创新性研判了从传统养老服务转向现代长期护理需要实现体制“两个转型”和体系“一体两翼”定位；第四，首创建立我国老年照料与长期护理整合照护的“3WH3P”理论；第五，创新地构建了符合中国国情的全方位整合照护体系。

本书不仅适合本科生和研究生学习，而且能为相关的高校科研人员以及政府部门和市场机构提供有价值的参考。

图书在版编目（CIP）数据

中国养老服务资源整合研究 / 戴卫东著. —北京：科学出版社，2023.6

ISBN 978-7-03-074243-8

Ⅰ. ①中… Ⅱ. ①戴… Ⅲ. ①养老-社会服务-资源配置-研究-中国 Ⅳ. ①D669.6

中国版本图书馆 CIP 数据核字（2022）第 237905 号

责任编辑：陶 璇 / 责任校对：贾娜娜

责任印制：赵 博 / 封面设计：无极书装

科学出版社 出版

北京东黄城根北街 16 号

邮政编码：100717

http://www.sciencep.com

北京建宏印刷有限公司印刷

科学出版社发行 各地新华书店经销

*

2023 年 6 月第 一 版 开本：720 × 1000 1/16

2024 年 1 月第二次印刷 印张：21

字数：420 000

定价：258.00 元

（如有印装质量问题，我社负责调换）

作 者 简 介

戴卫东，安徽桐城人，管理学博士，现任浙江省长期护理保险研究中心主任，浙江财经大学学术委员会副主任委员，地方政府与城乡治理研究院副院长，社会保障学科带头人。浙江财经大学公共管理学院教授，博士生导师，博士后合作导师。浙江省新型重点专业智库“中国政府监管与公共政策研究院”研究员。

迄今出版专（译）著 8 部、参著（编）10 部，发表中英文学术论文 140 余篇，其中，新华文摘等全文转载近 30 篇。主持国家社会科学基金项目 4 项（重点项目 2 项）、教育部等省部级课题 5 项。先后获得省部级社会科学优秀成果奖一、二、三等奖。专著《长期护理保险——理论、制度、改革与发展》获教育部“改革开放 40 年高校科技创新重大成就”荣誉称号。

主要兼职：残疾人事业发展研究会常务理事、中国社会保障学会理事、中国社会学会社会福利研究专业委员会理事、北京大学中国残疾人事业发展研究中心特聘专家委员、浙江大学国家制度研究院特聘研究员、浙江大学老龄和健康研究中心特聘研究员、浙江省人大社会建设智库专家、政协浙江省委应用型智库专家、杭州市人大常委会咨询专家、浙江省医疗保障局咨询专家等。

前　言

随着时间推移，我国人口老龄化正以快速发展的趋势向前迈进。2020 年第七次全国人口普查统计数据显示，60 岁及以上人口为 26 402 万人，占 18.70%，比 2010 年上升 5.44 个百分点；其中，65 岁及以上人口为 19 064 万人，占 13.50%，比 2010 年上升 4.63 个百分点。老年人口越多，失去生活自理能力的老年人口也就越多。据不完全统计，2010 年全国城乡的部分和完全失能老年人约有 3300 万人，占全部老年人口数的 19.0%；2015 年全国失能、半失能老年人已经达到 4063 万人，占老年人口的 18.3%。据世界卫生组织（World Health Organization，WHO）估算，到 2050 年，我国失能老年人加上残疾后转为失能的老年人当中，需要日常照护和帮助的老年人总数达 6600 万人，约占需要照护总人数（1.105 亿人）的 60%。由此，老年人失能后照护需求正成为中国社会的一个新风险。未来经济是服务产业经济，也是老龄产业经济。然而，民政部《2019 年民政事业发展统计公报》显示，截至 2019 年底，全国城市和农村共有各类养老机构和设施 20.4 万个，养老床位合计 775.0 万张。距 1100 万左右的重度失能老年人入住养老机构的需求还缺少 325 万张床位，家庭养老仍占主体地位。在家庭结构小型化、女性就业结构职业化、疾病结构慢性病化以及老年人生活结构空巢化等一系列社会结构转型的现实冲击下，家庭作为养老照料的主要场域面临着巨大的压力和挑战，传统社会的同代配偶、代际子女为照料主体的模式显得难以为继。养老服务正从家庭的子女义务演进为全社会的公共事务，成为新时代“老有所养”“病有所医”“弱有所扶”，以及“十四五”规划中“一老一小”民生建设一个绕不过去的重要主题。

本书通过选取北京大学中国健康与养老追踪调查（China health and retirement longitudinal study，CHARLS）大数据和社会调查微观数据，运用文献研究、比较研究和定量研究等方法，结果发现现有养老服务体系还不能有效地应对失能风险，存在着亟待完善的一系列问题。①从需求侧来看，老龄化急剧发展，患有多种慢性病老人的比例明显上升，失能失智以及患抑郁症老年人的比例逐年增加，老年人对养老服务的需求呈现出从单一到多项、从基础性到专业性、从单纯的养老服务需求向医养结合的长期护理服务需求转变的趋势。但是，现有居家、社区和机构养老服务还远远达不到这些要求。②从供给侧来看，我国养老服务呈现出供给总体的不充分性、区域分布的不均衡性、质量评估的低效性以及资源配置的碎片化“三性一化”特征。可见，养老服务的供给侧难以满足 1 亿多患慢性病、失能失智老年人养老服务需求侧的需要。③从养老服务体制改革来看，2016 年全国 15 个地级城市开始试点推行长期护理保险制度，这是采用社会保险的筹资方式来解决我国传统民政养老服务资金短缺和服务不充分不均衡的一种体制创新。但是，各地长期护理保险试点政策又陷入了碎片化的新困境。那么，如何整合政府、社会、市场和家庭等各方面的养老服务资源推进基本养老服务制度发展，成为摆在我们面前的一个绕不过去的坎，同时对我国的社会治理现代化能力是一种挑战。

基于养老服务供给—需求的失衡状态和长期护理保险试点的碎片化困境，本书将研究重点放在长期护理保险的资金筹集和服务供给两大方面进行资源整合研究。首先，资金筹集整合。①运用个案分析方法研究发现，浙江省城镇职工基本养老保险统筹基金税适当下调 1%左右可以为正在试点中的长期护理保险筹资渠道留出发展空间，以降低现在依靠医保基金可能造成收不抵支和断供的风险。②运用官方统计数据和利用马尔可夫人口模型预测，研究认为整合现行民政和残联部门的养老服务补贴、高龄补贴、重度残疾人补贴这些使用性质相同的财政资金，浙江省长期护理“兜底”财政投入当期可以集约 45%，到 2050 年仍可集约财政资金 18.04%。这样不仅能避免财政重复投入，而且有利于提高财政投入效率。其次，服务供给整合。主要运用问卷调查和访谈的实证研究方法来深入剖析这个问题。①通过对四川省 H 县失独家庭养老的调查，研究指出失独家庭在物质经济、医疗保健服务、生活照料服务、精神娱乐等养老需求方面表现出较多的困境，其中，性别、健康和收入状况对老年失独家庭和非老年失独家庭的养老需求都有显著影响。这表明欠发达地区养老服务供给面临较大的困境，需要整合资源提供精准服务。②基于对浙江省杭州市春晖社区“慧老驿站”的问卷调查和深度访谈，研究发现居民对智慧养老服务的整体满意度在 80% 以上。进而总结出提升智慧养老“杭州模式”的十大特征：智慧居家养老的服务智能化、设施标准化和城乡一体化特征，智慧社区养老的服务便捷化、项目精细化、资源社会化和服务队伍多样化特征，智慧机构养老的医养融合化、机构品牌化和产业纵深化特征。这表明东部省份智慧养老的经验值得借鉴和推广。

“他山之石，可以攻玉。”在探究和学习德国长期护理保险整合机制和日本社区医养结合服务发展策略的基础上，结合前文研究，本书创新地提出中国养老服务体制、体系和资源整合路径重构的系统性思想。①传统养老服务向现代长期护理的转型发展，需要实现体制“两个转型”和体系“一体两翼”定位。其中，体制“两个转型”是指，一是从传统养老福利服务转向现代长期护理服务，二是从财政、福彩投入的二元筹资渠道向以长期护理保险为主的多元筹资模式转型；体系“一体两翼”定位是指，一是确立“长期护理保险服务为主体”的“一体”地位，二是强化“福利服务与照护津贴相衔接”的“两翼”功能。②根据中国国情，我国整合照护要建立“3WH3P”理论框架。在补充尼尔·吉尔伯特社会福利政策理论的分配基础（who）、分配内容（what）、服务输送（how）以及资金收支（way）四个维度的基础上，根据中国国情，补充政策制定（policy）、护理人员（persons）以及推进计划（plans）三个维度，从而形成中国整合照护的“3WH3P”理论框架。③中国整合照护系统建构为“三大制度—七维框架—十八条路径—四个协调机制”。其中，三大制度包括长期护理保险、救助和福利构成的长期护理保障制度体系；七维框架即“3WH3P”理论指导下的七个整合维度；进而，从部门合作与职责归类实现政策整合，从覆盖对象与受益人群实现分配基础整合，从社区居家医养服务与机构医养服务实现分配内容整合，从服务机构、技术标准、智能化和质量监管实现服务输送整合，从资金筹集、基金管理、结算方法和风险防控实现资金收支整合，从失能等级评估与照护全程管理实现护理人员整合，从城乡、东西部地区以及信息化建设实现推进计划整合的十八条整合路径，全方位展示了从传统养老服务体制转向现代长期护理保障制度的发展方向；四个协调机制包括相关体制（如行政与财政体制改革）、机制（如基层财政分权下养老服务专项财政资金）、政策（如上下层级垂直整合与机构之间横向整合）和法律（如家庭照护者的劳动保护法和社会保障法的制定）等方面相互合作推进整合。

养老服务事业发展路径重构的目标是迈向长期护理保障制度，这是一个全面的系统工程，也是一个渐进的创新工程，涉及产业结构调整和行政体制改革，需要各方协同努力。任何资源在一定时期内总是稀缺的。在我国经济新常态和制度惯性下，公共财政投入养老服务事业只能是适度保障。因此，只有通过体制转型、体系定位以及资源整合的路径重构才能推动养老服务事业与产业的耦合发展，才能实现养老服务制度的帕累托最优，才能加快转型建设人口老龄化和疾病慢性病化背景下国民所需的现代长期护理保障体系，进而使长期护理保障制度成为中国新时代发展养老服务产业、惠及“七有”民生、客观上促进消费升级和拉动内循环经济的重要力量。

目　录

图目录

表 目 录

第一章 导　论

第一节　问 题 提 出

中国已经进入人口老龄化快速发展阶段，具有规模大、来势猛、分布不均衡等特点。自 1999 年我国进入人口老龄化国家的行列以来，政府就开始高度重视养老服务体系的建设。其中，最大规模的政府集中行动是 21 世纪伊始民政部于 2001 年启动的"全国社区老年福利服务星光计划"（简称"星光计划"）。到 2003 年由于后续资金短缺，"星光计划"在提供养老服务过程中出现了"空壳"现象。2006 年 2 月 9 日，国务院办公厅转发全国老龄工作委员会（简称全国老龄委）办公室等十个部门制定的《关于加快发展养老服务业的意见》，第一次明确提出"养老服务"的概念，正式提出"居家养老为基础、社区服务为依托、机构养老为补充的服务体系"。

2010 年第六次全国人口普查结果表明，我国 60 岁及以上人口 1.78 亿人，占总人口比重为 13.26%，其中 65 岁及以上人口为 1.19 亿人，占比 8.87%。[①]2020 年第七次全国人口普查统计数据显示，60 岁及以上人口为 26 402 万人，占 18.70%，比 2010 年上升 5.44 个百分点；其中，65 岁及以上人口为 19 064 万人，占 13.50%，比 2010 年上升 4.63 个百分点。[②]可见，我国老龄化进程逐步加快。2011 年 3 月，《国民经济和社会发展第十二个五年规划纲要》提出积极应对人口老龄化，加快发展社会养老服务，培育壮大老龄事业和产业的要求，首次将社会养老服务纳入国家战略规划。[③]2011 年 12 月，国务院办公厅印发《社会养老服务体系建设规划（2011—2015 年）》，这是新中国成立以来第一部关于社会养老服务体系建设的

---

① 《2010 年第六次全国人口普查主要数据公报（第 1 号）》，http://www.stats.gov.cn/sj/tjgb/rkpcgb/qgrkpcgb/202302/t20230206_1901997.html。

② 《第七次全国人口普查公报（第五号）——人口年龄构成情况》，http://www.stats.gov.cn/sj/tjgb/rkpcgb/qgrkpcgb/202302/t20230206_1902005.html。

③ 《国民经济和社会发展第十二个五年规划纲要》，http://www.gov.cn/2011lh/content_1825838_9.htm。

专项文件。特别是 2013 年以来，国务院、国家发展和改革委员会（简称国家发展改革委）、民政部、国家卫生健康委员会（简称国家卫健委）、人力资源和社会保障部（简称人社部）、财政部、中国人民银行和中国银行保险监督管理委员会（简称中国银保监会）等部门先后密集发布了一系列关于促进养老服务政策的各项措施，养老服务事业得到较快的发展。然而，总体上我国养老服务事业仍存在如下一些困境。

第一，失能老年人口逐渐增多。2010 年全国城乡部分和完全失能老年人约有 3300 万人，占全部老年人口数的 19.0%，其中 1100 万人（占 6%）为完全失能。2015 年全国失能、半失能老年人已经达到 4063 万人，占老年人口的 18.3%。据估算到 2050 年，我国失能老年人加上残疾后转为失能的老年人当中，需要日常照护和帮助的老年人总数达 6600 万人，约占需要照护总人数（1.105 亿人）的 60%。[①]可见，老年人失能已经成为中国社会的一个新风险。失能者所需要的长期护理已经是战后工业社会的一个普遍风险（Morgan，2018）。何谓长期护理，世界卫生组织认为，它包括非正规（家庭、朋友或邻居）与正规（卫生和社会服务）两类支持性服务体系，后者包括广泛的社区服务、私人疗养院以及临终关怀机构，也指那些暂停或逆转疾病以及残疾状况的治疗。由此可见我国的养老服务与国际上长期护理之间存在较大的差异性。第二，老年慢性病患者群体规模庞大。2013 年，我国有近 50%（1 亿人）的老年人患有慢性疾病；其中 3700 多万人存在明显的躯体功能减退（吴玉韶，2013）。到 2030 年，与现在相比，中国患有一种及以上慢性病的人数将增加 3 倍以上，占比 40%，大约 80%的 60 岁及以上老年人将死于慢性疾病（世界卫生组织，2016）。慢性病患者是失能人群的潜在对象。第三，传统养老服务的边界狭小。受传统养老院的经营模式、筹资能力以及职业化程度等诸多因素的影响，现阶段各类型养老机构提供的养老服务还是以负责照顾入院老年人日常生活照料为主，慢性病康复、健康维持、精神抚慰以及临终关怀等服务显得严重不足（华中生等，2016）。第四，依赖财政拨款和福利彩票扶持的二元筹资体制的资金缺口很大。从 2013 年至 2020 年的 8 年间，我国养老服务资金缺口分别为 913 亿元、926 亿元、861 亿元、847 亿元、767 亿元、645 亿元、480 亿元和 274 亿元（胡祖铨，2015）。第五，家庭照料功能逐渐弱化。在家庭结构小型化、女性就业结构职业化、疾病结构慢性病化以及老年人生活结构空巢化等一系列社会结构转型的现实冲击下，家庭作为养老照料的主要场域面临着巨大的压力和挑战，传统社会的同代配偶、代际子女为照料主体的模式显得难以为继。赡养照料正从家庭的子女义务演进为全社会的公共事务，成为新时代养老服务保

---

① 世界卫生组织：《中国老龄化与健康国家评估报告》，https://apps.who.int/iris/bitstream/handle/10665/194271/9789245509318- chi.pdf;sequence=5。

障的一个重要主题。因此，党的十九大报告明确指出，要“积极应对人口老龄化，构建养老、孝老、敬老政策体系和社会环境”[①]。

基于上述困境，中国政府学习德国、日本和韩国出台长期护理保险制度（long-term care insurance，LTCI）的经验（Campbell et al.，2009），对传统养老服务体制进行改革。2016 年 6 月，人社部办公厅发布《关于开展长期护理保险制度试点的指导意见》，[②]明确在全国 15 个城市开始试点长期护理保险制度。这是采用社会保险的筹资方式来解决我国传统民政养老服务资金短缺的一种制度创新。之所以没有采取商业保险模式，是因为它只能解决少数人的长期护理服务资金分担问题，因此国际上长期护理困境必须有公共治理的政策方案（Mosca et al.，2016）。随着时间推移，我国人口老龄化正以每年快速发展的趋势向前迈进，2018 年底 60 岁及以上人口达到 2.5 亿人，占总人口的比重为 17.9%，分别比 2017 年、2016 年上升 0.6、1.2 个百分点；其中 65 岁及以上人口 1.7 亿人，比重为 11.9%，分别比 2017 年、2016 年上升 0.5 个、1.1 个百分点。[③④⑤]根据民政部发布的《2019 年民政事业发展统计公报》，2019 年末全国 60 周岁及以上人口占总人口的比重为 18.1%，65 周岁及以上人口的比重为 12.6%。因此，2019 年的政府工作报告提出，“扩大长期护理保险制度试点”。2020 年 9 月，国家医疗保障局和财政部联合印发《关于扩大长期护理保险制度试点的指导意见》[⑥]，决定在全国新增 14 个城市试点长期护理保险。我国长期护理保险试点“扩面”驶上了快车道。截止到 2022 年底，国家级试点城市 49 个。那些医疗服务普遍覆盖的中等收入国家，需要在临时的照料服务政策根植于人心之前就建立起正式的长期护理制度。有研究也表明，从公平和财政视角来看，社会化长期护理保险制度实施越早，社会效果越好（Ikegami，2019）。我国各省试点处在审慎推进阶段，但各地长期护理保险的创新动力仍高涨不止。

总体来说，我国从传统的民政养老服务到新时代的长期护理保险制度试点，仍处于“摸着石头过河”阶段，但彰显了大国公共服务社会治理能力的提升。如何在充分利用现有的养老服务资源的基础上拓展和整合医疗保健、康复护理等相

① 《习近平：决胜全面建成小康社会 夺取新时代中国特色社会主义伟大胜利——在中国共产党第十九次全国代表大会上的报告》，https://www.12371.cn/2017/10/27/ARTI1509103656574313.shtml。

② 《人力资源社会保障部办公厅关于开展长期护理保险制度试点的指导意见》，http://www.gov.cn/xinwen/2016-07/08/content_5089283.htm。

③ 《李希如：人口总量平稳增长 城镇化水平稳步提高》，http://www.ce.cn/cysc/yy/hydt/201901/23/t20190123_31338652.shtml。

④ 《2017 年社会服务发展统计公报》，http://www.mca.gov.cn/article/sj/tjgb/2017/201708021607.pdf。

⑤ 《2016 年社会服务发展统计公报》，https://www.gov.cn/xinwen/2017-08/03/content_5215805.htm。

⑥ 该文件的“（六）待遇支付”中“做好长期护理保险与经济困难的高龄、失能老年人补贴以及重度残疾人护理补贴等政策的衔接”条文采纳自本书作者提交的研究报告。

关服务以及资金资源，是新型长期护理保障体系建设的一个重大课题，也是该体系顺利推进的重要保障。

第二节　相关概念界定

1. 长期护理

世界卫生组织认为，长期护理为“由非正规护理者（家庭、朋友或邻居）和专业人员（卫生和社会服务）进行的护理照料活动体系，以保证那些不具备完全自我照料能力的人能继续得到其个人喜欢的以及较高的生活质量，获得最大可能的独立程度、自主、参与、个人满足及人格尊严”（WHO，2000）。长期护理包括非正规与正规两类支持性体系。后者可能包括广泛的社区服务（即公共卫生、初级保健、家庭保健、康复服务和临终关怀）、私人疗养院以及临终关怀院，也指那些暂停或逆转疾病和残疾状况的治疗（世界卫生组织，2003）。桑特勒和纽恩（2006）对长期护理的定义是，在持续的一段时间内给丧失活动能力或从未有过某种程度活动能力的人提供的一系列健康护理、个人照料和社会服务的全部项目。

总而言之，长期护理的对象是较长时间（一般是指六个月及以上）丧失生活自理能力的人，老年人是主体；长期护理的内容包括失能期的生活照料、慢病期的治疗、康复期的护理、临终期的安宁疗护等一体化的照料护理服务；长期护理的提供者可以是家庭成员，也可以是正规的医疗卫生和社会服务人员；长期护理的目的是实现失能者最大可能程度的独立、自主、参与、个人满足及人格尊严。显然，长期护理与医疗护理有很大的差别（戴卫东，2012）。

2. 长期护理保险

一些经济较发达国家，长期护理保障制度在资金筹集方式上采取了社会保险或商业保险模式。美国健康保险协会对长期护理保险的定义是，“为消费者设计的，为其在发生长期护理时发生的潜在巨额护理费用支出提供保障”。美国的人寿管理协会（Life Management Association，Inc.）的定义是“长期护理保单是为那些由于年老或严重疾病或意外伤害的影响需在家（care at home）或护理机构（nursing facility）得到稳定护理的被保险人支付的医疗及其他服务费用进行补偿的一种保险”。

戴卫东（2015a）指出，长期护理保险是指通过发挥保险的风险共担、资金互济的功能，对被保险人因接受长期护理服务而产生的费用进行分担补偿的一种制度。商业长期护理保险（commercial insurance for long-term care）是指由保险公司举办、投保人自愿缴费参保并在产生长期护理服务费用后由商业保险公司来审核并给付的一种市场化行为。社会化长期护理保险（social insurance for long-term care）是国家颁布护理保险法律，以社会化筹资的方式，对患有慢性疾病或处于生理、心理伤残状态而导致生活不能自理，在一个比较长的时期内需要依赖他人的帮助才能完成日常生活的人所发生的护理费用以及非正规护理者的补助进行分担给付的一种制度安排（戴卫东，2012）。

事实上，就每个国家而言，其长期护理保障制度都是混合模式。譬如，长期护理社会保险模式的国家本身就包含津贴补助，此外也有长期护理商业险，如德国、日本；长期护理商业保险模式的美国也有医疗救助（medicaid），即对低收入人群护理服务的津贴救助；长期护理特殊模式的法国不仅有护理救助，而且有社会医疗保险和商业护理保险加入；长期护理津贴模式还有长期护理商业保险产品，如英国、瑞典、瑞士等20多个国家。

3. 长期护理保障

长期护理保障以多渠道筹资为基础，以长期护理服务供给为核心。根据制度的不同层面可以划分为如下几种类型。

从保障对象来看，一般是指全年龄段的失能失智人群，但由于老年人是失能失智人群的主体，所以长期护理对象大多数是老年人。根据失能失智程度，又可分为轻度、中度和重度，在发达国家失能失智的分级更多，如德国的五级、日本的七级、法国的六级。

从筹资方式来看，长期护理保障一般包括面向经济困难老人的长期护理救助、面向全体国民的长期护理保险，以及面向高龄老人的长期护理福利服务或津贴。

从保障内容来看，可以划分为失能失智者的物质保障（如辅助器具，智慧健康电子仪器等）、服务保障（如日常生活照料、康复护理服务等），以及精神保障（患者及其家庭成员的精神抚慰）。

从供给主体来看，可以划分为公共部门、私营部门和社会志愿者提供的长期护理服务。其中，公共部门包括各级政府提供的各类照料和护理服务；私营部门包括营利性和非营利性的机构提供的多种形式的护理服务；社会志愿者包括义工无偿提供的护理服务等都属于慈善性质的行为。

从服务地点来看，分为居家护理、社区护理和机构护理。其中，居家护理包括家庭成员提供的赡养照料服务，以及机构提供的上门护理服务；社区护理主要是指依托社区照料中心、社区卫生服务中心以及社区医院提供的护理服务；机构护理是指养老机构和医疗护理机构提供的日常生活照料服务和与日常生活照料密切相关的医疗康复护理服务。

4. 资源整合

资源整合是指企业对不同来源、不同层次、不同结构、不同内容的资源进行识别与选择、汲取与配置、激活和有机融合，使其具有较强的柔性、条理性、系统性和价值性，并创造出新的资源的一个复杂的动态过程（董保宝等，2011）。这里的概念主要是针对企业而言的。在长期护理制度体系中，其实也存在着相关资源需要整合的现象，其整合的机理、目的与企业资源整合性质一样。

世界卫生组织于2017年明确指出，整合照护就是把老年人的不仅仅是疾病的所有需求置于照护的中心，通过支持老年人、初级照护者以及更广泛的医疗卫生系统等措施实现“健康老龄化”的目标。世界卫生组织之所以强调要整合照护，源于长期护理资源的碎片化以及长期护理政策缺乏连续性，对长期护理政策进行相关资源的整合，主要表现在资金、组织、人力、服务、信息、技术、土地和基础设施等方面，从而提高长期护理资源的利用效率。

5. 医养结合

解释医养结合需从医养结合的内涵、服务内容、服务主体及服务客体展开。

医养结合内涵：强调老龄服务的医疗和照护两个方面，其优势在于能够突破一般医疗和养老的分离状态，也并非单纯地将“医疗卫生”和“养老照护”相叠加，而是利用“医养一体化”的发展方式，由服务提供主体（医院、养老机构、社区）向有需求的老年人提供符合其养老护理需要的医养服务，逐渐形成医养康护一体的合作式服务（郭聪，2016），以最大限度地提升服务对象独立、自主、参与、个人满足及个人尊严，改善生存质量。

服务内容：区别于传统的生活照料养老服务，医养结合的服务内容不仅包括日常起居、文化娱乐、精神心理等服务，更重要的是包括医疗保健、康复护理、健康检查、疾病诊治、临终关怀等专业医疗保健服务（袁晓航，2013）。

服务主体：医养结合的服务主体包括各级医院、社区卫生服务中心、社区居家养老服务中心及老年公寓、护理院等。

服务客体：以“医”为主、结合“养”的服务主要针对急重症病患、急性病恢复期或长期康复者以及伴有多种慢性疾病，依赖程度增高者；而针对中、重度失能，认知功能障碍或高护理风险，有多重慢性疾病及存在照顾风险者应该提供以“养”为主的照料服务，兼顾养老中常见的医疗保健需要（谢红，2018）。因此，医养结合的服务客体可概括为急重症患者；患多种慢性病者；长期康复者；患失能、失智而生活依赖程度较高的老年人。

综上，医养结合是医疗护理与长期护理的综合体，大大超出了长期护理的服务范围。

第三节 理论基础与研究内容

一、理论基础

1. 资源稀缺性理论

资源稀缺性是被人类“制造”出来的所有资源存在的一种状态，换句话说，在一定时间与空间范围内，相对不足的资源供给与人类社会绝对增长的需求之间的矛盾造成了资源的稀缺性。资源稀缺性可以从两个方面去理解：一是一定时期内物质资料本身是有限的；二是每个社会阶段生产的技术条件是有限的，同时个人的生命也是有限的。针对人类社会的每个发展阶段而言，生产要素的稀缺和生产技术的限制决定了人类生存与发展所需要资源的稀缺性。

资源稀缺性一般可划分为绝对稀缺和相对稀缺。绝对稀缺即资源的总需求超过总供给；相对稀缺则为资源的总供给虽然能够满足总需求，但由于资源分布不均衡造成局部的稀缺。前者在人类社会发展过程中，某个地区某种资源是有这种可能性存在的，譬如2020年新冠疫情流行期间不少地区都高度缺乏口罩、防护服等急需物品；后者在人类社会发展的每一个阶段，几乎都存在资源的不均衡性，譬如国家之间、地区之间、城乡之间、人群之间、行业之间等都会暂时缺乏一种或多种资源的状态。

党的十九大报告指出，“中国特色社会主义进入新时代，我国社会主要矛盾已经转化为人民日益增长的美好生活需要和不平衡不充分的发展之间的矛盾”。[①]在我国长期护理保障领域，其实也存在着不充分、不平衡的状态，即一方面是2.6亿老年人尤其是4000多万失能老年人的长期护理服务需求难以得到满足的绝对稀缺性困境，另一方面是城乡之间、东部与中西部之间、机关事业单位退休职工与无退休金老年人之间、失能失智老人与健康老年人之间等长期护理服务供给存在相对稀缺性的窘境。

2. 帕累托最优理论

意大利经济学家维尔弗雷多·帕累托在关于经济效率和收入分配的研究中最早使用了帕累托最优这个概念。帕累托最优，也称为帕累托效率，是指资源分配

① 《习近平：决胜全面建成小康社会 夺取新时代中国特色社会主义伟大胜利——在中国共产党第十九次全国代表大会上的报告》，https://www.12371.cn/2017/10/27/ARTI1509103656574313.shtml。

的一种理想状态，假定固有的一群人和可分配的资源，从一种分配状态到另一种状态的过程中，在没有使任何人境况变坏的前提下，至少使得一个人变得更好，这就是帕累托改进或帕累托最优化（李胜兵和李航敏，2007）。由此可见，帕累托最优状态就是不可能再有更多的帕累托改进的空间；也就是说，帕累托改进是逐步达到帕累托最优的路径，帕累托最优是公平与效率的最理想状态。

由于长期护理服务资源在一定时期和一定区域内，总是存在绝对性稀缺和相对性稀缺的现象，因此需要对有限的长期护理资源进行多维多元的整合。整合的目标就是在逐渐实现帕累托改进的基础上尽力达成帕累托最优的态势。当然，整合的过程也需要调动全社会的、法律的等多方面资源，如果资源调动的协同程度高，那么整合的时间就会缩短，进展就会顺利。

3. 4E 绩效理论

20 世纪 70 年代，美国学者从经济性（economy）、效率性（efficiency）、效果性（effectiveness）三个方面提出了“3E”绩效审计准则。从三个维度建立绩效评价模型对企业组织利用资源的结果进行审计。随着政府配置资源的发展，学术界和实业界越来越认为政府部门和公共项目的投入源于纳税人的收入，应该得到公平、公开、公正的使用，每个公民都应该平等享用公共服务与产品。也就是说，资源分配的公平性很重要，因而在“3E”绩效评价规则中增加“公平性”（equity）这一维度，于是形成“4E”绩效评价法。

其中，经济性与节约性同义，主要指政企部门的行政管理成本，要求政企部门用最低的成本来供应与采购应然质量的服务或产品。效率性是指政府或企业投入与产出的比例。效果性则是指公共服务或企业产品的目标实现的程度和结果。公平性重点是指政府部门在进行公共管理、公共服务和公共产品供给中，能否做到公平对待和关心弱势群体。

在长期护理保障资源整合过程中，我们也需要对资源整合的结果进行绩效评价，即对政府、企业和社会投入长期护理资源，或对相关长期护理资源的整合开展经济性、效率性、效果性及公平性四个方面的“4E”绩效评估，以考察我国长期护理资源整合是否促成或在多大程度上实现了帕累托最优的资源配置状态。在本书中我们对相关政策实施效果开展了满意度调查研究，这也从侧面反映出政策和服务的“4E”绩效。

二、研究内容

为了使本书的内容更加深入地推进，同时使得整体研究更具系统性和科学性，拟对本书内容做如下安排。

第一章在问题提出的基础上，对相关研究概念进行了界定，分析了相关的理论基础，对研究内容、研究方法和数据来源做了概括性介绍，探讨了研究目的和研究意义，并指出了本书的可能创新之处。

第二章对国内外关于长期照护保障资源整合的文献进行了全面、深入的整理和评价。主要从整合照护概念演进及其特征、整合照护的原因及其现状、整合照护机构的多重障碍、整合照护的政策导向与路径选择、整合照护的经济效益与实践反思等方面展开综述，最后对既有文献研究做一评论。

第三、四两章主要是对传统养老服务的需求侧和供给侧的特征进行分析。其中，第三章分析了在中国人口结构快速老龄化、家庭结构小型化等一系列因素作用下，我国传统养老服务事业面临的需求发生了哪些变化；第四章进而分析了传统养老服务体制呈现出碎片化特征，如政策碎片化、财政投入碎片化、服务供给碎片化等。这两章佐证了长期护理服务的资源稀缺性理论。

第五章重点分析了当前我国尝试改革创新传统养老服务体制的新制度特征。2016 年我国在全国 15 个城市试点推行社会化长期护理保险制度，通过对试点多年来长期护理保险政策的理论分析和实证分析，从全国层面来看仍然没有打破碎片化的藩篱。尤其是在筹资来源和服务供给两个方面，表现出严重的碎片化特征。

第六、七两章根据第五章的研究结论，分别从基本养老保险、老龄与残联津贴两个角度来探讨长期护理保险的筹资来源整合路径。其中，第六章通过对浙江省养老保险基金收支的历时动态分析发现，浙江省基本养老保险适当降费可以为长期护理保险的企业筹资提供空间；第七章通过对浙江省民政系统的养老服务补贴、高龄津贴和护理补贴，以及残联系统的重度残疾人护理补贴的动态分析测算发现，整合老龄和残联两个部门的政府财政投入，可以降低长期护理保险的政府财政资源投入比例，从而减轻政府财政支出的负担。

第八、九两章则从正反两个方面来分析长期护理保障服务供给的整合路径。其中，第八章对西部欠发达省份四川省 H 县失独家庭的调查，发现老年与非老年失独家庭面临的养老困境，并为失独家庭的“老有所养”“弱有所扶”提供了精准的政策思考；第九章通过对浙江省杭州市智慧养老模式十大特征的分析，探讨了智慧养老杭州模式的经验和未来发展的方向，并指出了复制推广到其他地区的约束条件。

第十、十一两章从国际经验角度研究了德国长期护理保险整合机制、日本社区医养服务整合的政策和实践。德日两国在整合照护和医养结合方面都有各自的特色，二者在长期护理保险制度中融合居家、社区和机构服务的一些经验值得我国在“十四五”期间扩大长期护理保险试点过程中借鉴。

第十二章在前文研究分析的基础上，探讨了我国从传统的养老服务体制如何建立新型的长期护理保障制度。为了推动养老服务事业健康、可持续发展，我国养老服务事业体制需要做出“两个转型”的相应调整，体系上需要确立“一体两翼”的定位。为此，需要从政策整合、分配基础整合、分配内容整合、服务输送整合、资金收支整合、护理人员整合、推进计划整合的“3WH3P”七维整合框架进行十八条路径的衔接与整合性发展。这一章寄希望能够实现长期护理保障资源配置的帕累托最优状态。

其中，第五至第十一章都从不同的角度，如国内与国外、全国层面与部分省份、发达地区与欠发达地区、资金筹集与服务供给等方面来分析论证长期护理保障资源绩效。

第四节　数据来源与研究方法

一、数据来源

根据研究内容的需要，本书采用的数据主要来源于以下两个方面。

第一，涉及人口老龄化、老龄慢性病、养老服务、财政支出、城镇化与人口动态发展、养老保险等方面的统计数据，主要包括全国人口普查数据、北京大学的 CHARLS 数据，以及国家卫健委、民政部和财政部相关统计数据，此外，还包括浙江省“十三五”时期的人口统计数据、经济社会发展统计公报、各市养老服务价格和基本养老保险参保数据等。第二，本书研究开展的社会调查数据。主要是对四川省 H 县失独家庭的调查，杭州市主城区 18 个社区居家养老服务质量调查，以及杭州市春晖社区智慧养老服务现状与老年人满意度调查等。

二、研究方法

本书综合运用了文献分析法、问卷调查和深度访谈、SERVQUAL 指标分析法、统计建模分析法以及比较研究等相关研究方法。

（一）文献分析法

通过搜集国内外大量的文献和国内相关的年鉴、统计公报数据，分析全球长期护理保障资源整合的相关理论与研究进展，掌握我国传统养老服务的需求侧和供给侧的变化及其特征，为下一步深入研究奠定基础。

（二）问卷调查和深度访谈法

通过对四川省 H 县失独家庭的调查，了解欠发达地区失独家庭养老需求及其困境，为西部农村特殊家庭养老服务保障提供有针对性的决策思路。通过对杭州市主城区 18 个社区居家养老服务质量调查，分析传统养老服务供给侧存在低效性的特征。通过对杭州市春晖社区智慧养老服务现状与老年人满意度调查，发现东部发达城市智慧养老模式中一些值得推广的经验和措施。

（三）SERVQUAL 指标分析法

在研究杭州市社区居家养老服务质量的过程中，本书选取“有形性”“可靠性”“纪律性”“透明性”“时效性”“移情性”六大维度作为测评养老服务质量的一级指标，并根据相关文献和深度访谈设计出 24 个二级指标，使得对杭州市社区居家养老服务质量评价做到系统性和科学性的统一。

（四）统计建模分析法

统计数据分析这一方法几乎贯穿了全书的整个研究过程，如传统养老服务的需求侧和供给侧分析、15 个城市试点长期护理保险政策的碎片化分析、浙江省长期护理保险筹资来源整合，以及四川省 H 县失独家庭养老服务困境特征等方面的研究，都较多地使用了描述性统计分析法。统计建模方法主要体现在利用韦伯分布和马尔可夫模型预测浙江省失能老年人口数量。

（五）比较研究法

比较研究是本书采用的一个重要的研究方法。主要表现在四个方面。一是传统养老服务需求侧与供给侧的特征比较。二者的比较便于发现我国传统养老服务供需之间的严重失衡性。二是 15 个试点城市长期护理保险试点政策的比较。通过比较，我们发现即使是针对传统养老服务体制进行改革创新的长期护理保险制度，也存在碎片化特征。三是欠发达地区和发达地区养老服务状况的比较。四川省 H 县失独家庭养老服务的困境与杭州市春晖社区智慧养老服务的经验就形成了鲜明的对比，后者为前者在某些方面提供了较好的政策借鉴。四是发达国家长期护理资源整合的比较。德国的长期护理保险资源整合与日本的介护保险社区综合支援的比较与启示，在很大程度上有利于我国长期护理保障制度建设的资源整合与可持续发展。

第五节　技术路线与主要创新

一、技术路线

相对于已有研究，本书希望能加强我国养老服务体系的理论研究，在深入调研和借鉴国外经验的基础上，融合养老服务、康复护理等多因素为一体，开辟并推进整合照护研究领域的纵深发展。2016 年 5 月，习近平首次提出“要建立老年人状况统计调查和发布制度、相关保险和福利及救助相衔接的长期照护保障制度、老年人监护制度、养老机构分类管理制度，制定家庭养老支持政策、农村留守老人关爱服务政策、扶助老年人慈善支持政策、为老服务人才激励政策，促进各种政策制度衔接，增强政策合力”[①]。党的十九大报告也明确指出，“积极应对人口老龄化，构建养老、孝老、敬老政策体系和社会环境，推进医养结合，加快老龄事业和产业发展”[②]。本书基于资源整合的新视角，力争为“健康中国”政府决策提供有价值的理论参考，为缓解我国长期护理保障资源的碎片化、低效益、不平衡以及不充分的矛盾提供新的科学思路。

基于上述的学术价值和应用价值，根据本书研究的主要内容和研究方法，本书运用系统论研究方法拟定如下的技术路线。①三大制度定位。从长期护理保险、救助和福利三大制度展开研究。②建构七维整合框架。Neil Gilbert 社会福利政策理论从分配基础（who）、分配内容（what）、服务输送（how）以及资金收支（way）四个维度搭建社会福利政策框架。根据中国国情，有必要从政策制定（policy）、护理人员（persons）以及推进计划（plans）补充三个维度“3P”。这样本书就建构了中国整合照护理论“3WH3P”。按照政策演进逻辑，中国整合照护模式需要从政策整合、分配基础整合、分配内容整合、服务输送整合、资金收支整合、护理人员整合、推进计划整合七个维度来考虑。每个维度都包括不同层级之间的整合措施。③探索十八条路径。七维整合框架下，分别有政策制定与职能部门、保障对象与受益老人等十八条垂直整合路径。④建立协调机制。该项系统工程的实施需要体制（如各层级跨部门长期护理发展管理部门）、机制（如基层财政分权

① 《习近平强调推动老龄事业全面协调可持续发展》，http://cpc.people.com.cn/n1/2016/0529/c64094-28387539.html。

② 《习近平：决胜全面建成小康社会 夺取新时代中国特色社会主义伟大胜利——在中国共产党第十九次全国代表大会上的报告》，https://www.12371.cn/2017/10/27/ARTI1509103656574313.shtml。

等）、政策（如上下层级博弈等）、法律（如公、民办养老机构性质归属等）等多方面整体协调推动。因此，中国整合照护这个系统工程建设的构思为“三大制度—七维框架—十八条路径—四个协调机制”，同时政策实施有 N 个支撑点的横向整合路径（图 1-1）。

二、主要创新点

1. 研究主题创新

国内学术界较多关注长期护理保险和养老机构等方面的研究，且现行的长期护理保障分布在各个政府职能部门。现行的医疗保障制度主要对疾病患者的急症支付医疗费用，并不包括老年人所需要的长期护理费用，无法减轻家庭和社会的负担。我国商业长期护理保险始于 21 世纪初，虽然行业在积极开展产品创新，但仍存在同质化程度高、保障内容简单等问题。民政部门的机构养老服务局限于生活照料，还谈不上医疗保健和慢性病康复服务。因此，学术界对整合照护的研究刚起步，所以这是一个全新的、有待拓展的研究领域。

2. 学术思想创新

主要表现在三个方面：一是从传统养老服务转向现代长期护理，前提条件是体制上亟须两个转型和体系上确立“一体两翼”定位；二是在补充 Neil Gilbert 社会福利政策理论的分配基础（who）、分配内容（what）、服务输送（how）以及资金收支（way）四个维度的基础上，补充政策制定（policy）、护理人员（persons）以及推进计划（plans）三个维度，从而形成中国整合照护的“3WH3P”理论框架；三是建构中国整合照护系统为“三大制度—七维框架—十八条路径—四个协调机制”。

3. 学术观点创新

主要创新有：①多结构转型社会需要对传统养老服务进行大调整，目前中国老年人长期护理保障的主要问题不完全是制度不健全和政策不完备，而是碎片化、低效性、不平衡以及不充分等问题；②失能、失智、失独、经济困难以及高龄老年人尤其是农村老年人更是社会弱势群体之一，需确立“长护保障以公平为重，兼顾效率”的政策理念，实现“老有所养”“弱有所扶”民生制度建设的目标；③长期护理保障制度可以分为事业与产业两大部分，实行“事业片区化（非行政区划）整合发展”和“产业规模化集群发展”的思路；④在社会护理资源总量不充分的背景下，在政策顶层设计中应当倡导家庭护理的社会价值，经济发达地区

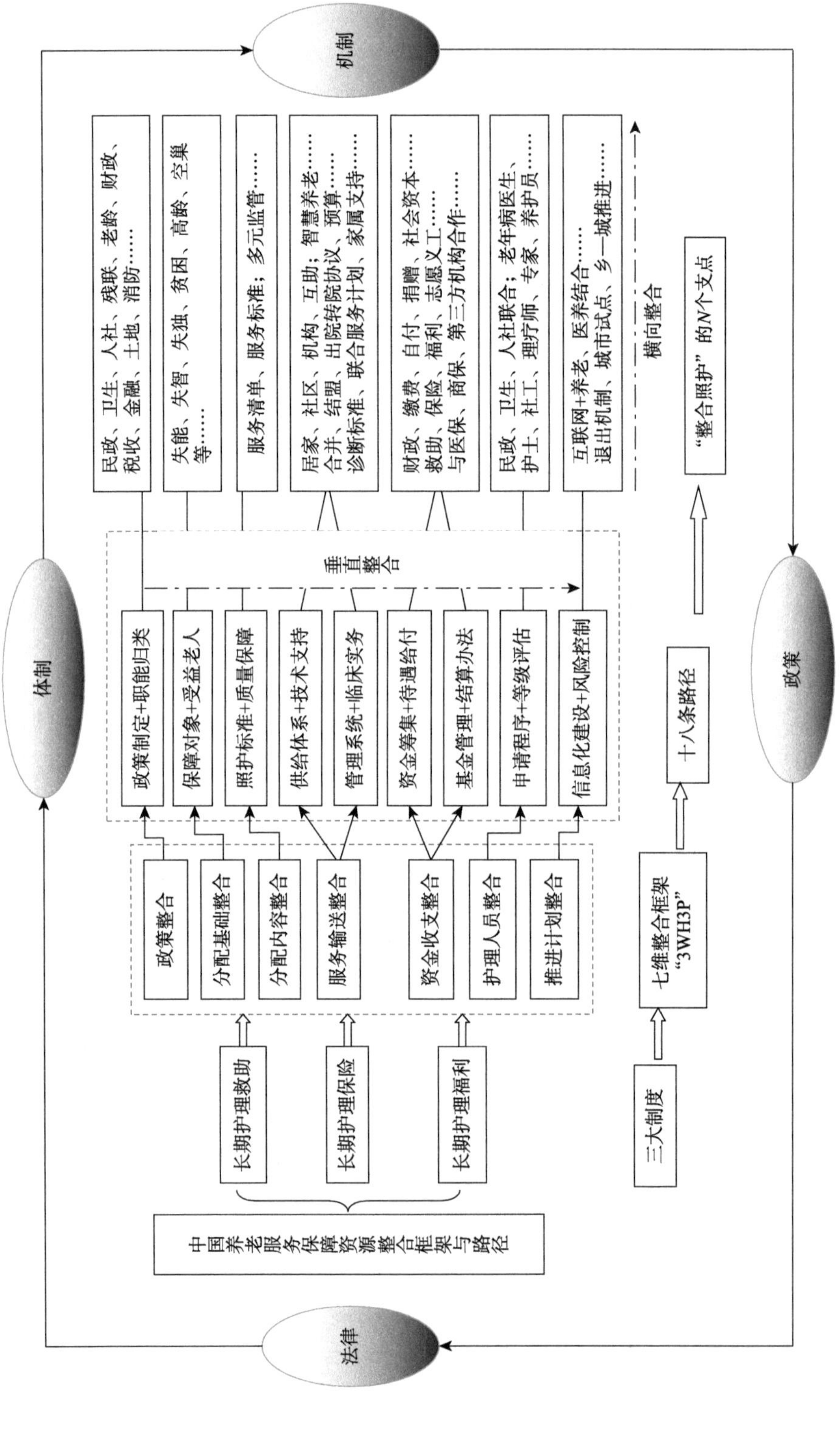
机制
体制
政策
法律
中国养老服务保障资源整合框架与路径
长期护理救助
长期护理保险
长期护理福利
政策整合
分配基础整合
分配内容整合
服务输送整合
资金收支整合
护理人员整合
推进计划整合
政策制定+职能归类
保障对象+受益老人
照护标准+质量保障
供给体系+技术支持
管理系统+临床实务
资金筹集+待遇给付
基金管理+结算办法
申请程序+等级评估
信息化建设+风险控制
垂直整合
民政、卫生、人社、残联、老龄、财政、税收、金融、土地、消防……
失能、失智、失独、贫困、高龄、空巢等……
服务清单、服务标准；多元监管……
居家、社区、机构、互助；智慧养老……合并、结盟、出院转院协议、预算……诊断标准、联合服务计划、家属支持……
财政、缴费、自付、捐赠、社会资本……救助、保险、福利、志愿义工……与医保、商保、第三方机构合作……
民政、卫生、人社联合；老年病医生、护士、社工、理疗师、专家、养护员……
互联网+养老、医养结合……退出机制、城市试点、乡一城推进……
横向整合
“整合照护”的N个支点
三大制度
七维整合框架“3WH3P”
十八条路径

图 1-1　研究技术路线

可以探索相关政策；⑤中国整合照护系统工程需要体制、机制、政策、法律等多方面协调推动。

4. 研究方法创新

本书的研究方法体现了以下特色。①理论研究与经验研究相结合。一方面查阅大量的中外文文献资料，研究并借鉴国外相关制度，提出并补充相关理论；另一方面开展专家访谈，并对地方实践进行深入剖析。②定量研究与定性研究相结合。定量研究为采用 Stata、马尔可夫模型等建模方法对问卷调查、数量模型进行相关回归分析；定性研究有文献分析、制度认知、比较研究等方法。

第二章　文献述评

面向老年人的整合照护发端于全球人口老龄化的背景，社会化的护理风险与碎片化的资源利用是当前各国普遍存在的一个社会问题。随着人口结构快速老龄化、高龄化、慢性病化、失能化以及家庭结构小型化、空巢化等问题凸显，2.6亿多老年人特别是数千万失能、失智、失独、经济困难、高龄老年人的生活照料、健康维持、慢性病康复以及精神慰藉等长期护理需求成为我国一个重大的社会风险。长期护理也已成为全球人口老龄化国家政府和学界一个重要的政策议题（Bengtson，2001）。然而，资源具有稀缺性。国际上，长期护理资源整合的专业术语整合照护的理念及其实践正是应对这种风险与挑战的一个政策回应。整合照护对我国养老服务过程中政策碎片化、管理部门化等问题解决有很大的借鉴意义。目前，国内外相关研究集中在整合照护概念演进及其特征、整合照护的原因及其现状、整合照护机构的多重障碍、整合照护的政策导向与路径选择、整合照护的经济效益与实践反思等方面。

第一节　整合照护概念演进及其特征

直到 21 世纪初，整合照护还没有清晰的定义。Leutz（1999）提出整合照护政策的五点“金科玉律”：要瞄准目标人群不同程度的整合照护需求；整合本身需要付出成本；不同的利益相关者对整合照护的看法并不相同；分立的护理体系具有内在的不同，如果无法消除这些不同，整合将无法实现；谁负责整合，谁就能发号施令。Gröne 和 Garcia-Barbero（2001）认为整合照护汇集了投入、输出、管理、诊断、治疗、护理、康复以及健康促进等服务。杜鹏等（2014）学者也认同这个观点，他们认为整合照护最初是欧美等发达国家针对老年公共服务中健康护理和社会护理的“双轨制”而进行资源整合的一套方法和工具，它力图在医疗部门和护理部门内部与二者之间创造联合，克服治疗和护理过程中的碎片化服务难题，提高资源的利用率和服务质量，进而改变传统的卫生和社会护理的分割状态。但是其核心目标在于提高服务的质量和效率（Kodner and Spreeuwenberg，2002）。然而，对不同的利益相关者而言，整合照护的目标并不相同：对服务对象而言，整合照护是指一个无缝的、流畅的、易于操作的服务过程；对一线服务提供者而言，整合照护是指与来自不同专业的工作人员一起工作，跨越传统的专业界限协调任务和服务；对管理者而言，整合照护是指合并或协调组织目标或绩效指标，管理和指导一个扩大化的、专业的和多样化的雇员群体；对政策制定者而言，整合照护是指财政上的合并（Lloyd and Wait，2006）。整合照护可以由单一组织或多个组织提供卫生和社会服务；由一个以上的组织联合（共同）提供卫生和社会服务；连接初级和次级健康护理；在单一部门内连接不同层次的护理，如精神健康服务；连接预防和治疗服务（Robertson，2012）。整合照护能将基本护理、社区护理和社会护理以被护理者为中心统合起来，提供不间断的、高质量的护理，这需要各机构的联合而不是竞争（Godlee，2012），这种复合介入力求支持整合照护的管理和组织化过程在诸多层次同时发生作用（Goodwin，2013）。直到2017年，世界卫生组织才明确地指出，整合照护就是把老年人的不仅仅是疾病的所有需求置于护理的中心，通过支持老年人、初级护理者以及更广泛的医疗卫生系统等措施实现“健康老龄化”的目标。

整合照护发轫于西方发达国家，经过近些年的发展已略成规模，总结起来，成功的整合照护一般具备如下一些特征或原则：①聚焦被护理者；②各护理联合体的全面服务；③通过跨专业小组提供标准化护理；④医生整合；⑤绩效管理；⑥组织化的文化和领导关系；⑦资金管理；⑧信息系统；⑨整合照护的其他方面，包括基础设施的支持、整合的时间等方面（Berchtold and Peytremann-Bridevaux，2011）。对整合照护有多种分类方法，比较典型的有两个维度。一是从整合方向考虑，分为垂直整合与横向整合。前者是对初级护理和次级护理的整合，后者是对健康和社会护理的整合。二是从功能整合方面考虑，分为功能性整合、组织性整合、专业性整合和医疗整合。[①]另外，如何成功地整合受到两个因素的重要影响：一是规范整合，保证共同价值观在协调工作和健康护理送达过程中的整合作用；二是系统整合，在各种层次组织上规则和政策的一致性。[②]

① Hawkes N. 2009. Integrated care. http://www.bmj.com/content/338/bmj.b1484.

② NHS Confederation. 2005. Building integrated care：lessons from the UK and elsewhere. https://www.nhsconfed.org/docs/vertical_integration_lit_review.

第二节　整合照护的原因及其现状

一、整合照护的原因

整合照护背后的驱动力可以概括为五点：①满足由人口老龄化引起的对护理变化的需求（Hofmarcher et al.，2007；Anderson，2011）；②提供以个人为中心的护理，承认卫生和社会护理结果的相互依从性（Hardy et al.，1999；David et al.，2013）；③有利于弱势群体的社会整合，以获得更好、更灵活的社区服务（Challis，1992；Kodner，2002）；④重复评估、信息碎片化导致额外的行政成本，因此不合作和不整合导致浪费与无效率（Chen et al.，2000；Banks，2004；Walker and Collins，2009）；⑤整合照护可以提高照护的质量和连续性（Wait，2005；Lloyd and Wait，2006；曾毅，2010；杜鹏等，2014）。

当前我国老年人长期护理问题正从私人问题变为公共问题，从私人领域走向公共领域，需要政府更多的政策干预（郑功成，2015；岳经纶和方萍，2017）。问题主要表现在如下方面。其一，老年人护理体系存在着部门分立、政策割裂、资源碎片化和服务片段化等问题，造成了医疗与社会护理资源的浪费（刘中一，2011；郑雄飞，2012；杨勇刚等，2014；张立龙，2015；戴卫东和余洋，2021）。其二，老年人护理的财政政策名目繁多，但每项政策的补贴金额较低且利用效率不高（彭宅文，2014；何文炯，2015；胡宏伟等，2017）。特别是用地、税费等优惠政策缺乏可操作性，导致了我国民间资本参与养老服务体系建设不足（郭林和张亚飞，2014；青连斌，2017a）。其三，在医养结合方面，跨部门的整合监管机制尚未建立（刘利君，2016）；医养结合服务收费与老年人购买力之间矛盾突出（杨贞贞，2014；孙劢和蒋远胜，2014）。

二、整合照护的现状

世界各地的医疗卫生系统都在思考如何制定提高护理组织效率的发展战略，以满足人民群众不断增长的护理需求和不断上升的医疗卫生成本（Goodwin et al.，2014）。目前美国尚未完全实现整合照护，2011 年仅慢性病这一大类疾病给医疗卫生系统造成的损失就大约为 350 亿至 450 亿美元（Berwick and Hackbarth，2012）。整合照护是解决此问题的最重要策略之一，已被列为改善人口健康、组织复杂护理和控制医疗费用增长的一项重要手段（Goodwin et al.，2014；Hildebrandt et al.，

2012）。近年来，护理供给模式已从应急性和分段护理转变为预防性和协调性护理，这与世界卫生组织发布的《以人为本的综合卫生服务框架》文件保持高度一致。该框架要求采用更集成的方法来确定服务的资金、管理和交付方式（WHO，2018）。

整合照护的过程面临一些困境，它取决于若干个因素，如资源的可用性、卫生和社会护理系统以及利益相关者的承诺和支持（Goodwin et al.，2014；WHO，2018）。因此，一些国家的政府部门和基层机构设计并实施了不同类型的整合照护模式。这些模式的不同之处在于服务的人口类型、整合照护部门和服务区别、相关护理提供者，以及建立的卫生医疗筹资和报销结构类型（Goodwin et al.，2014）。尽管整合的现状不容乐观，但整合照护模式还是被越来越广泛地采用。

第三节　整合照护机构的多重障碍

整合照护包括医疗机构之间、养老机构之间，以及医疗机构与养老机构之间的合作。我国现在提倡的“医养结合”就是指机构供给医疗服务和养老服务，相互之间开展协作，实现护理资源利用的最大化。组织间协作至关重要，因为大部分患者的服务需求是多元化的，通常需要多个医疗机构（通常是正式和法律上独立的）提供服务（Kodner and Spreeuwenberg，2002；Andersson et al.，2011）。组织间协作不仅可以减轻医疗卫生系统碎片化的问题，而且还有创新的潜力（例如，护理整合能产生互补作用）。不同国家的案例证明了医疗机构间合作，进行护理整合的重要性。比如在美国，社区的健康和人性化服务通常由单独个体组成的社交网提供（Provan et al.，2002）。此外，在美国和德国都有进行组织间合作的医疗机构（Pimperl et al.，2017；Shortell et al.，2014）。自20世纪90年代以来，英国国家医疗服务体系已经进行了组织间合作整合照护试点（Hardy et al.，1999），北欧国家和荷兰也是如此（Wadmann et al.，2009；Hardy et al.，1999）。尽管这种模式具有诸多潜在的好处，但许多医疗机构组织间的合作都以失败告终（Isbell，2012），从本质上来讲，这是一项管理层面的挑战。关于医疗、养老机构组织间的合作障碍主要表现在六个领域，如行政/法规、资金、组织间、组织内、服务供给、临床等诸多方面。本节主要参阅了Auschra（2018）的研究成果，特此说明。

一、与行政法规相关的障碍

现有的规章制度可能会禁止组织间的合作，或者使实施过程变得极其复杂，既耗费金钱又耗费时间，从而妨碍组织间的合作（Andersson et al.，2011）。例如，有的法律规定隶属公共部门的组织要注重官方流程，这样显然会减缓合作进程（Ling et al.，2012）。还有的会阻碍计划内的组织间协作进行信息交换（例如，患者数据），甚至可能阻碍公共部门预算的汇总（Hardy et al.，1999；Hudson et al.，1997）。

二、与资金有关的障碍

缺乏组织资源和外部资金。有时组织缺乏启动和发展组织间协作所需的资源（Boothroyd et al.，2015）。组织管理者通常无法投入必要的资源（如时间）促成一个合作，因为组织可能有其他需要（Tsasis et al.，2012）。此外，他们担心进行组织间协作会产生成本转移，如政府可能会减少对公共部门的支持（Johnson et al.，2003）。隶属公共部门的组织普遍缺乏合作资金是组织间合作的主要障碍，还会给有合作意愿的组织带来高度不确定性（Glendinning，2003）。

对于一个护理机构来说，筹资的障碍表现为护理机构的资源和外部筹资的缺乏状态。有时候机构缺乏工作开展和发展横向合作的必要资金（Boothroyd et al.，2015）。机构管理者担心由于政府对公共部门的支持逐渐减少，机构成本被转嫁到机构间的合作当中（Johnson et al.，2003）。所以，机构间合作的资金不足是一个主要障碍，也是机构间是否愿意合作的一个高度不确定因素（Glendinning，2003）。有学者讨论了行为经济学概念如何解释医疗程序设置中的决策过程，以及如何通过展示卡布奇诺模型来使用这些概念和策略从而改善服务并降低成本（Rocha，2019）。有影响力的创新无须额外资金即可实施捆绑式资金以改善结果和经验，而通过将综合护理和捆绑式资金整合在一起，整合综合护理计划将促进实现三重目标（Shearkhani et al.，2019）。

三、与组织间相关的障碍

1. 缺乏领导和协调

恰当的领导对于开展组织间合作活动很重要（Ling et al.，2012；Huxham and Vangen，2005）。组织间的合作通常涉及许多具有不同目标的利益相关者。如果他们之间协调不当，比如当组织领导者开始限制与其他组织的合作的时候，会大大影响合作的进度。当计划多而实践少时，情况也可能如此，即导致过度处理——在护理层面上没有任何结果。缺乏领导通常容易产生不确定性，从而阻碍组织间协作进程（Andersson et al.，2011；Johnson et al.，2003；McGuire and Agranoff，

2011；Wihlman et al.，2008）。国内有研究也说明了这一点。在长者用餐服务的实证研究中，从组织整合的视角，同时从体制、结构、运行三个层面对养老服务中多元主体的整合情况进行分析，发现目前的养老服务供给体系虽然在供给主体上呈现出多元化，但不同主体之间欠缺整合。优化养老服务的多元合作供给，必须从服务规划者、多元主体供给架构、信息沟通机制方面着手，建构多元供给主体的整合框架（许源源和朱敏青，2021）。

2. 缺少行动者

缺少重要行动者可能是影响组织间进行卫生服务供给的障碍（Andersson et al.，2011）。一个较典型的例子是如果未能将当地医院纳入综合医疗网，就会对组织间合作造成困难。形成这一障碍的原因之一是组织间合作关系正式成立之前，缺乏对潜在合作伙伴的了解。由于卫生服务提供本身具有复杂性且潜在合作伙伴之间相互了解不深，因此，服务组织的能力和关系可能会受到限制（Tsasis et al.，2012）。

3. 权力不平衡和冲突

权力不平衡会成为组织间协作的强大障碍，并影响合作的最终结果（Popp et al.，2013；McPherson et al.，2017）。例如，合作双方中如果权力较强的组织没有提供必要的投入，则另一个组织对它的依赖可能会形成一种障碍（Christensen，2016）。权力失衡的组织采取措施捍卫自己的资源和权威通常会导致权力冲突（McGuire and Agranoff，2011；Bourdages et al.，2003）。权力失衡还会减缓医疗服务网络的计划和委员会组织工作进程（McPherson et al.，2017）。

4. 协作设计和目标方面的差异

对组织间合作形式的不同期望也会导致合作网形成过程发生争议（Andersson et al.，2011；Boothroyd et al.，2015），从而阻碍了进一步的发展。例如，Dinesen 及其同事的研究表明，一个地区医院的护士之间有时无法形成共同的期待，因为他们缺乏对彼此能力的了解（Dinesen et al.，2007）。

5. 不兼容的组织结构

区分组织结构和流程会阻碍组织间的协作，如会因为工作安排不同阻碍日常会议的召开（Dinesen et al.，2011）。此外，在不同的组织中都有规范的时间表和时间范围（Boothroyd et al.，2015），决策机构不同（Johnson et al.，2003），关于就业、问责制和等级结构的观点也不同（Hudson et al.，1997），这些都会影响组织间的协作。

四、与组织领域有关的障碍

1. 组织与集体利益

在组织间的协作中，目标和利益各不相同的不同组织共事。组织目标不必与集体目标重叠（Hearld et al.，2012）。组织往往倾向于追求自己的利益，而不是协作所得的利益。如果这两者相冲突，就会出现阻碍组织间合作的障碍和矛盾的日程安排。例如，如果（强制性）合作威胁了组织的政治和经济利益，那这个组织可能非常不愿意合作（Zou et al.，2012）。如果组织间参与者涉及不同的组织利益，就会促成更多包括制定竞争法则在内的准市场关系的争议性合作（Johnson et al.，2003）。参与组织间合作还意味着失去组织自主权，譬如当共享资源和联合计划需要共同决策的时候，如果组织利益和集体利益不重叠甚至冲突，就会出现问题（Huxham and Vangen，2005；Provan et al.，2002）。研究发现，组织在组织间合作中开始非常强烈地保护己方利益时，容易导致合作双方都不愿意为共同的问题承担责任（Wadmann et al.，2009）。

2. 组织之间的文化差异

组织在宣传自己特色文化的时候，如果没能平衡好文化差异，就会产生组织间合作障碍。组织的隐形文化和规章制度（例如，对于时间概念的理解和工作方式）会引导产生不同的价值取向和行为规范。组织之间的文化差异可能会影响与组织间协作相关的各个领域，如决策或处理的过程（Huxham and Vangen，2005；Provan et al.，2002）。

3. 以往的合作经验

与现有伙伴或其他伙伴的合作经验既影响组织的合作意愿，也影响组织在现有合作中的行为。如果既有组织从以往的合作中获得经验，那么组织会以不同的方式评估合作成果（Boothroyd et al.，2015）。早先不愉快的合作经历或正在进行的合作可能是一个劣势，因为会使员工对组织未来的合作持保留意见。

五、与服务供给相关的障碍

1. 缺乏技术标准

需要使用通用互联网技术基础结构的组织间协作，往往表现得严重缺乏互通性。不同的互联网技术系统使得数据交换变得异常复杂，这可能成为组织间协作的障碍（Ling et al.，2012）。

2. 缺乏信任

缺乏信任会妨碍组织间协作（Loisel et al.，2005）。例如，彼此不信任的氛围可能导致领域行为和相互怀疑，从而妨碍跨组织的医疗专业人员之间的合作（Andersson et al.，2011）。如果其中一个组织不断拒绝共同的工作，那么这种不信任感会扩散开来并使组织间合作破灭的风险越来越大（Stahl et al.，2010）。此外，由于缺乏信任，合作伙伴会选择再次收集对方提供的信息（如患者数据）以操控合作流程（Christensen，2016）。这既耗费时间又需消耗彼此的信任。

3. 抵制变革

首先是组织内成员通常不愿接受与组织间协作实施相关的变革，尤其是当他们看不到协作的价值或担心自己会失业的时候（Goldman，1982）。其次是负责组织间协作的高层可能会不愿意更改流程、共享信息并增加合作。Ling 等（2012）认为，全科医生一般并不愿意从事组织间的合作，因为他们能明显感受到改变的压力。

4. 不同的专业背景

组织间进行合作需要各种各样不同专业背景的人（例如，医师、护士、在商学院受过教育的管理人员）之间协同工作。医务人员的不同背景可能会阻碍组织间的协作（Dinesen et al.，2011；van Hook and Ford，1998）。医生和护士等职业之间建立等级制度，甚至形成权力结构可能会约束组织间协作。此外，不同的职业有不同的文化背景和职业价值观，工作遵循不一样的原则。这可能会在跨专业工作的组织间协作中引起冲突（Hudson et al.，1997；Johnson et al.，2003）。这样的冲突会导致人们开始捍卫自己的职业领域（Axelsson S B and Axelsson R，2009；Pate et al.，2010；Behruzi et al.，2017）。与此同时，在自己的职业领域外办事的动机会变得很低（Hudson et al.，1997）。

六、与临床实践相关的障碍

1. 机密性问题

已有的研究成果表明，机密性问题可能会妨碍组织间的协作，如导致缺乏特殊患者的共享信息（Cooper et al.，2016）。一篇研究综合精神保健服务的文献特别提到了这一障碍（Whiteford et al.，2014；Cooper et al.，2016）。

2. 缺乏信息交换

缺乏密切的信息交流，有时是由密切问题引起的，因此缺乏信息交流会阻碍跨组织的合作工作。缺乏交流信息可能会影响测试结果和医疗方案推荐期间客户的数量（Lyngsø et al.，2016）。如果参与协作的某些专业人士无法访问某些数据存储库，会导致形成此障碍。缺乏信息交换反过来会增加错误和出现错误的概率，并且影响员工的心理健康，危害员工的工作安全（Hansson et al.，2010）。

第四节　整合照护的政策导向与路径选择

一、整合照护的政策导向

整合照护本身并不只是一种技术性挑战，同时还涉及护理专家、被护理者及其家庭和护理者的观念转变（Cheah et al.，2012）。它是一种系统性工作，需要各方护理参与者的有序配合，其中的一个难题就是社会和卫生服务部门对服务供给方向的不同理解，这源于特定文化背景下不同专业历史与实践的不同（Billings，2005）。

总的来看，国外整合照护从服务个体的角度主要有四种政策取向：①以“全人”为导向的整合照护；②以专家为导向的整合照护（Janse et al.，2012；Raney，2013）；③以一线工作者为导向的整合照护（Butt et al.，2012）；④以利用者自我管理为导向的整合照护（Mountain，2004；Sang，2007）。

从供给主体角度来看，主要是服务机构或组织间的整合。组织间整合的前提条件要具有以下这些特征。第一，组织间关系中的合作伙伴遵循共同的目标或目的（Huxham and Vangen，2005；Popp et al.，2013）。第二，所涉及的组织保持独立性和自主性（Cropper et al.，2009），但需要对其合作伙伴尽到该尽的义务。第三，合作关系可以由彼此交流确立，如分享信息、资源，参与活动提升能力和进行社会性互动（Weber and Khademian，2008；Provan et al.，2002）。第四，合作伙伴遵循某些规则、规范和关系结构，使关系发展为正式或非正式（Berends et al.，2011）。第五，组织间关系的参与者也可以是竞争对手，营利性和/或公共的非营利组织（Popp et al.，2013）。因此，两个或多个组织间都可以被视为组织间合作；这一切都取决于协作质量，诚然，这种关系不容易创建也不容易维护（Cropper et al.，2013；Sydow et al.，2016）。

二、整合照护的路径选择

第一种视角，全方位整合。①服务理念的整合。从“照看”向“支持自理”转变（Hill，2007），从注重“照料”向“照料与护理并重”转变（Kodner，2002；Cheah et al.，2012）。②组织机制的整合。老年人整合照料需要专业服务组织的整合改造，医院、急症期后的护理机构、家庭照料计划、流动诊疗所和照料管理项目、成人日间照料中心以及安宁照料机构等不同的组织体共同组成老年人整合照料供给主体（Coleman，2002）。③服务内容的整合。为老年人提供适宜居住环境、医疗卫生、长期护理、疾病预防以及社区生活支持等整合性服务（童星，2015；刘利君，2016；罗燕妮等，2017；王维和刘燕丽，2020）。④专业团队的整合。由医师、执业护士、社工以及其他辅助人员共同组成跨学科的服务团队（Coleman，2002），在社区卫生服务中心建立托老科的模式具有地理位置可及、医疗保健条件良好及社区资源丰富等优势（王丹等，2016）。⑤筹资渠道的整合改革。美国的医疗照顾和医疗救助，日本的介护保险都是很好的实践范例（刘利君，2016）。一些国家对长期护理服务体系的筹资机制正在进行改革。在西班牙新的筹资和合同模式实现了一系列变化，从与活动相关的付款到衡量健康状况的结果，以及从基于结构的工作到基于系统的工作（Mora et al.，2013）。澳大利亚已经开发了强大的基于活动的资助系统，现在已经具备了进入下一轮护理资助模式改革的有利条件（Prior and Kitts，2017）。在“恢复伙伴”内，灵活的资金用于为特定的个性化需求提供资金，或者在团体级别（客户群体在澳大利亚具有相同需求）下提供资金（Smith-Merry and Gillespie，2017）。在白俄罗斯，自2012年起引入了国家社会秩序，其主要目标是通过预算融资为社会各界提供社会服务（通常以项目形式）以解决重大社会问题，而不论所有制形式（Svetlovich et al.，2018）。在加拿大魁北克省，PRISMA①协调类型的模型限制了家庭护理服务的可用性，降低了案例管理人员为患者提供适当服务的能力，因此在不久的将来应在家庭护理服务中提供资金支持（Hébert，2012）。为此，中国养老服务要体现政府购买服务的责任（王建云，2015；何文炯，2017），完善我国的养老服务补贴制度，主要应确保一个“底线”、实施三个“梯度”、制定全国统一的失能状况评估标准，同时中央应给予专项均衡性财力支持。从长远看，应将养老服务补贴制度纳入长期护理保险制度的顶层设计框架中（桂世勋，2017）。

第二种视角，分层整合。第一，连接模式（最低层次的整合）。第二，协作模式（中等程度的整合）。第三，完全的整合模式（最高层次的整合）（Leutz，

① PRISMA 是加拿大社区养老服务的一个研究方案。

1999；胡宏伟等，2017）。

第三种视角，模式整合。一是机构整合模式，重点关注慢性病老年人，以及重度失能失智老年人（Waldeyer et al.，2010；Minkman，2011；Ketelaars，2011）；二是社区整合模式，主要是将初级护理、社区护理和社会护理以被护理者为中心统合起来（Keong et al.，2012；Tsutsui，2014），以及建立社区与社区、社会、政府等多维整合（耿亚男和宋言奇，2011；李翌萱和蒋美华，2020）；三是居家整合模式。有学者认为我国要创新“三一”居家整合服务模式，即发展一支个案管理师队伍，建立一个居家养老企业、社会组织资源库联盟，形成一个“老年人+家庭”的消费支付渠道（于泽浩，2019）。中国农村养老服务要适应中国传统文化的国情，在服务资源上要注重整合式，但是在管理上要实行网格化的包干（原新和周平梅，2019）。在城市，居家养老服务存在主体多但服务内容单一、服务回应低、沟通隔阂大、内容重复且专业化程度低等供需失衡问题，这些问题不仅会降低服务质量、浪费服务资源，而且会弱化服务供给方和需求方的关系。基于此，借助资源整合的理论视角，依托供需平衡的政策框架，需要在优化平衡政策的链条、推动供需平衡的循环、促进平衡政策的产出等城市居家养老服务供需方面研究策略（曲绍旭和郑英龙，2020）。

第四种视角，智能化整合。通过大数据、云计算等手段，整合人流、物流、信息流、服务流、资金流等资源，形成智能化综合养老服务平台才能精准化了解养老需求（唐钧，2016；李莉等，2017）。随着互联网、大数据、移动通信技术的迅猛发展，人工智能在养老领域的运用将会更加广泛。智慧养老的发展不仅需要技术的创新，还需要理念的转变、资源的整合和组织的协同（杨芳，2019）。

第五节　整合照护的经济效益与实践反思

一、整合照护的经济效益①

1. 整合照护评估的要求

经济评估的结果被越来越多地用于医疗卫生决策，这进一步强调了检验这些评估方法是否符合标准的必要性（Drummond et al.，2015）。探究整合照护模式在医疗环境中的可转移性的政策制定者可能会有兴趣了解研究结论是否可以被接

① 本节内容主要参考 Kadu M, Ehrenberg N, Stein V, et al. 2019. Methodological quality of economic evaluations in integrated care：evidence from a systematic review. International Journal of Integrated Care，19（3）：17.

受和值得信赖（Drummond et al.，1993；Drummond et al.，2009）。尤其在这种情况下，由于存在误导性或偏颇的经济分析的指导，将公共资金分配给医疗服务可能会引发重大的道德问题和政策影响（Drummond et al.，2015；Dávalos et al.，2009）。在经济评估中采用可靠的方法对在医疗服务规划和服务供给中进行整合照护的临床医生和医疗从业人员也很重要（Drummond et al.，1993）。最后，对经济评估的论据质量进行系统性评估，明确进行整合照护干预措施后的实质性差异及改进机会的重要性，都非常重要（Nolte and Pitchforth，2014）。随着大型评估研究的开展，经济评估中对整合照护干预措施是否可以实现物有所值的要求越来越普及化（Conklin et al.，2013）。

2. 整合照护评估的效果

de Bruin 等（2011）认为 62%的疾病管理计划节约了成本。Desmedt 等（2016）通过近期的荟萃分析发现 50%的多发性硬化症的整合照护干预措施、67%的精神分裂症和 89%的糖尿病干预措施具有成本效益。Ouwens 等（2005）论证了整合照护干预措施中有 57%节省了成本。Looman 等（2016）在评估针对弱势老年人的社区干预措施时，通过成本效益平面以图形方式报告了其老年照护整合指标。他们通过使用这种方法证明了与常规护理相比，新干预措施的成本仅降低了 0.21%，而有效性则降低了 78.8%。由于未将诸如临界点之类的决策标准应用于实验结果，因此确定该干预措施是否可以最终被认为具有成本效益很难。另外，Tanajewski 等（2015）认为在不同的成本区间（20 000~120 000 英镑）下，多学科出院计划比常规护理更有利。他们还发现决策者越愿意投资于干预措施，其干预措施具有成本效益的可能性就越高。整合照护经济评估模型的稀缺可能是由该研究领域缺乏卫生经济学的建模专业知识所致。另一个原因可能是整合照护的复杂性——干预与结果之间存在非线性关系（Tsiachristas et al.，2016）。此外，延迟实施整合照护干预措施可能会导致实施后 3~5 年才能观察到全面的治疗效果（Serxner et al.，2006）。决策模型无法克服此限制。此外，时间跨度较长的评估会增加干预的风险，使干预的最终结果被常规护理或其他措施所影响。Tsiachristas 等（2016）建议在研究期之后，将关键措施的常规监测作为衡量干预措施长期效果的潜在策略。

3. 整合照护评估的困境

整合照护通常被认为是一项复杂的干预措施，需要根据实施的具体情况进行调整。经济评估在这种复杂的适应性干预措施中发挥着重要作用，它通过患者的反馈以及实验获得的经验和结果来进行（Tsiachristas et al.，2016）。整合照护的经济性评估常常是大规模评估的基础。在某些情况下，评估计划是在干预结束后开始的（Bergmann et al.，2017）。那么这时，研究人员可能无法控制常规收集的数据中所包含的结果测量型数据（Tsiachristas et al.，2016）。在一项对六个欧洲国家的慢性病管理计划评估进行的定性研究中，缺乏评估文化也被认为是提供可靠证据的主要障碍之一（Knai et al.，2013）。对此有几种可能的解释。政策制定者和从业人员可能没有意识到进行评估的必要性或好处（Knai et al.，2013）。由于感觉到额外的行政和财务负担，利益相关者可能不愿支持评估（Olsson et al.，2009）。最后，在某些医疗保健环境中，特别是在资源匮乏的环境中，进行全面经济评估可能缺乏所需的人员能力或必要的技能（Rowe et al.，2005）。然而，随着决策者越来越依赖实证研究，重要的是要在整合照护计划的设计和规划时就安排评估人员，而不是在实施之后（Tsiachristas et al.，2016）。

二、整合照护的实践反思

1. 整合照护的运行管理

总结国外经验，其对整合照护的管理主要体现在以下三个方面。第一，整合照护需要整合的能力建设。在整合工作中，一般存在三个主要问题：组织化问题、文化和专业问题、情景问题。而能力建设是系统解决这些问题的关键（Elmer and Kilpatrick，2006）。第二，整合照护需要整合的监管。整合的监管主要包括政策效果的全国认知、对严重问题或灾难进行事件管理、医疗护理机构进行审计、重要议题方面向卫生部提供建议等四个方面。第三，整合照护需要对服务进行测量，对质量进行评估。对服务的测量主要有三个方面：①测量长期服务与支持的质量；②测量行为健康性；③测量护理的协调性（Lind，2013）。

2. 整合照护的实践反思

整合照护俨然成为发达国家解决老年人护理危机的灵丹妙药，然而关于整合照护的理论与实践仍然存在争论，也引起了广泛的反思（胡宏伟等，2017）。

首先，对整合价值的思考。整合照护究竟是为了减少成本还是为了提供全面的服务？世界卫生组织认为整合照护的价值在于通过整合不同的护理服务满足服务对象的多元、复杂的需求而非单纯减少成本（WHO，1996）。

其次，对整合信息技术的思考。在提供护理服务的过程中，是依赖高科技还是需要照护人与被照护人之间的高接触？通过对 7 个国家整合照护实践的考察，Goodwin 等（2014）对整合照护可能由于过度依赖信息技术而产生的技术伦理进行了批判，认为相比较于依赖信息技术，服务提供者与服务对象之间人性化的、面对面的接触更加重要。

再次，对整合照护方式的思考。整合的最优方式是自上而下还是自下而上？目前发达国家的整合照护模式都是从微观层次上自下而上进行的，而宏观层次上自上而下的组织模式却较少出现，全国性的组织整合甚至会带来垄断和压制服务对象的选择权（Leutz，2005）。因此，学者普遍推崇自下而上的整合方式，并建议尽量减少自上而下的整合方式。

最后，整合的主要执行者的思考。处于社区的初级保健医生在整合团队中是中心地位还是边缘地位？许多学者认为，由于老年人往往患有多重慢性病，理论上来说初级保健医生在整合团队中往往居于核心地位（Coleman et al.，2009）。然而，在实践案例中，初级保健医生在整合团队中很少居于核心地位，不愿意与其他服务提供者分享病人的信息，在服务输送的整合过程中也比较消极（Goodwin et al.，2014）。初级保健医生缺乏整合动力的原因是担心经济利益损失、护理技术的泄露，还是政策不鼓励、在服务整合中不被尊重等，值得进一步去研究。

第六节　简 要 评 价

上述五节内容从十多个方面对整合照护进行了全面的文献综述，我们可以从中发现既有的国内外文献研究呈现出如下几个特点。

一是国外整合照护的实践已形成规模，相关理论研究较为成熟、有深度，但是也存在观点不一、不够全面的现象；国内理论上刚刚起步，较多地体现在对传统养老服务的碎片化现象描述和需要整合的原因分析，以及少数文献对国外整合照护的介绍。

二是近几年，国内部分文献对整合路径的系统性研究不够全面。在实践中，囿于老年人长期护理服务分散在民政、卫生、人社、残联等部门，资源动员能力相对较差。在对相关政府职能部门的访谈中，我们也了解到地方职能部门基本上是按照上级政府文件执行推动医养结合，真正有创新思路的政策不多，缺乏创新动力。当前国内研究指出了我国养老服务存在诸多困境，进一步强调了构建“医养结合”养老服务模式的必要性，但尚未提出一套具体、可行的构建“医养结合”养老服务模式的实践方案。

三是目前我国对传统养老服务体制已经有长期护理保险制度创新，但大多文献研究局限在长期护理保险试点政策本身的缺陷分析，缺乏从理论层面探讨长期护理保险与其他五大保险之间的关联分析，除了少数学者外（戴卫东，2012；冉密等，2017），研究长期护理保险与医疗保险、工伤保险、养老保险三大保险制度关系与衔接的文献不多见。

四是国内整合照护的研究方法主要是规范研究，实证研究不足。同时，一些研究成果的政策性、系统性不强，缺乏可操作性。因此，整合照护是我国学术研究和政策实践下一步应高度重视的领域。

还有一点要特别指出的是，国际上的整合照护与国内目前热度很高的“医养结合”严格来说并不是同一概念。有学者开始探讨二者的区别（黄健元等，2020）。整合照护是指将失能失智者尤其是老年人的失能期生活照料、慢病期治疗、康复期护理、临终期安宁疗护等一体化的照料护理服务，通过政策、技术、临床、服务方式、服务组织以及资金等多方面的统筹整合，从而保证被护理者体面、有尊严的生活质量。《国务院关于加快发展养老服务业的若干意见》（国发〔2013〕35号）、《国务院关于促进健康服务业发展的若干意见》（国发〔2013〕40号）和《国务院办公厅转发卫生计生委等部门关于推进医疗卫生与养老服务相结合指导意见的通知》（国办发〔2015〕84号）均指出，要推动“医养结合”发展，探索医疗机构与养老机构合作新模式。“医养结合”养老模式有三个层次，即“医”“养”“护”。“医”是指老年人的生病就医服务，“养”是指老年人的日常生活照料服务，“护”是指老年人的慢性病或康复期间的护理服务。显然，老年人的生病就医服务属于医疗急症服务，应该是社会医疗保险的保障范围，不属于整合照护的范畴，当然也不应是长期护理保险的保障范围。

第三章　养老服务需求侧的变化

养老服务需求与老年人的健康自评状况、慢性病情况、残疾与不同程度的失能、失智情况密切相关。本章数据来自北京大学国家发展研究院主持的“中国健康与养老追踪调查”。该问卷调查是一个大型跨学科长期追踪调查项目，旨在收集一套代表中国45岁及以上中老年人家庭和个人的高质量微观数据，用以分析我国人口老龄化问题，推动老龄化问题的跨学科研究。2008年，CHARLS选取了代表经济落后地区的甘肃省和代表富裕地区的浙江省进行试调查，涉及48个社区，共2685个45岁及以上个人样本。2012年开展两省追踪调查。随后在2011~2012年进行全国基线调查，全国性调查覆盖150个县级单位，450个村级单位，约1万户家庭中的1.7万人。调查结束一年后，数据对学术界公开。CHARLS基线调查包括家户和社区两个层面，调查内容包括个人基本信息，家庭结构和经济支持，健康状况，体格测量，医疗服务利用和医疗保险，工作、退休、养老金、收入、消费、资产，以及社区基本情况等。社区调查收集了整个社区的社会、经济和政策环境等情况。

本章主要利用CHARLS数据库2011年、2013年、2015年调查数据，进行描述性分析及比较研究分析。具体涉及老年人的人口学特征、慢性病状况（包含健康自评、慢性疾病情况）、失能状况（包括躯体受损、活动能力受损）以及失智情况（包括认知受损与精神受损），在不同人口学特征间的差异及年份间的变化比较。

第一节　老年人慢性病状况与养老服务需求变化

一、样本概况

本调查面向45岁及以上的中老年人家庭和个人，中老年人数即为本次总样本人数（因此下文提及的所有中老年人特指 45 岁及以上人群）。因本书需单独分析老年人各项情况，故单独统计老年人占比及老年人按年龄、性别、婚姻状况、居住地类型、受教育程度分组的人数和占比。

样本结构显示，老年人占中老年人数比例在三年间基本相当。以年龄、性别、婚姻状况、居住地类型为划分依据的样本，结构比例在三个年份间基本相似，2013 年的受教育程度样本构成与 2011 年、2015 年差别较大，高受教育程度老年人更多（表 3-1）。在后续章节的横向比较中将考虑该差异因素。

表 3-1　样本数量及占比情况

样本数量及占比情况			
项目	2011 年	2013 年	2015 年
中老年人数	10 138	18 455	20 967
老年人（占中老年人数比例）	4 766（47.01%）	8 866（48.04%）	10 354（49.38%）
年龄			
60~64 岁	1 775（37.2%）	3 536（39.9%）	3 512（33.9%）
65~69 岁	1 125（23.6%）	2 186（24.7%）	2 591（25.0%）
70~74 岁	880（18.5%）	1 526（17.2%）	1 711（16.5%）
75~79 岁	484（10.2%）	773（8.7%）	1 076（10.4%）
80 岁及以上	502（10.5%）	845（9.5%）	1 464（14.2%）
性别			
男	2 479（52.0%）	4 419（49.8%）	5 033（48.7%）
女	2 287（48.0%）	4 447（50.2%）	5 321（51.4%）
婚姻状况			
有配偶	2 931（61.5%）	6 675（75.3%）	7 775（75.2%）
无配偶	1 835（38.5%）	2 191（24.7%）	2 579（24.8%）
居住地类型			
农村	3 703（77.7%）	7 288（82.2%）	7 573（73.2%）
城市	1 063（22.3%）	1 578（17.8%）	2 781（26.8%）
受教育程度			
文盲	1 715（36.0%）	847（9.6%）	3 879（37.5%）
小学	2 131（44.7%）	4 480（50.5%）	4 539（43.8%）
初中	578（12.1%）	1 889（21.3%）	1 250（12.1%）
高中及以上	342（7.2%）	1 650（18.6%）	686（6.6%）

二、自评健康情况变化

1. 中老年整体人群与老年人自评健康情况变化

基线调查针对被调查人群健康状况的自我评价，答案很好=5 分，好=4 分，一般=3 分，不好=2 分，很不好=1 分，评分越低代表健康自评越差。中老年整体人群与老年人群自评健康情况及年份间变化的统计，如图 3-1 所示。

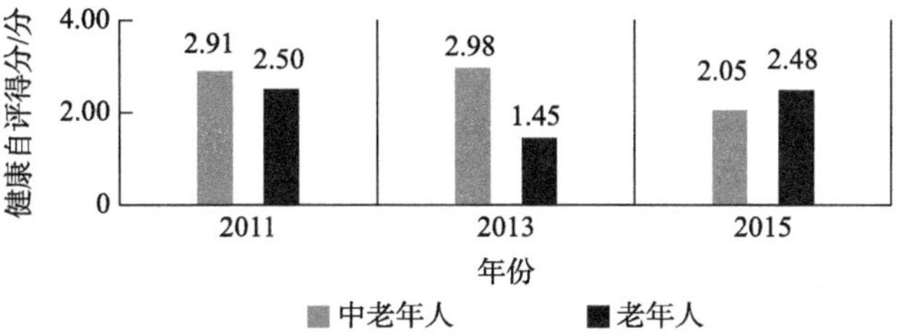

图 3-1 中老年整体人群与老年人群自评健康情况及年份间变化

结果显示，2015 年较 2011 年中老年整体人群与老年人群自评健康均值均降低，中老年整体人群较老年人群自评分下降更为明显。

2. 不同老年人群自评健康的变化

老年人自评健康 2015 年均值评分为 2.48 分。自评健康评分在年龄、性别、婚姻状况、居住地类型、受教育程度之间均有差异（$p<0.05$）。年龄越高，自评健康评分越低，但在 80 岁及以上年龄段评分略有升高；男性评分略高于女性（2015 年男性评分高于女性 0.11 分）；有配偶的自评分高于无配偶老人（2015 年相差 0.15 分）；城市老人健康自评分高于农村老人（2015 年相差 0.15 分）；受教育程度越高，自评健康分值越高（表 3-2）。

表 3-2 不同老年人群自评健康得分

项目	2011 年	2013 年	2015 年
均值	2.50	2.45	2.48
年龄			
60~64 岁	2.42	2.50	2.55
65~69 岁	2.37	2.43	2.45
70~74 岁	2.39	2.39	2.41

续表

项目	2011 年	2013 年	2015 年
75~79 岁	2.29	2.43	2.37
80 岁及以上	2.29	2.41	2.51
F 值	5.50	3.24	4.45
p 值	0.000	0.012	0.001
性别			
男	2.44	2.53	2.53
女	2.31	2.37	2.42
t 值	4.72	7.08	4.94
p 值	0.000	0.000	0.000
婚姻状况			
有配偶	2.40	2.74	2.59
无配偶	2.34	2.45	2.44
t 值	2.25	2.19	4.15
p 值	0.025	0.014	0.000
居住地类型			
农村	2.44	2.45	2.44
城市	2.58	2.74	2.59
t 值	−1.61	−3.39	−6.42
p 值	0.054	0.000	0.000
受教育程度			
文盲	2.29	2.35	2.45
小学	2.37	2.44	2.42
初中	2.47	2.59	2.65
高中及以上	2.68	2.69	2.63
F 值	14.14	23.12	3.52
p 值	0.000	0.000	0.007

三、慢性病情况变化

1. 中老年整体人群与老年人慢性病患病情况及变化

通过对2011年、2013年、2015年中老年整体人群与老年人群患各项慢性病比例统计，结果显示，中老年人与老年人患病率排前八位的慢性病情况一致，分别为关节炎、高血压、胃肠道疾病、心脏病、慢阻肺、血脂异常、肾脏疾病以及血糖升高（表3-3）。

表3-3　中老年整体人群与老年人慢性病患病情况

慢性病名称	2011年				2013年				2015年			
	中老年人群患病率	顺位	老年人患病率	顺位	中老年人群患病率	顺位	老年人患病率	顺位	中老年人群患病率	顺位	老年人患病率	顺位
关节炎	32.94%	1	34.28%	1	31.31%	1	35.04%	1	31.53%	1	39.79%	1
高血压	24.52%	2	25.39%	2	22.82%	2	29.63%	2	20.67%	3	28.50%	2
胃肠道疾病	22.28%	3	22.63%	3	21.66%	3	21.57%	3	21.84%	2	24.87%	3
心脏病	11.98%	4	12.56%	4	11.35%	4	14.39%	4	10.59%	4	14.93%	4
慢阻肺	10.18%	5	10.95%	5	9.53%	5	12.82%	5	9.42%	5	13.26%	5
血脂异常	9.27%	6	9.51%	6	9.05%	6	10.16%	6	8.85%	6	11.05%	6
肾脏疾病	6.34%	7	6.61%	7	6.04%	7	6.25%	8	6.03%	7	7.22%	7
血糖升高	5.70%	8	5.67%	8	5.56%	8	6.96%	7	5.16%	8	7.20%	8
肝脏疾病	3.88%	9	4.11%	9	3.85%	9	3.90%	10	3.86%	9	4.27%	10
哮喘	3.64%	10	4.00%	10	3.30%	10	4.77%	9	3.57%	10	5.36%	9
中风	2.36%	11	2.30%	11	2.14%	11	3.11%	11	2.10%	11	3.25%	11
与记忆相关的疾病	1.58%	12	1.51%	12	1.40%	12	2.35%	12	1.44%	12	2.47%	12
情感及精神方面问题	1.44%	13	1.28%	13	1.28%	13	1.36%	13	1.28%	13	1.68%	13
癌症等恶性肿瘤	1.03%	14	1.07%	14	1.01%	14	0.95%	14	1.00%	14	1.14%	14

将前八顺位的慢性疾病在2011年、2013年、2015年间比较发现（图3-2），老年人患关节炎比例逐年升高（2015年较2013年增长13.6%），患高血压的比例2015年较2013年降低1.13个百分点。老年人患胃肠道疾病比例增速较快（2015年较2013年增幅为15.3%）；患心脏病、慢阻肺比例2015年较2013年增长速度

放缓（2015 年较 2013 年增幅分别为 3.75%、3.43%）。

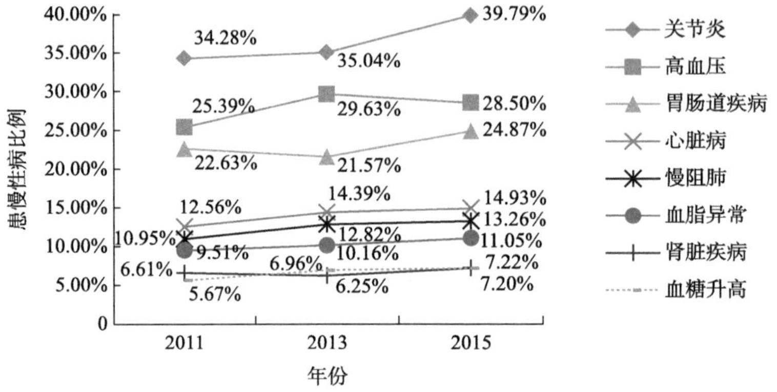

图 3-2　老年人患主要慢性病比例变化

2. 不同老年人群慢性病患病情况的变化

2011 年、2013 年、2015 年三年间，按年龄、性别和居住地类型来统计，老年人群患慢性病数量的情况如表 3-4 所示。

表 3-4　不同老年人群患慢性病数量的变化

项目	2011 年				2013 年				2015 年			
	患慢性病	患一种慢性病	患两种慢性病	患三种及以上慢性病	患慢性病	患一种慢性病	患两种慢性病	患三种及以上慢性病	患慢性病	患一种慢性病	患两种慢性病	患三种及以上慢性病
均值	74.6%	29.0%	21.4%	24.3%	70.9%	28.2%	20.3%	22.4%	71.6%	25.6%	20.9%	25.2%
年龄												
60~64 岁	73.7%	29.1%	20.6%	24.1%	68.2%	28.7%	18.8%	20.7%	68.9%	27.1%	20.2%	21.7%
65~69 岁	76.8%	29.9%	23.0%	23.9%	73.9%	28.8%	22.0%	23.1%	73.7%	25.5%	21.1%	27.1%
70~74 岁	74.9%	27.4%	21.5%	26.0%	74.6%	26.6%	22.7%	25.2%	77.3%	24.3%	23.8%	29.2%
75~79 岁	75.0%	27.1%	21.9%	26.0%	70.6%	26.1%	19.5%	25.0%	73.3%	24.2%	20.0%	29.2%
80 岁及以上	71.9%	31.3%	19.7%	20.9%	68.2%	29.2%	18.6%	20.4%	66.3%	24.7%	19.3%	22.3%
F 值	0.09	0.00	0.02	0.13	1.55	0.71	0.52	3.01	2.87	5.34	0.06	6.11
p 值	0.965	0.9944	0.9006	0.718	0.2005	0.4007	0.4718	0.083	0.035	0.021	0.811	0.0134
性别												
男	72.7%	29.6%	20.8%	22.3%	68.4%	28.2%	19.9%	20.3%	56.8%	26.4%	20.0%	22.9%
女	76.6%	28.2%	22.0%	26.4%	73.4%	28.2%	20.6%	24.5%	60.7%	24.8%	21.7%	27.3%

续表

项目	2011 年				2013 年				2015 年			
	患慢性病	患一种慢性病	患两种慢性病	患三种及以上慢性病	患慢性病	患一种慢性病	患两种慢性病	患三种及以上慢性病	患慢性病	患一种慢性病	患两种慢性病	患三种及以上慢性病
卡方值	16.86	1.14	0.98	10.89	37.04	0.01	0.68	22.60	44.1318	3.62	4.82	25.93
p 值	0.001	0.286	0.322	0.001	0.000	0.942	0.408	0.0000	0.0000	0.057	0.028	0.000
居住地类型												
农村	80.8%	26.2%	23.6%	31.1%	60.2%	22.0%	17.9%	20.3%	72.8%	27.0%	21.5%	24.2%
城市	74.4%	26.9%	19.9%	27.6%	51.5%	18.4%	10.2%	23.0%	68.4%	21.6%	19.1%	27.7%
卡方值	3.7397	0.04	0.94	0.73	10.36	1.29	6.98	0.71	52.06	30.96	7.27	12.91
p 值	0.291	0.847	0.331	0.394	0.016	0.256	0.008	0.399	0.000	0.000	0.007	0.000

表 3-4 表明了以下情况。①基本情况：七成以上的老人患有至少一种慢性疾病，其中患有三种及以上慢性疾病老年人占 25.2%（2015 年）。②趋势变化：老年人患慢性病比例 2015 年较 2011 年降幅为 4.01%，有所降低，患一种、两种、三种及以上慢性病比例 2015 年较 2011 年降（增）幅分别为−11.72%、−2.34%、3.70%。③2011 年、2013 年慢性病患病率以及患不同个数慢性病患病率在年龄段间无显著差异（$p>0.05$），2015 年患慢性病比例最高的年龄段为 70~74 岁，患三种及以上慢性病老人比例最高，而且集中在 70~79 岁（$p<0.05$）。④女性老人慢性病患病率高于男性老人，2015 年老年女性（60.7%）慢性病患病率高于老年男性（56.8%）3.9 个百分点，且女性老人患三种及以上慢性疾病的人数所占比例增长更为明显，2015 年较 2013 年的增幅为 11.43%。⑤农村老人慢性病患病率明显高于城市老人（2015 年，农村高于城市 4.4 个百分点），但患三种及以上慢性病老人比例城市高于农村（2015 年，城市高于农村 3.5 个百分点），结果具有显著性差异（$p<0.05$）。城市老人患三种及以上慢性病比例的增长幅度（2015 年较 2013 年增幅为 20.43%）高于农村老人（2015 年较 2013 年增幅为 19.21%）。

3. 不同老年人群患不同慢性疾病的比较

为了便于发现不同老年人群患不同慢性病的差异及其变化，这里，对前八顺位慢性病进行了老年人群间与年份间的比较。

1）不同性别间的变化比较

2011 年、2013 年、2015 年不同性别患慢性病老年人的比例如图 3-3 所示。

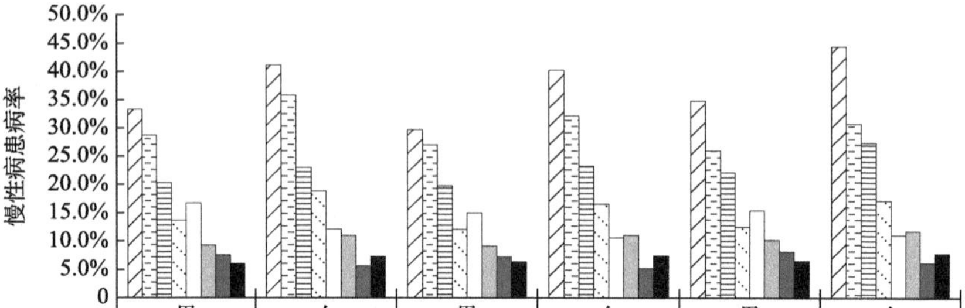

	2011年		2013年		2015年	
	男	女	男	女	男	女
关节炎	33.4%	41.2%	29.8%	40.3%	34.9%	44.5%
高血压	28.8%	35.9%	27.0%	32.3%	26.0%	30.9%
胃肠道疾病	20.3%	23.0%	19.8%	23.3%	22.2%	27.5%
心脏病	13.7%	18.8%	12.1%	16.6%	12.6%	17.2%
慢阻肺	16.7%	12.2%	15.0%	10.6%	15.5%	11.2%
血脂异常	9.3%	11.0%	9.2%	11.1%	10.2%	11.9%
肾脏疾病	7.6%	5.6%	7.3%	5.2%	8.3%	6.3%
血糖升高	6.1%	7.3%	6.4%	7.5%	6.5%	7.9%

图 3-3　不同性别老年人慢性病患病率的比较

图 3-3 数据统计显示：一是女性关节炎、高血压、胃肠道疾病、心脏病、血脂异常、血糖升高患病率明显高于男性老人，男性患慢阻肺、肾脏疾病的比例高于女性老人；二是女性老人慢性病比例增长最为明显的是胃肠道疾病、关节炎、血脂异常，且女性老人的这三项慢性病增长率明显高于男性老人的增长率；三是男性老人肾脏疾病与慢阻肺的增长率高于女性老人。

2）不同居住地间的变化比较

居住在城市或农村的老年人在 2011 年、2013 年、2015 年慢性病患病率有不同的差异变化，如图 3-4 所示，数据分析得出如下结论：一是 2013 年和 2015 年农村老人患关节炎、胃肠道疾病、慢阻肺、肾脏疾病的比例高于城市老人；二是 2013 年和 2015 年城市老人患高血压、血脂异常、血糖升高的比例高于农村老人；三是慢性病增长率在居住地之间没有特别大的差异，不同居住地老人都呈现患关节炎、胃肠道疾病人数比例增长，该两项慢性病的增长率城市较农村高。（2015 年较 2011 年增幅数据：关节炎城市增长 34.43%，农村增长 24.34%；胃肠道疾病城市增长 53.91%，农村增长 47.25%）。

3）不同年龄组的变化比较

从不同年龄组老年人慢性病患病率的数据结果（图 3-5）分析可得：①老年人关节炎、胃肠道疾病、肾脏疾病 2015 年较 2013 年都有所增长，胃肠道疾病患病率高峰值在 60~69 岁，关节炎患病率高峰值在 70~74 岁年龄段，肾脏疾病在各年

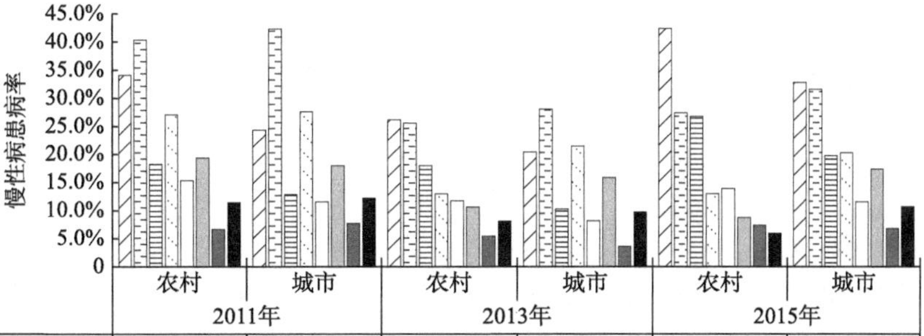

	2011年 农村	2011年 城市	2013年 农村	2013年 城市	2015年 农村	2015年 城市
关节炎	34.1%	24.4%	26.1%	20.4%	42.4%	32.8%
高血压	40.3%	42.3%	25.6%	28.1%	27.4%	31.6%
胃肠道疾病	18.2%	12.8%	17.9%	10.2%	26.8%	19.7%
心脏病	27.1%	27.6%	13.0%	21.4%	13.0%	20.2%
慢阻肺	15.3%	11.5%	11.7%	8.2%	13.9%	11.5%
血脂异常	19.3%	17.9%	10.6%	15.8%	8.7%	17.3%
肾脏疾病	6.6%	7.7%	5.4%	3.6%	7.4%	6.8%
血糖升高	11.4%	12.2%	8.1%	9.7%	5.9%	10.7%

图 3-4　不同居住地老年人慢性病患病率的变化比较

龄段患病率相当；②老年人患高血压比例增长放缓，除 75~79 岁年龄段老年人患高血压比例升高外，其余年龄段患病率基本呈现下降趋势；③老年人患心脏病比例增长放缓，2015 年除 65~69 岁、75~79 岁年龄段老年人患心脏病比例较 2013 年明显上升外，其余年龄段患该病比例增加不明显。

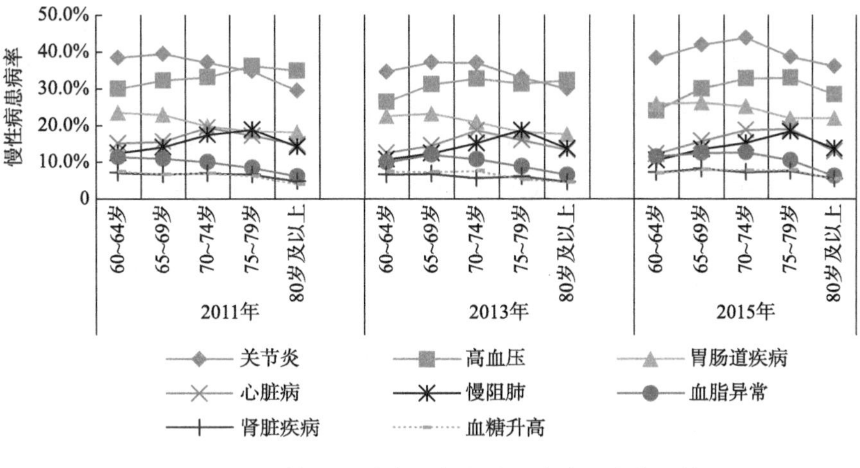

图 3-5　不同年龄组老年人慢性病患病率的变化比较

四、老年人慢性病状况引起养老服务需求的相应变化

1. 老年人慢性病变化总结

在慢病种类上，有七成以上的老人患有至少一种慢性疾病，其中患有三种及以上慢性疾病老人占 25.2%（2015 年）。老年人慢性病患病率、患一种、两种慢性病的比例 2015 年较 2011 年均有所下降，但三种及以上慢性病患病率 2015 年较 2011 年的增幅为 3.7%。老年人慢性病患病率前五顺位的分别是关节炎、高血压、胃肠道疾病、心脏病、慢阻肺。图 3-5 显示，各项慢性病患病率五年间均有不同程度的上升，其中关节炎、胃肠道疾病患病率上升最为明显，高血压患病率有所降低。

在性别方面，女性老人慢性病患病率高于男性老人，且患三种及以上慢性病人数女性较男性增长明显。老年女性患关节炎、高血压、胃肠道疾病、心脏病、血脂异常与血糖升高比例高于老年男性；老年男性患慢阻肺疾病、肾脏疾病比例高于老年女性，且增长明显。女性患胃肠道疾病、关节炎比例增长明显，且增幅高于男性老人。

在城乡差异上，农村老人慢性病患病率高于城市老人，但三种及以上慢性病患病率城市老人高于农村老人（2013 年和 2015 年），城市老人三种及以上慢性病患病率增长较为明显。农村老人患关节炎、胃肠道疾病、慢阻肺、肾脏疾病的比例高于城市老人（2013 年和 2015 年）；城市老人患高血压、血脂异常、血糖升高比例相对较高。城乡老人都呈现关节炎、胃肠道疾病人数增长迅速的特点，城市老人在该两项慢性病增幅上较农村老人高。

在年龄段方面，三种及以上慢性病患病率最高的为 70~79 岁年龄段。其中，胃肠道疾病患病率高峰值在 60~69 岁年龄段，关节炎患病率高峰值在 70~74 岁年龄段，肾脏疾病在各年龄段患病率相当。

2. 老年人慢性病状况引起的养老服务需求变化

1）患多种慢性疾病老人对社区连续性照护服务需求表现更为强烈

老年人患三种及以上慢性疾病的比例增幅明显，患多种慢性疾病的老人多为住院后出院老人，并发症较多，生活自理能力下降。一方面，这类老人的护理复杂性增加，用药依从性差，不当的服药或饮食习惯容易导致疾病恶化，引起复发或二次住院；另一方面，这类老人的生活自理能力下降，就诊及时性低，病症很难好转，容易引起其他并发症，多数还伴有慢性疼痛，从而产生抑郁情绪。因此患多种慢性疾病的老人对连续性照护的需求更为强烈，表现为对慢性病长期护理、

安全用药指导、饮食指导、运动与休息指导、心理疏导、定期随访及门诊复诊等方面服务有显著的需求。

但目前居家养老仍占据一定比例，老年人的照顾主体多为配偶或子女。因此对社区为慢性病老人提供医养结合的养老服务提出了更高的要求。

在“医”方面，社区应为慢性病患者建立延续性照护回访登记表或者护理档案，采取电话随访、家庭随访、门诊复诊等措施，及时了解患者出院后各时间段的健康状态，以便为患者提供科学、合理的指导，促进患者健康的恢复（罗莉等，2016）。同时，随着养老服务资源、专业医护人员向社区倾斜，应逐步强化家庭医生、家庭病床和上门就医服务的提供，保证社区医疗卫生服务应有功能得以实现，提升重慢病患者需求满足的及时性。家庭签约医生就是其中一种很好的连续性照护的措施，是一种通过契约的形式为家庭及其成员提供连续、安全、有效、适宜的综合医疗卫生服务和健康管理的服务模式（Wu et al.，2015）。不同的老年群体对家庭签约医生的服务需求不同，高龄、丧偶及多种慢性疾病老人对签约医生的服务需求更为明显（韩淼等，2017）。

在“养”的方面，重慢病患者更需要饮食指导、运动与休息指导、心理疏导等方面的养老服务。慢性疼痛患者多由复杂性、多重性的慢性病引起，而慢性疼痛会引发老年人失眠、情绪问题，老年人会因疼痛而社会交往减少，从而引发急躁、焦虑、抑郁、自卑等负面情绪。何向阳等（2017）指出抑郁症状合并躯体疼痛是我国老年人常见症状之一。心理干预能有效缓解老年人因疼痛产生的焦虑、抑郁等情绪；运动疗法能提高关节灵活性，减轻身体疼痛程度，提高老年人的日常生活能力，改善总体健康水平（王婷和刘耘，2019）。社区可以与医院合作，联系心理医生定期到社区进行工作指导与培训，或固定时间在社区开设心理咨询门诊；吸引志愿者团队、高校心理专业的学生加入到社区老年人心理卫生服务的队伍中，以改善重慢病患者的自我认同与心理状态。

2）高增长率的慢性疾病增加老年人对慢性病早期预防与康复的需求

本书的研究结果显示，在慢性病患病类型比例的变化上，相比高血压、心脏病、血脂异常、血糖升高等常规重点关注的慢性疾病，关节炎、胃肠道疾病、慢阻肺疾病、肾脏疾病患病比例增幅明显，发展成为更需重点防治的慢性疾病。老年人患胃肠道疾病的增幅趋势最为明显，而长期患有胃肠道疾病容易引发胃癌。目前，胃癌仍是全球癌症患者死亡的第二大原因，在我国各种恶性肿瘤中居首位。而大部分早期胃癌在内镜下即可获得根治性治疗，5 年生存率超过 90%。但是目前我国早期胃癌的诊治率低于 10%，远远低于日本（70%）和韩国（50%）。研究证明生活饮食习惯与胃癌发病率、死亡率有非常大的关系（廖专等，2014）。老年人患有胃肠道不适，在还未发展成为胃癌之前，若能提前诊断，尽早预防，通过体检筛查得以治疗，通过健康饮食方式得以控制疾病，便能大大降低胃癌患病率，提高生活质量。

因此在“医”的方面，社区应联合社区卫生服务中心、疾病预防与控制中心，加大对中老年人胃肠道疾病的早期筛查，定期开展健康饮食宣传教育，发挥社区养老在疾病预防保健、健康管理与教育服务方面的功能。同时在“养”的方面，关注生活自理能力下降的居家老人，指导或协助老人获得营养健康的饮食。现有许多社区开设了老年食堂，由社区内职工或中低龄老人开办，提供一日三餐或送餐服务。建议社区还可以联合一些社会机构，搭配更符合老年人肠道健康的营养餐，同时激发社区食堂的活力。

第二节　老年人失能状况与养老服务需求变化

一、老年人躯体受损变化

（一）中老年整体人群及老年人群残疾情况变化

1. 中老年整体人群及老年人群残疾比例

如图 3-6 所示，患有残疾的人数比例逐年升高，至 2015 年中老年人残疾比例已达到 30.90%，老年人群残疾比例逐年升高，至 2015 年老年人患有残疾比例达 42.1%。

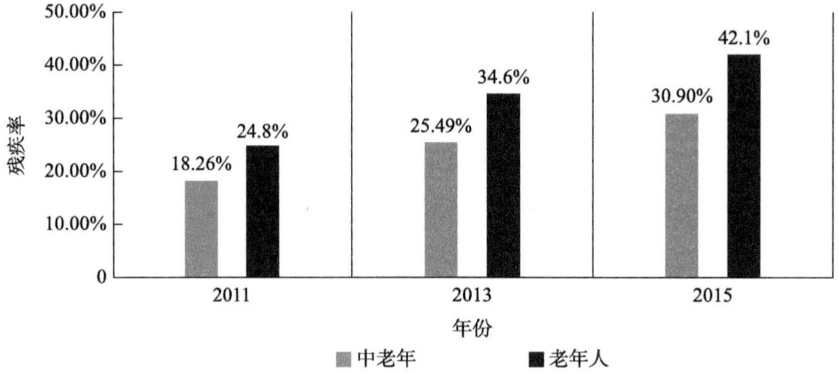

图 3-6　患有残疾人数比例变化

2. 老年人不同残疾类型占比变化

为了更好地探究老年人患不同残疾的类型及变化，统计分析如图 3-7 所示。

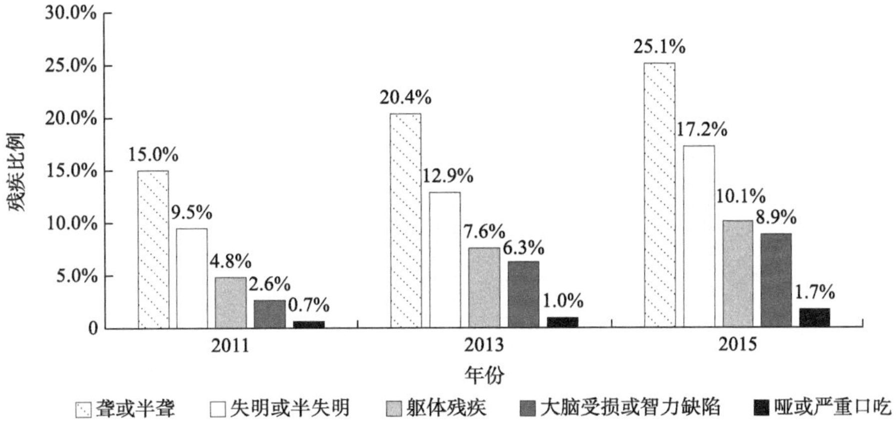

图 3-7 老年人不同残疾类型占比变化

老年人的残疾类型比例从高往低分别为聋或半聋、失明或半失明、躯体残疾、大脑受损或智力缺陷、哑或严重口吃。2015 年超过 1/4 的老年人患有聋或半聋，17.2%的老人伴有失明或半失明，10.1%的老人有躯体残疾，8.9%的老人患有大脑受损或智力缺陷，哑或严重口吃老人占比 1.7%。

老年人患该五项残疾类型的比例在 5 年间均呈上升趋势，从比例的增幅来看，大脑受损或智力缺陷增幅最高（2015 年较 2011 年增幅为 242.31%），哑或严重口吃 2015 年较 2011 年增幅为 142.86%，躯体残疾增幅为 110.42%（2015 年较 2011 年）。

（二）不同老年人群患残疾的变化

通过对不同老年人群残疾率的变化比较，可以锁定需重点关注的老年人群。表 3-5 显示，残疾率在性别、居住地类型间没有显著差异（$p>0.05$），在年龄组间差异明显（$p<0.05$），年龄越高，残疾率越高，至 2015 年，75~79 岁年龄段的老人残疾率达 54.7%，有 55.9%的 80 岁及以上老年人患有残疾。

表 3-5 不同老年人群残疾率变化比较

项目	2011 年	2013 年	2015 年
均值	24.8%	34.6%	42.1%
年龄			
60~64 岁	19.2%	26.8%	32.4%
65~69 岁	20.3%	32.0%	39.4%
70~74 岁	23.0%	38.3%	46.1%

续表

项目	2011 年	2013 年	2015 年
75~79 岁	38.8%	43.2%	54.7%
80 岁及以上	44.8%	59.6%	55.9%
F 值	174.23	362.77	344.98
p 值	0.000	0.000	0.000
性别			
男	24.0%	35.4%	42.6%
女	25.8%	33.8%	41.5%
卡方值	1.96	2.42	1.31
p 值	0.162	0.120	0.253
居住地类型			
农村	23.9%	24.1%	45.3%
城市	20.5%	17.9%	33.3%
卡方值	0.799	3.589	120.556
p 值	0.371	0.058	0.000

2011~2015 年，老年人各年龄段的残疾率均有增长趋势。2015 年老年人残疾率较 2011 年各年龄段分别上升 13.2、19.1、23.1、15.9、11.1 个百分点，需重点关注 65~69 岁、70~74 岁年龄段老人，2015 年 65~69 岁老年人残疾率达 39.4%（图 3-8）。

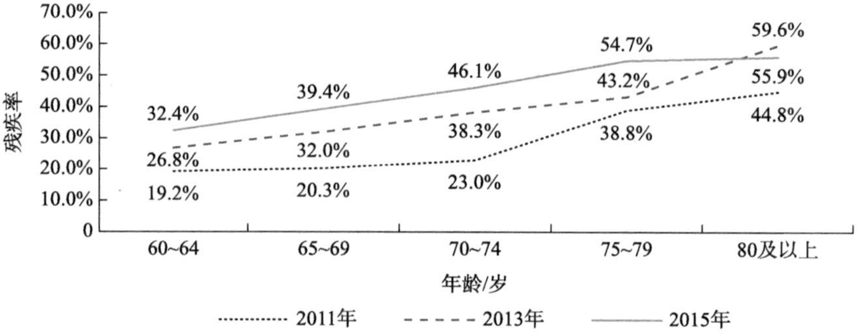

图 3-8　老年人不同年龄组残疾率年份间变化比较

（三）不同老年人群不同残疾部位残疾率的变化比较

1. 性别间比较

男性和女性老人在不同的残疾类型上患病比例不同，年份间也有差异，如图 3-9 显示。

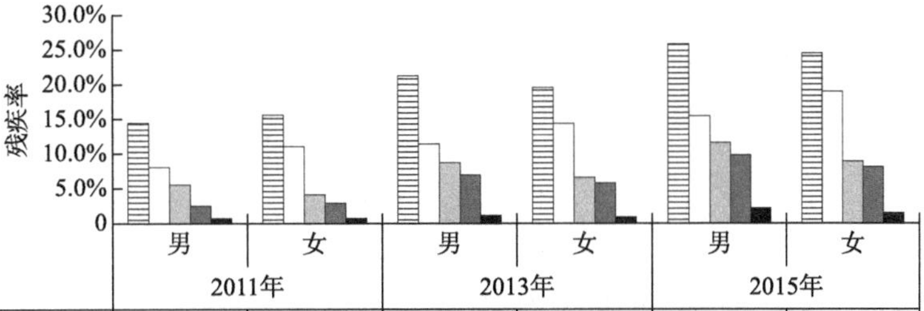

	2011年 男	2011年 女	2013年 男	2013年 女	2015年 男	2015年 女
聋或半聋	14.4%	15.6%	21.2%	19.5%	25.8%	24.5%
失明或半失明	8.1%	11.1%	11.4%	14.4%	15.5%	18.9%
躯体残疾	5.5%	4.1%	8.6%	6.5%	11.5%	8.8%
大脑受损或智力缺陷	2.5%	2.8%	6.8%	5.8%	9.8%	8.0%
哑或严重口吃	0.6%	0.7%	1.1%	0.8%	2.1%	1.4%

图 3-9　不同性别老年人不同部位残疾率比较

图 3-9 表明，失明或半失明比例女性老人高于男性老人；聋或半聋、躯体残疾、大脑受损或智力缺陷、哑或严重口吃的男性老人比例大多高于女性老人；2015 年较 2013 年五项不同残疾类型在男性和女性老人间均有明显增长，其中大脑受损或智力缺陷（男 44.1%、女 37.9%）、哑或严重口吃（男 90.9%、女 75.0%）增幅尤为明显。

2. 不同居住地间比较

图 3-10 显示，不同居住地老年人患不同残疾类型残疾率变化：①农村老年人各类型残疾率均高于城市老年人，在聋或半聋、失明或半失明、躯体残疾方面尤其明显；②在增长率方面，农村老年人的各项残疾类型（聋或半聋除外）残疾率增幅均高于城市老人；③农村老人患聋或半聋、失明或半失明、躯体残疾以及大脑受损或智力缺陷的比例增幅大。不同的是，城市老人大脑受损或智力缺陷的人数比例增长更快。

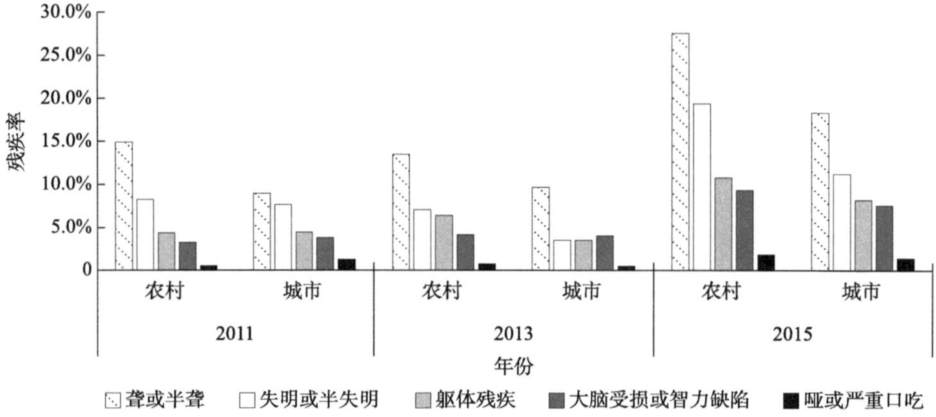

图 3-10　不同居住地老年人不同类型的残疾率比较

二、老年人活动能力受损变化

基线调查依据日常生活活动能力量表对老人的生活自理能力进行评定，同时对老年人的日常生活帮助需求进行统计，下文对失能老人比例变化、不同老年人群失能情况变化及不同失能程度老年人比例变化进行深入分析。

（一）失能老人比例变化

老年人失能比例较高，2015 年有 13.38%的老年人具有日常生活功能障碍，从趋势来看，失能率逐年增高。年龄越高失能率越高（$p<0.05$），失能率在性别与居住地类型间没有显著差异（$p>0.05$）。2015 年 75~79 岁老年人失能率已达 18.0%，80 岁及以上失能老人占 23.2%（表 3-6）。

表 3-6　不同老年人群失能率

项目	2011 年	2013 年	2015 年
均值	11.94%	12.19%	13.38%
年龄			
60~64 岁	7.2%	8.8%	8.4%
65~69 岁	9.2%	8.9%	11.5%
70~74 岁	9.9%	13.1%	12.9%
75~79 岁	17.4%	15.0%	18.0%
80 岁及以上	27.9%	26.5%	23.2%

续表

项目	2011 年	2013 年	2015 年
F 检验	138.76	163.53	173.7
p 值	0.000	0.000	0.000
性别			
男	10.60%	11.94%	12.76%
女	13.16%	12.40%	13.83%
F 检验	5.83	0.33	1.91
p 值	0.016	0.564	0.167
居住地类型			
农村	14.56%	16.67%	12.70%
城市	11.95%	11.18%	13.62%
F 检验	0.52	3.04	1.09
p 值	0.471	0.081	0.295

（二）不同老年人群失能情况变化

失能率在不同性别、居住地间没有显著差异，但分析不同性别、居住地老人的失能率在年份间的趋势变化具有意义。

1. 不同性别、居住地间变化比较

男性、女性的失能老人比例有所提高。在 2013 年后，城市的失能老人比例增加，农村的失能老人比例呈降低趋势（图 3-11）。

2. 不同年龄组间变化比较

老年人失能比例在年龄组间具有显著差异（$p<0.05$），随着年龄升高，失能率升高。2015 年 80 岁及以上老人失能率为 23.21%，将近 1/4 的高龄老人生活不能自理（图 3-12）。

将失能老人比例的增幅在 2013 年、2015 年的变化做了比较（表 3-7），2015 年较 2013 年 75~79 岁老人失能率增长快速，80 岁及以上失能老人比例降低，而 60~74 岁老年人，尤其是 2013 年较 2011 年 70~74 岁年龄段老人失能比例增幅明显，总体上 70~79 岁年龄段老人失能状态难以逆转，80 岁及以上高龄老人失能比例显著降低。

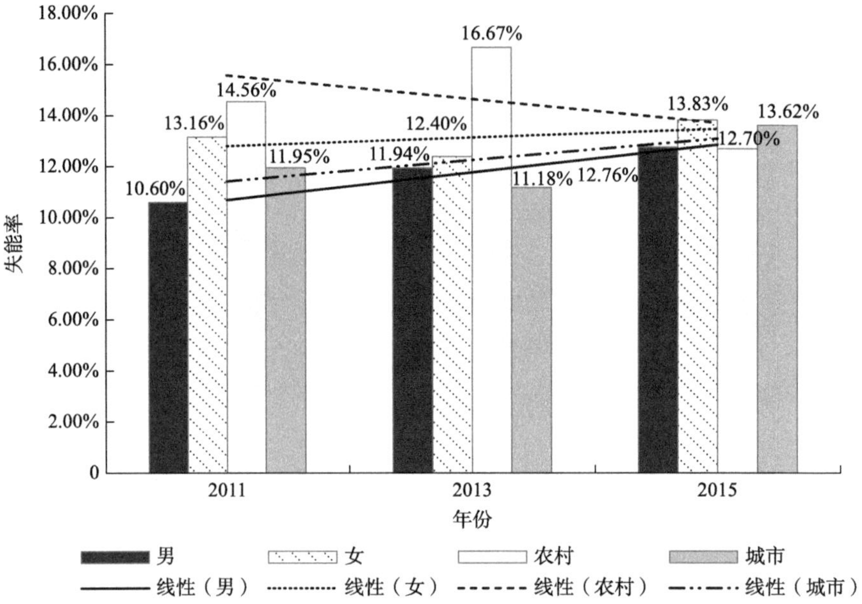

图 3-11 不同性别、居住地失能老人比例变化

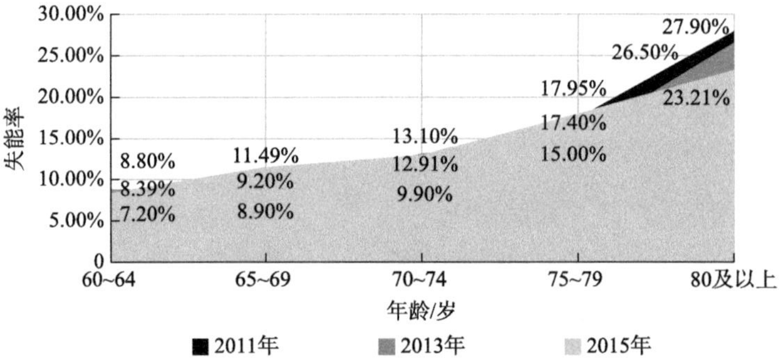

图 3-12 不同年龄组老年人失能率比较

表 3-7 失能老人比例增幅情况

年龄/岁	2013 年较 2011 年	2015 年较 2013 年
60~64	22.22%	−4.66%
65~69	−3.26%	29.10%
70~74	32.32%	−1.45%
75~79	−13.79%	19.67%
80 及以上	−5.02%	−12.42%

（三）不同失能程度老年人比例变化

表 3-8 显示，轻度失能老人占比最高，其次是中度失能，重度失能老人占比最低，但中重度失能老人比例从 2.2%增长到 2.6%~2.7%。2015 年中重度失能老人占比2.6%，也就意味着日常生活自理能力6项中3~4项完成不了的老年人占1.5%，5~6 项完成不了的占 1.1%。

表 3-8 不同失能程度老年人比例变化

项目	2011 年			2013 年			2015 年		
	轻度失能	中度失能	重度失能	轻度失能	中度失能	重度失能	轻度失能	中度失能	重度失能
均值	7.2%	1.2%	1.0%	6.8%	1.6%	1.1%	7.6%	1.5%	1.1%
年龄									
60~64 岁	4.2%	0.5%	0.4%	4.8%	1.0%	0.6%	4.9%	0.4%	0.4%
65~69 岁	5.8%	1.0%	0.2%	5.2%	0.8%	0.7%	6.8%	0.9%	0.9%
70~74 岁	6.8%	1.0%	0.5%	7.5%	2.0%	1.3%	7.5%	2.0%	1.0%
75~79 岁	11.8%	2.3%	1.2%	9.3%	2.2%	1.6%	11.3%	2.3%	2.0%
80 岁及以上	17.1%	3.2%	5.8%	15.3%	5.1%	3.7%	12.9%	4.1%	2.5%
F 值	107.25	26.73	72.13	119.64	66.96	50.66	115.28	102.09	47.28
p 值	0.000	0.000	0.000	0.000	0.000	0.000	0.000	0.000	0.000
性别									
男	6.1%	0.8%	0.6%	5.7%	1.5%	1.1%	6.0%	1.6%	1.0%
女	8.3%	1.6%	1.4%	7.8%	1.6%	1.1%	9.1%	1.4%	1.2%
F 值	8.46	6.03	7.44	14.86	0.15	0.00	35.63	0.81	0.73
p 值	0.004	0.014	0.006	0.000	0.699	0.975	0.000	0.367	0.393
居住地类型									
农村	7.1%	0.0%	2.6%	8.7%	1.0%	1.0%	6.9%	1.2%	1.2%
城市	7.2%	1.7%	0.7%	5.4%	2.0%	1.1%	7.9%	1.7%	1.0%
F 值	0.00	2.62	3.58	3.01	0.85	0.01	2.63	3.73	0.39
p 值	0.955	0.106	0.059	0.083	0.356	0.915	0.105	0.054	0.532

老年人不同失能程度的比例在年龄组间具有显著差异（$p<0.05$），在性别与居住地类型间不具有显著差异（$p>0.05$）。年龄越高，不同程度的失能老人比例越高。

1. 不同失能程度老年人性别比较

将不同失能程度老年人按性别进行年份间比较显示，在数量上女性失能老人多于男性；从趋势看，女性轻度失能比例增幅明显（2015 年较 2013 年增长 16.7%，较 2011 年增长 9.6%），而男性老人在中度、重度失能比例上增幅高于女性老人，至 2015 年男性中重度失能老人比例（2.6%）已与女性的接近（图 3-13）。

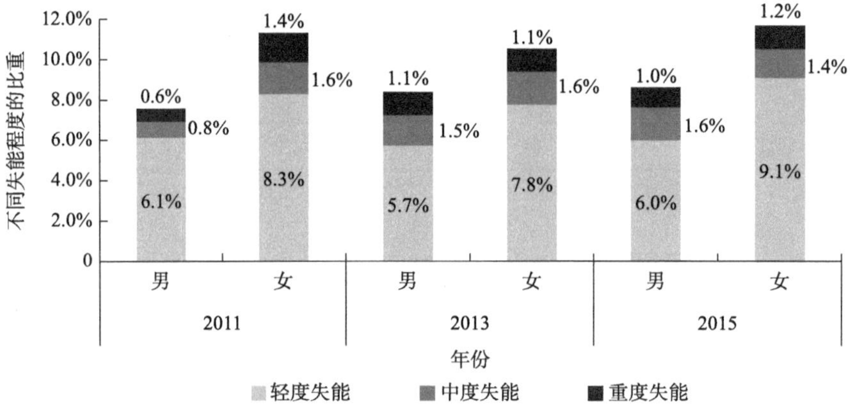

图 3-13　不同失能程度老年人性别比较

2. 不同失能程度老年人城乡比较

不同程度失能老人在城乡之间具有一定的差异，如图 3-14 所示。

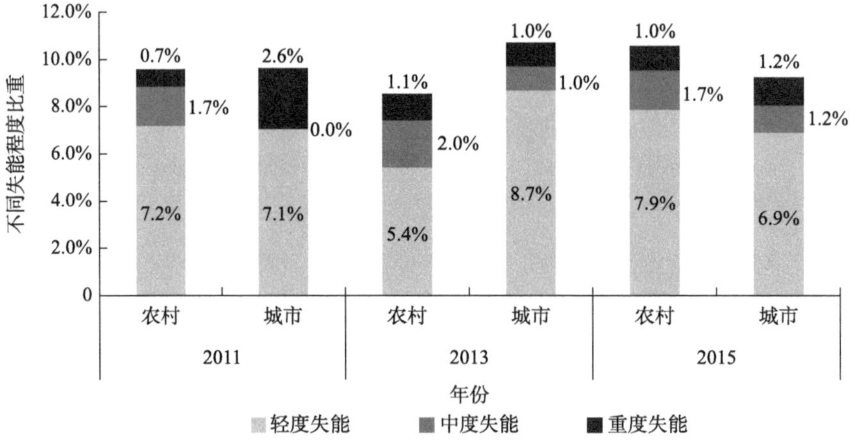

图 3-14　不同失能程度老年人城乡比较

2015 年农村轻度失能老人比例（7.9%）高出城市失能老人 1 个百分点，中重度失能老人比例高出城市 0.3 个百分点（农村 2.7% vs 城市 2.4%）。2013 年以来农村轻度失能老人比例一直增加，2015 年较 2013 年增长 46.3%，农村的中重度失能老人比例有所降低；城市的中重度失能老人 2013 年较 2011 年降幅为 23.1%，2015 年较 2013 年增幅为 20.0%。

3. 不同失能程度老年人年龄组间比较

图 3-15 显示，不同失能程度老人在不同年龄组间比例差异明显。①各个程度的失能老人比例均随着年龄升高而增加，且组间具有显著性差异（$p<0.05$）。②2015 年轻度失能老人 80 岁及以上的比例最高（12.9%）；75~79 岁老人占比次之（11.3%），80 岁及以上重度失能老人占比 2.5%，中度失能老人占比 4.1%。

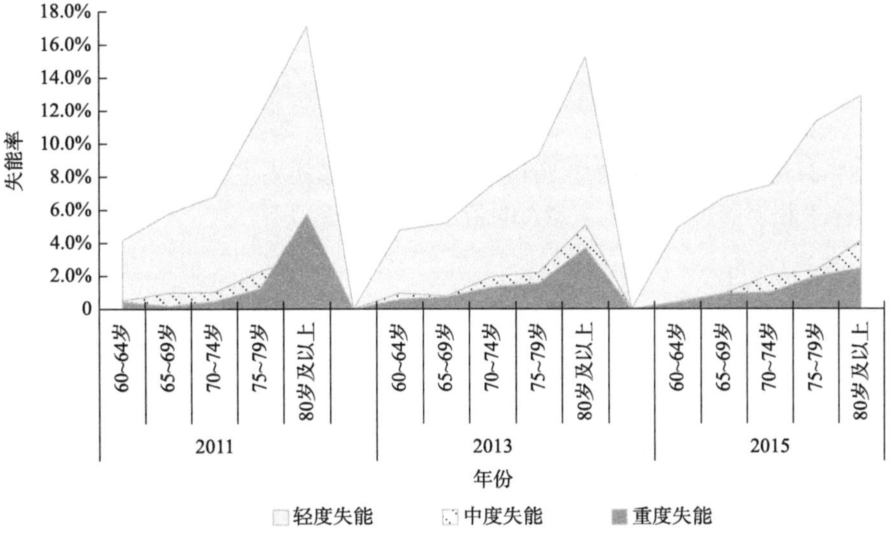

图 3-15　不同失能类型年龄组间比较

对不同年龄组间不同程度失能老人进行以 2011 年为基准的增长率分析，如表 3-9 所示，80 岁及以上各失能等级老人占比下降，60~74 岁轻度失能老人比例呈上升趋势，尤其是 70~74 岁年龄段，失能老人比例增幅明显，越来越多的中老年人失能。

表 3-9　不同年龄组间不同程度失能年份间增幅情况表

失能程度	2013 年较 2011 年增长率					2015 年较 2011 年增长率				
	60~64 岁	65~69 岁	70~74 岁	75~79 岁	80 岁及以上	60~64 岁	65~69 岁	70~74 岁	75~79 岁	80 岁及以上
轻度失能	14.8%	−9.7%	10.5%	−20.9%	−10.9%	18.4%	16.9%	9.7%	−3.7%	−24.6%
中度失能	90.0%	−20.5%	92.2%	−3.2%	59.7%	−15.6%	−5.3%	100.0%	2.2%	28.6%
重度失能	32.0%	311.7%	188.3%	25.2%	−36.5%	−11.4%	421.0%	118.6%	57.4%	−57.4%

三、失能老人的日常生活照料需求及满足情况

2015 年基线调查中 DB010、DB011、DB012、DB013、DB014 五题分别询问老年人自己穿衣、洗澡、吃饭、起床下床、上厕所是否有困难，将失能老人回答“有困难，需要帮助”或“无法完成的”样本合并，确定该样本组别为日常照护有需求。再一一对应统计 DB010_W2、DB011_W2、DB012_W2、DB013_W2、DB014_W2 题目，即穿衣、洗澡、吃饭、起床下床、上厕所是否得到帮助（1=有人帮助，2=没有人帮助），日常照护有需求且选择选项 1 则认为老年人帮助需求被满足，反之则需求未被满足。

1. 失能老人日常生活照料帮助需求

图 3-16 显示，老年人日常生活照料帮助需求从高到低分别为洗澡（以 2015 年的数据为例，后同，35.69%）、上厕所（27.41%）、穿衣（16.71%）、起床下床（12.12%）及吃饭（7.75%）。2015 年较 2011 年老年人上厕所、起床下床、吃饭的帮助需求相对降低，洗澡、穿衣的帮助需求升高。

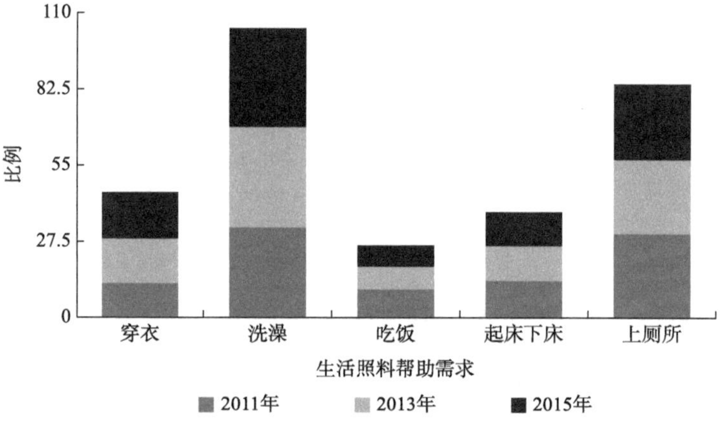

图 3-16　失能老人日常生活照料需求比重

2. 失能老人日常生活照料需求被满足情况

因 2011 年基线调查未设置是否得到帮助这一题型，故无法进行三年的纵向比较，仅针对 2013 年、2015 年的数据做了比较分析：①需求满足率 2015 年较 2013 年下降，说明有需求而未得到帮助的老人比例增加；②需求被满足比例从低到高，分别为上厕所（16.9%）、起床下床（25.0%）、穿衣（44.2%）、吃饭（46.7%）、洗澡（57.2%）。也就是有 7 成以上老人的上厕所、起床下床帮助需求未得到满足，

有一半以上老人的穿衣、吃饭帮助需求未得到满足（图 3-17）。

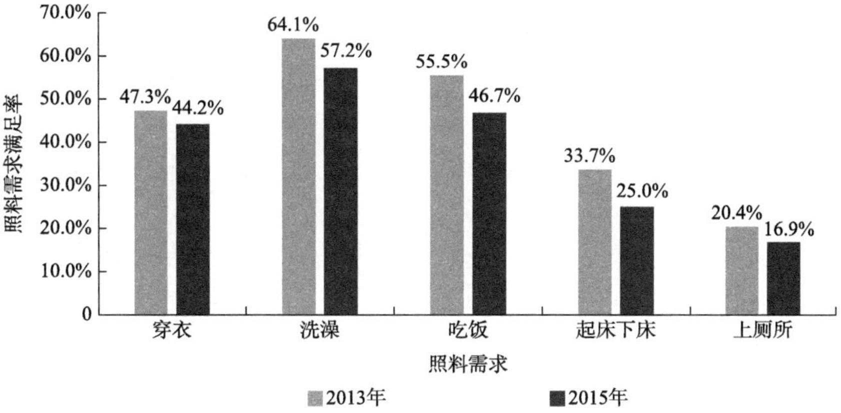

图 3-17　失能老人生活照料需求满足率

四、老年人失能状况变化引起养老服务需求变化

（一）失能状况变化总结

1. 老年人躯体受损变化

老年人残疾率逐年升高，至 2015 年残疾率达 42.1%。老年人患不同残疾的比例从高到低分别为聋或半聋、失明或半失明、躯体残疾、大脑受损或智力缺陷、哑或严重口吃。2015 年超过 1/4 的老年人患有聋或半聋，17.2%的老人伴有失明或半失明，10.1%的老人有躯体残疾，8.9%的老人患有大脑受损或智力缺陷，哑或严重口吃的老人占比 1.7%。

据图 3-7，老年人患该五项残疾的比例在 5 年间均呈上升趋势，从增幅情况来看，大脑受损或智力缺陷增幅为 242.31%，哑或严重口吃增幅为 142.86%，躯体残疾增幅为 110.42%（2015 年较 2011 年数据）。除失明或半失明外，其余疾病男性残疾率均高于女性（2013 年和 2015 年）。农村老人各类型残疾率均高于城市老人，农村躯体残疾以及大脑受损或智力缺陷残疾老年人比例增幅大，城市老人在聋或半聋、失明或半失明、大脑受损或智力缺陷方面的残疾比例增长明显。

2. 老年人活动能力受损变化

2015 年有 13.38%的老年人存在日常生活功能障碍，且失能率逐年升高。2015 年 75~79 岁老人失能率已达 17.95%，80 岁及以上失能老人占比 23.21%。轻度失能老人占比高达 7.6%，但中重度失能老人比例增加明显。

失能率在性别方面无显著差异（$p>0.05$），从数据比例上看，女性老人失能率略高于男性老人。2011 年、2013 年农村老人失能率高于城市老人，至 2015 年城市老人失能率高于农村，城市失能老人比例增幅明显，同时农村老人失能率相对降低。年龄越高失能率越高，其中 70~74 岁年龄段老人失能比例增幅最为明显，说明老年人失能比例在高龄段没有显著降低，中年老人失能状况严重的趋势不可逆转。

女性轻度失能老人数量增长明显，而男性老人中、重度失能比例的增幅快于女性老人。农村轻度失能老人比例高于城市老人，而城市老人中重度失能比例增幅明显。轻度失能老人在 80 岁及以上年龄段比例最高，80 岁及以上老人重度失能比例为 2.5%，中度失能老人占比 4.1%。从绝对值上看，80 岁及以上老人失能率最高，但从增长趋势看，80 岁及以上失能老人比例下降，60~79 岁失能老人比例增长明显。

2015 年统计数据表明，老年人日常生活照料帮助需求从高到低为洗澡（35.69%）、上厕所（27.41%）、穿衣（16.71%）、起床下床（12.12%）及吃饭（7.75%）。有 7 成以上老人的上厕所、起床下床需求未得到满足，有一半以上老人的穿衣、吃饭帮助需求未得到满足。五项基础照料需求满足率 2015 年较 2013 年下降，说明有需求而未得到帮助的老人比例增加。其中，上厕所、起床下床、吃饭的帮助需求 2015 年较 2013 年相对降低，洗澡、穿衣的帮助需求升高。

（二）老年人失能状况变化导致养老服务需求的变化

1. 患不可逆性残疾的老人比例增加，高龄失能老人及中重度失能老人照护风险高，全天候长期照护的需求剧增

老年人不同残疾类型患病率从高往低分别为聋或半聋、失明或半失明、躯体残疾、大脑受损或智力缺陷、哑或严重口吃。但大脑受损或智力缺陷、哑或严重口吃、躯体残疾的患病率增幅非常明显。对老年人的白内障、青光眼等眼部疾病的治疗可以提高老年人的视力，听力障碍老人也可通过辅助器材（如助听器等）来改善生活质量，但老年人大脑受损或智力缺陷多为不可逆，哑或严重口吃也多由大脑受损或智力缺陷引起。

高龄失能老人比例虽在 2011 年至 2015 年间有所降低，但比例仍是各年龄段中最高的，接近 1/4。高龄失能老人相比其他年龄段老年人的护理需求更为明显，且有数据预测，高龄失能老人至 2050 年的护理费用现值（2010 年）将高达 5650.49 亿元，占 2010 年国内生产总值的 1.40%。以 2010 年为例，我国高龄老人人均护

理费用高达 5603.61 元，而同年我国城乡居民家庭人均纯收入却分别为 19 109 元和 5919 元。可见，对那些有多个高龄老人需要照护的家庭而言，护理费用支出的压力相当大，农村的长期护理形势则更为严峻（海龙，2014）。

中重度失能老人比例增加；城市中重度失能老人比例较农村增长明显；男性中重度失能增幅高于女性。中重度失能老人比例增加即意味着老年人失去全部或部分自理能力。失能老人的生活自理能力欠缺会更容易导致健康状况恶化，对于医疗照护、生活照料、养老辅助设施等将会有很大的需求，且对全天候、更专业化的照护有强烈的需求。

针对这部分老人的医养结合服务，在“医”的方面，社区卫生服务中心应针对患可逆性疾病的老人，提供跟踪治疗服务。除意外伤，老年人残疾多为退行性残疾，如视力下降、听力下降。关注此类老人的疾病治疗，有助于降低疾病转换为不可逆型残疾的发生率，从而提高老年人的自主生活自理能力。针对不可逆者，注重延缓疾病的恶化，应加强康复方面的服务。可以在社区医院中开辟养老专区，可实施社区家庭病床等措施。在“养”的方面，家庭养老已不能满足高龄、重度失能老人全天候的、专业化的养老需求，需要机构养老或社区医院的补充。可以在养老机构中开设医疗机构，100 张床位以下的护理型养老机构设立医务诊所，100~500 张床位的医护服务外包给社区医院、二级医院，500 张床位以上的可设老年病医院和康复医院。同时，二级医院可以开办养老护理分区或附属养老院，一方面可为老年人提供全天性的生活照料，协助老年人进食、更衣、洗澡、上厕所等，老年人的医疗照护服务的专业性与及时性也得到保证，另一方面在社区或二级医院内设立护理院或养老院，也相对靠近老年人原居住地，便于满足老年人与家属经常进行亲情联系的需要。

2. 失能呈年轻化趋势，轻度失能比例增幅大，差异化的服务需求增加

60~79 岁失能老人比例增长明显；女性轻度失能老人数量增长明显，轻度失能老人占到失能人数的一半以上。从需求被满足情况来看，五项基础照料需求满足率 2015 年较 2013 年下降，说明有需求而未得到帮助的老人比例增加。有 7 成以上失能老人的上厕所、起床下床需求未得到满足，有一半以上老人的穿衣、吃饭帮助需求未得到满足。而轻度失能老人主要需求为洗澡或上厕所。说明简单地在床上卧躺、吃饭以维持生存已不能完全满足老年人的需求，依据马斯洛需要层次理论，老年人的温饱、安全需求相对实现，而进一步需要的是心理需求、被尊重的需求上的满足，他们也期待干净、有尊严地活着，盼望能够下床走动与人交流。有研究证明，养老机构不同失能程度老年人的需求不同（刘玉玉等，2018），轻度失能老人对养老服务需求的项目较少，整体需求率低，以设施环境布置及陪伴和精神慰藉需求为主（陈颖等，2016）。

因此在“积极老龄化”与“健康老龄化”的主题下，社区、养老机构应该鼓励老年人发挥余热，让老年人获得有质量的晚年，拥有更多的机会参与社会活动。在“医”的方面，关注老年人体征的动态变化，定期测量脉搏、血压、血脂，由社区卫生服务中心记录并追踪健康档案。加强健康教育与体检筛查，改善老年人健康行为，避免或预防轻度失能老人因经常躺卧、就医不及时、不健康饮食等诱发疾病而加剧失能程度。在“养”的方面，养老机构、家庭与社区应设置便于老人站立、移动的辅助设施，改建更适用的卫生间装置，帮助老人实现生活自理与行动自由，使其能够外出走动，参与社会活动，让老人获得更有尊严的、有生活质量的晚年。

第三节　老年人失智状况与养老服务需求变化

阿尔茨海默病已获得人们的普遍关注，但老年人认知损伤的另一类型——轻度认知功能障碍（mild cognitive impairment，MCI）也尤应引起重视。MCI 是指患者有记忆或认知损害，但对日常生活能力无明显影响，未达到痴呆的程度，是介于正常衰老和痴呆的一种中间状态（李雪艳等，2019）。MCI 是阿尔茨海默病的高危人群，且发展成痴呆的危险性是正常老年人的 10 倍（Bozoki et al.，2001）。

因此，在老年人还未患阿尔茨海默病时判别并发现潜在患病人群，从而早期干预是非常有意义的。故探究老年人认知受损与精神受损的状况、人群间差异及变化不仅有助于尽早识别潜在失智老人，也可为失智老人的需求服务变化趋势提供数据支持。因此，本节从老年人认知受损情况与精神受损情况展开研究，并讨论失智状况变化引起的服务需求变化。

国际 MCI 工作组和欧洲阿尔茨海默病联合会 MCI 工作组判定轻度认知障碍患者的标准包括以下三点。①认知功能下降：主诉或知情者报告的认知损害，而且客观检查有认知损害的证据和（或）认知功能较以往减退。②日常基本能力正常，复杂的工具性日常能力有轻微损害。③无痴呆（中国阿尔茨海默病协会，2010）。以上标准是 MCI 的一般标准，实际研究中常加入一些可操作性的客观指标，如临床痴呆评估评分 0.5 分，简易精神状态筛查量表 24 分以上等，临床工作依实际灵活使用（Marder，2005）。

一、老年人认知能力变化

本次基线调查选取了简易精神状态筛查量表中的部分题目作为简易问卷查看

老年人的认知能力，满分 21 分，分数越高认知能力越高。0~6 分被定义为低认知能力；7~13 分为中认知能力；14~21 分为高认知能力。

（一）老年人认知能力

1. 认知能力评分变化

老年人均处于中度认知能力范围，认知能力逐年降低（2015 年较 2011 年下降 1.45094 分），参见图 3-18。

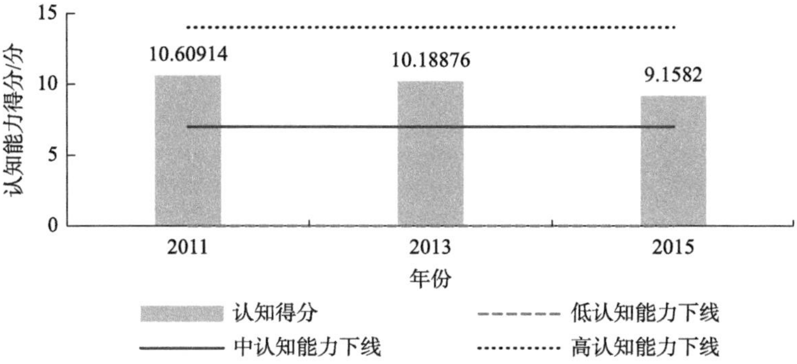

图 3-18　老年人认知能力变化

2. 老年人不同程度认知能力占比变化

从图 3-19 可知，老年人低认知能力的比例增幅较大，2015 年较 2011 年的增幅为 47.78%，高认知能力的比例降低，2015 年较 2011 年的比例降幅为 31.48%。

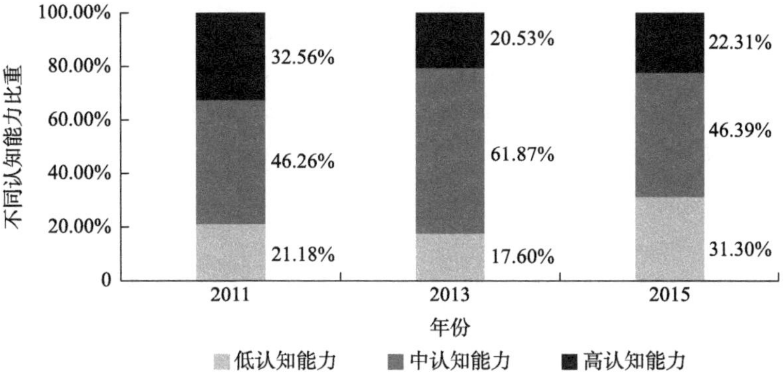

图 3-19　老年人不同程度认知能力占比变化

（二）不同老年人群认知能力变化比较

老年人认知能力在年龄、性别、婚姻状况、居住地类型组间具有显著性差异（$p<0.05$），年龄越高，认知能力越低；男性老人认知评分高于女性老人；有配偶老人认知评分高于无配偶老人；城市老人认知评分高于农村老人（表 3-10）。

表 3-10　不同老年人群认知能力变化比较

项目	2011 年	2013 年	2015 年
均值	10.61±4.91	10.19±3.54	9.16±5.06
年龄			
60~64 岁	12.03±4.35	10.69±3.36	10.46±4.69
65~69 岁	11.59±4.45	10.64±3.37	10.19±4.63
70~74 岁	10.42±4.56	9.81±3.58	9.22±4.82
75~79 岁	7.94±4.73	9.00±3.60	7.73±4.77
80 岁及以上	6.28±4.97	8.01±3.70	5.18±4.85
F 检验	40.44	29.02	66.94
p 值	0.000	0.000	0.000
性别			
男	11.96±4.48	11.21±3.22	10.35±4.81
女	9.15±4.94	9.16±3.55	8.04±5.03
F 检验	20.56	27.10	23.91
p 值	0.000	0.000	0.000
婚姻状况			
有配偶	11.86±4.37	10.48±3.46	9.75±4.89
无配偶	8.62± 5.06	9.20±3.62	7.39±5.15
F 检验	23.4016	13.7164	20.9327
p 值	0.000	0.000	0.000
居住地类型			
农村	11.06±5.00	10.18±3.11	8.53±5.09
城市	13.21±5.04	12.20±3.58	10.86±4.91
t 检验	−4.72	−6.70	−21.11
p 值	0.000	0.000	0.000

1. 不同性别间变化比较

如图 3-20 所示，女性老年人认知能力明显低于男性老年人（2015 年相差 2.31

分）。趋势上，男性老年人认知评分降幅（2015 年相对 2011 年降幅为 13.5%）较女性老年人（2015 年相对 2011 年降幅为 12.13%）更为明显。

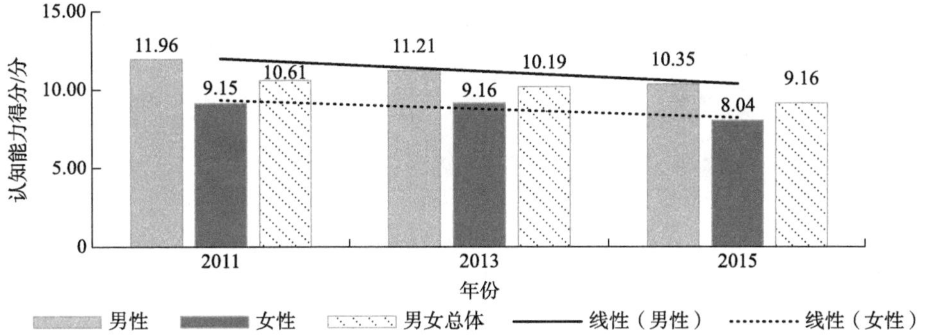

图 3-20 不同性别老年人认知能力变化比较

图 3-21 显示，2015 年低认知能力的老年女性比例（41.6%）明显高于老年男性（20.3%）；高认知能力男性老人的比例高于女性老人（2015 年 28.5%vs16.5%）；低认知能力老年男性的比例增幅高于老年女性，2015 年较 2011 年低认知能力老年男性的增幅为 66.39%，女性的增幅为 34.63%。

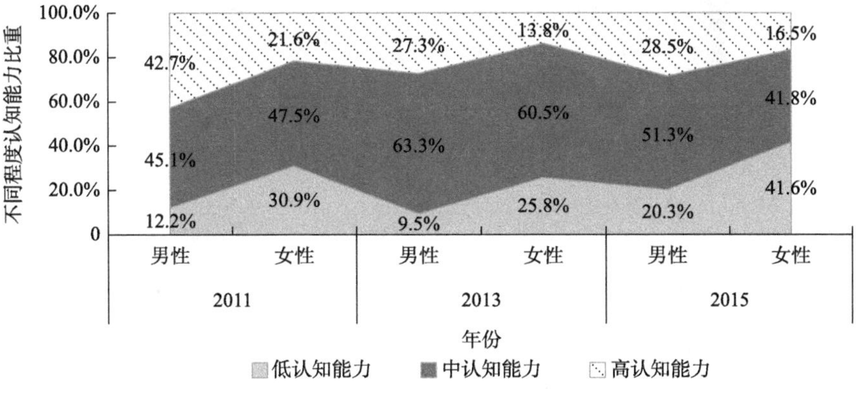

图 3-21 不同性别老年人不同程度认知能力占比变化

2. 不同居住地老年人认知能力比较变化

不同居住地老年人认知能力有差异，如图 3-22 所示。城市老年人认知能力高于农村老年人（2015 年城市高于农村 2.33 分），城市及农村老年人认知能力都逐年降低，农村老年人相比城市老年人认知能力下降幅度更大（2015 年较 2011 年分别下降 17.85%、22.88%）。图 3-23 显示，农村的低认知能力老年人比例显著上升；城市的高认知能力老年人比例降低，中认知能力与低认知能力的老年人比例上升。

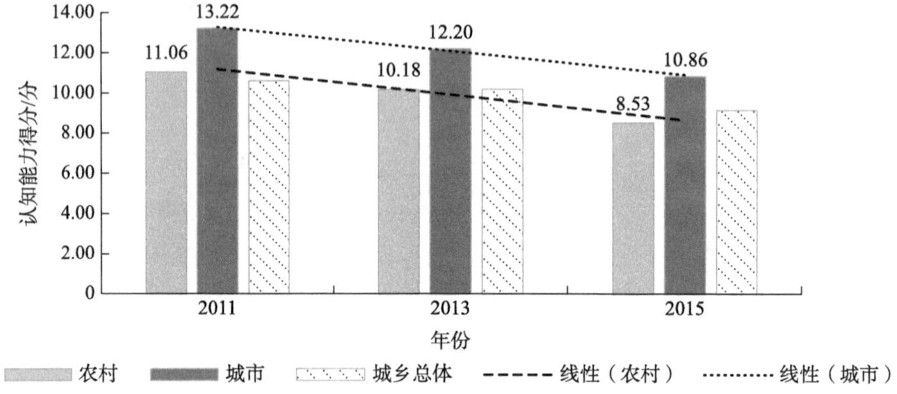

图 3-22　不同居住地老年人认知能力变化比较

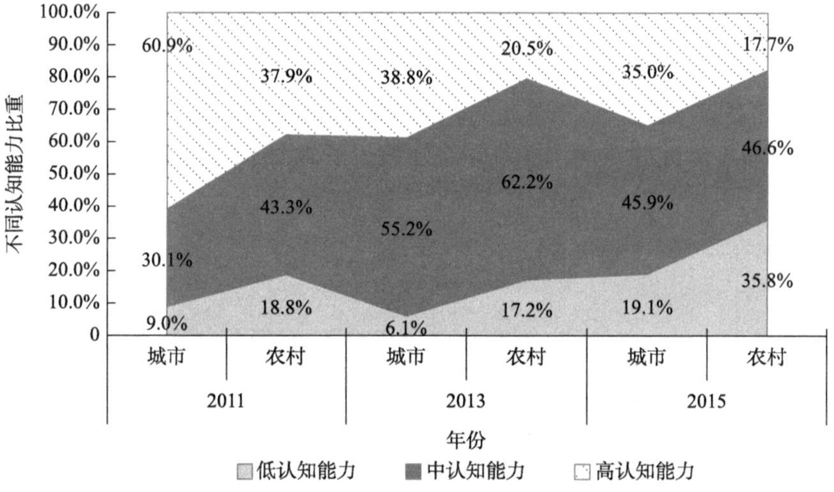

图 3-23　不同居住地老年人不同程度认知能力变化比较

3. 不同年龄组老年人认知能力变化

年龄越高，认知能力越低。从趋势线的线性斜率来看，2015 年较 2013 年老年人认知能力下降更为明显（图 3-24）。

二、老年人精神受损变化

基线调查老年人精神受损状况，参考流行学调查使用的抑郁量表（CES-D）中 8 项条目构成：①我因一些小事而烦恼；②我在做事时很难集中精力；③我感到情绪低落；④我觉得做任何事都很费劲；⑤我对未来充满希望；⑥我感到害怕；

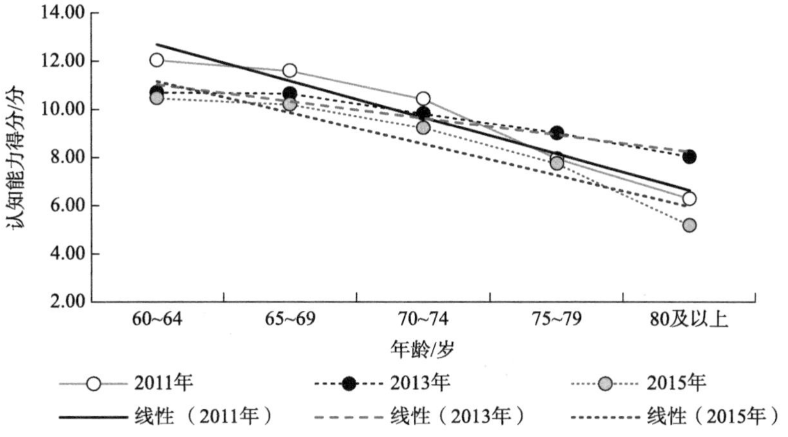

图 3-24　不同年龄组老年人认知能力变化比较

⑦我的睡眠不好；⑧我很愉快。各条目下选项分为 4 个等级，根据标准计算抑郁得分（Radloff，1977），4 个等级为 0-1-2-3 分，编码如下：0=很少或根本没有（<1 天）；1=不太多（1~2 天）；2=有时或者说有一半的时间（3~4 天）；3=大多数的时间（5~7 天），其中第 5 条目和第 8 条目是反向计分。8 项条目合计的得分在 0~30 分，10 分以上被认为有抑郁症状（Andresen et al.，1994）。

（一）中老年整体人群及老年人群抑郁评分变化

2015 年老年人抑郁得分高于中老年整体人群（高出 0.59 分）。从变化趋势来看，老年人抑郁得分降低（2015 年较 2011 年下降 0.77 分），说明老年人抑郁状况有所改善（图 3-25）。

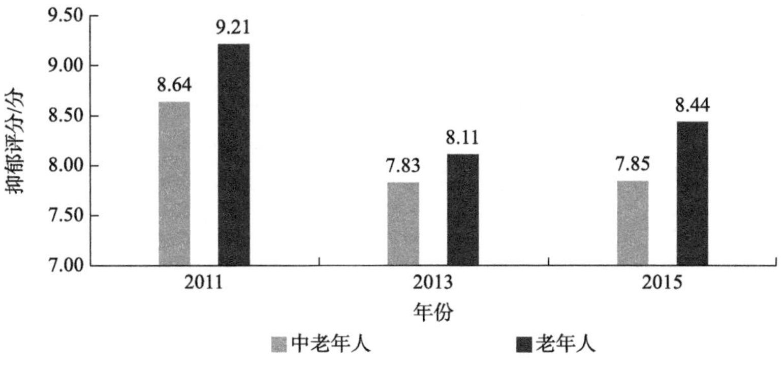

图 3-25　中老年整体人群与老年人抑郁评分变化比较

（二）不同老年人群抑郁评分变化

表 3-11 显示，2015 年较 2011 年老年人抑郁评分降低，抑郁得分在年龄组间不具有显著差异（$p>0.05$），在性别间女性老人高于男性老人，具有显著差异（$p<0.05$）；丧偶或离婚的无配偶老人抑郁评分显著高于有配偶老人，结果具有统计意义（$p<0.05$）；2013 年和 2015 年农村老人抑郁评分高于城市老人，具有显著差异（$p<0.05$）。

表 3-11　不同老年人群抑郁评分比较变化

抑郁评分	2011 年	2013 年	2015 年
均值	9.21±6.54	8.11±5.87	8.44±6.58
年龄			
60~64 岁	8.91±6.52	8.15±5.96	8.04±6.46
65~69 岁	9.33±6.43	8.21±5.95	8.82±6.68
70~74 岁	8.78±6.34	8.19±5.85	8.61±6.66
75~79 岁	9.73±6.78	7.24±5.14	8.46±6.58
80 岁及以上	10.74±6.87	8.33±5.76	8.58±6.52
t 检验	1.41	1.05	1.27
p 值	0.0689	0.3885	0.1466
性别			
男	8.13±6.02	7.18±5.30	7.28±5.98
女	10.48±6.88	9.11±6.28	9.61±6.94
t 检验	−11.87	−14.14	−16.61
p 值	0.000	0.000	0.000
婚姻状况			
有配偶	8.56±6.32	7.83±5.75	8.03±6.36
无配偶	10.40±6.75	9.16±6.19	9.86±7.09
t 检验	−8.8552	−7.8704	−10.7652
p 值	0.000	0.000	0.000
居住地			
农村	8.56±6.41	8.07± 4.62	8.99± 5.97
城市	7.43±7.99	5.95± 5.86	6.97±6.71
t 检验	1.86	4.15	12.72
p 值	0.0315	0.000	0.000

1. 不同性别间变化比较

图 3-26 显示，抑郁评分均是老年女性>中老年整体人群>老年男性。老年女性的抑郁评分有所降低，老年男性的抑郁评分降低相对女性而言更缓。

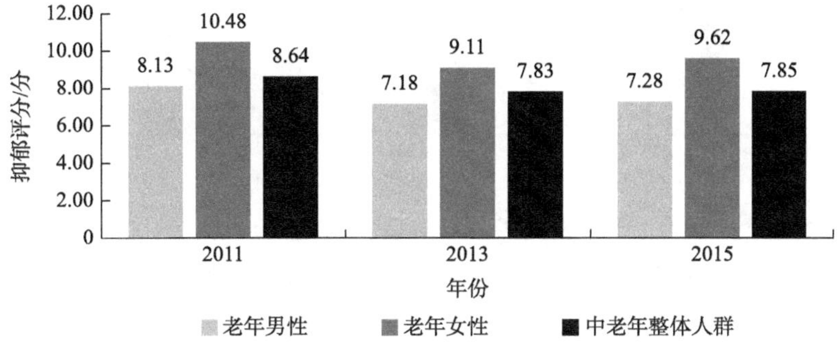

图 3-26　不同性别老年人抑郁评分变化比较

2. 不同居住地间变化比较

抑郁评分在不同居住地老年人间：农村老年人>中老年整体人群>城市老年人，2015 年农村老年人抑郁得分高于城市老年人 2.01 分（图 3-27）。农村老年人的抑郁评分呈上升趋势，城市老年人的抑郁评分相对降低。

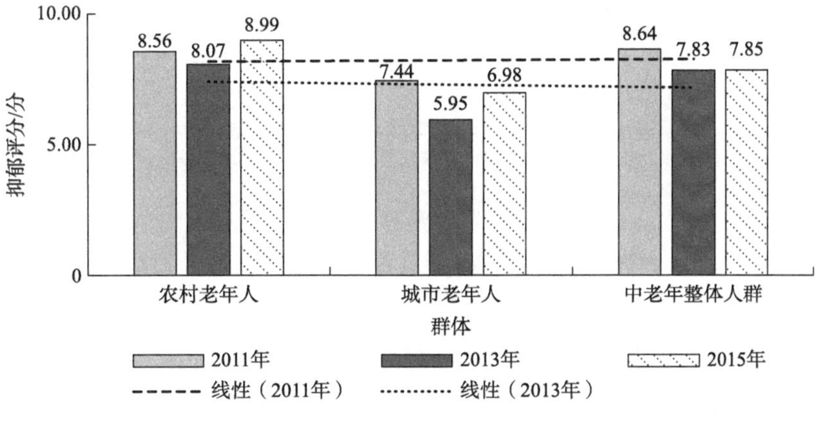

图 3-27　不同居住地老年人抑郁评分变化比较

3. 不同婚姻状况间变化比较

2015 年无配偶老人抑郁得分高于有配偶老人 1.83 分。不同婚姻状态下老年人抑郁得分在 5 年间均呈下降趋势（图 3-28）。

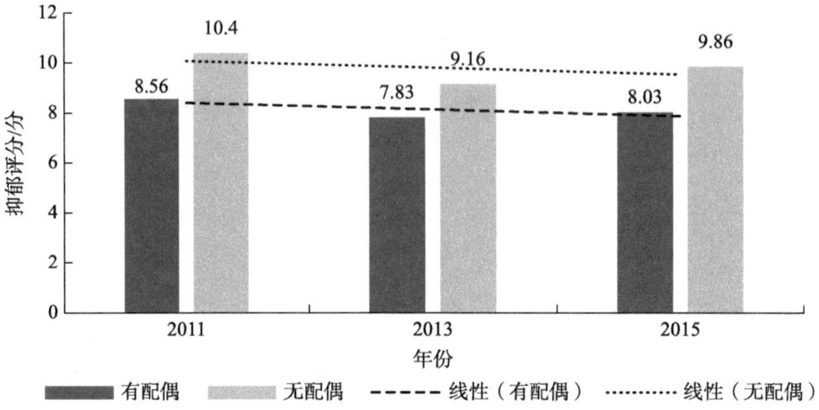

图 3-28　不同婚姻状况老年人抑郁评分变化比较

（三）中老年整体人群及老年人群抑郁症情况变化

老年人群患抑郁症的比例是非常高的，至 2015 年老年人患抑郁症的比例占 31.0%，该比例老年人群高于中老年整体人群。从变化趋势看，老年人患抑郁症的比例有所降低，2015 年较 2011 年下降 6.3 个百分点（图 3-29）。

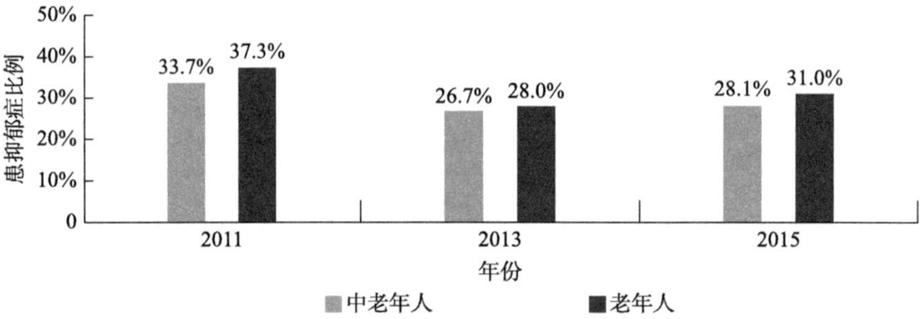

图 3-29　中老年整体人群及老年人群抑郁症比例变化

（四）不同老年人群抑郁症情况变化

1. 不同性别间变化比较

老年女性患抑郁症比例明显高于老年男性，且高于总体老年人群。至 2015 年老年女性患抑郁症比例占到 38.4%，该群体更应被关注。老年男性患抑郁症比例 2015 年较 2011 年下降 6.1 个百分点，老年女性患抑郁症比例 2015 年较 2011 年下降 7.6 个百分点（图 3-30）。

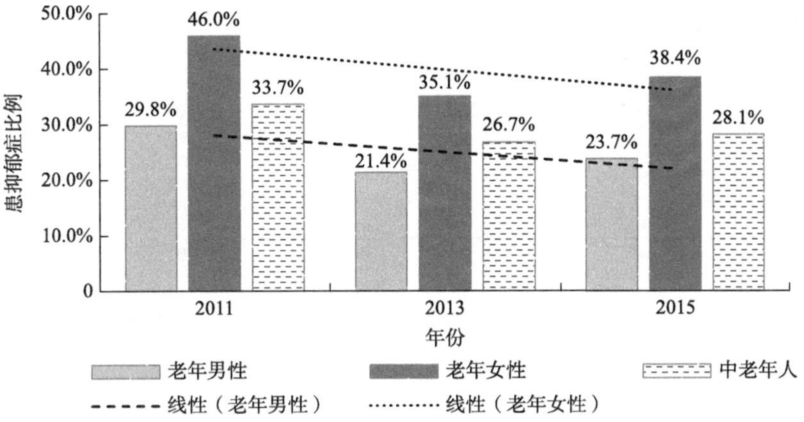

图 3-30　不同性别老年人及中老年人抑郁症比例变化比较

2. 不同居住地老年人抑郁症变化比较

图 3-31 显示，农村老年人患抑郁症比例高于中老年整体人群（除 2011 年），且明显高于城市老年人，至 2015 年农村老年人患抑郁症比例达 34.3%。从趋势看，农村老年人患抑郁症比例还在逐渐升高（2015 年较 2011 年上升 0.8 个百分点）。

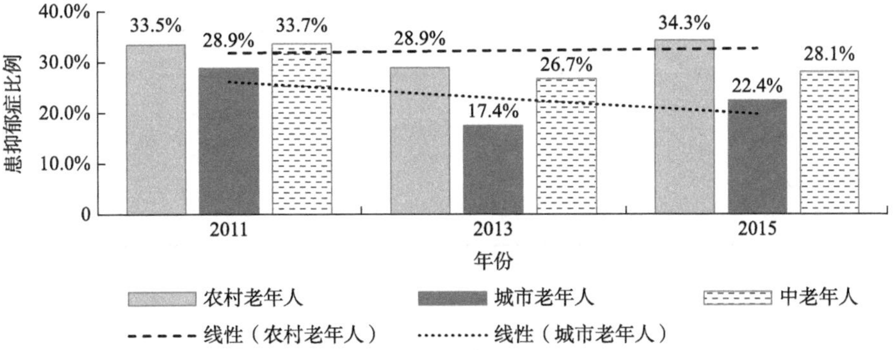

图 3-31　不同居住地老年人抑郁症比例变化

3. 不同年龄组间老年人抑郁症变化比较

老年人在 2011 年、2013 年抑郁症比例较高的年龄段是 80 岁及以上，2015 年抑郁症比例最高的年龄段是 65~74 岁。2015 年各年龄段老年人较 2011 年抑郁症比例降低，较 2013 年比例升高（图 3-32）。

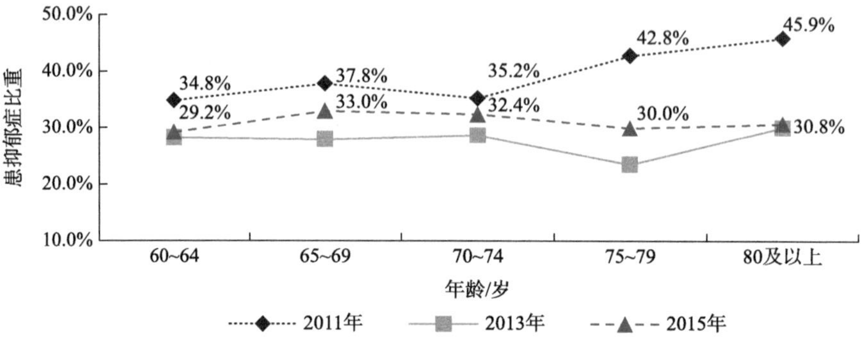

图 3-32　不同年龄组老年人抑郁症比例变化

三、老年人抑郁认知与失能的相关性

1. 抑郁评分与认知评分的相关性

老年人认知评分与抑郁评分呈负相关性，即认知能力越高，抑郁评分越低（表 3-12）。

表 3-12　认知与抑郁的相关性分析

项目	2011 年	2013 年	2015 年
认知均值	10.61	10.19	9.16
抑郁均值	9.21	8.11	8.44
相关系数	−0.30	−0.23	−0.27
p 值	0.000	0.000	0.000

2. 失能与失智的相关性

表 3-13 表明，失能老人较非失能老人有明显的抑郁症状，2015 年失能老人抑郁评分为 13.46 分（抑郁评分大于 10 分）；同时失能老人较非失能老人的认知能力更低，$p<0.05$，结果具有统计学意义。

表 3-13　2015 年老年人失能与失智相关性分析

项目	认知评分	抑郁评分
未失能	9.13	9.07
失能	5.85	13.46
t 值	20.35	−15.94
p 值	0.000	0.000

四、老年人失智状况变化引起养老服务需求变化

（一）失智状况变化小结

1. 老年人认知受损变化

老年人平均认知得分9.16分，处于中度认知能力范围，平均认知能力逐年降低。低认知能力老年人比例明显增加（至2015年为31.3%，较2011年的增幅为47.78%），高认知能力的老年人比例减少。年龄越高，认知能力越低，且2015年较2013年下降趋势更为明显；男性老人认知能力高于女性老人，但男性老人评分下降趋势更为明显；有配偶老人认知评分高于无配偶老人；农村老人认知评分低于城市老人，且下降程度更大。

低认知能力的老年女性比例（41.6%）明显高于老年男性（20.3%）；高认知能力老年男性比例明显高于老年女性（2015年28.5%vs16.5%）；低认知能力老年男性增长率高于老年女性，2015年较2011年低认知能力老年男性的比例增幅为66.39%，女性的比例增幅为34.63%。农村的低认知能力老年人比例显著提高；城市的中认知能力与低认知能力的老年人数增加。

2. 老年人精神受损变化

2015年老年人平均抑郁得分8.44（得分越高，越有抑郁症倾向，10分以上被认为患有抑郁症），抑郁症比例为31.0%，2011年至2015年抑郁得分降低，较2013年抑郁得分升高。女性老人抑郁得分高于男性，丧偶或离婚的无配偶老人抑郁得分高于有配偶老人，农村老人高于城市老人，均具有显著差异（$p<0.05$）。农村老人的抑郁得分呈上升趋势。

老年女性患抑郁症比例（38.4%）明显高于老年男性（23.7%），老年男性抑郁症比例2015年较2011年下降6.1个百分点，老年女性抑郁症比例2015年较2011年下降7.6个百分点。2015年农村老人抑郁症比例（34.3%）高于城市老人（22.4%），且从趋势看，农村老年人患抑郁症比例还在逐渐升高（2015年较2011年上升0.8个百分点）。2015年患抑郁症比例最高的年龄段为65~74岁。

3. 老年人失智与失能的相关性

老年人认知与抑郁呈负相关，即认知能力越高，抑郁得分越低。失能老人患阿尔茨海默病的可能性更高。

（二）失智状况变化引起养老服务需求变化

重度认知障碍而引起失智失能，对长期照护者的专业性要求提高。老年人认知能力平均评分逐年降低；低认知能力老人数量增加，低认知能力老年女性多于老年男性，但低认知能力老年男性明显增长；年龄越高，认知能力越低，且 2015 年该下降趋势更为明显；农村低认知能力老年人数比例高于城市，农村低认知能力老人比例显著提高。重度认知障碍为严重的记忆障碍，完全需他人照顾。这一系列的数据表明，中重度认知障碍老人越来越多，老年人独立生活能力减弱，需要有人昼夜护理。

而患阿尔茨海默病的老人常伴随精神行为障碍，常见表现有忧郁症状、精神症状、行为障碍。忧郁症状表现为感受到无助无望，觉得自己没用，失去动力和乐趣，活动范围明显缩小，甚至出现自杀念头；精神症状最常见表现为妄想与幻觉；在行为障碍上表现为睡眠障碍、重复行为、病态收集、贪食行为、游走和迷路。并且阿尔茨海默病患者有时会有食欲亢进和强烈的好奇心，因判断能力差常会有误服清洁剂、肥皂、香烟、别针、樟脑丸等情形；由于视力、听力下降，平衡功能减退，思维紊乱，易受激惹等原因，很容易跌倒；患者还表现为短时间内重复相同提问或动作；因记忆力损失而对环境的定向感缺失，常忘记家中地址和电话，容易迷路，因此失智老人以及失智失能老人比失能老人更难照料。

在“养”的方面，家庭或养老机构对失智老人的居住环境需要有特殊的安排，需构建预防跌倒、预防烫伤的环境。在日常照护上除了提供喂饭、洗漱、维持清洁的服务外，还需预防老人误食、走失。从研究结果也可看出，丧偶老人较有伴侣的老人认知能力更低，说明家庭的支持与亲人的陪伴是老年人认知能力的正向因素，而失智老人对亲人会有更多的依赖，因此对家庭照护者提出了较高的要求。照护者需要懂得阿尔茨海默病的疾病知识，能够指导患者用药，对患者进行心理安抚，需要预防老人跌倒、走失，避免老人因情绪引发的并发症，因此要有极大的专业度与耐心。而家庭照护者一方面很难获得专业的知识，另一方面长时间的照护负荷也容易引起照护者的热情减退，甚至照护者易产生心理疾病。因此，机构与社区需要做更多的补充与支持。社区应保证有 1~2 名针对失智老人的有照护经验的专业护士，能够为家庭或机构照护人员提供科学合理、良好有效、有针对性的诊治信息，辅导照护技能，开展心理咨询服务，提高照护人员的服务技能与质量，从而提升患者的生活质量，减轻照护者的心理负担。社区还应普及知识，提高民众对阿尔茨海默病的知晓率，提高识别能力。促进患者早发现、早就诊、早治疗，避免因错过最好治疗时机而病情恶化。

在“医”的方面，养老机构除了设置 24 小时值班，实现昼夜护理、提醒吃药外，还需与医院建立紧急救护网络与双向转诊机制，病房建立呼叫系统。现有养老机构或护理院对失智老人照护的专业性不足，收治能力不足。因此，亟须在卫生系统中加强医疗机构诊治阿尔茨海默病的门诊与照护服务。医疗机构应增设失智门诊，专门诊治失智老人，配备精神科医生（徐勤，2015）。

第四节　小　　结

本章主要利用CHARLS的2011年、2013年、2015年数据，对老年人的人口学特征、慢性病状况（包含健康自评、慢性疾病情况）、失能状况（包括躯体受损、活动能力受损）以及失智情况（包括认知受损与精神受损），在不同人口学特征间的差异及年份间的变化比较，根据不同的慢性病、失能、失智状况的老年人在医、养、康、护等长期护理服务需求方面进行了初步的分析。主要结论如下。

第一，老龄化的急剧发展，患有多种慢性病老人的比例明显上升，失能失智以及患抑郁症老人的比例逐年增加，老年人对养老服务的需求将会呈现多而广，从单一到复杂，从基础性到专业性，从单纯的养老服务需求向医养结合的长期护理服务需求转变的趋势。

第二，老年人患三种及以上慢性疾病的比例增幅明显，患多种慢性疾病的老人多为住院后出院病人，并发症多，用药依从性差，常伴有慢性疼痛，生活自理能力下降，老年人易产生抑郁情绪，社区、家庭养老的老年人对连续性照护服务需求表现强烈。

第三，在慢性病患病类型比例的变化上，相比高血压、心脏病、血脂异常、血糖升高等常规重点关注的慢性疾病，关节炎或风湿疾病、胃肠道疾病、慢阻肺、肾脏疾病患病比例增幅明显，发展成为更需重点防治的慢性疾病。早期干预治疗并延缓疾病进一步恶化成为重要的服务需求。

第四，患不可逆性残疾的老人比例增加，此类老人的护理难度与风险较高，因此老年人对全天候、更专业化的照护有强烈的需求。而失能也呈现出年轻化趋势，轻度失能比例增幅大，不同居住地、性别间在不同失能类型上呈现的比例趋势不同，差异化的服务需求增加。

第五，重度认知障碍老人比例升高，伴随着抑郁情绪及患有抑郁症的老人增加。认知障碍与抑郁呈相关性，即认知能力越低，越有可能引发抑郁情绪或患抑郁症。并且失能与认知能力相关性极高，失能不一定失智，但失智一定伴随着失能。老年人患退行性、不可逆疾病无论对社会、医疗卫生机构、家庭都提出了非常高的要求，包括专业度、细心与耐心等方面。

基于以上养老服务需求的现状与变化，整合照护可以从以下几个方面来思考：①建立专业的连续性照护体系，实现“医”“养”融合；②普及预防筛查，加快建设康复技术与人才培养，促进老年人健康行为，延缓并阻碍老年病向重度发展，降低重度失能转化率；③构建养老照护评级体系，为不同失能等级老人提供差异化服务，提高对失能老人照护成本的利用效率，有针对性地投入精准养老服务；④研发推广适老化设施设备，提升老年人独立解决日常生活困难的能力，以获得有尊严的生活质量；⑤识别潜在阿尔茨海默病患者，提高老年痴呆的知晓率，尽早干预控制，加强社会对失智老人的照护服务供给。

第四章　养老服务供给侧的特征

随着家庭养老服务供给功能的日渐衰弱，我国养老服务的供给迫切需要形成一种依靠政府、市场、社区和家庭四方主体间相互配合协调的体系。养老服务供给涵盖老年人生活的方方面面，其主要内容包括了日常生活照料、保健服务、康复服务、家政服务、心理疏导服务等。凡是老年人的真实需求都是养老服务供给的主要方面。第三章利用大数据全面分析了老年人在慢性病、失能、失智状态下养老服务需求的相应变化，那么本章拟从我国养老服务供给的充分性、地区分布的均衡性、资源配置的系统性，以及服务供给的质量等方面来揭示养老服务供给侧是否与需求侧相匹配。

第一节　养老服务供给总体的不充分性

一、家庭养老服务的不充分性

家庭是子女获得“养育、教育、个体成长”，中年人群获得“就业、婚姻”，老年人获得“养老、医疗、照护、殡葬”等社会服务资源的第一大支撑体系。

1. 家庭形式由“共居式”向“代际分离式”转变

传统家庭养老模式是由“子女养老”和“居家养老”方式结合而成，传统家庭养老模式对应着具有“共居式”特征的家庭结构。根据 1987 年中国 60 岁以上老年人口抽样调查资料，家庭共居比重达到 77.2%（中国老龄科学研究中心，1994）。进入 21 世纪，父母与子女合住的传统类型家庭已经逐渐减少，“共居式”家庭存在形式已经被“代际分离式”的家庭模式取代。比较我国第五次和第六次人口普查数据，2000 年我国三代户家庭数量占比为 18.2%，到 2010 年占比为

17.3%。[①]我国家庭养老功能弱化的表现之一包含了家庭形式逐渐演变为“代际分离”模式。

当然，子女与老人的分离并不代表着子女承担家庭养老责任的完全丧失。根据 2015 年中国家庭追踪调查（China family panel studies，CFPS）调查数据，城市户口且父母与子女分居的家庭，其中 96.7%的家庭父母和子女仍然住在同一个城市。这意味着，子女仍然可以承担起家庭养老的经济、物质责任，但是在精神慰藉方面和失能老人的照护上，子女无法承担起其应有甚至更多的责任。有研究显示，31%的老人在感到孤独时会选择和自己的老伴诉说心事，40.2%的孤寡老人则无对象可以倾诉（陈芳和方长春，2014）。根据课题组前往浙江省杭州市桐庐县调研得到的数据，在长期护理保险试点过程中，桐庐县日常生活活动能力受损的有配偶老人中，选择配偶照护占到了 80%的比重。[②] 可见，家庭存在形式逐渐转向“代际分离式”虽不代表“家庭养老模式”的崩坏，但却是家庭养老服务功能弱化的重要表现，是短时间不可逆的现象。

2. 老人的养老模式转向自给养老方式

由于家庭的存在形式演变为“代际分离式”，间接对老人养老方式提出了新的要求和考验。老人在多数时间内无法依靠子女养老，渐渐选择依靠自我养老的方式，其中最重要的表现为养老自给能力的增强。考察老人养老自给能力往往会参考老人的经济支持力，用经济支持力的收入和支出的金额来判断高低，其中收入更具有代表性。随着人社部不断调整退休人员的退休金待遇，从表 4-1 可看出，从 2011 年到 2018 年，我国老年人的退休金收入以平均每年 8.9%的增速在逐年上升。

表 4-1　我国 2011~2018 年企业退休人员养老金变化趋势

年份	人均金额/元	增速
2011	1464	—
2012	1660	13.4%
2013	1845	11.1%
2014	2050	11.1%
2015	2200	7.3%
2016	2362	7.4%
2017	2510	6.3%

① 国家统计局：2000 年第五次、2010 年第六次全国人口普查公布的数据。

② 来源于笔者 2018 年 7 月前往杭州市桐庐县人力资源和社会保障局调研。

续表

年份	人均金额/元	增速
2018	2653	5.7%
平均值	2093	8.9%

资料来源：http://www.mohrss.gov.cn/

表 4-1 显示，随着我国退休人员的退休金逐年上涨，越来越多的老人选择依靠自我供给进行养老。在不考虑子女责任、家庭孝道等文化因素的前提下，老年人自我经济独立性的增强是我国家庭养老功能弱化的重要表现。

从支出视角来考察老年人的养老支持力来源，我国养老保险基金中的养老金支出金额最能体现我国老年人经济自给能力的变化，如表 4-2 所示。

表 4-2　2010~2017 年全国基本养老保险基金情况（单位：亿元）

年份	基本养老保险		城镇职工基本养老保险		城乡居民基本养老保险	
	基金收入	基金支出	基金收入	基金支出	基金收入	基金支出
2010	13 872.9	10 755.3	13 419.5	10 554.9	453.4	200.4
2011	18 004.8	13 363.2	16 894.7	12 764.9	1 110.1	598.3
2012	21 830.2	16 711.5	20 001.0	15 561.8	1 829.2	1 149.7
2013	24 732.6	19 818.7	22 680.4	18 470.4	2 052.3	1 348.3
2014	27 619.9	23 325.8	25 309.7	21 754.7	2 310.2	1 571.2
2015	32 195.5	27 929.4	29 340.9	25 812.7	2 854.6	2 116.7
2016	37 990.8	34 004.3	35 057.5	31 853.8	2 933.3	2 150.5
2017	46 613.8	40 423.8	43 309.6	38 051.5	3 304.2	2 372.2

资料来源：《中国劳动统计年鉴 2018》

从表 4-2 可以看出，2017 年我国基本养老保险基金的支出约为 2010 年的 3 倍多，始建于 2009 年的城乡居民基本养老保险基金支出金额也在 9 年内增长了 10 倍。我国养老基金支出金额的大幅增长更有力地证明了我国老年人经济自给能力的增强。这是我国经济高速发展，政府不断提高养老金水平，不断改善社会养老服务水平所带来的必然结果。

二、社区居家养老服务的不充分性

社区作为家庭聚居的重要单元，是继家庭后又一个重要的养老服务供给单元。社区居家养老服务模式又称为社区嵌入式养老模式，是一种将小型化、便民化的养老机构，嵌入至社区空置房屋或者土地，实现与家庭养老服务模式的有效配合。既能为居家老人提供上门照护、看病诊疗等专业服务，又能为失能、半失能老人提供中短期入住的专业照护机构，还能为健康老人提供娱乐、拓宽社交的休闲场所。笔者在文献综述中提过，我国目前提倡“9073”（居家养老占比 90%，社区养老比重为 7%，机构养老比重为 3%）养老服务结构组成，看似 7%的社区居家养老服务组成其实并不是数字所表现出的微不足道。陈策（2014）利用矩阵模型对我国不同程度、不同家境的失能老人所需要照护的时间进行测算和预测，图 4-1 表明，在未来照护时间大幅上升的背景下，我国逐渐弱化的家庭养老模式已经不足以支撑和满足老人的养老需求。由政府和市场支持的社区居家养老模式既能解决家庭养老模式的照护专业性不足问题，同时也能满足老年人就地养老的期望，无论是从服务视角还是区位视角，社区居家养老模式无疑是最接地气的一种养老方式。

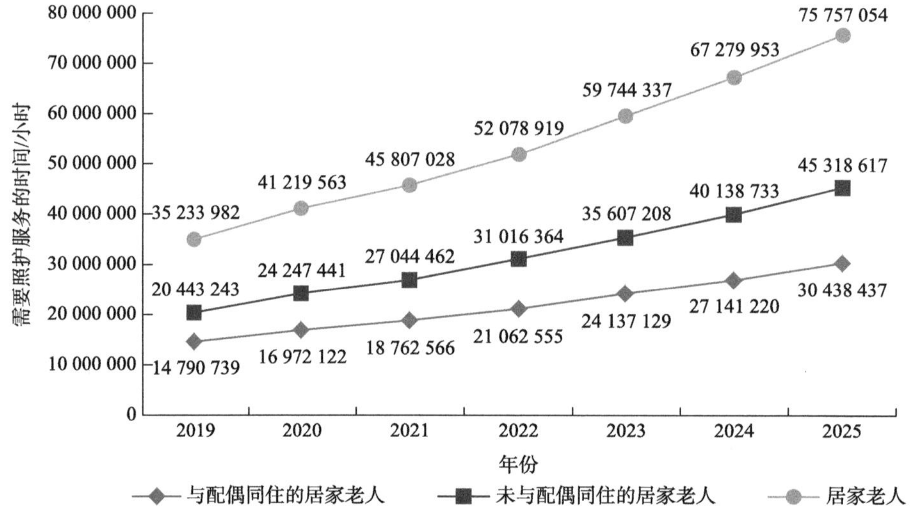

图 4-1　居家失能老人所需社会照护时间趋势

资料来源：陈策（2014）

但是，我国社区居家养老模式提出时间较晚。2000 年我国提出建立“家庭养老为基础、社区服务为依托、社会养老为补充的养老机制”。由于提出时间较晚，我国社区居家养老服务供给存在着不可忽视的不充分性。

服务项目供给的不充分性能从多角度进行剖析，学术界较多地从知晓率、利用率、需求率这三个角度对居家社区养老供给的不充分性进行阐述（丁志宏和曲嘉瑶，2019）。本书借鉴了“第四次中国城乡老年人生活状况抽样调查”的原始数据，[①]筛选调查问卷中的提问，提取出涉及知晓率、利用率、服务需求的相关数据，整理得表 4-3。

表 4-3　社区居家养老各类养老服务项目供给与需求情况

服务项目	知晓率	利用率	服务需求
餐饮服务	7.3%	1.5%	14.8%
洗浴服务	3.7%	0.9%	11.3%
家政服务	10.9%	3.2%	19.5%
上门就诊服务	29.3%	21.1%	54.4%
居家日间照料服务	10.5%	2.8%	19.5%
康复复健服务	7.1%	1.8%	22.4%
辅具用品租赁服务	4.4%	0.8%	7.2%
健康知识普及	11.5%	4.5%	11.9%
心理咨询服务	9.1%	3.2%	14.8%

资料来源：第四次中国城乡老年人生活状况抽样调查

整体上社区养老服务项目的五大方面都处于较低水准，存在明显的资源浪费、供不应求、知晓率过低等问题。但是，由于多年来全科医生的培养和家庭医生签约制度的推广，就上门就诊服务这一项，在与其他服务项目相比的前提下水平尚可，但数据表明，上门就诊服务项目存在供不应求的情况；在提供服务的对象中，存在服务资源浪费严重的情况。说明我国的社区居家养老服务表现出需求大于供给，供给大于服务利用的现象，其结构性供需不平衡比较严重。

我国社区服务项目供给不充分，不仅停留在字面意思的“供给不足”，而且包括了服务项目提供得不到位，提供服务却缺乏宣传以致社区老人并不知情，提供服务项目却有资源铺张浪费或与老人需求不匹配的情况。社区服务项目的不充分的定义，在随着国家在居家养老事业投入的不断加大的背景下，被赋予了新的内涵，同时也会暴露出新的问题。

① “第四次中国城乡老年人生活状况抽样调查”的调查时点为 2015 年 8 月 1 日 0 时，调查对象为居住在中华人民共和国内（港澳台地区除外）的 60 周岁及以上中国公民。调查采取入户访谈和问卷调查方式，调查范围为全国 31 个省、自治区、直辖市和新疆生产建设兵团，样本涉及 466 个县（市、区）。采用“分层、多阶段、最后阶段等概率”抽样设计，所得样本近似自加权样本，具有全国代表性。调查发放 22.368 万份问卷，抽样比约为 1.0‰，实际回收样本 22.270 万份，有效样本为 22.017 万份，样本有效率为 98.86%。

三、机构养老服务的不充分性

机构养老是依托养老机构为老年人提供养老服务的养老方式，是社会化养老的重要组成部分。根据资金来源可分为福利性养老机构、非营利性养老机构和营利性养老机构。本小节数据来源于民政部门的统计公报，因此养老机构也是归属在民政部门注册登记的非营利性养老机构。

（一）养老机构数、床位数和每千人拥有床位数

养老机构数量、机构内床位数以及每千人拥有床位数是国际衡量机构养老服务水平的重要指标。发达国家每千人拥有床位数为 500~700 张，虽然近年来我国的机构养老服务产业规模发展迅速，但是与发达国家相比仍然有着较大的差距。

从图 4-2 和表 4-4 得知，2013~2014 年是我国养老机构发展的关键年份跨度，之所以会出现大幅度的数据下降是因为国家大力度提倡和发展社区居家养老模式，建造了大量的社区养老照料机构和社区互助型养老设施。因此，由国家出资建造和运营的非营利性养老机构数量下降。同时，我国与发达国家仍然有着较大的差距，国际通行的养老机构需求比例为 5%，那么我国还需要补充 1150 多万张床位（刘东生，2018）。

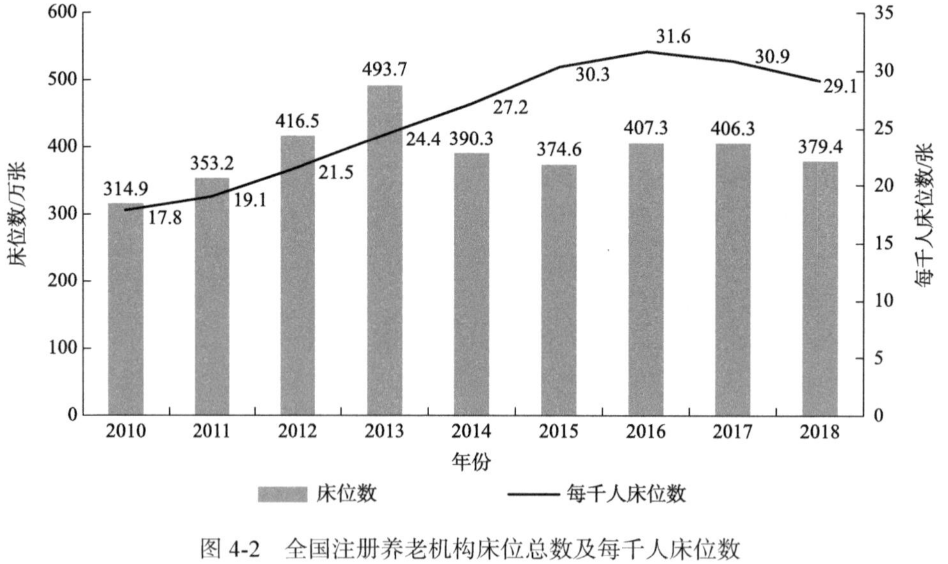

图 4-2　全国注册养老机构床位总数及每千人床位数

资料来源：2010~2018 年民政部统计公报

表 4-4　2010~2018 年全国注册登记的养老机构数（单位：个）

年份	2010	2011	2012	2013	2014	2015	2016	2017	2018
养老机构数量	39 904	40 868	44 304	42 475	33 043①	28 000②	29 000	29 000	29 000

资料来源：2010~2018 年民政部统计公报

注：①根据民政部统计公报，自 2014 年起，民政部统计公报开始具体划分注册养老机构、社区养老照料机构和社区互助型养老设施。笔者仅选取注册养老机构数作为本节统计。其余两类应归类于社区居家养老类别；②自 2015 年起，民政部统计公报的数字统计以“万”为单位，因此本书在表中仅做粗略统计，与 2015 年前有所不同

（二）养老机构入住率和利用率

从需求的角度，即老人的入住率和床位的利用率来分析机构养老服务供给的不充分性。北京市作为我国首都，且为养老服务示范城市，其数据展现的养老事业领先性在某种层面对于研究我国机构养老服务的问题具有一定的参考性（表 4-5）。

表 4-5　北京市养老机构床位使用率分布

床位使用率	机构数/个	百分比
0	12	2.6%
0~9%	29	6.3%
10%~19%	44	9.6%
20%~29%	46	10.0%
30%~39%	57	12.4%
40%~49%	43	9.3%
50%~59%	34	7.4%
60%~69%	32	7.0%
70%~79%	37	8.0%
80%~89%	42	9.1%
90%~99%	30	6.5%
100%	49	10.7%
缺失	5	1.1%
合计	460	100.0%

资料来源：乔晓春（2019）

如表 4-5 所示，床位使用率不足 50% 的养老机构数占据了调查机构总数的 50.2%，甚至还有 2.6%的养老机构出现了床位全空置的状态。但是调研还发现 79

家入住率达 90%以上的养老机构一般位于北京市二环以内，环境条件好、经营管理较好、服务质量较高、相对费用较低。

于一凡和徐文娟（2018）曾经调查过浙江省江山市的养老机构入住率和床位利用率情况，走访的 25 家养老机构，17 家为公办养老机构，8 家为民办养老机构。11 家养老机构空置率达到 50%以上，结果与北京市有着高度的相似性。江山市虽然作为浙江省发展较为滞后的城市，但是床位普及率还是比较高的，百名老人拥有 3.2 张床位。然而在床位利用率上却不容乐观，床位空置率达到 50%以上，其中公办养老院空置率较低，为 41.6%，但是民办养老院空置率非常高，达到了 67%。同时，区位发展的不平衡和地理环境造成了不同区域的不同入住率，这与在北京发现的现象一致。进一步说明了我国养老机构服务供给的相对不充分性。

纵观全国，青连斌（2017b）对全国 400 余位养老院院长进行调查发现，每家养老院平均拥有 216.26 张床位，平均入住 159.52 人，换言之超过 1/3 的养老床位处于空置状态。在北京市和浙江省江山市发现的情况，同样出现在了全国各个省份。与此同时，调查还发现不同性质的养老机构床位利用率和空置率也不同。

第二节　养老服务区域分布的不均衡性

一、养老服务供给的城乡差异

（一）非营利养老机构的城乡差距

我国养老服务供给水平的城乡差距主要体现了现有社会保障体系下非营利养老机构的数量差距。城市拥有相对完善的社会保障体系，同时配套拥有相应的养老机构和养老服务，具备完善的养老服务供给体系。而农村的社会保障体系并不完善，其养老机构在覆盖面积和服务水平方面较差，如表 4-6 所示。

表 4-6　2015~2018 年我国城乡间非营利养老机构数量比较（按床位数分类）

年份	床位数/张	城市/个		农村/个	
2015	0~99	3 831	7 642	11 585	20 261
	100~299	2 989		7 870	
	300~499	531		585	
	500 及以上	291		221	

续表

年份	床位数/张	城市/个		农村/个	
2016	0~99	3 618	7 656	8 511	15 587
	100~299	3 124		6 390	
	300~499	591		508	
	500 及以上	323		178	
2017	0~99	4 251	8 891	8 218	15 398
	100~299	3 544		6 433	
	300~499	696		550	
	500 及以上	400		197	
2018	0~99	4 734	9 618	7 885	15 006
	100~299	3 725		6 314	
	300~499	741		605	
	500 及以上	418		202	

资料来源：2016~2019 年《中国民政统计年鉴》

表 4-6 显示，虽然我国城市的非营利养老机构数量远远低于农村养老机构数量，但城市非营利养老机构数量少是因为养老机构服务对象与覆盖范围较大，这一点，可以从床位数量分类一列即可知晓。养老机构中拥有 300 张及以上床位的机构数量要高于农村地区的养老机构，尤其是拥有 500 张及以上床位的超大型养老机构，差距更为明显。这也反映出我国农村地区的养老机构数量虽多，但是由于其定位的关系，多数机构规模和床位数量较少。因此，小规模的养老机构无法发挥出大型养老机构的重要作用，体现出了城乡养老机构上的巨大差异。

（二）社区居家养老机构的城乡差异

社区居家养老模式包含了我国社区养老机构和社区互助型养老设施。这里选取 2015 年至 2018 年《中国民政统计年鉴》的部分数据，比较我国社区内这两者的数量变化（表 4-7 和表 4-8）。

表 4-7　2015~2018 年我国社区养老机构城乡对比（单位：个）

年份	合计	城市	农村
2015	18 927	6 854	12 073
2016	26 067	9 574	16 493

续表

年份	合计	城市	农村
2017	34 924	13 115	21 809
2018	43 212	16 207	27 005

资料来源：2015~2018 年《中国民政统计年鉴》

表 4-8 2015~2018 年我国社区互助型养老设施城乡差异（单位：个）

年份	合计	城市	农村
2015	40 357	5 655	34 702
2016	62 027	6 510	55 517
2017	76 374	5 517	70 857
2018	82 648	7 253	75 395

资料来源：2015~2018 年《中国民政统计年鉴》

社区养老服务的最大特点就是能让老人就近、就地进行养老。此时，农村养老机构的精确化定位能发挥出其较大的优势，从表 4-7、表 4-8 可以看出，我国农村无论是在社区互助型养老设施建设上还是社区养老机构的数量建设上，都要优于城市地区。分析其原因是我国农村、乡镇街道的数量远远多于城市中的社区数量，社区养老机构和养老设施精准到街道与村落的服务定位决定了农村的数量必然大于城市的数量。同时，这与我国城乡历史发展的状况以及近年来国家政策的踏实落地也有着密不可分的关系，是有效缩小城乡差距的重要举措。

（三）养老服务项目的城乡差异

比较城乡间养老服务项目在知晓率、利用率、服务需求率三方面的差异，可以说明城乡间在养老服务质量和效益上的差距。本书选取“第四次中国城乡老年人生活状况抽样调查”数据，统计结果如表 4-9 所示。

表 4-9 分城乡老年人各类养老服务项目的供需情况

服务项目	知晓率		利用率		服务需求率	
	城镇	农村	城镇	农村	城镇	农村
餐饮服务	12.1%	2.6%	2.0%	0.9%	15.0%	14.6%
洗浴服务	5.8%	1.7%	1.2%	0.7%	11.1%	11.4%
家政服务	18.3%	3.6%	4.7%	1.6%	21.2%	17.9%
上门就诊服务	25.9%	32.7%	13.3%	28.9%	44.8%	63.3%
居家日间照料服务	15.1%	6.1%	3.0%	2.7%	18.2%	20.7%

续表

服务项目	知晓率		利用率		服务需求率	
	城镇	农村	城镇	农村	城镇	农村
康复复健服务	11.3%	3.0%	1.9%	1.7%	21.0%	23.7%
辅具用品租赁服务	7.4%	1.4%	1.0%	0.6%	6.2%	8.1%
健康知识普及	17.4%	5.8%	5.1%	3.8%	10.4%	13.4%
心理咨询服务	13.2%	5.1%	2.9%	3.5%	13.0%	16.4%

资料来源：①参考“第四次中国城乡老年人生活状况抽样调查”数据计算；②丁志宏和曲嘉瑶（2019）

如表 4-9 所示，在养老服务项目的知晓率、利用率两个方面，城镇的整体水平要高于农村。这是由于城镇社区在资源投入、宣传投入上要远高于我国的农村地区。但是，农村在上门就诊服务的知晓率和利用率上要高于城镇，在心理咨询服务的利用率上要略高于城镇。

首先，从上门就诊服务视角来分析，由于农村地区的机构养老发展并不充分，且家庭结构的变换，致使老人更多地依赖于居家养老模式，上门就诊服务是居家养老的重要组成部分。其次，从心理咨询服务视角来分析，在家庭养老功能逐渐弱化的大环境下，农村老人在心理倾诉方面的需求不断上升。本书在此处引用陈芳和方长春（2014）的对苏北地区农村老人养老状况的调研结果来佐证这一现象，见表 4-10。

表 4-10　农村老人心事诉说对象调查

倾诉对象	老人类型（有无配偶）		合计
	有配偶	无配偶	
没有人	21.4%	40.2%	29.1%
老伴	31.4%	—	18.4%
直系子女	25.3%	23.2%	24.3%
直系子女的配偶	4.9%	7.2%	5.9%
孙辈子女	8.0%	11.3%	9.4%
旁系亲属	2.0%	3.1%	2.5%
朋友和邻居	7.0%	14.2%	10.1%
村委会工作人员	0.0%	0.3%	0.1%
其他人员	0.0%	0.5%	0.2%
合计	100%	100%	100%

资料来源：陈芳和方长春（2014）

从表 4-10 可以发现农村地区老人，尤其是丧偶老人，会感受到无人可倾诉心事的孤独感。同时在子女、旁系亲属不在身边的现实条件下，老人只能更多地依赖于农村社区提供的心理咨询服务或邻居提供的人情疏导。

同时从表 4-9 还能发现，除餐饮服务和家政服务，在服务需求率方面农村在各个项目上都要高于城镇的服务需求率，这反映出养老服务供给在城乡间投入的不均衡性造成了需求差异。尤其是上门就诊服务项目，农村的服务需求率高于城镇 18.5 个百分点，这不仅说明农村老人更依赖于社区居家养老服务模式，还表明农村地区的居家养老服务模式在上门就诊服务水平、基层医疗供给水平上发展不充分。

（四）医疗服务机构与医疗服务人员的城乡差异

我国养老服务供给体系中，慢性病治疗、保健康复等基础医疗服务供给属于其重要的组成部分，也契合当前“医养结合”的思想。但是自新中国成立以来形成的城乡发展不平衡状况，导致农村地区养老服务供给体系中的基础医疗服务供给不健全，与城镇地区相比有着明显的差距。

我国无论是城镇的综合医院还是乡村的卫生院，都承担着慢性病治疗、保健康复的服务供给责任，然而农村老年居民面临医疗资源不足的现象，究其原因是农村基础医疗服务供给能力的缺失。由于城乡间医疗资源投入的不均衡，多数医疗卫生资源集中于城市地区，而顶尖医疗卫生技术集中于其中的少数三甲医院。医疗资源不均衡性导致形成较大的壁垒，致使农村老年人可能无法享受到尖端的医疗资源。从表 4-11、表 4-12 可以看出我国城乡医疗资源分布的差距情况。

表 4-11 中国城市综合医院与农村乡镇卫生院、村卫生室数量比较（单位：个）

年份	合计	综合医院	乡镇卫生院	村卫生室
2010	699 941	13 681	37 836	648 424
2011	714 517	14 328	37 295	662 894
2012	705 537	15 021	37 097	653 419
2013	701 521	15 887	37 015	648 619
2014	698 896	16 524	36 902	645 470
2015	694 783	17 430	36 817	640 536
2016	693 578	18 020	36 795	638 763
2017	687 529	18 921	36 551	632 057

资料来源：《中国统计年鉴 2018》

表 4-12　2010~2017 年中国城乡医疗卫生资源分布差异（单位：张）

年份	医疗卫生机构床位数				医疗机构床位数（每千人）				乡镇卫生院床位数（每千农村人口）
	合计	城市	农村	城市/农村	合计	城市	农村	城市/农村	
2010	4 786 831	2 302 297	2 484 534	0.93：1	3.58	5.94	2.60	2.28：1	1.12
2011	5 159 889	2 475 222	2 684 667	0.92：1	3.84	6.24	2.80	2.23：1	1.16
2012	5 724 775	2 733 403	2 991 372	0.91：1	4.24	6.88	3.11	2.21：1	1.24
2013	6 181 891	2 948 465	3 233 426	0.91：1	4.55	7.36	3.35	2.20：1	1.30
2014	6 601 214	3 169 880	3 431 334	0.92：1	4.85	7.84	3.54	2.21：1	1.34
2015	7 015 214	3 418 194	3 597 020	0.95：1	5.11	8.27	3.71	2.23：1	1.24
2016	7 410 453	3 654 956	3 755 497	0.97：1	5.37	8.41	3.91	2.15：1	1.27
2017	7 940 252	3 922 024	4 018 228	0.98：1	5.72	8.75	4.19	2.09：1	1.35

资料来源：《中国统计年鉴 2018》

表 4-11 显示，虽然我国城市综合医院数量远远不及乡镇卫生院和村卫生室，但是其医疗服务供给能力及服务覆盖范围优势明显。同时纵观 2010~2017 年，综合医院在这 8 年内增幅为 38.3%，而拥有庞大基数的乡镇卫生院和村卫生室，8 年内的增幅分别为–3.4%和–2.5%。

从表 4-12 可以发现，城市和农村医疗机构的床位数差距非常明显，城市和农村的每千人床位比值达到 2.2 左右，若进一步缩小行政区域范围，乡镇卫生院的每千人床位数则更少，到 2017 年仅仅增长 20%左右。

从表 4-13 可以看出，由于我国城乡医疗资源的倾斜以及由此造成的差距，城市综合医院和乡镇卫生院诊疗人次、入院人数、病床使用率等方面差距巨大，这也是为何城市的综合医院总是面临着一床难求，而乡镇卫生院病床使用率却不高。

表 4-13　2010~2017 年我国综合医院、乡镇卫生院诊疗人次与病床使用率

年份	诊疗人次/亿人		入院人数/万人		病床使用率		平均住院日/天	
	综合医院	乡镇卫生院	综合医院	乡镇卫生院	综合医院	乡镇卫生院	综合医院	乡镇卫生院
2010	15.11	8.74	7 505.46	3 630	87.5%	59.0%	9.78	5.2
2011	16.74	8.66	8 431.30	3 449	89.3%	58.1%	9.67	5.6
2012	18.74	9.68	9 914.86	3 908	91.0%	62.1%	9.39	5.7
2013	20.16	10.07	10 847.98	3 937	89.8%	62.8%	9.23	5.9
2014	21.82	10.29	11 844.13	3 733	88.8%	60.5%	9.02	6.3
2015	22.57	10.55	12 335.40	3 676	86.1%	59.9%	8.90	6.4

续表

年份	诊疗人次/亿人		入院人数/万人		病床使用率		平均住院日/天	
	综合医院	乡镇卫生院	综合医院	乡镇卫生院	综合医院	乡镇卫生院	综合医院	乡镇卫生院
2016	23.85	10.82	13 402.00	3 800	93.7%	60.6%	8.64	6.4
2017	25.02	11.11	14 360.10	4 047	86.0%	61.3%	8.57	6.3

资料来源：国家统计局官网《中国统计年鉴 2018》

从表 4-14 可以看出，2010~2017 年我国城乡间每千人口卫生技术人员、执业（助理）医师、注册护士的数量差距在 2~3 倍，而且城乡间差距还在逐渐扩大。在 2017 年，城乡间的卫生技术人员、执业（助理）医师、注册护士差距较大，这说明了城乡间基础医疗服务供给的差距。

表 4-14　2010~2017 年我国城乡医疗技术人员对比（每千人）（单位：人）

年份	卫生技术人员			执业（助理）医师			注册护士		
	合计	城市	农村	合计	城市	农村	合计	城市	农村
2010	4.39	7.62	3.04	1.80	2.97	1.32	1.53	3.09	0.89
2011	4.58	7.90	3.19	1.82	3.00	1.33	1.66	3.29	0.98
2012	4.94	8.54	3.41	1.94	3.19	1.40	1.85	3.65	1.09
2013	5.27	9.18	3.64	2.04	3.39	1.48	2.04	4.00	1.22
2014	5.56	9.70	3.77	2.12	3.54	1.51	2.20	4.30	1.31
2015	5.84	10.21	3.90	2.22	3.72	1.55	2.37	4.58	1.39
2016	6.12	10.79	4.04	2.31	3.92	1.59	2.54	4.91	1.49
2017	6.47	10.87	4.28	2.44	3.97	1.68	2.74	5.01	1.62

资料来源：《中国统计年鉴 2018》

二、养老服务供给的地区差异

我国养老服务体系供给不均衡性不仅表现在城乡之间，全国各个省份的表现也有很大的不同。由于具体省份区域不同，我国养老服务供给体系的实施在各地也有很大的不同。本书的研究将区域限定为我国的东部、中部、西部区域，比较三个宏观区域的养老服务体系供给差距。

（一）地区之间养老服务项目在知晓率、利用率等方面的差异

根据“第四次中国城乡老年人生活状况抽样调查”数据，我国东中西部地区

具体养老服务项目的差异性统计结果如表 4-15 所示。

表 4-15　东中西部地区老年人各类养老服务项目的供需情况

服务项目	知晓率			利用率			服务需求率		
	东部	中部	西部	东部	中部	西部	东部	中部	西部
餐饮服务	12.0%	4.6%	5.2%	2.6%	1.2%	1.1%	16.6%	15.1%	13.6%
洗浴服务	5.0%	3.2%	2.6%	1.4%	0.8%	0.7%	11.9%	12.4%	10.0%
家政服务	15.7%	8.3%	8.3%	5.2%	2.6%	2.1%	21.9%	18.7%	18.5%
上门就诊服务	28.9%	34.9%	25.7%	19.8%	26.2%	19.5%	49.0%	55.1%	59.5%
居家日间照料服务	13.3%	9.3%	8.3%	3.8%	3.3%	1.9%	19.4%	21.4%	18.7%
康复复健服务	10.1%	5.8%	4.6%	2.5%	2.4%	0.9%	20.7%	23.9%	23.2%
辅具用品租赁服务	6.5%	4.0%	2.3%	1.2%	1.2%	0.3%	6.2%	8.1%	7.9%
健康知识普及	13.6%	9.4%	12.4%	5.7%	3.8%	4.9%	9.4%	11.9%	15.3%
心理咨询服务	10.6%	8.9%	8.0%	3.7%	3.8%	2.7%	12.7%	14.4%	17.5%

资料来源：第四次中国城乡老年人生活状况抽样调查

由表 4-15 可知，知晓率方面，东部地区的老人对养老服务的整体知晓率水平要高于中西部地区。西部地区除了“健康知识普及”“餐饮服务”这两项外，其余所有服务的知晓率都是三个地区的最低值。在东部地区，餐饮服务、上门就诊服务、健康知识普及等有着较高的知晓率；在中西部地区，洗浴服务、康复复健服务、辅具用品租赁服务的知晓率远低于东部地区。

利用率方面，从服务项目角度来分析，东中西部地区的利用率处在比较低的水平上，但三个地区的上门就诊服务利用率相比其他项目要高出许多。从地区角度来看，除心理咨询服务、辅具用品租赁服务、上门就诊服务项目，东部地区的养老服务项目利用率都要高于中部和西部地区。同时，西部地区的餐饮服务、洗浴服务、家政服务、居家日间照料服务项目的利用率在三个地区中处于最低，说明西部地区的基本日常生活养老服务需求得不到满足。

服务需求方面，上门就诊服务、居家日间照料服务、康复复健服务是三个地区都有很高需求的服务项目。这说明我国养老服务未来发展的趋势一定是居家养老模式。由于东部地区相对而言有比较丰富的养老服务资源投入，在需求的表现上，中西部地区在很多服务的需求上都要高于东部地区。其中，中部地区在洗浴服务项目、居家日间照料服务项目、康复复健服务项目、辅具用品租赁服务项目上的需求是最大的；西部地区在上门就诊服务项目、健康知识普及服务项目、心理咨询服务项目上的需求最大。

（二）地区之间养老金和养老金替代率的差异

养老金水平和养老金替代率水平反映出老人的养老服务购买能力，较高养老金和养老金替代率水平有利于促进养老服务市场的繁荣。因此，考察比较各地区的养老金和养老金替代率水平，对比较地区间养老服务供给的不均衡性有着较大的参考意义。

这里从东中西部地区养老金和养老金替代率视角切入，分析地区间养老金水平和养老金替代率水平的差异。东中西部各个省份的养老金和养老金替代率水平差异如表 4-16 所示。

表 4-16　2017 年各省份养老金水平和养老金替代率水平

地区	省份	人均养老金水平/（元/月）	替代率
东部地区	北京	4103.9	48.65%
	天津	3259.2	50.70%
	上海	4380.0	57.81%
	河北	2711.7	64.33%
	辽宁	2438.1	60.44%
	江苏	2675.0	50.31%
	浙江	2939.5	54.67%
	福建	3051.2	62.99%
	山东	3077.0	61.50%
	广东	2779.6	50.34%
	海南	2806.3	59.41%
东部地区均值		3111.05	56.47%
中部地区	山西	3711.2	97.02%
	吉林	1923.7	48.77%
	黑龙江	2440.3	66.19%
	安徽	2025.2	45.70%
	江西	2336.4	55.12%
	河南	2666.5	69.39%
	湖北	2952.6	68.76%
	湖南	2659.6	63.41%
中部地区均值		2589.44	64.29%

续表

地区	省份	人均养老金水平/（元/月）	替代率
西部地区	内蒙古	2292.4	53.26%
	广西	2917.7	68.62%
	重庆	3169.5	62.69%
	四川	2324.7	50.95%
	贵州	3396.2	71.76%
	云南	4663.7	61.97%
	西藏	7697.3	84.88%
	陕西	3252.3	76.04%
	甘肃	2139.2	50.79%
	青海	4003.4	85.57%
	宁夏	3063.1	67.27%
	新疆	3695.3	82.20%
西部地区均值		3551.23	68.00%

资料来源：根据《中国统计年鉴 2018》计算所得

表 4-16 中每月人均养老金计算公式为：[2017 年度养老金总支出（万元）/2017 年度退休总人数（万人）]/12，[①] 养老金替代率的计算是根据公式：替代率=人均养老金（元）/退休前职工工资（元）。但由于养老金的收入水平存在高估的可能，而月人均工资水平是将非私营企业和私营企业统计在一起求均值得到的，因此也存在高估的可能性。

从计算结果来看，全国东中西部的宏观区域和各个省份的养老金水平有着较大的差异，其替代率差异也比较大。其中，养老金水平最高的为西藏地区，达到了 7697.3 元/月，最低的为吉林省，仅有 1923.7 元/月，极差值为 5773.6 元/月，这说明了养老金水平在全国各个省份的差异。从养老金替代率来看，最高的省份为山西省，替代率为 97.02%；最低的为安徽省，仅为 45.70%，两地养老金替代率差异就达到了 2 倍，这充分反映了我国不同省份养老金水平的差异。各省份养老金水平和养老金替代率比较结果，如图 4-3 所示。

① 中国统计年鉴中的养老金支出总额不仅包含了退休人员养老金支出，还包含了区域统筹养老金的支出、补助下级机构的支出、上解上级机构的支出和其他支出。因此，采用此方法计算出来的养老金水平和实际相比是偏高的，但对于研究同年度地区间差异仍然有较大的参考价值。

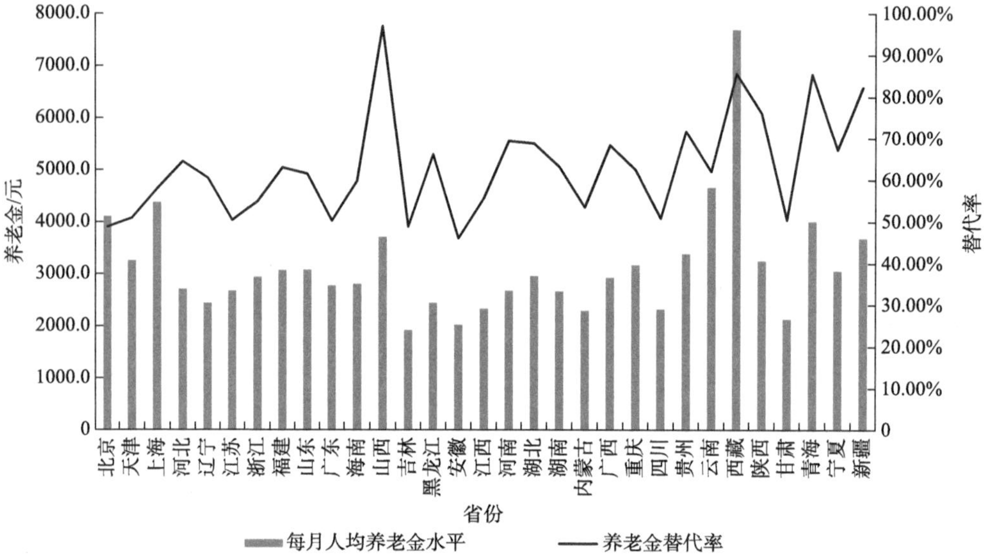

图 4-3　2017 年中国不同省份养老金水平和养老金替代率差异

资料来源：根据《中国统计年鉴 2018》计算得到

计算东中西部地区的养老金和养老金替代率的极差、标准差和中位数，进一步对东中西部地区的养老金差异情况进行分析，如表 4-17、表 4-18 所示。首先，从每月人均养老金水平来看，地区差异性的排名顺序为西部>东部>中部。其次，从每月养老金替代率水平来看，地区差异性的排名顺序为中部>西部>东部。

表 4-17　2017 年东中西部地区每月人均养老金水平差异（单位：元）

地区	中位数	极大值	极小值	极差	标准差
东部	2939.52	4379.95	2438.11	1941.84	576.61
中部	2549.97	3711.19	1923.70	1787.49	530.20
西部	3210.88	7697.32	2139.18	5558.14	1432.78

资料来源：根据《中国统计年鉴 2018》计算而得

表 4-18　2017 年东中西部地区养老金替代率水平差异

地区	中位数	极大值	极小值	极差/个百分点	标准差/个百分点
东部	57.81%	64.33%	48.65%	15.68	5.47
中部	64.80%	97.02%	45.70%	51.32	14.97
西部	67.95%	85.57%	50.79%	34.78	12.05

资料来源：根据《中国统计年鉴 2018》计算而得

通过对东中西部地区养老金水平和养老金替代率的比较，可以很明显地看到我国地区之间养老服务体系供给的不均衡性。即便是经济发展水平高的地区，比如东部各个省份，也不意味着会有高水平的养老保障。例如，浙江省是我国经济发展水平较高的地区，但是其人均养老金水平在全国范围来看也仅仅位于中下游水平，那是因为浙江省在经济发展的同时，也是流动人口大省。受到户籍制度限制和养老金缴纳规定影响，水平无法比拟同为东部沿海地区的福建省。相反，西藏作为我国海拔最高的地区，经济发展也比较落后，但是该地区的养老金水平达到了 7000 元/月以上。除了西藏人口较少，退休人口数量较低的原因外，我国西部大开发政策中，为鼓励人才到西部地区，制定了一系列福利政策也起着重要作用。这说明了我国公共财政的转移支付倾向性会影响着全国各个地区的养老服务水平。

从养老金替代率的视角来看，全国平均养老金替代率为 62.92%，仍然处于一个较低的水平，这说明我国职工在退休后的收入仅为在职时的六成左右。同时发现，经济发展较好的东部地区的养老金替代率并不是最高的，如北京市、天津市、上海市这三个直辖市，其养老金替代率都要低于全国平均水平。因为我国养老服务保障水平落后于我国经济发展水平，在经济体量较大的区域中，就会产生替代率比较低的现象。但必须引起注意的是，我国绝大多数省份的养老金替代率都是比较低的，说明我国养老服务供给水平低于我国经济发展水平。同时，同一地区内的不同省份，养老服务体系的供给水平也有着较大的差异，说明各地区、各省份养老服务供给水平的不均衡性。

第三节　养老服务资源配置的碎片化

一、养老服务和康复护理服务的碎片化

医养结合理念是当前养老服务供给体系中的重要概念。我国长期以来没有区分医疗服务和养老服务的意识，导致医养概念不分、以医代养的问题一直困扰着我国养老服务产业的发展。我国在医养结合概念提出时，强调未来准备建立的医养结合服务供给的三种模式：一是在原本大型的医疗机构内增设养老服务机构，借助综合医院的资源优势，发展养老护理服务；二是社区居家养老服务机构内增设医疗机构，利用社区养老机构的便利性，实现医养结合；三是养老机构和医疗机构的联合，实现双方优势资源的共享。

之所以倡导社区居家养老服务机构内增设医疗机构模式是因为其模式既契合“9073”养老模式组成的框架，也符合在家庭养老功能弱化、机构养老发展不充

分背景下养老服务模式的发展趋势。社区内医养服务结合的供给模式是依靠社区，整合基础医疗服务资源和基础养老服务资源，旨在提供上门就诊、康复复健、助餐助浴等便民服务，满足老人就地养老就医的需求。社区内医养结合服务供给一体化模式架构如图 4-4 所示。

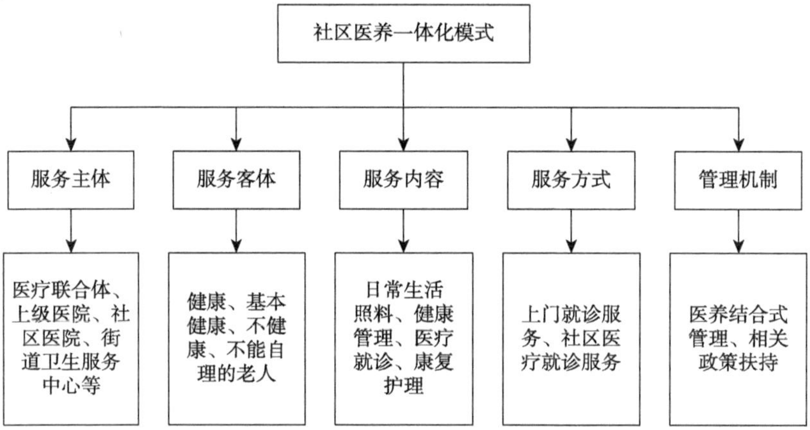

图 4-4 社区医养一体化模式

（一）医养结合的老年服务模式分析——以杭州市为例

杭州市作为全国养老服务供给的示范地区，在社区医养服务一体化供给模式搭建方面成绩突出。杭州市人民政府办公厅在 2014 年印发《杭州市医养护一体化签约服务实施方案（试行）》（杭政办函〔2014〕122 号）指出，每年为签约居民提供健康评估服务，并根据签约对象的健康评估情况以及实际需求，选择相应的"服务包"，开展个性化的医养护一体化服务。[①]杭州市的社区医养结合模式具有以下特征。

1. 政府主导

杭州市政府为实现社区医养结合服务供给，大力推动全科医生签约制度的落实。如今，家庭签约全科医生制度成为杭州市社区居家养老服务模式的亮点之一。同时，政府也在政策制定、财政投入、职业培训等方面，为全科医生签约制度的落实保驾护航。可以说，政府在杭州市社区医养服务一体化进程中扮演了重要的主导角色。

---

① https://www.hangzhou.gov.cn/art/2014/9/29/art_807242_1256.html。

2. 注重质量

杭州市在推动社区医养服务一体化进程中，采取稳中求进，注重服务质量的策略。其中，搭建全科医生培养体系和拓宽社区医养一体化是两大重要举措。首先，全科医生培养体系的搭建能够保证社区基础医疗服务保质保量地输送。其次，依靠电视、网络等平台宣传，既能让老人更快接受此类模式，同时也能提高曝光度，有效促进服务质量监督。

（二）社区医养结合过程中的服务碎片化

1. 服务对象的定位偏离

我国过往以家庭养老服务供给模式为主，因此，政府主要将“三无”老人和“五保户”作为主要养老服务供给对象，换句话说，政府的养老服务供给对象侧重于民政扶助对象，并非全体老人。与此同时，私营养老机构有着较高的服务门槛，服务对象并非覆盖全体老人。这就导致许多处于中等收入水平的老人缺乏足够的养老服务支持。

2. 医养结合过程中出现服务内容的偏差

第一，照护观念和照护制度的不合理。我国在供给基础医疗服务中，将“大病照护”“住院照护”作为代表老人健康照护的全部内容，导致出现“无论大病小病，统统涌向三甲医院”的社会现象。然而，社区医养结合过程中，强调的是慢性病康复和预防保健的长期照护，“长期照护”模式可以有效避免医疗资源过分集中于综合型医院，有助于医疗患者的分流和医疗服务分级体系的落实，有效避免社会性住院现象的出现。

第二，长期护理保险制度发展不完善。尽管我国在 2016 年颁布开展长期护理保险制度的指导意见，15 个城市正式开始长期护理保险制度试点。但就试点情况来看，我国开启长期护理保险试点城市数量较少，第三方经营长期护理保险的公司数量稀缺。许多城市由于缺乏配套的服务供给硬件设施和制度体系，长期护理服务还停留在“现金辅助服务输送”的初级阶段，这也违背了长期护理保险制度设立的初衷。同时，我国各地区长期护理保险具体实施细则碎片化严重，日常生活能力鉴定、长期护理保险需求认定、长期护理保险待遇及支出、监督与管理等方面各地标准不一样，缺乏一定程度的统筹。

二、多元管理主体的职能重复导致制度碎片化

机制的阻滞性可能出现在管理体系复杂的组织中，由于不同部门在职能上的重复，在政策落地过程中可能会出现利益纠葛、互相推诿的现象，致使政策可能落实不到位，我国目前养老服务供给体系就存在此类现象，究其原因是供给体系的管理组织职能碎片化。

我国养老服务供给系统管理涉及民政部、国家卫健委、全国残疾人联合会（简称全国残联）、财政部、国家发展改革委、全国老龄委等多个部门。但是各个部门互相沟通协调存在不足，我国养老服务供给体系面临“多龙治水”的局面。例如，民政部和全国残联都会发放老年人护理补贴和重度残疾人护理补助，这导致了既是高龄同时也是重度残疾的老人能够享受两份护理补助，造成养老服务的资金出现了重复利用的情况，如表 4-19 所示。

表 4-19　民政部与全国残联发放老年人福利享受人数（单位：万人）

年份	老年人福利			残疾人补贴
	享受高龄补贴的老年人数	享受护理补贴的老年人数	享受养老服务补贴的老年人数	重度残疾人护理补贴人数
2013	1557.9	11.7	101.9	—
2014	1719.6	20.0	154.7	—
2015	2155.1	26.5	257.9	—
2016	2355.4	40.5	282.9	500.0
2017	2682.2	61.3	354.4	1053.7

资料来源：《2018 年中国民政统计年鉴》

值得注意的是，随着我国开始由点扩面地推广长期护理保险制度，长期护理保险制度中也有老年人护理补贴的项目，尽管部分地区，如桐庐、青岛等明确表示长期护理保险护理补贴不与高龄津贴或残疾人补贴重复享受，但是制度在推广过程中难免会出现资源的重复投入。因此，若能将民政部门的老年人护理补贴和残联部门的重度残疾人护理补贴资源整合，并入长期护理保险的护理补贴中，将会大大提高养老服务资源的利用效率。若涉及人社部、民政部和全国残联三方机构职权问题，针对符合三类护理补贴的老人，民政部和全国残联上报应享受护理补贴人数，再由财政部划拨等额资金作为长期护理保险的财政支持进入长期护理保险基金账户。总之，实现长期护理保险、民政部老年人福利支出和全国残联对老年人护理补贴的三项开支整合，从而避免出现养老服务

福利财政资源碎片化现象。

第四节 养老服务质量评估的低效性

一、SERVQUAL 模型服务质量测评理论假说

Paraurman 等（1988）提出的 SERVQUAL 模型被国内外学者广泛运用。在 SERVQUAL 模型被提出之前，Paraurman 等（1985）提出过服务质量差距模型——Gaps Model，SERVQUAL 模型便是与 Gaps Model 一脉相承的模型。SERVQUAL 模型虽然列出了更为详细的服务质量的测评维度和指标，但是具体测评流程原理是依照 Gaps Model 中的解释。Gaps Model 质量评估流程如图 4-5 所示。

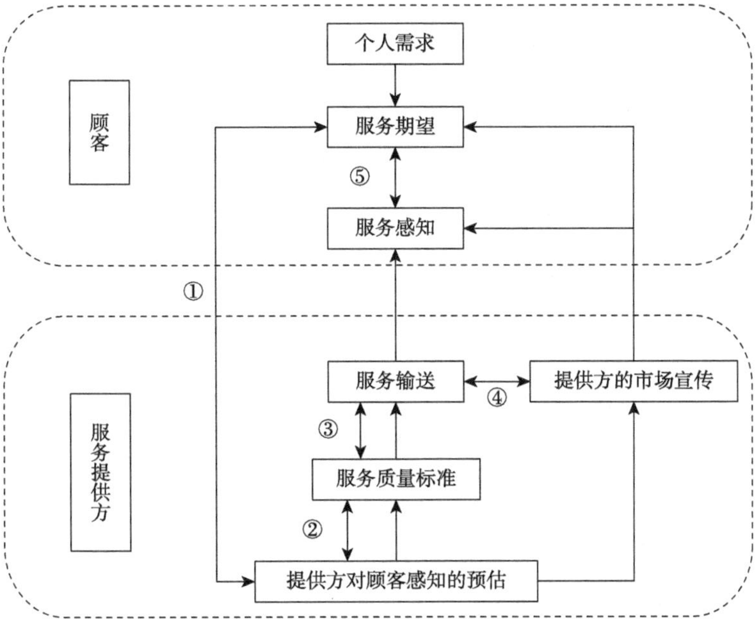

图 4-5 Gaps Model 质量评估流程

资料来源：Paraurman 等（1985）

Paraurman 等（1985）认为，服务提供方在进行服务输出的过程中会存在五种不同的差距。①服务提供者对于顾客感知的预测和顾客现实感知的差距，这是由服务提供者没有做出正确的顾客需求预测而导致的。②服务质量标准与顾客现实感知的差距，这是由于服务提供者做出了错误的顾客需求预测，将其转换成服务

标准而产生的。③服务项目在实际操作过程中的供给水平和起初设定标准的差距，这是由于服务项目在供给过程中没有严格遵循标准进行供给而引起的感知差距。④服务提供方宣传的产品与现实提供的产品所产生的差距，这是由推广宣传和产品实物间不符引起的差距。这 4 个差距是服务提供方在市场调研、产品生产、服务供给、宣传推广过程中会出现的，最终这些差距会逐步积累，形成实际感知和内心期望的最终差距⑤。这便是“顾客感知服务理论”的核心理念，即消费者服务感知差距。感知差距由①—④累积而成，最终通过⑤体现出来。

Paraurman 等（1988）基于 Gaps Model，通过实地调研对服务期望和服务实际感知的指标进行了具体的划分。总结出决定顾客感知服务质量的 10 个因素：可靠性、响应性、胜任能力、可接近性、礼貌性、沟通能力、信赖性、安全性、理解能力和有形性。后来又将这 10 个因素整合为五个维度：有形性、可靠性、响应性、保证性、移情性。Paraurman 等（1994）把五个维度与 Gaps Model 进行融合，开发出了如今广为使用的 SERVQUAL 模型，详见表 4-20。

表 4-20 SERVQUAL 模型指标

维度	指标
有形性	1.拥有的现代化、完善的服务设备设施
	2.服务设备必须保持整洁，外观完好无损，无老化
	3.员工衣着得体，外表整洁
	4.服务人员和服务设备要物尽其用
可靠性	5.对顾客承诺的服务能及时做到
	6.关注顾客遇到的困难并帮助解决
	7.服务提供方具有较高的信赖程度
	8.在承诺的时间内提供服务
	9.正确记录相关的服务
响应性	10.服务提供者能告知顾客准确的服务提供时间
	11.服务提供者对顾客的需求能够给出及时的回应
	12.员工并不总是愿意帮助顾客
	13.员工不会因忙碌而无法提供服务
保证性	14.服务提供方的员工是值得信赖的
	15.服务提供者在提供服务时让顾客感到放心
	16.员工的举止是礼貌、得体的
	17.员工具有丰富的服务项目专业知识
移情性	18.为顾客提供个性化定制服务
	19.为有困难或有特殊需求的顾客提供特殊服务
	20.准确了解顾客的个性化需求
	21.重视顾客的利益
	22.提供的服务时间符合所有顾客的需求

资料来源：Paraurman 等（1988）

五个维度下分别设置具体指标，共计 22 个。分析具体指标的顾客期望和实际感知差距，就能有效测量服务提供方的预测数值和服务感知方的实际感知数值（即图 4-5 中的①—④），进而计算得到顾客感知服务质量（即图 4-5 中的⑤）。

运用 SERVQUAL 模型并非严格遵照起初设定的五个维度和 22 个指标，可以根据研究需要进行修正。如 Sureshchandar 等（2001）发现 SERVQUAL 模型没有将部分非人员因素考虑在内，因此提出了部分全新的指标，包括服务人员素质、核心服务供给能力、服务输送水平等，将指标数量拓展至 41 个。国内学者运用 SERVQUAL 模型进行质量评估的成果也非常丰富。睢党臣等（2015）在测评农村公共服务质量时考虑到农村公共服务特有的一些属性，在原有五大维度基础上增加了第六大维度——透明性。张妍妍（2016）在对教学质量进行测评的研究中，也运用了 SERVQUAL 模型，并增加了教学测评较为注重的“实践性”维度。我国学者也曾对 SERVQUAL 模型的指标进行精简概括，剔除重复或多余的指标。例如，韦福祥（2005）提出，SERVQUAL 模型的响应性、保证性、可靠性三大维度下的具体指标内容交叉现象非常明显。宋凤轩等（2014）在对城镇社区养老服务质量测评中，对模型的指标进行精简，在五大维度的基础上，对指标细分为四大类，即助餐服务、保洁服务、医疗护理、精神慰藉，并下设 20 个具体指标。总之，在运用 SERVQUAL 模型时，必须充分考虑自身的研究对象特征，考虑研究行业内服务的特殊需求，做出针对性的修改、增加或精简，保证模型的适用性。

本书的研究基于 SERVQUAL 模型原理和顾客感知服务质量理论，结合杭州市社区居家养老服务的特征，科学合理地选取指标，进行服务质量测评。

二、杭州市社区居家养老服务质量测评维度与指标构建

（一）SERVQUAL 模型测评维度的普适性考察

1. SERVQUAL 模型指标选取的演进

20 世纪 90 年代，SERVQUAL 模型被提出和完善。国外的一些学者就将其运用于公共服务质量测评的研究中，进入 21 世纪，随着国内养老服务产业的兴起，国内学者也将模型运用于养老服务的质量测评中，并结合养老服务的特点对五大维度进行修正和改进。许文鑫等（2014）在研究全日制体育硕士生的教育服务质量时，提出教育服务应该拥有其独有的标志，如学校的声誉会影响其教学质量，因此在五大维度的基础上增加了品牌性。刘彩虹和安悦（2014）在公共事业管理的专业感知质量研究中，重新定义了 SERVQUAL 模型的维度并将其具体化，分为“专业愿景、师资队伍、学生参与、课程教学、实践环节、学习资源、管理机

制”七大维度。陶然和徐哲（2014）在对公共体检机构进行服务质量测评中，为了符合体检服务质量中的医疗专业性和民众阅读报告的方便性，新增了“便捷性”和“专业性”维度，构建出七大维度指标。在文献综述的基础上，对国内外学者提出过的 SERVQUAL 模型维度进行了统计分类，如表 4-21 所示。

表 4-21　SERVQUAL 模型对服务质量测评划分维度成果

学者	维度划分
朱丹薇（2016）	有形性、可靠性、反应性、能力、礼貌性、可信性、可接近性、沟通、对顾客的理解
朱丹薇（2016）	有形性、可靠性、响应性、保证性、移情性
朱丹薇（2016）	有形性、人员因素、服务中心、服务系统性、社会责任
许文鑫等（2014）	有形性、可靠性、响应性、保证性、移情性、品牌性
刘彩虹和安悦（2014）	专业愿景、师资队伍、学生参与、课程教学、实践环节、学习资源、管理机制
陶然和徐哲（2014）	有形性、可靠性、响应性、保证性、移情性、专业性、便捷性
宋凤轩等（2014）	助餐服务、保洁服务、医疗护理、精神慰藉
睢党臣等（2015）	有形性、可靠性、响应性、保证性、移情性、透明性
张妍妍（2016）	有形性、可靠性、响应性、保证性、移情性、实践性

资料来源：朱丹薇（2016）

2. 选取指标的具体解释

（1）有形性。在概括服务质量测评的指标维度中，有形性是几乎所有学者都会选取的重要指标。因为它指向的是服务机构所拥有的服务设施、办公环境，服务人员的着装、仪表等外在用肉眼可识别的有形内容。这是带给顾客最直观感受的重要指标。既是留给顾客的第一印象，也是会在很大程度上影响到服务机构质量评价的重要因素。因此本书有必要将“有形性”作为杭州市社区居家养老服务质量测评指标体系的维度之一。

（2）可靠性。养老服务质量测评研究中，老人对于服务人员的可信赖程度，在很大程度决定了养老服务质量的好坏。在子女无暇顾及老人养老的大环境下，养老服务人员可以说是社区老人的“子女”。能否准确、及时地对老人的需求做出调整，是否按照社区、市、国家的标准提供高品质养老服务等是可靠性维度的重要指标。可靠性的评测是考验社区居家养老服务的重要内容，若其水平提高，也反映了社区居家养老服务水平的提高。因此本书也有必要将可靠性纳入质量测评的指标体系中。

（3）响应性。响应性指标包含了服务人员向顾客告知服务的准确时间、服务反馈速度、态度必须友好等内容。然而在养老服务的行业内，尤其是社区居家养老，养老服务的时间是不能做出硬性规定的，而且根据老人需求做出快速回应、保持友好的态度等具体指标和可靠性中对于服务人员的具体指标要求有着较高的重复性，尽管表 4-21 中很多学者将响应性纳入公共服务的质量测评中，但很明显无法适用于养老服务质量测评。当然，也有学者会对指标体系进行精简，韦福祥（2005）就将“响应性”纳入“可靠性”维度中，避免了指标内容的重复。表 4-21 中的宋凤轩也提出了相似的观点，因此本书将响应性维度的各项指标重新定义和命名，纳入其他维度中。

（4）保证性。保证性指标包括服务人员的工作能力、意愿、表现、态度等，顾客对服务人员的信赖程度也是保证性的重要表现。通过文献回顾和整理的 SERVQUAL 选取指标发现，近年来国内的一些研究，虽然将保证性纳入了质量测评的指标之一，但还是无法回避一个重要问题，可靠性和响应性中已经包含考察服务人员的职业和道德素养，存在指标功能的重合。在养老服务领域内，当一位养老服务人员具备扎实的医疗护理技能时，那首先必定具备了较高的职业素养和重视“孝道”“仁爱”的道德素养，扎实的技能也能保证及时地回应老人的养老诉求，基于此将会获得老人的信赖，形成较高的信赖度和依赖度。因此，许多学者也将保证性与可靠性相互结合精简，如表 4-21 中的朱丹薇（2016）就将保证性纳入了可靠性，但同时也保留了保证性中服务人员的信赖程度，单独形成了一个指标体系——可信性。朱丹薇（2016）甚至将可靠性、响应性、保证性三个维度融合，统一概括为“人员因素”。因此，本书认为保证性的各项指标是可以纳入“可靠性”维度中的，本章会将“保证性”与“可靠性”进行融合精简。

（5）移情性。移情性主要考察根据顾客不同的需求，尤其是某些特殊需求，服务人员能否提供个性化服务等。在养老服务领域，个性化服务或特殊化服务是一项非常重要的服务内容，戴卫东（2015b）在研究长期护理保险中就提出了分级制度和分级指标构建的建议，本质上就是针对不同程度的失能老人分别提供不同程度的护理服务，是满足个性化、定制化需求的重要体现。移情性是对服务人员在更高层次上的要求，尤其是养老服务领域中个性化服务较弱的中国，该项指标体系的设置尤为重要，它是养老服务质量提升至更高层次的重要推动力。在社区居家养老越来越被重视的今天，为居家老人提供定制化养老服务、为居家老人提供上门针对性护理、主动满足失能老人的特殊需求等成为社区居家养老模式发展的新方向。而随着经济高速发展，人民生活条件的日益改善，老人也不再仅仅满足于吃饱穿暖的基本需求，其更加关注自身的精神追求和娱乐追求，因此老人养老的个性化需求能否得到及时满足、个性化诉求能否及时得到反馈是社区居家养老的重要考察指标。本书将“移情性”作为社区居家养老服务质量的指标之一。

综上所述，本书会选取有形性、可靠性、移情性三个维度，将响应性和保证性的各项指标重新定义和命名，分别纳入至可靠性和移情性维度中，从而精简维度指标，更为精准地测量社区居家养老服务质量。

（二）基于 SERVQUAL 模型的测评维度创新选取

在 SERVQUAL 模型的五个初始维度之外，学者根据自身研究对象的特点及发展现状，提出了维度划分的不同观点，有精简五大维度的做法，有重新定义各维度的做法，也有在五大初始维度的基础上进行维度指标的增加，这些都是较多国内学者的研究方法。许多文献提及了时效性、透明性、纪律性等维度在测评中的重要性。在养老服务政策不断更新的时代背景下，“时效性”代表着养老服务项目的更新频率、养老需求反馈的速度；“透明性”代表着社区养老服务制度、养老项目的财务状况的公开程度；“纪律性”代表着养老服务人员是否遵循社区规章制度办事。这些都是在养老服务高速发展之下所要面临的重要问题。这三大维度指标既有较强的理论价值，也具备高度的可操作性和可衡量性。

（1）时效性。在社区养老服务领域内，时效性包含着社区对于养老服务国家政策更新的敏感程度，社区发布新型养老服务规章制度的频率，以及信息能否被及时找到等具体指标。尽管包含着社区养老服务人员能否对老人需求做出及时反馈，但这与可靠性内工作人员具备可靠的业务能力有重复的性质。细分下来，工作人员应先具备可靠的业务能力，才能够对老人的需求做出及时反馈，因此在逻辑上是有一个先后顺序的。因此，本书虽然会有可靠性指标，但是也会将反馈需求的及时程度纳入“时效性”维度中。

（2）透明性。公共服务领域内，透明性一直作为重要指标来对服务质量进行测评。尤其是涉及政府相关部门的业务，比如信息的公开化、流程的清晰化、收费标准的统一化等。当前，随着我国公民参与意识的不断增强，在社区养老服务领域内，民众对信息的透明度提出了更高的要求，“公开透明”本身就是法治国家的基本特征。具体到养老服务领域中，便是子女能够知晓社区是如何操作完成对老人的养老服务，社区的养老收费标准是如何制定的，子女和老人从何处知晓这些信息的来源等。章晓懿和刘帮成（2011）等学者在研究社区居家养老服务质量中都曾将“养老服务定价透明化程度”纳入测评指标中。睢党臣等（2015）在考察农村公共服务质量中，就构建了“透明性”的第六大维度。蔡屏（2011）在探讨 SERVQUAL 模型的应用缺陷中也提出“透明性”的缺失会对服务质量测评有较强的误导性。

（3）纪律性。通过文献阅读发现，过往学者很少会提及此项指标，学者会更多地将“守法性”作为衡量维度之一。但是在社区居家养老服务领域内，社区养老更多依赖于政策落地时的执行力，服务人员的守法程度并不具备参考性。例如，养老服务人员遵守国家法律，不打骂、虐待老人，但也只是按照法律标准提供最低级别的养老服务，若按照“守法性”维度评测，就会造成一定的结果误导。因此笔者提出“纪律性”，考察的是养老服务人员在政策落地过程中的执行力。武慧荣等（2012）在对公共交通质量进行测评的过程中，将司机在运营过程中的执行力作为考察指标之一。纪律性是在守法性基础之上进一步的拓展，考察的内容包括服务人员不仅需要知晓和遵守法律，同时也要知晓政策落地后在社区出台的养老规章制度，并且在规章制度的约束下表现出较强的执行力。

综上所述，本书在研究杭州市社区居家养老服务质量的过程中，选取“有形性”“可靠性”“纪律性”“透明性”“时效性”“移情性”六大维度作为测评养老服务质量的指标。这六个维度既体现了我国发展至今的公共服务的普遍需求和时代特点，也能符合社区居家养老服务模式的未来方向。至此，运用SERVQUAL模型进行社区养老服务质量测评的大框架完成了，如图4-6所示。

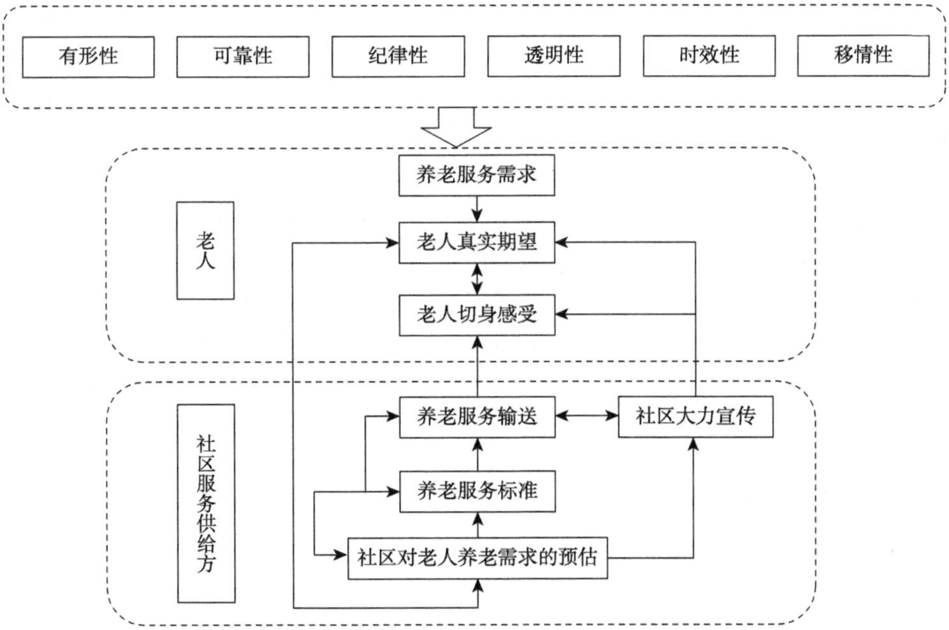

图4-6　杭州市社区居家养老服务质量测评架构

（三）杭州市社区居家养老服务测评指标构建

1. 指标构建原则

在社区居家养老服务的测评维度选取完成后，需要对每个维度下的具体指标进行科学的设计。所谓科学的设计必须是符合社区养老服务供给的实际情况和老人对于养老服务项目的实际需求进行的指标设计，同时还兼备实际性和可操作性，能够更加真实地反映社区居家养老服务供给水平。

（1）顾客导向原则。在社区居家养老服务中，顾客即为老人，老人的满意程度就是对社区养老服务水平的最好评价指标。杭州市社区养老服务质量水平是由老人的真实期望值和真实感知值的差值决定的，因此决定了社区居家养老服务测评的指标体系必须遵循顾客导向原则。

（2）主要矛盾和次要矛盾相结合的原则。具体来说便是指标选取需要主次分明，认清哪些指标是测评服务质量的重要指标，哪些指标可以退居次席。如果一味追求养老服务指标的"大而全"，就会造成测评指标的大面积重复，造成不必要的负面影响。因此在指标选取和设计过程中，必须把握测评的"主要矛盾"，选取关键性的评测指标。

（3）可操作性原则。设计的指标必须可以真正用于杭州市社区居家养老服务的测评中，如果指标设计得大而空泛，可操作性不强，那就失去了测评服务质量的根本意义。可操作性原则是构建测评指标的重要前提。可操作性在笔者看来具有以下的内涵：指标可量化、数据可获得、横向比较便捷、测评易操作。

（4）实际性原则。做社区养老服务质量测评是为了考察杭州市的社区居家养老服务质量，以此管窥我国社区养老服务的总体水平，通过杭州的改进建议来促进我国社区居家养老服务供给的效率提升。所以指标选取和设计必须真实反映出杭州市社区居家养老的服务水平，其测评结果与我国传统养老服务水平标准有着可比较性。实际性原则的遵循是保障质量测评能够发挥出有效性的关键。

2. 服务质量测评指标构建

根据社区居家养老服务的内涵、选取的六大维度，按照上文所述的指标构建的四大原则，借鉴国内外多种类型的质量测评文献，设计出 29 个与社区居家养老服务质量测评相关的指标。再结合杭州市各类社区和街道的居家养老服务的特点，参考桐庐县、嘉善县关于长期护理保险制度设计的访谈，以及笔者走访的杭州市主城区 18 个社区与街道，对社区工作人员、老人的访谈笔记，根据实际需要删除、调整部分指标，形成了最终的杭州市社区居家养老服务测评的指标体系，详见

表 4-22、表 4-23。

表 4-22　杭州市社区居家养老服务质量测评指标

维度	指标	来源	处理结果
有形性	1、社区养老/医疗机构医疗设施较为齐全，能够应对各类疾病	睢党臣等（2015）、刘艳茹（2018）等文献	保留
	2、社区会每日提供就餐服务，且食物健康、美味	采荷新村、朝晖 1-7 区等社区走访	保留
	3、社区会提供完备上门就诊服务，且一周登门多次	朱仁显和李欣（2018）、纪艳等（2013）等文献，采荷新村访谈	保留
	4、社区会提供完备的老年娱乐设施和组织娱乐活动	三里家园等社区走访	保留
	5、社区养老设施较新，服务人员着装得体	韦福祥（2005）等文献，社区走访	剔除； 社区走访发现工作人员并无着装要求，且社区养老设施会定期维护，并无破旧
可靠性	6、社区养老机构的工作人员专业性强，我十分放心	李勇（2017）等文献	保留
	7、社区养老机构的工作人员工作态度良好、职业素养高	陈宁（2017）、李勇（2017）等文献	剔除； 该测评指标与指标 6 和 8 有着重复性
	8、社区养老机构的工作人员不会因为忙而拒绝提供服务	陈宁（2017）、李勇（2017）等文献，社区走访	保留
	9、社区养老机构服务人员能够在规定服务时间内实现我的需求	同春芬和汪连杰（2015）等文献，社区走访	剔除； 社区养老服务供给并无时间的规定/限定
	10、工作人员能够快速、准确、无误地办理各类养老事务	钟春洋（2015）等文献	保留
	11、工作人员能够相互配合协调为我办理事务	睢党臣等（2015）、刘艳茹（2018）等文献	保留
纪律性	12、居委会和社区养老机构有明确、详细的规章制度	陈宁（2017）等文献	保留
	13、社区养老服务人员廉洁，并无贪污受贿现象	18 个社区的走访	剔除； 社区养老人员并无贪污受贿的操作空间，且获取考核信息来源难度较高，此指标意义不大
	14、居委会和社区养老机构提供服务时会遵守制度与法律	王锦成（2000）等文献	保留
	15、社区工作人员知晓并遵守居委会或养老机构的制度	丁志宏和曲嘉瑶（2019）等文献	保留
	16、社区工作人员根据社区养老制度和自身道德准则办事	陈元刚等（2018）等文献	保留

续表

维度	指标	来源	处理结果
透明性	17、提供养老服务的过程是公开透明的	18 个社区的走访	剔除； 居家养老服务供给过程的透明化操作难度过高，无法衡量
	18、社区会定期/不定期公开财务状况	18 个社区的走访	保留
	19、社区会公开养老相关收费服务的定价标准	18 个社区的走访	保留
	20、社区开通了多种渠道进行投诉、表达意见或自我维权	汪忠杰和何珊珊（2014）等文献	保留
	21、社区会将获得的投诉和意见进行公开处理	汪忠杰和何珊珊（2014）等文献	保留
	22、社区服务中心有完备的监督机制	同春芬和汪连杰（2015）等文献，社区走访	剔除； 所有社区并无监督机制，测评意义不大
时效性	23、居委会有自己的展栏并提供与养老服务相关的各类信息	章晓懿和刘帮成（2011）等文献	保留
	24、居委会会根据国家养老政策及时更新服务与信息	章晓懿和刘帮成（2011）等文献	保留
	25、我/子女的电话咨询或寻求帮助能够及时得到回复	部分社区走访	保留
	26、社区服务网点的信息更新速度快	李枫林和黄燕（2010）等文献，社区走访	剔除； 大部分老人并未使用过社区服务网点的电脑，测评意义不大
	27、社区服务网点的系统操作便捷	李枫林和黄燕（2010）等文献，社区走访	剔除； 大部分老人并未使用过社区服务网点的电脑，测评意义不大
	28、居委会或社区养老机构的信息查找较为方便	刘日淼等（2017）等文献	保留
移情性	29、我/我的子女的投诉或意见能够得到及时的回复	社区走访	保留
	30、社区工作人员办事时能够不墨守成规、及时灵活地变通	王锦成（2000）等文献	保留
	31、社区工作人员对高龄老人、失独老人、独居老人给予特别的关心和照顾	戴卫东（2015a）等相关文献	保留
	32、社区工作人员会经常登门听取老人的诉求和抱怨	戴卫东（2017a）等文献，社区走访	保留
	33、社区养老服务提供具备分级制度	桐庐县、嘉善县访谈笔记	剔除； 杭州市社区养老服务都未设置分级服务，同时操作难度过高

表 4-23　杭州市社区居家养老服务质量测评指标（最终版）

维度	指标
有形性	1、社区养老/医疗机构医疗设施较为齐全，能够应对各类疾病
	2、社区会每日提供就餐服务，且食物健康、美味
	3、社区会提供完备上门就诊服务，且一周登门多次
	4、社区会提供完备的老年娱乐设施和组织娱乐活动
可靠性	5、社区养老机构的工作人员专业性强，我十分放心
	6、社区养老机构的工作人员不会因为忙而拒绝提供服务
	7、工作人员能够快速、准确、无误地办理各类养老事务
	8、工作人员能够相互配合协调为我办理事务
纪律性	9、居委会和社区养老机构有明确、详细的规章制度
	10、居委会和社区养老机构提供服务时会遵守制度与法律
	11、社区工作人员知晓并遵守居委会或养老机构的制度
	12、社区工作人员根据社区养老制度和自身道德准则办事
透明性	13、社区会定期/不定期公开财务状况
	14、社区会公开养老相关收费服务的定价标准
	15、社区开通了多种渠道进行投诉、表达意见或自我维权
	16、社区会将获得的投诉和意见进行公开处理
时效性	17、居委会有自己的展栏并提供与养老服务相关的各类信息
	18、居委会会根据国家养老政策及时更新服务与信息
	19、我/子女的电话咨询或寻求帮助能够及时得到回复
	20、居委会或社区养老机构的信息查找较为方便
移情性	21、我/我的子女的投诉或意见能够得到及时的回复
	22、社区工作人员办事时能够不墨守成规、及时灵活地变通
	23、社区工作人员对高龄老人、失独老人、独居老人给予特别的关心和照顾
	24、社区工作人员会经常登门听取老人的诉求和抱怨

三、杭州市养老服务质量测评的实证分析

（一）问卷设计

根据 SERVQUAL 模型要求，本书的实地调查问卷由三个部分组成：调查对象的基本信息、调查对象的实际感知、调查对象的期望，详见附录 1。在实际感知和期望部分采用利克特 7 点量表的形式。在测评公众实际感知时，1~7 所代表

的内容分别为："非常不符合""很不符合""较不符合""中等""较符合""很符合""非常符合"，以此考察老人对于社区居家养老服务与内心真实期待的差距。在测评老人期望时，同样采用7点计分，但是每项所代表的内容分别是："非常不期望""很不期望""较不期望""中等""较为期望""很期望""非常期望"，以此考察老人对于社区居家养老服务的期待程度。

（二）问卷发放与数据采集

本书的实地调研和问卷发放从2019年6月开始，至2019年8月结束，历时3个月。其间，笔者走访了杭州市江干区①、拱墅区②、上城区①、下城区②等18个社区和街道，调查对象为社区或街道内的老人，采用随机抽样的样本对象抽取方法。最终发放问卷207份，回收问卷184份，回收率为88.9%。由于笔者采用的是问卷发放和面对面访谈相结合的方法，因此184份问卷皆为有效问卷，有效率为100%。对有效问卷中的调查对象基本信息部分进行统计性描述，如表4-24所示。

表4-24　调查对象基本信息部分的描述性统计

受访者背景资料		人数/人	百分比
性别	男	97	52.7%
	女	87	47.3%
年龄	50岁以下	3	1.6%
	50~60岁	45	24.5%
	61~70岁	56	30.4%
	71~80岁	47	25.5%
	81~90岁	28	15.2%
	90岁以上	5	2.7%
有无配偶	有	156	84.8%
	无	28	15.2%
是否和子女居住	是	47	25.5%
	否	137	74.5%

① 2021年3月11日，浙江省人民政府发布《关于调整杭州市部分行政区划的通知》。撤销杭州市上城区、江干区，设立新的杭州市上城区。

② 2021年3月11日，浙江省人民政府发布《关于调整杭州市部分行政区划的通知》。撤销杭州市下城区、拱墅区，设立新的杭州市拱墅区。

续表

受访者背景资料		人数/人	百分比
学历	高中及以下	124	67.4%
	专科	26	14.1%
	本科	24	13.0%
	硕士研究生	8	4.4%
	博士研究生	2	1.1%
退休前工作单位	政府机关	32	17.4%
	事业单位	92	50.0%
	企业	44	23.9%
	自主创业（包含个体户）	16	8.7%
	其他	0	0
目前的退休工资	1500 元以下	0	0
	1500~3000 元	24	13.0%
	3000~4500 元	73	39.7%
	4500~6000 元	47	25.5%
	6000~7500 元	32	17.4%
	7500 元及以上	8	4.3%
有无住进养老院的意向	有	11	6.0%
	无	173	94.0%

从表 4-24 中可以得知，本次调查对象的男女比例较为均衡，男性稍多。其中 61~90 岁的年龄段比重达到了 71.1%，此年龄段也符合我国对于老年人口的界定，此年龄段的老人对社区居家养老服务的感受是最为直观的。在学历方面，绝大部分的调查对象是高中及以下文化程度，学历偏低，其中还有 7 名老人并不识字，给问卷调查带来了一定的困难。但是其中也不乏高学历的老人，对问卷的调查问题理解十分到位，对笔者的调研给予了很大的帮助。与此同时，调研也受到老人身体状况因素的影响，比如有一位老人高度失聪，最终笔者不得不放弃对她的问卷调查。大部分老人是同子女分开居住，且并无住进养老院的意向，因此社区居家养老是老人的主要选择模式。其中近 74%的老人在退休前从事事业单位和企业的工作（包含了 6 名 55 周岁以下的调查对象）。

（三）杭州市社区居家养老服务质量测评实证分析

1. 服务质量测评的实际感知分析

本部分根据 184 份问卷回收结果，对“杭州市社区居家养老服务质量测评的实际感知部分”进行统计，并计算均值。观察六大维度、24 个指标的实际感知数据，初步探索杭州市社区居家养老服务中的优点、缺点，统计结果如表 4-25 所示。

表 4-25　老年人实际感知数据统计

维度	指标	平均得分	排序
有形性	A1、社区养老/医疗机构医疗设施较为齐全，能够应对各类疾病	4.33	14
	A2、社区会每日提供就餐服务，且食物健康、美味	4.75	10
	A3、社区会提供完备上门就诊服务，且一周登门多次	3.21	21
	A4、社区会提供完备的老年娱乐设施和组织娱乐活动	5.79	5
	得分均值	4.52	（4）
可靠性	A5、社区养老机构的工作人员专业性强，我十分放心	3.74	17
	A6、社区养老机构的工作人员不会因为忙而拒绝提供服务	4.65	11
	A7、工作人员能够快速、准确、无误地办理各类养老事务	2.98	23
	A8、工作人员能够相互配合协调为我办理事务	3.14	22
	得分均值	3.63	（5）
纪律性	A9、居委会和社区养老机构有明确、详细的规章制度	5.78	6
	A10、居委会和社区养老机构提供服务时会遵守制度与法律	6.54	1
	A11、社区工作人员知晓并遵守居委会或养老机构的制度	5.66	8
	A12、社区工作人员根据社区养老制度和自身道德准则办事	6.43	2
	得分均值	6.10	（1）
透明性	A13、社区会定期/不定期公开财务状况	3.34	19
	A14、社区会公开养老相关收费服务的定价标准	2.16	24
	A15、社区开通了多种渠道进行投诉、表达意见或自我维权	4.56	12
	A16、社区会将获得的投诉和意见进行公开处理	3.49	18
	得分均值	3.39	（6）
时效性	A17、居委会有自己的展栏并提供与养老服务相关的各类信息	5.17	9
	A18、居委会会根据国家养老政策及时更新服务与信息	3.25	20
	A19、我/子女的电话咨询或寻求帮助能够及时得到回复	5.97	4
	A20、居委会或社区养老机构的信息查找较为方便	4.56	13
	得分均值	4.74	（3）

续表

维度	指标	平均得分	排序
移情性	A21、我/我的子女的投诉或意见能够得到及时的回复	6.35	3
	A22、社区工作人员办事时能够不墨守成规、及时灵活地变通	4.31	15
	A23、社区工作人员对高龄老人、失独老人、独居老人给予特别的关心和照顾	5.77	7
	A24、社区工作人员会经常登门听取老人的诉求和抱怨	4.21	16
得分均值		5.16	（2）
24 项指标的得分均值		4.59	—

根据问卷数据的统计来看，六大维度中，“纪律性”（6.10）、“移情性”（5.16）、“时效性”（4.74）三个维度综合表现最为出色。在 7 点量表的测量方法中，中间值为 4，说明这三个维度在老人实际感知中属于中等偏上的水准，杭州市的社区居家养老服务在这三个维度上表现得较好。而在“有形性”（4.52）、“可靠性”（3.63）和“透明性”（3.39）这三个维度上，杭州市的社区居家养老服务表现得不尽如人意，特别是“可靠性”和“透明性”维度，平均值甚至低于中间值 4。这说明在“可靠性”和“透明性”维度，老人的实际感受属于“较不符合”的水平。“有形性”方面也将达到中等水平。值得注意的是，“时效性”和“有形性”的均值差距非常小，而“纪律性”的均值非常高，达到了 6 分以上。从 24 项指标的总得分均值（4.59）来看，杭州市社区居家养老服务在老人眼中仅仅属于中等左右的维度，整体水平一般。

再从二级指标来看，排名前三位的是指标 A10（6.54）、A12（6.43）、A21（6.35），这说明杭州市社区养老机构会按照既定的规章制度办事；社区的工作人员也具备较高的道德准则；社区在处理老人的投诉或建议时，往往回复得比较及时。在实地调研的过程中，走访的每一个社区的居委会或街道办事处都会有明确的规章制度挂在墙面上，社区的工作人员也积极接待笔者，并耐心回答每一个问题。而在走访社区老人的过程中，随机访谈了几位老人，都对社区能够及时知晓他们的抱怨，并照顾到他们的需求给予了高度的评价，这与 A19 拥有 5.97 的高评分也有一定的关系。相反，老人实际感知得分较低的指标为：指标 A8（3.14）、A7（2.98）、A14（2.16）。据调查，老人普遍反映社区提供养老服务时，并没有做到多人协作，往往一个人操办了所有的事务，这导致了事务操办出现了错误的可能性。

我在帮老伴申请残疾人证明时，社区工作人员就出现了操作流程的错误，耽误了我办证的时间（杭州市江干区采荷新村，王奶奶，75 岁）

而在收费价格的透明性方面，很多老人表示并不知晓许多项目的收费标准的依据，而很多缴费项目往往由自己的子女承担，老人并没有关心这个问题。

2. 服务质量测评的预期分析

根据 184 份问卷回收结果，本书对“杭州市社区居家养老服务质量测评的预期部分”进行统计，并计算均值。观察六大维度、24 个指标的老人预期数据，初步探寻老人对杭州市社区居家养老服务的期待。统计结果如表 4-26 所示。

表 4-26　老年人对服务质量预期的数据统计

维度	指标	平均得分	排名
有形性	B1、社区养老/医疗机构医疗设施较为齐全，能够应对各类疾病	6.71	10
	B2、社区会每日提供就餐服务，且食物健康、美味	6.92	4
	B3、社区会提供完备上门就诊服务，且一周登门多次	6.15	20
	B4、社区会提供完备的老年娱乐设施和组织娱乐活动	6.57	12
	有形性维度的四项指标得分均值	6.59	（2）
可靠性	B5、社区养老机构的工作人员专业性强，我十分放心	6.13	22
	B6、社区养老机构的工作人员不会因为忙而拒绝提供服务	6.78	8
	B7、工作人员能够快速、准确、无误地办理各类养老事务	6.54	13
	B8、工作人员能够相互配合协调为我办理事务	6.34	16
	可靠性维度的四项指标得分均值	6.45	（6）
纪律性	B9、居委会和社区养老机构有明确、详细的规章制度	6.19	19
	B10、居委会和社区养老机构提供服务时会遵守制度与法律	6.33	17
	B11、社区工作人员知晓并遵守居委会或养老机构的制度	6.79	7
	B12、社区工作人员根据社区养老制度和自身道德准则办事	6.97	2
	纪律性维度的四项指标得分均值	6.57	（3）
透明性	B13、社区会定期/不定期公开财务状况	6.14	21
	B14、社区会公开养老相关收费服务的定价标准	6.05	24
	B15、社区开通了多种渠道进行投诉、表达意见或自我维权	6.98	1
	B16、社区会将获得的投诉和意见进行公开处理	6.84	6
	透明性维度的四项指标得分均值	6.50	（5）
时效性	B17、居委会有自己的展栏并提供与养老服务相关的各类信息	6.26	18
	B18、居委会会根据国家养老政策及时更新服务与信息	6.38	15
	B19、我/子女的电话咨询或寻求帮助能够及时得到回复	6.68	11
	B20、居委会或社区养老机构的信息查找较为方便	6.72	9
	时效性维度的四项指标得分均值	6.51	（4）

续表

维度	指标	平均得分	排名
移情性	B21、我/我的子女的投诉或意见能够得到及时的回复	6.93	3
	B22、社区工作人员办事时能够不墨守成规、及时灵活地变通	6.11	23
	B23、社区工作人员对高龄老人、失独老人、独居老人给予特别的关心和照顾	6.49	14
	B24、社区工作人员会经常登门听取老人的诉求和抱怨	6.87	5
	移情性维度的四项指标得分均值	6.60	（1）
	24 项指标的得分均值	6.54	—

根据问卷数据统计来看，调查对象对于杭州市社区居家养老服务的要求是非常高的，在 7 点法中，24 项指标的得分均值达到了 6.54，位于“很期望”和“非常期望”之间。在六大维度之中，得分最高的前三维度为：“移情性”（6.60）、“有形性”（6.59）和“纪律性”（6.57）。说明老人在未来对于社区能够提供更符合老人需求，为老人提供定制化的养老服务项目非常期待，而对社区养老硬件设施的高要求也符合老人社区居家养老的普遍需求。当然并不是后三个维度的内容，老人对此的期待不高，从整体而言，老人对于社区居家养老模式的期待是非常高的。如果对维度进行两两比较，笔者发现其实各维度之间也存在着细微的差别，如移情性和有形性的均值差距、时效性和透明性的均值差距仅为 0.01，切忌忽略不计，往往差距细微的地方才能够更真实地体现出老人对于社区居家养老的诉求，因此需要更精确的计算和更细分的项目才能做出比较，以得出老人对于杭州社区居家养老服务的最真实诉求。

考察每个维度下的二级指标，B15（6.98）的期望值最高，达到了几乎满分的水平，B12（6.97）和 B21（6.93）的期望得分也非常高，这说明老人对于社区居家养老服务的最大期待在于自己的意见能否被社区听见，自己的养老需求能否得到社区的满足，与此同时，对于社区服务提供者也有着相当高的期望，这与中国传统思想有着密不可分的关系，希望养老服务人员能够像自己的子女一样，尽孝道、品德高。在实地调研过程中，老人多次提到希望自己的需求能够得到社区的满足。

社区在 2018 年组织去临安游玩，但老伴有中风病史，我没办法放心地让他一个人待在家里，子女又有工作，不想麻烦他们，最后我就只好放弃这次活动。（杭州市下城区朝晖一区，姜奶奶，71 岁）

对于社区来说，仅仅组织大型老年人活动、确保养老设施的健全等还远远不够，满足老人的需求才是最迫切、最实际的。杭州市江干区三里新村的老人对于闸弄口街道办事处的工作人员表达出了很高的赞美之情，称赞工作人员像自己的子女一样照顾他们的生活。其实纵观 24 个指标，大部分的指标都有着很高的分数，最低指标 B14 的评分也有 6.05，老人在内心深处永远期望自己社区的养老服务能够越做越好。

3. 服务质量事实测评分析

本书的研究根据 SERVQUAL 理论，通过对老人的实际感受和期待的差距进行进一步的分析，探求杭州市社区居家养老服务质量的最真实情况，如表 4-27 所示。

表 4-27　杭州市社区居家养老服务质量测评结果

维度	配对指标	差距均值	排名
有形性	A1–B1	−2.38	14
	A2–B2	−2.17	13
	A3–B3	−2.94	19
	A4–B4	−0.78	7
有形性维度总差距		−2.07	（4）
可靠性	A5–B5	−2.39	15
	A6–B6	−2.13	11
	A7–B7	−3.56	23
	A8–B8	−3.20	21
可靠性维度总差距		−2.82	（5）
纪律性	A9–B9	−0.41	2
	A10–B10	0.21	1
	A11–B11	−1.13	9
	A12–B12	−0.54	3
纪律性维度总差距		−0.47	（1）
透明性	A13–B13	−2.80	18
	A14–B14	−3.89	24
	A15–B15	−2.42	16
	A16–B16	−3.35	22
透明性维度总差距		−3.11	（6）
时效性	A17–B17	−1.09	8
	A18–B18	−3.13	20
	A19–B19	−0.71	5
	A20–B20	−2.16	12
时效性维度总差距		−1.77	（3）

续表

维度	配对指标	差距均值	排名
移情性	A21–B21	−0.58	4
	A22–B22	−1.80	10
	A23–B23	−0.72	6
	A24–B24	−2.66	17
移情性维度总差距		−1.44	（2）
24 项指标的总差距		−1.95	—

问卷数据的统计结果显示，六大维度下的 24 项指标总体差距为负数，达到了−1.95，各维度总差距和各指标差距也几乎为负数。六个维度按照排序来，最高的是“纪律性”，总差距仅为−0.47；差距最大的维度为“透明性”，差距数值达到了−3.11。从整体上而言，杭州市社区居家养老服务质量并未达到老人的预期，部分维度甚至相距甚远，养老服务供给水平较差。

首先，从维度层面差距来看，“有形性”“可靠性”“透明性”维度，老人实际感知服务水平较低，且期望较高，形成了很大的差距；“纪律性”维度，老人实际感知服务水平和期望都较高，因此差距不大。说明了社区居家养老服务在“纪律性”方面做得较好。笔者也提及了在走访过程中社区街道服务中心在制度的制定和规范方面做得非常出色，相信随着养老服务人员普遍受教育水平的提升，在社区养老事务的纪律性方面会越做越好。但是，不可忽略的是，在社区居家养老服务供给的核心部分：“有形性”（−2.07）、“可靠性”（−2.82）方面，社区服务的水平较差，公众对于其期望非常高，然而社区目前的居家养老服务供给水平并未达到老人的期待，甚至部分指标已经超出了老人可容忍的范围。在“透明性”维度方面，笔者在调查中发现社区在养老服务事务的公开上做得非常差，很多老人并不知道可以享受到何种政策优惠，社区也并未对国家养老政策进行宣传，在最为敏感的养老服务项目收费问题上，社区的做法也非常模棱两可。有 10 项维度差距的绝对值都在 2 以下，说明居家养老服务水平虽与自身的期待有所差距，但也可以接受，更多的是希望社区能够将居家养老服务发展得更好的一种期待。

其次，从具体指标差距来看，指标 14“社区会公开养老相关收费服务的定价标准”这一项上差距最大，达到了−3.89。不仅如此，指标 18“居委会会根据国家养老政策及时更新服务与信息”、指标 8“工作人员能够相互配合协调为我办理事务”、指标 16“社区会将获得的投诉和意见进行公开处理”、指标 7“工作人员能够快速、准确、无误地办理各类养老事务”这几项具体指标差距也都超过了绝对值 3，说明社区养老服务在这几项具体内容方面做得不尽如人意，这些指标多数隶属于“可靠性”“透明性”等表现不佳的维度。

4. 服务的“重要程度”“期望程度”方面分析

上文从实际感知、预期程度和质量差距三个部分，分析了杭州市社区居家养老服务的现状。这里将从老人对于社区居家养老服务项目的“重要程度”和“期望程度”方面，对各项指标进行优先次序的排名，为改进杭州市社区居家养老服务政策建议的制定给出依据。

“重要性–表现水平”分析方法（importance-performance analysis，IPA）是Manilla 和 James 于 1977 年提出的，该方法的核心原理是通过显现某项具体服务内容在不同维度下展现出的“重要性”和“表现水平”，帮助决策者作出服务质量改进的决策。在该方法下，服务项目的指标数据位于 *XY* 坐标轴内，*X* 轴代表“重要性”，*Y* 轴代表“表现水平”，重要性和表现水平的均值为坐标轴的原点。落入四个象限的服务指标有着对应的改进建议。该方法被很多领域引用，作为各自产品质量提升的重要依据。

这里将老人的实际感受定义为 *Y* 轴所代表的表现水平，将老人的期望值定义为 *X* 轴所代表的重要性。将实际感受均值（4.59）和期望均值（6.54）作为坐标轴的原点，并划分出了 A、B、C、D 四个象限，将 6 个维度和 24 个指标纳入 IPA 中的结果如图 4-7、图 4-8 所示。

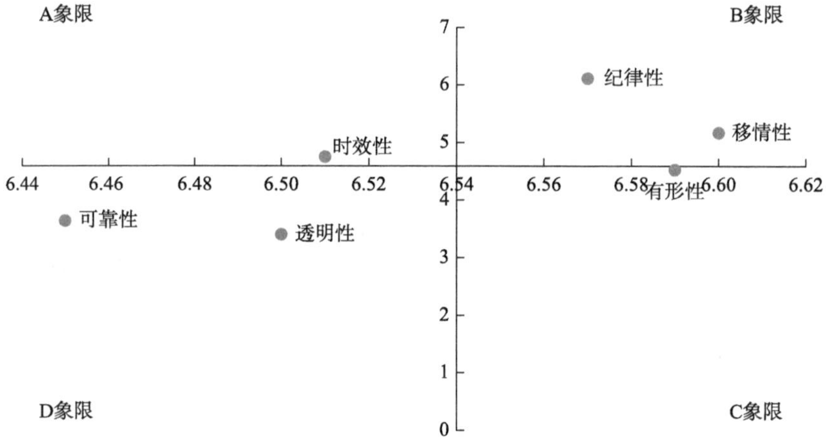

图 4-7　杭州市社区居家养老服务质量模型——维度层面 IPA 结果

图 4-7 和图 4-8 表明了杭州市社区居家养老服务的总体质量情况，具体分析如下。

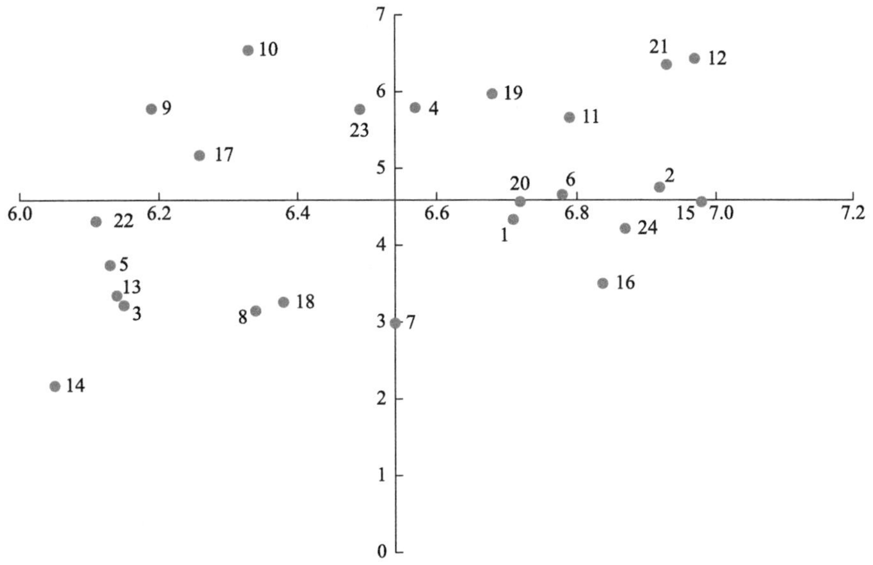

图 4-8　杭州市社区居家养老服务质量模型——指标层面 IPA 结果

1~24 数字代表 24 项具体指标

1）A 象限代表着对老人并不重要，但表现较好的养老服务

此象限代表着社区居家养老服务的最基础部分，是拥有高水平、高质量的社区居家养老服务的硬性前提条件。落入此象限的维度为“时效性”（–1.77），以及指标 9（–0.41）、指标 10（0.21）、指标 17（–1.09）、指标 23（–0.72）。从老人实际感知和期望的差值来看，这些指标和维度所对应的社区居家养老服务项目，虽然没有引起老人的重视，但也获得了较高的实际感受水平。尽管养老服务质量并未做到最佳，但是也足够满足老人的基本诉求，甚至指标 10 已经超过了老人的预期。从维度均值差异小于绝对值 2，四项指标均值差异都小于绝对值 1 就能够佐证这一结论。既然老人对于此类服务需求已经达到了基本需求水平，那么接下去必然会转移需求目标，或追求其他拥有更高级别服务质量的项目。因此，从短期来看，如果再增加该象限服务项目的投入，在短期内或许会提升服务供给水平，但是长此以往会遭到老人的嫌弃，笔者建议可以在短期内维持这些项目的资源投入，然后逐渐减少投入，将资源转向老人更需要的服务项目中。

2）B 象限代表着对老人来说既重要，表现水平又较高的养老服务

此象限代表杭州市社区居家养老服务的优势项目模块，是追求高水平、高质量社区居家养老服务的代表性服务项目。落入此象限的维度为“纪律性”（–0.47）、“移情性”（–1.44），落入 B 象限且隶属于这两个维度的指标有 11、12 和 21。同时也说明每个维度都有代表着杭州市居家养老服务高水平的服务项目。这个结果表示对于杭州市社区居家养老服务的“纪律性”和“移情性”服务项目，

老人既有较高的期待，也有较高的实际感知。杭州市的社区对于老人在这两个方面的需求既做出了合理的预测，同时也投入了相当多的资源。虽然“纪律性”和“移情性”维度并未达到最合理的服务质量状态，但感知差距值小于绝对值 2 的结果表示服务内容虽有不足，但也能被老人接受。笔者建议在未来很长的一段时间，杭州市社区都需要对这两个维度的服务内容保持高投入，维持老人较高的感知水平。

3）C 象限代表着对老人重要，但是实际表现水平较低的养老服务

此象限代表着杭州市社区居家养老服务中需要优先改进的项目模块，是追求高水平、高品质的社区居家养老服务过程中遇到的困境和问题。落入此象限的维度为“有形性”（–2.07），落入此象限的指标有 5 个，其中指标 1（–2.38）也隶属于有形性维度中。这说明杭州市社区在养老服务设施的定位上，还是停留在初级水平的阶段，尤其是在医疗设施，特别是高端医疗设施购置方面，社区明显低估了老人的需求。而指标 15（–2.42）、指标 16（–3.35）和指标 24（–2.66）表明社区听取老人的意见、建议和诉求的频率以及听取意见的通道建设并未投入过多的精力，导致老人期望很高，但是实际感受水平较低。这些维度和指标的感知差值都大于绝对值 2，这足以说明问题的急迫性。笔者建议，在短期，落入这些维度的项目应该是社区迫切需要改进的地方，应该迅速做出调整，加大社区硬件设施，尤其是医疗设施的投入；完善老人表达意见或建议的渠道；定期登门拜访老人，了解真实需求。从长期来看，应该制定出完整的硬件设施升级制度和社区的信访制度，逐步加大对这些项目的资金投入。

4）D 象限代表着对老人既不重要，实际表现水平也不高的养老服务

此象限代表着杭州市社区居家养老服务处于次要级别的改进项目，同样也是社区追求高品质、高水平的居家养老服务过程中遇到的困境和难点，只不过相对而言优先级低于 C 象限的服务项目。落入此象限的维度有可靠性（–2.82）和透明性（–3.11），同时也有 8 个指标落入此象限中，其中指标 5（–2.39）、指标 8（–3.20）和指标 13（–2.80）、指标 14（–3.89）分别隶属于可靠性和透明性维度。总体来看，说明社区居家养老服务供给在社区人员可靠度以及信息透明度方面做得不够出色，实际感知水平很低，但同时，这些服务项目也并没有满足老人足够高的期待。在调研中，社区工作人员确实没有统一的着装要求，没有定期的职业培训。在透明度方面，笔者也没有发现社区季度财务报表或定价目录。当然和调查对象的接触中，老人对于社区工作人员的着装等并无过高的要求，对于财务报表是否公示也没有很强的概念，只是期望于社区能够提供该有的养老服务就足够了。但这并不表示社区就可以不重视这些项目，随着 A 象限老人需求注意力的转移，B 象限的满足，C 象限的不断改进，老人对于 D 象限的服务项目逐渐会提高期待，因此社区也必须引起足够的重视。为此，在短期内，社区可以优先考虑改进 C 象

限的服务项目，而从长期的角度来看，社区必须要逐渐加大对 D 象限的资源投入，并定期向老人进行需求调查，及时洞察老人的需求变化。

第五节　小　　结

（1）我国养老服务供给总体的不充分性。①家庭养老服务供给的不充分性主要表现在两个方面，一是家庭模式向“代际分离式”转变，二是老人在养老模式选择上逐渐转向“自给养老方式”，表现出家庭养老功能的弱化。②社区居家养老服务供给的不充分性体现在：第一，全科医生数量的稀少以及缺乏足够的职业激情，懈怠率较高；第二，社区居家养老服务各个项目知晓率、利用率的低水平，和服务需求率的高水平形成对比。③机构养老服务供给不充分性主要体现在：第一，我国养老机构数量和每千人养老床位数量供不应求，与发达国家相比有明显差距；第二，养老机构的床位利用率较低，说明我国机构养老服务供给的不充分性是相对的，是养老服务资源未得到有效配置的体现。

（2）养老服务供给区域分布的不均衡性。首先，城乡间养老服务不均衡性主要体现在各类养老机构数量，养老服务人员数量和素质，养老服务项目知晓率、利用率和服务需求率，城市综合医院和乡镇医疗诊所数量、城市与农村医疗机构床位数量、床位利用率和诊疗率这几个方面。总结发现我国城乡间存在着较高的养老服务资源投入和基础医疗卫生服务资源投入的不均衡性，表现为城市优于农村。其次，东中西部地区养老服务不均衡性表现在三个地区的养老服务项目在知晓率、利用率和服务需求率方面的差异，具体为东部平均水平高于中西部地区平均水平。关于三个地区各省份的养老金及养老金替代率，发现东部地区的养老金水平低于西部，高于中部，说明西部地区受到我国养老政策扶持，而东部地区的养老服务购买能力更强，拥有更繁荣的养老服务市场。

（3）养老服务资源配置的碎片化。一是医养结合服务资源配置过程中的碎片化，包括医养结合过程中服务对象定位的偏差，服务内容供给的偏差。服务对象定位偏差体现在处于中等收入水平的老人，服务内容供给偏差体现在慢性病照护供给不足、长期护理保险制度碎片化。二是养老服务供给体系中多元管理主体职能重复导致的碎片化。我国养老服务供给体系由民政部、全国残联等多个部门主管，部门间缺乏沟通协调导致养老服务供给过程中出现政策重复、待遇标准不一致等问题。

（4）养老服务质量评估的低效性。通过 SERVQUAL 模型测评，基于杭州市的调查研究发现，社区居家养老服务的低效性体现在社区养老服务硬件设施供给不足。依据调查对象的实际感知分值、期望分值以及 IPA 四维象限分析，“有形性”是对老人来说十分重要却表现不佳的维度，必然是社区居家养老服务提升服务质量的过程中迫切需要改进的部分。同时，社区居家养老服务人员的素质和专业技能的“可靠性”，以及社区信息公开的“透明性”次于“有形性”维度，表明养老服务的可靠性和透明性方面亟须改进。

总体来说，我国养老服务呈现出供给总体的不充分性、区域分布的不均衡性、资源配置的碎片化以及质量评估的低效性“三性一化”特征。同时，养老服务的供给侧难以满足 1 亿多患慢性病、失能失智老年人养老服务需求侧的需要。

第五章　供需失衡下养老服务体制改革：长期护理保险试点及其“碎片化”整合①

在计划经济时代，对于那些无家庭的农村“五保户”和城镇经济困难的“三无”老人，主要通过养老院和敬老院集中供养的方式，但这种体制更多是一种福利和反贫困手段，表现为经济供养而不是一种对养老服务的替代形式。随着时间的推移，尤其是2010年第六次全国人口普查以来，中国人口老龄化与高龄化、家庭小型化与空巢化等多种因素并存，家庭作为老年人照料的主要场域面临着巨大的压力和挑战，传统社会的同代配偶、代际子女为照料主体的模式显得难以为继。养老服务需求侧的变化与供给侧的特征表明我国养老服务供需已经处于严重失衡的态势，这使得老年照料正从家庭的子女义务演进为全社会的公共事务，成为新时代养老服务保障的一个重要主题。2016年6月，人社部办公厅发布《关于开展长期护理保险制度试点的指导意见》，全国第一批15个地级城市开始试点推行长期护理保险制度。这是采用社会保险的筹资方式来解决我国传统民政养老服务资金短缺的一种体制创新。

目前，我国长期护理保险制度试点有国家级试点城市和省级试点城市。由于省级城市启动试点的时间较短，且2020年国家医疗保障局遴选的第二批试点城市长期护理保险政策刚刚出台，所以，本书挑选第一批国家级试点城市作为研究对象，从2016年6月到2020年12月历时四年半，政策的基本框架初步形成，同时，也便于发现政策问题。15个国家试点城市分别是河北省承德市、吉林省长春市、黑龙江省齐齐哈尔市、上海市、江苏省南通市和苏州市、浙江省宁波市、山东省青岛市、广东省广州市、安徽省安庆市、江西省上饶市、湖北省荆门市、重庆市、四川省成都市、新疆生产建设兵团石河子市。

---

① 本章参见戴卫东和余洋所著的《中国长期护理保险试点政策“碎片化”与整合路径》（发表在《江西财经大学学报》2021年第2期。人大复印报刊资料《社会保障制度》2021年第8期全文转载）。

第一节　长期护理政策“碎片化”理论建构

政策碎片化是政策系统的零散状态，具体表现为政策价值、目标、资源与地方执行的内部碎片化以及先前与后续政策之间的碎片化，会严重影响政策整体功能优化和政策关系的协调（Weiss and Gruber，1984）。政策碎片化在很大程度上根源于政府碎片化（Roubini and Sachs，1989），政府碎片化取决于参与决策的部门多少，因为每一个决策部门内部都具有相对凝聚力，都代表着特定的利益团体（Kontopoulos and Perotti，1999）。而且，政府碎片化的程度对政策碎片化的影响至关重要（Volkerink and de Haan，2001）。15 个试点城市地方政府发布的长期护理保险政策差异很大，后文会做分析，而且在调研中我们发现各试点城市的政府职能部门对长期护理保险政策条文的见解也有较大的分歧。

世界卫生组织倡导的整合照护理念，就源于长期护理资源的碎片化以及长期护理政策缺乏连续性，对长期护理政策进行相关资源的整合，从而提高长期护理资源的利用效率。国际上，长期护理政策的碎片化主要表现在以下几个方面。

一是覆盖人群和受益对象。各国长期护理保险制度法案颁布的前提是满足由人口老龄化引起的照护需求变化（Hofmarcher et al.，2007；Anderson，2011），但是不同人群有不同的照护需求，再加上各地经济发展水平限制，因此各国政策初期的覆盖面大小不一（Leutz，1999）。譬如，韩国的老年人覆盖率只有 5.8%，而经济合作与发展组织的成员国平均为 11%，德国为 14.5%，日本为 18.5%（Sunwoo，2012）。聚焦被照护者是长期护理保险政策的重要特征之一，有利于社会弱势群体获得更好、更灵活的社区服务（Challis，1992），但是由于资源的稀缺性以及可及性，很多国家长期护理政策法定受益人总有一部分被遗漏在政策之外（Berchtold and Peytremann-Bridevaux，2011），如韩国（Chon，2013）。

二是筹资来源和待遇标准。长期护理政策的筹资在各国基本上都是多元化的渠道，公共财政发挥着积极的作用（Lloyd and Wait，2006）。但是，相反的例子总是不缺乏，公共财政责任不到位、降低投入，如美国阿尔茨海默病的预防和治疗（Lyles，2008）、英国的居家护理政策进展缓慢（Glendinning，2012）以及市场化下的社会护理政策分散化（Deeming，2013）。随着各国失能老年人越来越多，财政压力越来越大，待遇水平逐渐处于下降趋势，甚至出现了普遍性地区差异很大的现象，如日本的长期护理保险待遇给付最高的与最低的市町村之间差距悬殊（Ikegami，2019）；长期护理政策项目之间的政府投资也不均衡，如英国各个地方政府用于居家护理的财政占社会护理总支出的 21%~58%不等（UK Department of Health，2009）。

三是医养服务和供给方式。尽管发达国家长期护理制度都达成了一个共识，即提供以个人为中心的照料，但是在实践中很多政策忽视了卫生和社会照料的相互依赖性，与公共卫生相关的康复和护理服务却相当缺乏（Hardy et al.，1999），而且失能评估的重复、卫生与照料服务的碎片化又导致了额外的行政成本（Banks，2004）。在服务传递过程中，显然需要一个扩大化的、专业化的和多样化的供给体系（Lloyd and Wait，2006）。然而，不同的利益相关者对长期护理的看法并不相同，碎片化的供给体系导致服务浪费和无效率（Walker and Collins，2009）。此外，日本、韩国的护工人数不足及其薪水较低等问题也导致了各地护理服务质量的良莠不齐（Yoshida and Kawahara，2014；Seo et al.，2012）。

四是公私合作和管理能力。各国老年人长期护理服务体系存在很多的突出问题：①老年服务供给来自不同的部门或机构；②不同的健康服务政策存在冲突；③急病诊疗与长期护理在职业地位、服务方式甚至语境文化等方面存在明显的差异（Kodner，2002）。实质上，长期护理是一种系统性工作，需要各方照护服务参与者的有序配合，其中包括公共部门和市场第三方私人部门的，具有复合技能的工作者来完成对许多不同部分无间隙的联合，从而满足不同层次的需求（Billings，2005）。这些本质要求给长期护理体系的管理带来了挑战，难度较大的地方体现在管理部门如何提升公私组织的合作能力（Elmer and Kilpatrick，2006）。譬如，英国在长期护理方面的“小政府，大社会”就比较成功，其社会服务主要由市场化供给，私营部门占绝对优势，1993 年市场化供给居家服务的比例占 5%，但是 2011 年上升到 81%（UK Homecare Association，2012）。但是在荷兰、德国都缺乏一个竞争性的长期护理服务市场体系，公共部门占绝对的主导地位（Schut and van Den Berg，2010；Rothgang，2010）。

整合照护可以提高照护服务的质量和连续性，已经成为全欧洲卫生和社会照料政策改革的一个核心组成部分（Lloyd and Wait，2006）。学术界整合照护有多种分类方法，比较典型的有两个维度：一个维度是从整合方向考虑，分为“垂直整合”和“横向整合”。前者是对初级照料和次级照料的整合，后者是对健康和社会照料的整合。另一个维度是从功能整合方面考虑，分为“组织性整合”、“专业性整合”和“医疗整合”（Hawkes，2009）。Valentijn 等（2013）进一步提出了功能整合是指将政策制定者（系统整合）、管理者（组织整合）、专业人员（专业整合）和案主（临床整合）协调起来（Valentijn et al.，2013）。此外，从行政管理角度来看，管理者能否独立决策也在很大程度上影响着长期护理保险政策整合照护的效果（McShane and Cox，2009）。

根据上述文献，本书拟建立一个从碎片化的长期护理政策到整合的护理政策理论框架，它反映了长期护理政策的碎片化现象，以及如何对长期护理进行整合的策略（图 5-1）。

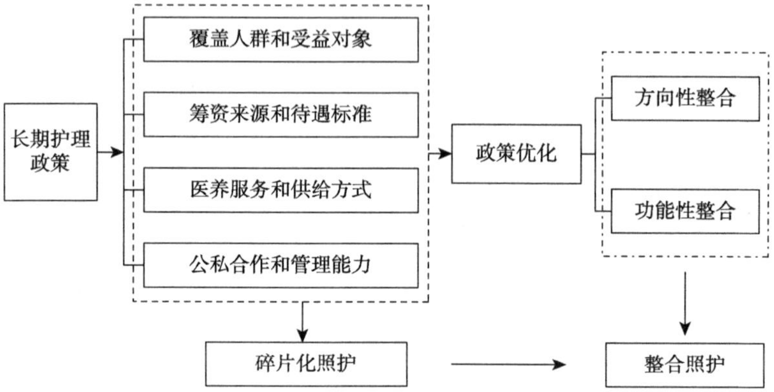

图 5-1 长期护理政策整合理论框架

第二节 长期护理保险制度试点政策及其“碎片化”分析

从前文可以看出，一个时期内医疗和社会照料的碎片化是全球普遍的现象，但 21 世纪初开始发达国家的长期护理政策都在逐步改革中得到完善。因此，基于上述长期护理政策整合理论框架，对我国 15 个试点城市的长期护理保险政策做微观的剖析。

一、长期护理保险制度试点城市政策框架

1. *覆盖人群和受益对象*

试点城市长期护理保险的覆盖人群与社会医疗保险参保人员一致，主要包括城镇职工和城镇居民的医保参保人员，根据试点地区自身实际对覆盖范围的具体划分，有以下三种类型。第一类，参加城镇职工基本医疗保险的人员。试点城市主要有安庆、承德、成都、重庆、广州等 8 个城市。第二类，城镇的职工和居民参加基本医疗保险人员，如长春市。第三类，城乡基本医疗保险所有参保人员，如荆门、苏州、上海、青岛、南通、石河子。

受益对象的标准各有不同，除了上海市颁布专门的失能评估办法外，多数试点城市依据《Barthel 指数评定量表》得分高低确定。受益对象政策属于明确性的（Barthel 指数评定量表 40 分以下的重度失能人员），有承德、荆门、广州、安

庆、南通、上海，其他试点城市均为模糊性政策，政策规定不少于 6 个月治疗的生活不能自理、需长期护理的重度失能人员，如成都、长春、青岛、石河子、苏州、宁波、上饶、重庆、齐齐哈尔。

2. 资金筹集与待遇水平

资金筹集方式可以分成两种：单一渠道和多元筹资。试点城市长期护理保险的筹资来源具体分为个人缴费、单位缴费、财政补助、医保基金划拨和慈善金五个方面，各个地区根据自身实际选择不同的资金筹集渠道。从试点地区的筹资标准来看，主要有比例筹资和定额筹资两种方式。①采取比例筹资方式筹集保险金的城市包括长春市、宁波市、青岛市、承德市、荆门市、成都市和上海市等 7 个城市。按比例筹资的方式以职工医保缴费基数或职工工资总额为标准，按一定比例从社会医疗保险的统筹基金和个人账户中划转，与职工收入挂钩，统一划入长期护理保险基金专户。②采取定额筹资方式的有广州市、安庆市、重庆市、齐齐哈尔市、苏州市、南通市、上饶市和石河子市等 8 个城市，缴费金额为每人每年 30~180 元不等，各地区起始筹资标准差距较大。

《关于开展长期护理保险制度试点的指导意见》中规定，基金支付水平总体上控制在 70%左右。通过对各地试点方案比较发现，我国长期护理保险形式分为居家护理、养老机构、医疗机构三种，绝大部分地区的支付比例达到 50%以上，且长春、青岛和上海等地区的部分报销比例高达 80%甚至 90%。待遇水平，按入住服务机构类型、身份以及失能程度，划分为三种不同的方式。大多数试点城市都是按入住服务机构类型来进行待遇支付的；长春市和青岛市按城乡居民身份实行不同待遇支付。

3. 医养服务与供给方式

长期护理保险的服务内容按地区划分主要有三种：第一种为重度失能人员提供基本生活照料服务，如重庆市、成都市、承德市、南通市和齐齐哈尔市；第二种为重度失能人员提供以医疗护理为主的服务，如长春市、青岛市、石河子市；第三种为重度失能人员提供基本生活护理及与基本生活密切相关的医疗护理，如荆门市、苏州市、上海市和广州市。另外，安庆市、上饶市和宁波市，没有在试点方案中明确具体的护理内容，而是由保险经办机构同协议服务机构通过服务协议制定。

15 个试点地区的护理服务采取不同的输送方式，具体来看，由单一到多元化可以分为四种方式：一是长春市仅提供机构护理，医疗、养老和护理等机构与医保经办机构签约服务协议并提供医疗照护服务；二是提供机构护理和社区护理，如重庆市和广州市，由有资格从事长期护理服务的医疗机构，为长期失能人员提供机构内或居家上门服务；三是承德市、苏州市、南通市、上海市、齐齐哈尔市、宁波市、荆门市提供医疗护理、养老护理和社区居家护理三种服务输送方式；四是在提供机构护理和社区护理方式的基础上，为满足长期失能人员的多种护理需求，增加居家护理的方式，鼓励失能人员的家人、亲戚、邻居等提供照护服务，如青岛市、成都市、石河子市、上饶市和安庆市。

4. 公私合作与管理能力

各试点城市长期护理保险的公共私营合作制（public private partnership，PPP）主要表现在经办服务上，有 10 个城市通过政府购买服务的方式，委托具有资质的商业保险公司等第三方机构参与，社会保险经办机构负责监督检查。其他 5 个城市由社会保险经办机构负责具体的经办服务。各个试点城市受制于养老服务供给体系薄弱，以及资金支持力度不足的桎梏，虽然先后出台了一系列促进养老服务市场化的政策，但短期内仍然捉襟见肘。目前，青岛市民营机构为服务供给主体，其他试点城市以公立机构提供护理服务为主。

二、长期护理保险试点政策碎片化特征

15 个试点城市当中有一些城市，如青岛市、成都市等，积极进行长期护理保险政策的不断创新，但总体上仍没有改变碎片化的状态，如表 5-1 所示。

表 5-1 中，覆盖人群："小"是指城镇职工基本医疗保险的参保人，"中"是指面向城镇职工和城镇居民基本医疗保险的参保人，"大"是指城镇职工和城乡居民基本医疗保险的参保人。受益对象："小"是指仅保障重度失能老年人，"中"是指保障中度和重度失能老年人，"大"是指保障试点城市全体失能老年人。筹资渠道："一种"是指仅从社会医疗保险基金划拨；"两种"包括医保基金+财政补助，或医保基金+个人缴费的方式；"三种及以上"包括医保统筹基金+个人缴费+财政补助，或医保统筹基金+财政补助+福彩公益金，或医保统筹基金+个人缴费+单位缴费+财政补助。待遇水平：以人社部办公厅发布的《关于开展长期护理保险制度试点的指导意见》（人社厅发〔2016〕80 号）规定的 70%为基金支付的中等水平，那么超过或低于该标准的分别为高、低支付水平。医养服务："一类"是指日常生活方面的照料服务，"二类"是指基础的护理和康复服务，"三类"包括一类和二类。供给方式："一种"是指仅提供机构护理服务，"两种"是指机构服务+社区服务，"三种"包括居家服务、社区服务和机构服务。支付范围："小"是指只包括长期护理服务费，"中"包括设备使用、相关耗材以及护理服务费等，"大"是指包括治疗、药品、设备使用、耗材、床位占用、护理服务等全过程费用。公私合作："单一"是指由医保部门一家负责业务经办，"二元"是指医保机构将经办业务外包给有资质的商业保险公司承办，医保机构负责监管。

表 5-1　试点城市长期护理保险政策碎片化特征

试点城市	覆盖人群			受益对象			筹资渠道			待遇水平			医养服务			供给方式			支付范围			公私合作	
	大	中	小	小	中	大	一种	两种	三种及以上	高	中	低	一类	二类	三类	一种	两种	三种	小	中	大	单一	二元
齐齐哈尔			√	√				√				√	√				√		√			√	
长春		√		√			√			√				√		√					√	√	
承德			√	√					√		√		√				√		√			√	
青岛	√				√			√		√				√				√		√			√
上海	√			√					√	√					√		√		√			√	
南通	√			√					√			√	√				√				√		√
苏州	√			√				√				√			√		√				√		√
宁波			√	√			√					√	√				√		√				√
广州			√		√		√			√					√		√				√		√
安庆			√	√				√				√	√					√			√		√
上饶			√	√					√			√	√					√			√		√
荆门	√			√					√	√					√		√				√		√
重庆			√	√				√				√	√				√		√				√
成都			√	√				√			√		√					√		√			√
石河子	√			√					√		√			√				√	√			√	
合计	6（40%）	1（6.7%）	8（53.3%）	13（86.7%）	2（13.3%）	0	3（20%）	6（40%）	6（40%）	5（33.3%）	3（20%）	7（46.7%）	8（53.3%）	3（20%）	4（26.7%）	1（6.7%）	9（60%）	5（33.3%）	6（40%）	2（13.3%）	7（46.7%）	5（33.3%）	10（66.7%）

注：根据 15 个试点城市截至 2019 年 12 月发布的政策文件整理。“合计”栏目中的数字代表具有该特征的试点城市数，括号中百分比表示具有该特征的试点城市占 15 个试点城市总数的比重

从表 5-1 可以看出，在 15 个试点城市当中，覆盖面包括城镇职工和城镇居民的试点城市占 60%，覆盖到农村居民的较少；受益面针对重度失能老年人的试点城市占 86.7%，中度和轻度的失能失智老人大多不纳入；资金筹集在医疗保险基金、个人缴费、财政以及福利彩票之间有多种组合方式，雇主不缴费，财政支持力度不大；66.7%的试点城市的护理待遇水平在中等偏下；有 53.3%的试点城市仅提供日常生活照料服务；提供社区照护和机构照护的占比近 70%，居家照护不足；53.3%的试点城市的护理服务费支付范围狭小；公立医保机构经办支付业务的占 33.3%，与商业保险公司合作的比重为 66.7%。

长期护理保险试点之所以呈现出这种政策碎片化现象，在于特殊的政策背景：一是失能老年人长期护理服务的严重不足已经成为我国各地一个新的社会风险，这是由人口老龄化和人均预期寿命延长导致的；二是中央政府行政权力下移的现象，由于中国老年人口众多和各地经济社会发展水平参差不齐，中央政府允许地方政府先行先试（Montinola et al.，1995）；三是中国社会政策实施的路径依赖，自 20 世纪 90 年代以来中国的低保、廉租房、养老保险与医疗保险等社会保障制度改革，都是由地方自行试点，然后在时机成熟之际由中央政府总结各地试点经验，再出台统一的政策文件进行推广（Heilmann，2008；Liu and Li，2016）。

第三节　长期护理保险试点政策的整合推进

显然，基于公平和效率原则，“十四五”期间各个试点城市的长期护理保险政策需要进行方向性和功能性的整合发展，在保障全体老年人权益的基础上，实现长期护理资源的高效利用。

第一，特别强调的是，要完善失能评估标准的设计。失能评估指标是长期护理服务体系中的重要环节之一，它关系到受益人数、保险费高低、缴费方负担大小、财政投入比例、服务供给能力以及服务质量评价等诸多方面。其功能相当于医疗保险全科医生的“守门人”作用。德国是长期护理保险制度保持财政平衡的最成功的国家之一，就在于有一个可靠的和严格的失能评估标准和流程（Nadash et al.，2012）。中国的失能评估标准也需要向德国学习，更需要国家职能部门像英国那样整合多学科资源去研究应对人口老龄化的策略（Walker，2018）。显然，这属于垂直整合和专业性的功能整合。

第二，逐步实现城乡居民全覆盖，实现目标人群的服务保障。覆盖面和受益面在“十四五”期间长期护理保险政策扩面中需要上级政府总结试点经验后再决策，既属于垂直整合，也属于政策性的功能整合。目前试点城市中覆盖城乡居民的比例只占40%。日本政府为了降低长期护理保险基金的财政投入负担，有意愿把工作人群缴费的年龄从最低年龄40岁调整到20岁（Mitchell et al.，2008）。在受益对象上，目前我国各试点城市长期护理保险还只能以重度失能老年人为主，待制度成熟以后再逐步扩大到中度失能人群才是理性决策，当前该比例仅为13%。此外，失智者应该与失能者一样都是长期护理保险的受益对象（Rothgang，2010）。依据长期护理保险建制目标，保险待遇以提供服务为主是上策。只有在山区、偏远地区以及护理服务不可及的条件下，为了公平起见，可以现金形式发放。国际上，荷兰长期护理保险政策虽然规定可以用现金支付所有护理受益人，但是限定现金用于购买市场第三方提供的照护服务。[①]

第三，多渠道筹资，待遇支付体现适度保障。这就要求做到雇主缴费和财政投入不可缺少，实现地方政府的横向整合。由于企业社保费较重，为了企业可持续发展，企业普遍不缴费应该是一种暂时行为。但是，下一步摆脱依赖社会医疗保险基金的筹资途径，建立起个人、单位、财政、社会捐赠等多元筹资渠道是必然的选择。目前各试点城市财政补助的力度不大。其实，从国际经验看，各国政府财政投入都是长期护理保险重要的资金来源之一。所以，长期护理保险制度可持续发展的一个重要方面是公共财政与私人筹资二者的平衡（Mosca et al.，2016）。其中，私人筹资主要是指个人和单位的缴费。但针对困难老年人家庭，需要由政府财政出资实行家计调查式的津贴制度（Comas-Herrera et al.，2010），以此达成长期护理保险与津贴的政策相互衔接的社会治理目标。在待遇支付方面，做到保障适度，不是所有的护理服务费都由长期护理保险支付，学习德国、日本的护理利用者要承担10%~30%的自付费用标准，防止逆选择和道德风险的不可控制。这样，政策性的功能整合就发挥了作用。

第四，大力推行居家照护服务，以日常生活照料和康复服务为重点。这应该体现出地方政府对居家、社区和机构养老服务政策的横向整合和三者服务供给组织间的功能整合。表5-1显示，实行居家服务、社区服务和机构服务的试点城市只占1/3左右。这种现象与老年人热衷居家生活的习惯和利用家庭资源、减轻社会护理的压力背道而驰。许多国家长期护理政策的良好效果都依赖非正规的家庭护理资源（Colombo and Mercier，2012）。长期护理保险适当的现金给付，可以鼓励家庭成员积极承担照顾失能亲属的责任，补偿家庭成员由于照顾失能亲属而产生的收入损失，还可以缓解专业护理人员短缺的问题（Bolin et al.，2008；King and Pickard，2013）。“医养结合”应当以“养”为主，以“护”为重，以“医”为辅，其间体现的是“专业整合”和“医疗整合”，主要表现在社区为老服务；

---

① Non M，van der Torre A，Mot E，et al. 2015. Hervorming langdurige zorg moet zich nog bewijzen. http://www.mejudice.nl/artikelen/detail/hervorming-langdurige-zorg-moet-zich-nog-bewijzen.

社区医疗资源向家庭延伸，建立重度慢性病患者的家庭病床；重度失能老年人才可入住照料型或护理型的养老机构。日本长期护理保险政策设计的初衷是希望促进居家服务，但没控制住机构服务的大幅增加（Houde et al.，2007），所以，导致日本未来的改革可能要在提高消费税、增加保险缴费、上调享受服务的自付费用比例以及降低保险待遇水平等方面做文章（Yong and Saito，2012）。前车之鉴，当引以为戒。

第五，孕育 PPP 市场服务体系，提升管理水平。在发达国家长期护理制度体系中，服务供给以民间营利和非营利机构为主（葛蔼灵和冯占联，2019）。从表 5-1 可见，试点城市 PPP 市场服务体系中主要是与商业保险公司的合作，而且合作范围十分有限。这就需要加强国家职能部门的政策系统整合，更重要的是在政策执行层面需要地方政府的职能部门横向整合。在服务传递过程中，实现民营、民办非营利机构和公立机构之间的优胜劣汰、合作共赢的局面，需要管理者提升管理能力，以服务需求为导向在专业、组织、医疗和临床等方面实行协调整合机制。

第四节　长期护理保险试点政策整合的核心

从传统养老服务到长期护理保险是中国养老服务事业发展的一个重大创新。之所以选择社会保险模式，在于我国已有五大社会保险的制度构建惯性，如同德国、日本颁布长期护理保险法案（Barr，2010）。政策试点更是中国社会治理途径的一个重要特征。

中国长期护理保险的 4 年试点时间已经结束，目前最大的问题是试点城市政策在覆盖人群与受益对象、筹资渠道与待遇标准、医养服务与供给体系、公私合作与管理能力等方面存在严重的碎片化现象。长期护理保险制度最重要的问题并不必然是成本问题，而是资源的配置问题（Ikegami，2019）。在“十四五”初期，各试点城市政策要实行整合照护，总体上来说是为了实现资源优化配置的功能性整合，达到帕累托最优的社会治理目标。

首先，最基本的前提是服务理念的整合。这体现了政策制定者的垂直整合，也更体现出服务提供者的横向整合，即从“生命历程”视角转向注重“采取一致的预防行动”（Walker，2018），从强迫式“照看”安排向“支持自理自立”转变（Hill，2007），从注重传统的“生活照料”向“照料与康复护理、精神抚慰并重”的需求导向转变（Kodner，2002）。其次，最令人关注的是筹资机制的整合。特别要在民政和残联部门之间进行财政的横向整合，优化配置老年和残疾人的多种福利补贴。摆脱划拨医保基金的筹资思路。再次，最核心的是服务传递的整合。

长期护理服务体系应加强与医疗服务和其他类型服务的横向整合，建立一个竞争性 PPP 的服务市场体系（Rothgang，2010），尤其是要推动民营机构的服务供给，国家负责监管和政策规制，以色列在这方面的成效比较显著（Ajzenstadt and Rosenhek，2000）。最后，最有难度的是受益对象的整合。长期护理保险制度的承受能力是决定“谁受益”的最基本原则，但长期护理保险制度化解失能风险的本质有时又与其冲突。如何抉择应该是一个动态的过程。但有一点可以确定，将正式护理和非正式护理以被照护者为中心统合起来，以迎合最需要长期护理服务的慢性病老年人以及重度失能、失智、失独老年人等弱势人群需求（Burchardt et al.，2018），应当是长期护理保险制度建设在每个阶段最基本的价值取向。

第六章　长期护理保险筹资来源整合之一：基于职工基本养老保险视角[①]

始于2016年试点的长期护理社会保险，在实践中面临依附于社会医疗保险筹资断供和医疗保险基金收不抵支的风险。2000年4月，日本开始推行社会化长期护理保险（日本称之为介护保险）。20多年来，日本介护保险的实施既有经验也有教训。日本在无法预期经济增长的前提下，通过筹资渠道和服务供给体制两个方面的努力建设老年人长期护理制度，在人口老龄化态势严峻与经济增长预期不佳的状况下，长期护理制度的建设需格外重视两点：一是确保全社会均衡承担筹资责任；二是充分利用公营和私营主体建设长期护理服务制度，并明确政府作为市场监管者的职能（小岛克久和王茜铃，2019）。针对我国试点推行多年以来的长期护理保险各地政策碎片化问题，我们需要将着力点放在筹资整合与服务整合两大方面。为此，本书接下来的四章分别探讨长期护理保险的两个筹资来源整合（第六章和第七章），以及两个养老服务供给案例的困境和经验（第八章和第九章），从而构成了本书研究的重点内容。

第一节　问题提出

截至2016年底，我国60岁及以上老年人口23 086万人，占总人口的16.7%，其中65岁及以上人口15 003万人，占总人口的10.8%，[②]比2000年和2010年分别上升3.8和1.9个百分点，人口老龄化正以加速度发展。由此产生了代际赡养负

---

① 本章第一至三节参见戴卫东和赵倩的《城镇职工基本养老保险税预测研究——以浙江省为例》（发表在《云南大学学报（社会科学版）》2019年第4期。人大复印报刊资料《社会保障制度》2019年第10期全文转载）。略有改动。

②《2016年社会服务发展统计公报》，http://www.gov.cn/xinwen/2017-08/03/content_5215805.htm。

担加重的问题，伴随着劳动力的大规模流动，养老金收支缺口的省份不断增加。2016 年养老金收不抵支的省份达 7 个，其中黑龙江的养老金缺口情况最为严重，其累计结余已消耗殆尽，缺口已达 232 亿元。[①]除去财政补贴因素，以上收不抵支省份的养老金缺口情况将更为严重，收不抵支的省份数量也会增多。

2015 年以来，我国经济发展进入新常态。2016 年《中华人民共和国国民经济和社会发展第十三个五年规划纲要》中提出要“适当降低社会保险费率”，以调整社会保险费费率的形式改善供给侧环境。同年，人社部门和财政部门联合下发为期两年下调养老保险单位缴费比例的优惠政策，这是首次基于国家层面的养老保险费率下调。这项降费政策惠及包括上海、北京、江苏等 21 个省市的企业，2016 年度减征养老保险 386 亿元。[②] 在供给侧方面，社会保险应加快改革步伐以适应降费这一现实需求。在基本养老保险全国统筹方面，目前我国已经基本实现了省份内部的养老保险统筹，但是各省份之间仍然存在限制。

由上可见，如何实现各省份养老保险基金收支平衡、维持企业可持续发展的降费措施以及促进基本养老保险的全国统筹三者之间的协调发展是一个相当棘手的难题。养老保险收支的平衡问题，在降费后这个矛盾将会尖锐起来（郑秉文，2016）。而基本养老保险的全国统筹虽然有利于缓解各个省份养老保险基金缺口问题，但存在非一蹴而就、目前征费制刚性不足的问题。那么，我们能不能跳出三者之外另辟蹊径？譬如，开征基本养老保险税。社会保障税的刚性特征不仅能够做实费基、增加征缴数额进而减轻养老保险基金缺口压力，而且能解决企业社会保险总费率虚高问题，进一步起到推动基本养老保险全国统筹的作用。

事实上，自 1996 年“九五”计划提出“逐步开征社会保障税”以来，社会各界对关于社保“费改税”话题的争议就从未间断过。首先，关于是否开征社会保障税问题，主要有三种观点。一是支持费改税，以胡鞍钢（2001）和贾康等（2001）为代表，他们指出缴税优于缴费制，开征社保税，有助于化解社会保障征收成本高、征收效率低等矛盾。二是继续征费论，以郑秉文（2010）为代表，他认为养老保险的私人性质体现了付出与回报的关系，这和具有强制性和无偿性的税收具有本质区别。社保税改费是当前世界社保改革的潮流，加上个人账户的私人性质，费改税与我国当前的统账结合制度并不相符。三是暂缓实行费改税，以郑功成（2000）为代表，他认为采用征费方式并不是我国目前所遇到的社会保险费征缴难的主要原因，而是征管不到位、隐形债务等因素综合影响的结果。

其次，关于税种和税率的讨论。董西明（2003）认为，应以比例税为主，累进税为辅，体现公平原则。阎坤和曹亚伟（2003）认为应采取累退税制，养老保

① 人力资源和社会保障部发布的《中国社会保险发展年度报告 2016》。

② 《多地出台社保降费政策为企业减负》，http://www.gov.cn/xinwen/2016-06/08/content_5080397.htm。

险税率为18%。杨俊（2017）研究认为，我国统账结合养老保险最优总缴费率为18%，在维持个人8%缴费率不变的条件下，其中个人缴费中的4个百分点和企业缴费的10个百分点用于社会统筹制度，形成社会统筹缴费率14%，个人缴费剩余的4个百分点用于建立实账的个人账户制度进行积累。

最后，关于社会保障税的配套措施。黄瑞芹和张广科（2003）认为，必须尽量降低社会保障税的累退性，在收入再分配和增加收入之间寻找到一个均衡点。为此，一方面可逐步提高个人所得税的税率，另一方面也应考虑在适当时期建立惠及低收入群体的“负所得税制”。

综上，目前国内学者对养老保险税制的研究基本上以宏观分析和定性分析为主，对是否开征养老保险税、养老保险税制设计和相关配套政策研究等方面都提供了丰富的理论知识，但是相关微观分析与定量分析比较匮乏，使得研究结论缺乏一定的说服力和精准性。荷兰国际财政文献局的统计结果显示，2015年全球有194个国家（地区）开征了社会保障税，占被统计国家总数的91.5%，其中作为各国社会保障税最重要组成部分的养老保险税，在全国总税收中占比30%左右（《世界税制现状与趋势》课题组，2016），是国家重要的税收来源之一。但在我国当前经济形势下和今后较长的一段时期，基本养老保险征税制相比征费制是否有优越性，如果是肯定的，那又具有哪些优越性。由于基本养老保险还没有实现全国统筹，本书试图通过定量分析的方法，以浙江省城镇职工基本养老保险为个案研究对象回答这些问题。同时，社会养老保险与长期护理保险又有密切关联，老年人养老不仅需要养老金，在某种程度上养老服务更为重要。那么，适当降低养老金给付能不能为长期护理保险开辟筹资空间。这也是本书的研究要回答的学术问题，并为政府决策提供一定的参考。

第二节　研究设计、建模与参数预测

一、研究设计

浙江省城镇职工基本养老保险实行征税制。根据《浙江省人民政府关于调整用人单位基本养老保险费缴费比例有关工作的通知》（浙政发〔2008〕70号）规定，“从2008起，浙江省逐步将全省用人单位基本养老保险费缴费比例统一到12%至16%区间内”[①]，本书对基本养老保险税率的设定分为12%、14%和16%的

① http://www.gov.cn/govweb/fwxx/sh/2008-11/20/content_1154683.htm。

低、中、高三档。

以《国务院关于完善企业职工基本养老保险制度的决定》（国发〔2005〕38号）为分水岭，缴费35年退休人员的养老金替代率由58.5%上调为59.2%，其中社会统筹部分的基础养老金替代率由20%调整为35%。为测算替代率变化对养老基金平衡的影响，本书对基础养老金的替代率设定为20%和35%两种情况。

根据上述税率和养老金替代率的设定，分别按照高低组合排列形成六种方案（表6-1），对六种方案下统筹账户养老金运行结果进行分析，以得出当前基本养老保险征税的平衡趋势。

表6-1　不同税率和养老金替代率组合方案

指标	方案一	方案二	方案三	方案四	方案五	方案六
税率	12%	14%	16%	12%	14%	16%
养老金替代率	20%	20%	20%	35%	35%	35%

为保证参数设定的合理性，以及提高测算结果的准确性，本书对相关参数的设置是在2005~2016年历史数据平均值的基础上，结合当前有关政策进行合理预估后所得。部分参数进行数据线性拟合分析，并用线性拟合优度R^2判断因变量和自变量的线性拟合效果。通常情况下，拟合优度需要达到0.6，最好是0.8以上，即表示两者的线性拟合效果较好，拟合度数值越靠近1，其拟合效果越显著，说明自变量对因变量的解释效果越好。

二、建立模型

（一）模型的基础假定

根据浙江省现行的城镇职工基本养老保险收入与支出政策，构建未来30年浙江省城镇职工基本养老保险基金的收支平衡预测模型。城镇养老保险基金收支模型受工资增长率、参保人数、退休人数等多种变量的影响，对相关变量进行科学合理的设定对模型的预测结果起着极其重要的作用。模型基础条件如下。

（1）研究基期为2016年，预测期间为2017~2046年。

（2）不考虑中途退保、断保和提前退休等因素。

（3）基础养老金收入不考虑财政补贴、转移收入等其他因素，仅为征缴收入；基础养老基金支出不考虑单位管理成本和丧葬抚恤补助等支出，仅限于完全用于参保离退休职工养老金的发放。

（4）本书研究的基础养老保险金支出不考虑“老人、中人、新人”的制度差异，统一按照“新人”标准发放养老金。随着预测时间延后，“老人”和“中人”会逐渐退出基本养老保险制度。

（二）模型的建立

1. 基本养老保险基金的收入模型

按照浙江省城镇职工基本养老保险政策的有关规定，企业以全部职工工资总额为缴费基数缴纳统筹部分。通过对年度省平均工资、参保在职职工人数、缴费税率等因素进行合理设定，测算当期的基本养老保险基金收入，因此，第 t 年的基本养老保险基金的收入模型为

$$S_t\left(\bar{W}_t, C_t, N_t, I_t\right) = \bar{W}_t \times C_t \times N_t \times I_t \qquad (6\text{-}1)$$

其中，S_t 为第 t 年基本养老保险基金收入，$\bar{W}_t$ 为第 t 年城镇职工平均工资，C_t 为基本养老保险税率，N_t 为第 t 年城镇职工基本养老保险统筹部分的缴费夯实率，I_t 为第 t 年城镇参保在职职工人数。

2. 基本养老保险基金的支出模型

根据退休职工养老金待遇现行政策，由参保离退休职工总人数、城镇职工平均工资和养老保险金替代率三要素可构建养老保险基金支出模型：

$$Z_t\left(\bar{W}_t, Q_t^{60}, R_t\right) = \bar{W}_t \times Q_t^{60} \times R_t \qquad (6\text{-}2)$$

其中，Z_t 为第 t 年基本养老保险基金支出，$\bar{W}_t$ 为第 t 年城镇职工平均工资，Q_t^{60} 为第 t 年参保离退休职工总人数，R_t 为第 t 年养老保险金替代率。

3. 养老保险基金结余模型及累计结余模型

由式（6-1）、式（6-2）两个公式可推导出基本养老保险基金的结余模型：

$$J_t = S_t - Z_t \qquad (6\text{-}3)$$

三、相关参数预测

1. 平均工资的增长率及趋势

本书以 2016 年为预测基期，由浙江省统计年鉴可知，2016 年浙江省城镇职工基本养老保险在职职工平均工资为 51 719 元。

根据表 6-2，2005~2016 年浙江省在职职工平均货币工资指数增长率为 10.06%，平均实际工资指数增长率为 7.37%。根据平均货币工资指数和平均实际工资指数

的定义，考虑物价变动因素的影响，平均实际工资指数更能有效反映工资变动水平。工资水平与当期社会经济发展水平相挂钩，我国当前的经济发展形势已从年均 10%的高速发展缓降至年均 6%~8%的中速增长阶段，近几年随着供给侧结构性改革的顺利开展，浙江省不断优化产业结构，扶持创新企业发展，经济发展形势良好，预计未来一段时间内浙江省平均工资增长率还将维持目前水平。综上所述，本书设定研究期间内的平均工资增长率为 8%。2017~2046 年浙江省年平均工资情况如表 6-3 所示。

表 6-2　2005~2016 年浙江省年度工资指数情况

年份	年度平均工资/元	年平均工资增长率	平均货币工资指数	平均实际工资指数
2005	18 689.00	—	—	—
2006	20 113.00	7.62%	107.80%	106.65%
2007	22 070.00	9.73%	111.92%	107.72%
2008	24 603.00	11.48%	110.67%	105.61%
2009	25 918.00	5.34%	109.51%	110.96%
2010	27 480.00	6.03%	110.99%	106.73%
2011	30 650.00	11.54%	112.42%	106.76%
2012	35 731.00	16.58%	108.90%	106.55%
2013	40 087.00	12.19%	111.33%	108.89%
2014	44 513.00	11.04%	108.84%	106.60%
2015	48 372.00	8.67%	108.28%	106.78%
2016	51 719.00	6.92%	110.00%	107.90%
平均值	—	9.74%	110.06%	107.37%

资料来源：年度平均工资数据摘自历年浙江省人力资源和社会保障厅公布的通知；其余数据由作者根据 2006~2017 年浙江省统计年鉴相关数据整理而得

表 6-3　2017~2046 年浙江省年度平均工资（单位：元）

年份	年度平均工资	年份	年度平均工资
2017	55 856.52	2023	88 637.28
2018	60 325.04	2024	95 728.26
2019	65 151.04	2025	103 386.52
2020	70 363.13	2026	111 657.44
2021	75 992.18	2027	120 590.04
2022	82 071.55	2028	130 237.24

续表

年份	年度平均工资	年份	年度平均工资
2029	140 656.22	2038	281 172.43
2030	151 908.72	2039	303 666.23
2031	164 061.41	2040	327 959.53
2032	177 186.33	2041	354 196.29
2033	191 361.23	2042	382 531.99
2034	206 670.13	2043	413 134.55
2035	223 203.74	2044	446 185.32
2036	241 060.04	2045	481 880.14
2037	260 344.85	2046	520 430.55

2. 缴费夯实率

按照 1999 年《浙江省职工基本养老保险条例》（浙江省第九届人大常委会公告第 14 号），用人单位每月按照全部职工缴费工资之和的一定比例缴纳基本养老保险费，缴费比例一般不得超过百分之二十。但由于基本养老保险税率较高，完全按实缴纳会直接加大企业成本，减少企业利润，因此在既定税率无法变动的情况下，企业往往采用下调缴费基数的方式降低养老保险的缴费额。此外，按规定基本养老保险个人部分缴费基数应当为职工实际工资额度，但由于存在最下限和最上限，即当年全省职工平均工资的 60%~300%，依照全省职工平均工资的 60%确定个人缴费基数的情况不在少数，同时企业申报统筹部分时往往以个人缴费基数为基准，因此养老保险统筹部分基金在应缴额和实缴额之间存在一定的差距。

缴费夯实率就是通过个税申报收入来测算当期养老保险按实缴纳的比例，以此衡量两者差距的大小。由于缴费夯实率是浙江省自行设定的考量当期缴费基数是否按时申报的一个比值标准，该项数据并未对外公开，同时全省个税全员申报数据体量巨大且无法有效获取计算，因此，在基于《浙江省人力资源和社会保障厅、浙江省财政厅和浙江省地方税务局关于下达 2017 年度企业职工基本养老保险主要工作目标的通知》（浙人社发〔2017〕110 号）下达的 2017 年 67%的缴费夯实率的目标的基础上，这里假设在研究期内缴费夯实率均为 70%。

3. 参保在职职工人数和参保退休人数

通常情况下，常住人口对地区经济发展的助推作用最为明显，是测算城镇化率指标的重要数据来源。而参保在职职工人数和参保退休职工人数与城镇就业人数均呈正相关关系，一般而言，前两者都是随着后者人数的增长而增长的。因此，本书对参保在职职工人数和参保退休职工人数的测算主要是在常住人口数据的基础上开展的。各参数之间的关系如下：

城镇人口=常住人口×城镇化率

城镇就业人数=城镇人口×就业率

城镇参保职工人数=城镇就业人数×参保率=参保在职职工人数+参保退休职工人数

1）常住人口

常住人口是指常年在家或者单个纳税年度在家居住满 6 个月及以上，并且经济收入与本户合为一体的人口统称。常住人口构成在一定程度上决定了养老保险制度参与主体的规模，对城镇人口的就业和参保情况会产生重要影响（表 6-4）。

表 6-4　2005~2016 年浙江省常住人口情况

年份	常住人口/万人	平均增长率
2005	4898	—
2006	5072	3.55%
2007	5155	1.64%
2008	5212	1.11%
2009	5276	1.23%
2010	5447	3.24%
2011	5463	0.29%
2012	5477	0.26%
2013	5498	0.38%
2014	5508	0.18%
2015	5539	0.56%
2016	5590	0.92%
平均值	—	1.21%

资料来源：2006~2017 年浙江省统计年鉴

如表 6-4 所示，2005~2016 年浙江省常住人口规模较为稳定，年均上浮变化较小，年均增长率为 1.21%。常住人口变化曲线呈现小幅波动、总体上升趋势，主要原因是浙江省作为沿海城市，经济发展较为迅速，所创造的就业机会相对较多，加上生活水平较高和医疗卫生设施较好等原因，历年来是人口净流入的省份之一。特别是浙江省近几年推出的“人才强省”等人才引进政策的落实，2014 年开始人口增长规模又呈稳步回升趋势。鉴于浙江省经济发展和人口流入的势头良好，预计未来常住人口规模应继续维持平稳发展状态，因此本书设定研究期内常住人口年均增长率为 1%，2017~2046 年常住人口总量的测算结果如表 6-5 所示。

表 6-5　2017~2046 年浙江省常住人口情况（单位：万人）

年份	常住人口	年份	常住人口
2017	5645.90	2032	6554.71
2018	5702.36	2033	6620.26
2019	5759.38	2034	6686.46
2020	5816.98	2035	6753.33
2021	5875.15	2036	6820.86
2022	5933.90	2037	6889.07
2023	5993.24	2038	6957.96
2024	6053.17	2039	7027.54
2025	6113.70	2040	7097.82
2026	6174.84	2041	7168.79
2027	6236.59	2042	7240.48
2028	6298.95	2043	7312.89
2029	6361.94	2044	7386.02
2030	6425.56	2045	7459.88
2031	6489.82	2046	7534.48

2）城镇化率

如表 6-6 所示，通过分析 2005~2016 年全国和浙江省的城镇化率数据，运用 Excel 发现两者之间存在一定的线性关系，即 $y=0.8221x+0.1977$，线性拟合度 $R^2=0.9704$，其中 2010~2016 年两者的线性拟合度达到 0.997，因此本书以联合国人口署发布的对我国未来城镇化率预测数据为基础设定研究期内浙江省的城镇化率。

表 6-6　2005~2016 年全国和浙江省城镇化率

年份	全国城镇化率	浙江省城镇化率
2005	43.00%	56.02%
2006	44.34%	56.50%
2007	45.89%	57.20%

续表

年份	全国城镇化率	浙江省城镇化率
2008	46.99%	57.60%
2009	48.34%	57.90%
2010	49.95%	61.62%
2011	51.27%	62.30%
2012	52.57%	63.20%
2013	53.73%	64.00%
2014	54.77%	64.87%
2015	56.10%	65.80%
2016	57.36%	67.00%

资料来源：2006~2017 年《中国统计年鉴》

3）城镇就业人口

如表 6-7 所示，通过对 2005~2016 年浙江省城镇人口和城镇就业人口的历史数据分析，运用 Excel 发现两者之间存在一定的线性关系，即 $y=1.4252x-2922.4$，线性拟合度 $R^2=0.9757$，因此研究期内城镇就业人口数可根据城镇人口数进行合理设定。

表 6-7　2005~2016 年浙江省城镇人口和城镇就业人口情况（单位：万人）

年份	城镇人口	城镇就业人口
2005	2743.86	896.15
2006	2865.68	1077.89
2007	2948.66	1297.17
2008	3002.11	1476.54
2009	3054.80	1585.34
2010	3356.44	1790.49
2011	3403.45	1893.71
2012	3461.46	1980.23
2013	3518.72	2083.66
2014	3573.04	2204.24
2015	3644.66	2283.64
2016	3745.30	2399.87

资料来源：2007~2017 年浙江省统计年鉴

4）参保在职职工人数和参保退休职工人数

如表 6-8 所示，通过对 2005~2016 年浙江省城镇就业人口与参保在职人数和参保退休人数的历史数据分析，运用 Excel 发现前者与后两者均存在一定的线性关系，分别为 y=0.7992x+102.04 和 y=0.2869x – 183.57，两者的线性拟合度 R^2 分别为 0.8661 和 0.8031，因此研究期内的参保在职职工人数和参保退休人数可根据城镇就业人数进行合理设定。

表 6-8　2005~2016 年浙江省参保情况（单位：万人）

年份	城镇就业人口	参保在职人数	参保退休人数
2005	896.15	872	165.85
2006	1077.89	881.70	170.9
2007	1297.17	984.80	182.3
2008	1476.54	1192.10	201.6
2009	1585.34	1407.32	216.85
2010	1790.49	1593.76	239.54
2011	1893.71	1761.75	253.4
2012	1980.23	1901.10	357.1
2013	2083.66	2002.39	402.65
2014	2204.24	1850.35	468.8
2015	2283.64	1710.63	540.9
2016	2399.87	1824.02	612.5

资料来源：2006~2017 年《中国统计年鉴》

综合以上数据进行分析，我们可以测算出 2017~2046 年浙江省的城镇化率、城镇人口、城镇就业人口、参保在职人数和参保退休人数的预测数据，如表 6-9 所示。

表 6-9　2017~2046 年浙江省城镇就业人口及其参保情况

年份	城镇化率	城镇人口/万人	城镇就业人口/万人	参保在职人数/万人	参保退休人数/万人
2017	64.09%	3618.42	2234.58	1887.91	457.53
2018	64.95%	3703.83	2356.30	1985.20	492.45
2019	65.82%	3790.58	2479.94	2084.01	527.93
2020	66.67%	3878.23	2604.85	2183.83	563.76
2021	67.53%	3967.24	2731.71	2285.22	600.16
2022	68.37%	4057.16	2859.86	2387.64	636.92
2023	69.21%	4147.98	2989.31	2491.09	674.06

续表

年份	城镇化率	城镇人口/万人	城镇就业人口/万人	参保在职人数/万人	参保退休人数/万人
2024	70.05%	4240.22	3120.77	2596.16	711.78
2025	70.87%	4332.89	3252.83	2701.70	749.67
2026	71.69%	4426.47	3386.21	2808.30	787.93
2027	72.49%	4520.98	3520.90	2915.94	826.58
2028	73.29%	4616.42	3656.92	3024.65	865.60
2029	74.08%	4712.79	3794.27	3134.42	905.01
2030	74.85%	4809.58	3932.21	3244.66	944.58
2031	75.62%	4907.29	4071.47	3355.96	984.54
2032	76.37%	5005.94	4212.06	3468.32	1024.87
2033	77.11%	5104.98	4353.22	3581.13	1065.37
2034	77.84%	5204.95	4495.70	3695.00	1106.25
2035	78.56%	5305.31	4638.72	3809.31	1147.28
2036	79.27%	5406.58	4783.06	3924.66	1188.69
2037	79.96%	5508.22	4927.92	4040.43	1230.25
2038	80.63%	5610.21	5073.27	4156.60	1271.95
2039	81.30%	5713.11	5219.92	4273.80	1314.03
2040	81.95%	5816.34	5367.04	4391.38	1356.23
2041	82.58%	5919.88	5514.61	4509.32	1398.57
2042	83.20%	6024.32	5663.46	4628.27	1441.28
2043	83.81%	6129.05	5812.72	4747.56	1484.10
2044	84.40%	6234.06	5962.38	4867.17	1527.04
2045	84.98%	6339.33	6112.41	4987.08	1570.08
2046	85.55%	6445.46	6263.67	5107.96	1613.48

第三节　浙江省城镇职工基本养老保险收支动态平衡预测

一、城镇退休人口的参数设定

根据前文基本养老保险基金收支模型［式（6-1）和式（6-2）］，基本养老保险的社会统筹基金的收支模型中需要设置城镇退休人口这个参数。

目前，国家法定的企业职工退休年龄是男性年满 60 周岁，女工人年满 50 周岁，女干部年满 55 周岁。退休年龄直接影响到个人缴纳社会统筹养老保险税和享受社会统筹养老保险基金权益的时间期限。为方便统计，我们不分性别，统一将退休年龄界定为 60 周岁。

表 6-10 显示，根据对 2005~2016 年浙江省常住人口与城镇 60 周岁及以上老年人口的分析，可以看出两者之间存在一定的线性关系，即 $y=0.5293x-2005.9$，线性拟合度 $R^2=0.8274$，因此研究期内的 60 周岁及以上老年人口可根据常住人口合理测算，结果参见表 6-11。

表 6-10　2005~2016 年浙江省常住人口与城镇 60 周岁及以上老年人口情况（单位：万人）

年份	常住人口	60 周岁及以上老年人口
2005	4898	649.67
2006	5072	674.5
2007	5155	702.05
2008	5212	732.76
2009	5276	764.69
2010	5447	790.81
2011	5463	825.73
2012	5477	858.52
2013	5498	901.47
2014	5508	949.32
2015	5539	992.53
2016	5590	1036.15

资料来源：2006~2017 年浙江省统计年鉴

表 6-11　2017~2046 年浙江省城镇 60 周岁及以上老年人口情况（单位：万人）

年份	60 周岁及以上老年人口数	年份	60 周岁及以上老年人口数
2017	982.47	2023	1166.32
2018	1012.36	2024	1198.04
2019	1042.54	2025	1230.08
2020	1073.03	2026	1262.44
2021	1103.81	2027	1295.13
2022	1134.91	2028	1328.14

续表

年份	60周岁及以上老年人口数	年份	60周岁及以上老年人口数
2029	1361.48	2038	1676.95
2030	1395.15	2039	1713.78
2031	1429.16	2040	1750.97
2032	1463.51	2041	1788.54
2033	1498.20	2042	1826.49
2034	1533.25	2043	1864.81
2035	1568.64	2044	1903.52
2036	1604.38	2045	1942.61
2037	1640.49	2046	1982.10

二、模型预测结果及分析

1. 模型结果

结合表 6-1，将相关假设参数代入基本养老保险统筹基金的收支预测模型［式（6-3）］，可得出如下结果，见表 6-12。

表 6-12　2017~2046 年浙江省城镇职工基本养老保险基金的收支结余（单位：万元）

年份	方案一	方案二	方案三	方案四	方案五	方案六
2017	400.24	649.87	899.50	−422.93	−173.30	76.34
2018	484.32	768.60	1 052.89	−431.74	−147.46	136.83
2019	580.40	903.54	1 226.68	−438.44	−115.30	207.84
2020	689.39	1 055.96	1 422.53	−443.13	−76.56	290.01
2021	813.44	1 228.61	1 643.79	−444.78	−29.61	385.57
2022	953.68	1 423.10	1 892.53	−443.48	25.94	495.37
2023	1 111.98	1 641.91	2 171.84	−438.71	91.22	621.15
2024	1 291.22	1 888.71	2 486.20	−429.08	168.41	765.90
2025	1 492.11	2 164.70	2 837.30	−415.50	257.10	929.69
2026	1 717.92	2 474.11	3 230.30	−396.49	359.70	1 115.89
2027	1 971.44	2 820.62	3 669.79	−371.24	477.93	1 327.10
2028	2 255.76	3 208.29	4 160.83	−338.83	613.70	1 566.24

续表

年份	方案一	方案二	方案三	方案四	方案五	方案六
2029	2 574.26	3 641.64	4 709.01	−298.24	769.14	1 836.51
2030	2 929.34	4 124.01	5 318.68	−249.69	944.98	2 139.65
2031	3 326.26	4 662.20	5 998.14	−190.79	1 145.15	2 481.09
2032	3 769.56	5 262.20	6 754.84	−120.15	1 372.49	2 865.13
2033	4 262.48	5 928.56	7 594.63	−37.99	1 628.09	3 294.16
2034	4 812.00	6 670.26	8 528.51	58.86	1 917.12	3 775.37
2035	5 422.05	7 492.81	9 563.57	170.16	2 240.92	4 311.68
2036	6 101.01	8 407.02	10 713.03	299.72	2 605.73	4 911.74
2037	6 853.66	9 419.57	11 985.49	447.28	3 013.19	5 579.11
2038	7 687.33	10 540.25	13 393.18	614.65	3 467.58	6 320.50
2039	8 613.04	11 783.26	14 953.49	806.79	3 977.02	7 147.24
2040	9 637.10	13 157.44	16 677.79	1 023.36	4 543.71	8 064.06
2041	10 769.15	14 675.66	18 582.17	1 266.72	5 173.23	9 079.74
2042	12 023.63	16 356.54	20 689.45	1 543.29	5 876.19	10 209.10
2043	13 408.86	18 211.73	23 014.60	1 852.59	6 655.46	11 458.33
2044	14 937.46	20 258.11	25 578.76	2 197.63	7 518.28	12 838.93
2045	16 623.25	22 514.14	28 405.04	2 581.65	8 472.55	14 363.44
2046	18 486.77	25 006.37	31 525.98	3 013.60	9 533.21	16 052.82

2. 预测结果分析

从表 6-12 的预测结果，可以得出如下结论。

（1）养老金替代率为 20%的方案一、二、三的三种方案下，当期养老保险基金均实现大量结余。分别从 2017 年的 400.24 万元、649.87 万元和 899.50 万元增长到 2046 年的 18 486.77 万元、25 006.37 万元和 31 525.98 万元，年均增长幅度分别为 14.13%、13.41%和 13.05%，当期养老基金收入均远高于养老金支出，形成了大量的基金结余，这明显不符合养老保险社会统筹现收现付制的制度设定，因此这种情况下，养老保险的税率存在可大幅下调的空间。

（2）当养老金替代率为 35%、税率为 12%（方案四）时，研究期前期出现养老保险基金缺口，缺口规模变化幅度较小，基本维持在 400 万元左右，现有养老保险基金累计结余可弥补基金赤字至 2034 年，2034 年开始当期实现基金结余且结余规模逐年扩大。

（3）当养老金替代率为 35%、税率为 14%（方案五）时，研究期早期出现养老保险基金缺口但缺口规模较小，完全可用现有养老基金结余加以弥补，2022 年出现养老保险基金结余并逐年扩大，至 2046 年当期养老保险基金结余规模达 9533.21 万元。

（4）当养老金替代率为 35%、税率为 16%（方案六）时，当期均未出现基金缺口，养老保险基金结余从 2017 年的 76.34 万元增长至 2046 年的 16 052.82 万元，养老基金结余规模较大，年平均增长率为 20.25%。总体而言，当养老金替代率为 35%时，城镇职工基本养老保险统筹基金的可持续能力较强，长远来看养老保险制度运行的稳定性更高。

三、基本养老保险税率预测的下降趋势

根据社会保险理论，现收现付制下城镇职工基本养老保险的基金收入与基金支出大致相等。为实现基金收支平衡，结合前文式（6-1）、式（6-2），基本养老保险税下基金平衡的理论公式如下：

$$T_t \times \bar{W}_t \times P_t = \bar{W}_t \times Q_t^{60} \times R_t \qquad (6\text{-}4)$$

其中，T_t 为第 t 年基本养老保险税率；$\bar{W}_t$ 为第 t 年城镇职工平均工资；P_t 为第 t 年城镇就业职工人数；Q_t^{60} 为第 t 年 60 岁及以上退休总人数；R_t 为第 t 年养老保险金替代率。

将等式两边同除以 $\bar{W}_t \times P_t$ 后可得

$$T_t = R_t \times \frac{Q_t^{60}}{P_t} \qquad (6\text{-}5)$$

其中，$\frac{Q_t^{60}}{P_t}$ 为第 t 年 60 岁及以上的退休总人数与城镇就业职工人数之比，即老年抚养比，是评价养老保险制度可持续能力的一个重要指标，记为 D_t，则公式可简列为

$$T_t = R_t \times D_t \qquad (6\text{-}6)$$

由式（6-6）可知，基本养老保险基金要实现收支平衡，当期的税率应当与养老金替代率和老年抚养比的乘积相一致。养老金替代率维持不变的前提下，税率随着老年抚养比的提高而提高。若维持税率不变，则需要下调养老金替代率以缓解老年抚养比上升带来的基本养老保险基金的支付压力。

根据表 6-9 和表 6-11 浙江省城镇就业人员和城镇 60 周岁及以上退休人员的预测数据，可以计算出老年抚养比在 35.89%左右；再以社会统筹养老金替代率保持为 35%为依据，将二者代入式（6-6）可以得出：浙江省未来 30 年内养老保险

社会统筹基金的平均税率为 12.56%。其他省份也可以据此计算。

相比于浙江省现行税率 14%，基本养老保险统筹基金税下调 1%左右还可以为正在试点中的长期护理保险制度扩面留出发展空间。这不仅符合 2019 年 3 月政府工作报告“改革完善医养结合政策，扩大长期护理保险制度试点”的要求，而且也符合 2019 年 4 月国务院办公厅印发的文件中所提到的“自 2019 年 5 月 1 日起，降低城镇职工基本养老保险（包括企业和机关事业单位基本养老保险，以下简称养老保险）单位缴费比例。各省、自治区、直辖市及新疆生产建设兵团（以下统称省）养老保险单位缴费比例高于 16%的，可降至 16%；目前低于 16%的，要研究提出过渡办法”的文件精神。①

第四节　长期护理保险筹资可借道基本养老保险

一、全国长期护理保险筹资模式

截止到 2020 年 12 月，在试点城市的长期护理保险基金中，医保基金、单位、个人的筹资占比大体为 7∶2∶1。②三方筹资比例不够科学。除上海、宁波、广州为医保基金单一来源外，其余 12 个城市都建立了至少两个筹资渠道。总体上可分为定额、定比两种筹资模式。

1. 定额筹资模式

定额筹资是指参保人每人每年缴纳一定数额费用纳入长期护理保险基金。①划拨医保统筹基金的单一渠道。如广州市从职工医保统筹基金结余账户中每人每年划拨 130 元；宁波市从职工医保统筹账户结余基金中安排 2000 万元作为启动资金，至 2020 年两次划拨共计 4000 万元。②医保统筹账户+个人账户。重庆市从职工医保的统筹账户和个人账户中每人每年分别划拨 60 元、90 元；齐齐哈尔市从职工医保的两个账户中每人每年分别划拨 30 元。③医保统筹账户+财政补贴。苏州市从职工医保统筹基金中每人每年划拨 70 元，财政配套补贴每人每年 50 元；从城乡居民医保统筹基金中每人每年划拨 35 元，财政配套补贴每人每年也是 50 元。④医保统筹账户+个人缴费+财政补贴。安庆市职工长期护理保险基金来源于医保统筹基

① 《国务院办公厅关于印发降低社会保险费率综合方案的通知》，http://www.gov.cn/zhengce/content/2019-04/04/content_5379629.htm。

② 《国家医疗保障局对十三届全国人大二次会议第 1401 号建议的答复》，http://www.nhsa.gov.cn/art/2019/7/25/art_26_1568.html。

金每人每年 15 元，个人每年缴费 20 元，财政配套补贴每人每年 5 元。南通市从职工医保统筹账户和个人账户中每人每年各划拨 30 元，财政配套补贴 40 元；从城乡居民医保的统筹账户中每人每年划拨 30 元，个人每年缴费 30 元，财政配套补贴 40 元。⑤医保统筹账户+个人账户+单位缴费+财政补贴。上饶市从职工和城乡居民的医保统筹账户和个人账户中每人每年分别划拨 35 元、50 元，其中，职工所在单位按每人每年 5 元缴费，市财政对财政供款单位或困难企业按每人每年 5 元补贴。⑥医保统筹账户+个人缴费+财政补贴+福彩公益金。石河子市每年划拨福彩公益金 50 万元，另外，从职工医保的统筹基金中每人每年划拨 180 元，城乡居民则每人每年缴费 24 元，针对重度残疾人和 60 岁以上老人每人每年财政补贴 40 元。

2. 定比筹资模式

定比筹资是指每人每年或每月按一定比例筹资纳入长期护理保险基金。①以上年度人均可支配收入为标准。荆门市分别按本市职工、城乡居民上年度人均可支配收入的 0.1%、0.15%、0.15%分别从医保基金统筹账户、个人账户以及财政三方筹资。②以上年度工资总额为标准。承德市职工长期护理保险基金来源于医保基金统筹账户、个人账户以及财政补贴，筹资标准分别是按照上年度职工工资总额的 0.2%、0.15%、0.05%。③以医保缴费基数为标准。第一种，划拨医保基金的统筹账户。上海市职工长期护理保险筹资，按每季医保缴费基数的 1%从医保统筹账户划拨，居民长期护理保险基金的筹资标准略低。第二种，划拨医保基金的统筹账户和个人账户。长春市从职工医保结余资金中一次性划拨 10%，并按职工每月医保缴费基数的 0.3%、0.2%分别从医保基金的统筹账户与个人账户中划拨；城镇居民长期护理保险筹资仅从其医保个人账户中每人每年划拨 30 元。第三种，划拨医保统筹账户，个人需缴费，财政给予补贴。成都市按职工每月医保缴费基数的 0.2%划拨医保统筹账户，职工个人按每月医保缴费基数的 0.1%~0.3%缴费，针对退休人员按职工每月医保缴费基数的 0.1%财政予以补贴，并从职工医保统筹账户结余中一次性划拨 5000 万元。青岛市按职工每月医保缴费基数的 0.5%、0.2%分别从医保基金的统筹账户与个人账户中划拨，财政补贴 30 元；城乡居民长期护理保险筹资，按不超过当年居民医保缴费总额的 10%提取。

上述定额、定比筹资模式分别有 6 种、5 种组合方式，一共 11 种组合，碎片化现象显而易见。

二、浙江省长期护理保险筹资方式

自《关于开展长期护理保险制度试点的指导意见》（人社厅发〔2016〕80 号）

发布以来，浙江省桐庐县（2017.1）、嘉兴市（2017.9）、宁波市（2017.12）、义乌市（2018.9）和温州市（2019.7）先后出台相关政策，实施长期护理保险试点。五个试点市（县）长期护理保险的筹资方式，参见表 6-13。

表 6-13　浙江省各试点地区筹资方式比较

<table>
<tr><th colspan="2">筹资模式</th><th>地区</th><th>类型</th><th>医保统筹基金</th><th>个人</th><th>企业单位</th><th>财政</th></tr>
<tr><td rowspan="7">多元筹资模式</td><td rowspan="4">医保+个人+财政</td><td rowspan="2">桐庐</td><td>职工</td><td rowspan="2">30 元/（人/年）</td><td rowspan="2">30 元/（人/年）</td><td rowspan="2"></td><td rowspan="2">30 元/（人/年）</td></tr>
<tr><td>居民</td></tr>
<tr><td rowspan="2">嘉兴</td><td>职工</td><td>90 元/（人/年）</td><td>30 元/（人/年）</td><td></td><td></td></tr>
<tr><td>居民</td><td></td><td>30 元/（人/年）</td><td></td><td>90 元/（人/年）</td></tr>
<tr><td rowspan="2">个人+企业+财政</td><td rowspan="2">义乌</td><td>职工</td><td></td><td rowspan="2">按全市居民上年度人均可支配收入的 0.05%缴纳（36 元）：职工划拨医保个人账户，居民个人缴费</td><td>按在职职工上月工资总额的 0.2%缴纳</td><td></td></tr>
<tr><td>居民</td><td></td><td></td><td>按居民上年度人均可支配收入的 0.15%进行补贴</td></tr>
<tr><td>医保+个人</td><td>温州</td><td>职工</td><td>统筹基金结余中按当年职工筹资规模的 10%一次性提取启动资金；按上年度职工月平均工资的 0.25%按月划拨（职工：153 元；退休：154 元）</td><td>在职职工按缴费基数的 0.05%筹集（30 元）；退休人员按缴费基数的 0.1%筹集（60 元）</td><td></td><td></td></tr>
<tr><td colspan="2">单一筹资模式</td><td>宁波</td><td>职工</td><td>两次划转共 4000 万元</td><td></td><td></td><td></td></tr>
</table>

资料来源：根据浙江省 5 个试点市（县）提供的数据整理（截至 2020 年 6 月）

三、借道基本养老保险为长期护理保险筹资

与全国 15 个试点城市一样，浙江省长期护理保险试点也呈现出碎片化现象，即各地试点政策不尽相同。但浙江省试点政策比较好的一点就是各市（宁波市除外）没有完全依赖基本医疗保险基金筹资。

由上文测算可知，浙江省未来 30 年内养老保险社会统筹基金的平均税率为 12.56%。相比于浙江省城镇职工基本养老保险现行税率 14%，下调 1 个百分点左右的税率可以满足试点中长期护理保险基金的筹资需要。同时，也可以减轻企业缴费的负担。其他各省职工基本养老保险制度如果企业缴费过高，可以考虑适当下调费率，为未来长期护理保险建立企业、个人和财政的第六险“三方缴费”制度奠定基础。

第七章　长期护理保险筹资来源整合之二：基于民政与残联补贴视角[①]

第一节　引　言

浙江省在1987年早于全国13年就步入老龄化社会。2007~2017年10年间，老龄人口总数由698.52万人增长到1080万人，老龄化系数由15%提高到21.77%。[②]随着人口老龄化的速度加快，陷入失能状态的老年人数量也随之增加。而目前家庭结构日趋小型化，慢性病康复时间长、成本高，大多数家庭都不具备承担老人护理责任的充分人力、物力以及财力，经济困难家庭更是如此。

为了满足经济困难失能老年人的长期护理需求，目前浙江省实行了养老服务补贴、高龄补贴、困难残疾人补贴制度。2016年以来，浙江省先后在桐庐、嘉善、宁波、嘉兴以及义乌等地开展长期护理保险试点。在长期护理保险未来扩面的情况下，面向经济困难失能老年人、体现政府财政责任的长期护理津贴制度，应该是我国积极应对人口老龄化的政策趋势。在经济合作与发展组织国家的长期护理保障制度中，无论是实行社会保险还是商业保险，抑或混合模式，都有不同形式的长期护理津贴制度（戴卫东，2018）。长期护理津贴是指由政府负责长期护理服务费用的提供和支持，对患有残疾或慢性疾病而失能的需要获得长期护理的服务对象，直接以发放护理津贴的形式，供其自主选择购买专业化的护理服务，或选择与提供非正规护理服务者共同使用的制度（戴卫东和顾梦洁，2018）。由此可见，长期护理津贴与上述各项老年福利补贴在发放人群与功能属性上存在部分重合，这不仅增加了财政负担，而且造成公共资源的浪费。这种现象既不公平，

① 本章参见戴卫东和付王巧所发表的《贫困失能老年人长期护理津贴救助的财政投入——基于老年福利津贴整合的视角》（发表在《财经论丛》2021年第6期）。

② 浙江省老龄办：《浙江省老年人口和老龄事业统计公报》（2007~2017年）。

又缺乏效率。所以，在借鉴国际经验的基础上，本章尝试将针对经济困难失能老残人群发放的养老服务补贴、高龄补贴、残疾补贴与长期护理津贴进行整合，建立经济困难失能老年人的长期护理津贴制度，以最低护理费用作为补贴标准，实现长期护理需求满足的同时集约财政资源。

近几年国内外学者对老年人长期护理问题的关注度不断上升，研究主要集中在以下方面。一是长期护理资源整合的缘由。整合照护最初是欧美等发达国家针对老年公共服务中健康护理和社会照料的“双轨制”而进行资源整合的一套方法和工具（杜鹏等，2014）。Walker 和 Collins（2009）通过实证研究指出，长期护理资源的不合作和不整合导致浪费和无效率。目前，我国老年人长期护理的财政政策名目繁多，但每项政策的补贴金额较低且利用效率不高（何文炯，2015）。桂世勋（2017）认为，要完善我国的养老服务补贴制度，中央应给予专项均衡性财力支持。从长远看，应将养老服务补贴制度纳入长期护理保障制度的顶层设计框架中。二是国际长期护理津贴制度的经验。丹麦在老人家庭内的长期护理领域实行全部免费（Olejaz et al.，2012）。奥地利的《联邦长期护理津贴法案》规定了津贴的法律强制性，与受益者的资产、收入以及要护理的原因无关，筹资渠道是普通税收（Hofmarcher and Quentin，2013）。加拿大规定除去个人需要负担的食宿费用外，长期护理服务津贴由地方政府承担（Marchildon and Mossialos，2005）。在澳大利亚的护理院，筹资渠道大部分基于政府拨付津贴与个人支付，政府津贴也根据患者的依赖等级与经济情况来设计津贴的给付等级（Healy et al.，2013）。Jacobzone 和 Jenson（2000）研究发现，长期护理津贴的支付对提供护理者尤其是提供非正式照顾的家庭成员产生较大的影响，这些人绝大多数是女性。三是长期护理津贴的成本。Haynes 等（2010）指出，经济合作与发展组织的一些发达国家的公共长期护理津贴减轻了家庭护理的负担，但欧洲南部国家的老年人对传统家庭护理的依赖依然比较强。随着人口老龄化的深入发展，英国非正式家庭护理的需求不断攀升，长期护理的财政投入将从目前工资总额的约 1.0% 增至 2050 年的 1.3%（Karlsson et al.，2006）。华迎放（2013）提出，解决失能老人的生活问题，必须要制定最低津贴保障制度。唐钧（2014）建议，以城乡老人的平均月收入以及机构所需护理费用之差作为制定失能老人补贴标准的主要参考依据。

总体来看，国外长期护理津贴制度成熟，相关研究也更微观、深入。国内学者的研究集中在养老津贴方面，整合养老津贴的长期护理津贴研究比较缺乏。2020 年 9 月 10 日，国家医疗保障局和财政部联合印发的《关于扩大长期护理保险制度试点的指导意见》（医保发〔2020〕37 号）中指出“做好长期护理保险与经济困难的高龄、失能老年人补贴以及重度残疾人护理补贴等政策的衔接”。[①②]探索长期护理津贴制度正当其时，由财政负担的基于家计调查的长期护理津贴制度属于社会救助领域，也属于长期护理保障领域。

这里以浙江省为例，基于可获得的统计数据，以整合养老服务补贴、高龄补贴和残疾人补贴为研究视角，测算浙江省经济困难失能老年人（兜底人群）长期护理救助制度（即长期护理津贴）的财政投入集约率。这样，不仅可提高财政资源的利用效率，而且能改善政策碎片化的不协同效果。

第二节　浙江省经济困难失能老年人长期护理津贴当期财政成本测算

一、浙江省经济困难失能老年人口

1. 经济困难老年人口

据统计，2017 年浙江省 60 周岁以上领取养老金的老年人数为 538 万人，占老龄人口的 49.81%。[③]从低保情况来看，截至 2017 年末，浙江省共有最低生活保障对象 81.4 万人，其中老年人 31.4 万人，占低保受助人口的 38.57%，占老年人口的 2.9%。[④]全国低保受助老年人口占全部低保人口的比例为 33.94%（慈勤英和宁雯雯，2018），浙江省这一比例高于全国水平。可见，老年经济困难问题更加严重。相比有退休金的老年人而言，依靠家庭成员供养以及领取低保的老人生活自养能力较差，亟须社会养老保障。

2. 失能老年人口

据浙江省老年人口和老龄事业统计公报，2017 年全省失能老年人口 75.5 万人，占老年人口的 6.99%，其中，完全失能老人为 25.23 万人，占失能老人的 33.42%；

---

① 《国家医保局 财政部关于扩大长期护理保险制度试点的指导意见》，http://www.gov.cn/zhengce/zhengceku/2020-11/05/content_5557630.htm。

② 该项规定源于国家医疗保障局委托中国国际经济交流中心承担关于中国长期护理保险制度扩面改革研究的课题，戴卫东教授作为课题组重要成员提交了《贫困失能老年人长期照护需求及其财政投入——基于老年和残疾人福利津贴整合的视角》研究报告，后被国家医疗保障局在医保发〔2020〕37 号文“（六）待遇支付”中予以采纳。

③ 浙江省老龄办：《2017 年浙江省老年人口和老龄事业统计公报》。

④ 浙江省民政厅：《2017 年浙江省民政事业发展统计公报》。

半失能老人为 50.27 万人，占失能老人的 66.58%。与此同时，从地区分布情况看，完全失能、半失能老年人口数位列前三的城市依次为宁波市、杭州市和温州市。失能老人呈现出浙北普遍高于浙南，东北高、西南低的区域差异。

3. 经济困难失能老年人口

由于浙江省关于经济困难且失能老年人的等级人数还没有一个官方统计数字，故本书以 2013 年 CHARLS 调查数据为依据，计算经济困难失能老年人等级比例，作为 2017 年浙江省经济困难失能老年人分等级人数。

2013 年 CHARLS 数据调查对象总计 18 606 人，在剔除了 60 周岁以下的受访者以后，共留下 8850 个研究样本。2013 年全国城镇平均低保标准为 373 元/月、4476 元/年，农村平均低保标准为 243 元/月、2916 元/年，按照此标准确定低保收入以下的样本数为 3628 人，并对此样本人员进行失能情况统计。本书在评估失能老人时，以日常生活活动能力量表作为标准量表，其中轻度失能表示该量表中有 1~2 项内容无法自理，中度失能表示该量表中有 3~4 项内容无法自理，重度失能表示该量表中有 5~6 项内容无法自理。在该项问卷中，主要内容包括 6 项，分别是穿衣、吃饭、上下床、洗澡、控制大小便、上厕所。最终，统计得到我国低保群体中失能老人的样本为 3069 份，即经济困难老人中失能老人的比例为 84.59%。样本中，轻度失能老人最多，占比高达 71.58%，中度失能老人比例为 18.71%，重度失能老人占比为 9.71%。

2017 年浙江省经济困难老年人口为 31.4 万人，据以上比例测算，2017 年浙江省经济困难失能老年人口为 26.56 万人。其中，轻度失能为 19.01 万人，中度失能为 4.97 万人，重度失能为 2.58 万人。

二、浙江省长期护理津贴财政成本测算

长期护理津贴的标准为经济困难失能老人实际所需的长期护理费用，即为长期护理津贴财政投入成本。根据实际情况将失能老人的护理方式分为两种：居家护理和机构护理。失能老人对长期护理方式意愿的选择与老年人失能程度的大小有一定的关系。相关研究表明，对于轻度失能的老年人，75.26%的失能老人选择居家护理，24.74%的失能老人选择机构护理。对于中度失能的老年人，66.42%的失能老人选择居家护理，33.58%的失能老人选择机构护理。对于重度失能的老年人，48.63%的失能老人选择居家护理，51.37%的失能老人选择机构护理（李元，2018）。

1. 居家养老的护理费用测算

根据上述失能老人对护理方式的选择，2017 年浙江省经济困难失能老人选择

居家护理方式共计 18.86 万人。其中，轻度失能老人为 14.31 万人（19.01 万人 × 75.26%），中度失能老人为 3.3 万人（4.97 万人 × 66.42%），重度失能老人为 1.25 万人（2.58 万人 × 48.63%）。

2015 年“中国老年家庭与养老服务全面调查”数据调查了除港澳台以及西藏等地区以外的 30 个省份，共抽取了 3354 个老年家庭，其调查的老年人数共计 5510 名。本调查问卷中的内容也基本确定为居家护理服务的基本内容。为了能够对经济困难失能老年人的需求进行系统而全面的剖析，本书统计的老年人护理服务需求为老年人对相应护理服务项目有需要且无支付能力的需求。表 7-1 中，部分小项居家护理服务需求率是等同的，这主要是由于调查时个别小项护理服务内容接近，被整合在一个问题中，所以护理服务需求统计结果存在不同服务项目需求率相同的情况。进而，将浙江省不同失能等级老年人人数与表 7-1 的老年人居家护理服务分类需求率相乘，计算出不同服务项目的浙江省经济困难失能老人居家护理服务需求人数。

表 7-1　浙江省失能老年人居家护理服务项目需求率与人数

护理项目	轻度失能		中度失能		重度失能	
	居家护理服务需求率	护理项目需求人数/万人	居家护理服务需求率	护理项目需求人数/万人	居家护理服务需求率	护理项目需求人数/万人
助餐	16.71%	2.39	20.39%	0.67	20.49%	0.26
助浴	6.36%	0.91	8.88%	0.29	16.36%	0.20
助行	12.16%	1.74	12.68%	0.42	23.59%	0.29
仪表修饰	6.56%	0.94	14.12%	0.47	17.27%	0.22
协助更衣	12.16%	1.74	12.68%	0.42	23.59%	0.29
排泄照料	12.16%	1.74	12.68%	0.42	23.59%	0.29
洗衣服	7.39%	1.06	18.82%	0.62	31.41%	0.39
打扫卫生	7.39%	1.06	18.82%	0.62	31.41%	0.39
代购陪购商品	8.37%	1.20	9.29%	0.31	16.25%	0.20
康复理疗	19.7%	2.82	27.22%	0.90	25.75%	0.32
陪同就医	19.5%	2.79	25.09%	0.83	27.21%	0.34
用药服务	22.8%	3.26	33.01%	1.09	41.43%	0.52
特殊关怀	19.64%	2.81	21.64%	0.71	28.79%	0.36
心理咨询	10.55%	1.51	12.24%	0.40	13.93%	0.17
开展文化娱乐活动	29.5%	4.22	28.80%	0.95	30.14%	0.38

资料来源：居家护理服务需求率，根据 2015 年“中国老年家庭与养老服务全面调查”数据整理

通过收集浙江省民政厅与养老服务机构确定的居家养老服务项目及收费标准，根据其服务项目的具体内容对应确定 2017 年浙江省各项居家护理服务价格。其中，协助更衣、排泄照料都属于日常护理，均为 30 元/小时，同时特殊关怀、心理咨询等都已由政府作为公共服务免费提供，故计算时无法确定该项服务价格。同时根据 2015 年“中国老年家庭与养老服务全面调查”数据确定平均每位失能老人各项居家护理服务项目的年需求量。

将表 7-1 各个服务项目的需求人数与表 7-2 护理服务项目的年费用相乘，从而得到居家护理费用。经计算，2017 年浙江省经济困难失能老人中选择以居家护理方式的费用为 92 956.00 万元，其中轻度失能老年人长期护理费用为 63 734.00 万元，中度失能老年人长期护理费用为 19 535.00 万元，重度失能老年人长期护理费用为 9687.00 万元。

表 7-2　2017 年浙江省居家护理服务项目价格

分类与项目	收费标准	需求量	费用
助餐	30 元/天	200 天/年	6000 元/年
助浴	80 元/次	50 次/年	4000 元/年
助行	30 元/小时	150 小时/年	4500 元/年
仪表修饰	25 元/次	12 次/年	300 元/年
协助更衣	30 元/小时	100 小时/年	3000 元/年
排泄照料	30 元/小时	50 小时/年	1500 元/年
洗衣服	30 元/小时	50 小时/年	1500 元/年
打扫卫生	30 元/小时	60 小时/年	1800 元/年
代购陪购商品	20 元/次	50 次/年	1000 元/年
康复理疗	60 元/小时	100 小时/年	6000 元/年
陪同就医	30 元/小时	20 小时/年	600 元/年
用药服务	10 元/次	200 次/年	2000 元/年
特殊关怀	免费	—	—
心理咨询	免费	—	—
开展文化娱乐活动	免费	—	—

资料来源：根据 2015 年“中国老年家庭与养老服务全面调查”数据及 2017 年浙江省政府购买养老服务价格整理而得

2. 机构养老的护理费用测算

依据以上失能老人对护理方式意愿的选择，2017 年浙江省经济困难失能老人中，选择机构养老方式的老人共 7.7 万人。其中，轻度失能老人为 4.7 万人（19.01

万人×24.74%），中度失能老人为1.67万人（4.97万人×33.58%），重度失能老人为1.33万人（2.58万人×51.37%）。

为了进一步规范当前养老服务收费标准，浙江省制定了《浙江省养老服务收费管理暂行办法》。对于公办养老机构的床位费、护理费都规定了相应的指导价。为测算经济困难失能老人最基本的机构护理费用，本书中的床位费为最低一级床位费（即多人间床位费），同时以浙江省各市基本服务收费的算术平均值作为本省养老机构护理费用。依据护理等级，失能老人中的轻度失能得到三级护理，中度失能得到二级护理，重度失能得到一级护理。

根据表7-3机构基本服务收费标准，可计算出浙江省公办养老机构平均每月床位费为490.91元，三级护理费用为454.55元，二级护理费用为605.46元，一级护理费用为821.82元。所以，失能老人入住养老机构需要支付最基本的年度费用情况如下，轻度失能老人：（490.91+454.55）×12=11 345.52元，中度失能老人：（490.91+ 605.46）×12=13 156.44元，重度失能老人：（490.91+821.82）×12=15 752.76元。

表7-3 浙江省公办养老机构基本服务收费标准（单位：元/月）

项目	杭州	嘉兴	金华	丽水	宁波	衢州	绍兴	温州	舟山	台州	湖州
床位	1100	520	300	350	650	260	450	300	290	780	400
三级	430	450	260	850	200	260	500	500	500	550	500
二级	530	750	420	1100	350	260	600	700	600	650	700
一级	630	1050	650	1600	500	360	750	1000	700	800	1000

资料来源：浙江省物价局官网

通过2017年浙江省经济困难失能老人的分级数据，选择以机构护理方式的费用为104 646.45万元。其中轻度失能老年人长期护理费用为12 436.44×4.7=58 451.27万元，中度失能老年人长期护理费用为14 247.36×1.67=23 793.09万元，重度失能老年人长期护理费用为16 843.68×1.33=22 402.09万元。

第三节 浙江省老年人福利当期财政补贴投入

全国各地都针对高龄、失能的经济困难老年人出台了相应的补贴政策，目前14个省市建立了三类补贴制度。截止到2018年，浙江省出台了养老服务补贴和高龄补贴制度，尚未出台照护补贴制度。此外，部分失能老人符合残疾人认定标准，因此也领取残疾人补贴。本节数据无特别说明的，均由浙江省民政厅、残联办公室提供。

一、养老服务补贴

1. 养老服务补贴政策

根据《浙江省养老服务补贴制度实施意见》（浙民福〔2012〕81 号），自 2012 年起，浙江省全面建立养老服务补贴制度。养老服务补贴有其明确的补贴对象：60 周岁以上失能、失智等无法自理的低保家庭老人。具体而言，需要满足以下条件：①低保家庭；②年龄超过了 60 周岁；③日常生活无法自理，或者是缺乏良好的认知能力。养老服务补贴标准：2015 年起入住养老机构的，每人每年补贴 15 000 元（按月发放，每人每月 1250 元）。居家接受养老服务的，每人每年补贴 6000 元（按月发放，每人每月 500 元）。

2017 年，浙江省共发放养老服务补贴 1.12 亿元，资助人数为 32.9 万人。因养老服务补贴的发放标准完全符合本书对经济困难失能老年人的定义，故 2017 年浙江省经济困难失能老年人享受的养老服务补贴为 11 200 万元。

2. 政府购买养老服务

《关于加快推进政府购买养老服务的意见》（浙财社〔2015〕193 号）明确指出："到 2017 年，基本建立比较完善的政府购买养老服务制度，促进形成与经济社会发展相适应、高效合理的养老服务资源配置机制和供给机制，支持和参与养老服务的社会氛围更加浓厚，养老服务水平和质量显著提高，推动建成功能完善、规模适度、覆盖城乡的养老服务体系。"浙江省以杭州市、宁波市为试点，再在其他县市逐步开展落实。政府购买养老服务从当前老年人的实际养老服务需求出发，优先为三无老人、经济困难失能老人提供助餐、助浴、助急、护理等相应的服务。

2017 年，浙江省资助养老服务补贴项 112 个，资助对象 32.9 万人，资助资金 1.12 亿元。[①] 浙江省享受政府购买养老服务的老人中，经济困难失能老人大约占到 80%，故 2017 年浙江省经济困难失能老年人享受政府购买养老服务补贴的金额约为 26 067.84 万元。

二、高龄补贴

2011 年 3 月，浙江省政府出台《关于加快实施城乡居民社会养老保险制度的

① 《2017 年浙江省民政事业发展统计公报》，https://mzt.zj.gov.cn/art/2018/6/29/art_1229460734_4526371.html。

意见》（浙政发〔2011〕19号），明确要“建立高龄老人补贴制度。各地要整合已出台的高龄补贴政策，从2011年4月1日起，对年满80周岁的高龄老人，在享受城乡居民养老金待遇的同时，每月给予不低于30元的高龄补贴”。到2017年，浙江各地平均标准已达月人均60元。

2017年，浙江省享受高龄补贴的老年人有138.83万人，[①] 占老年人口比重的12.85%，共计发放补贴金额为31 271万元，人均发放高龄补贴为225.25元。据统计，2015年我国80岁以上老人组失能率为31.04%（丁华和严洁，2018），按照该比例，2017年浙江省失能老人享受高龄补贴共计9706.52万元。按照前文统计数据，浙江省经济困难老年人占失能老年人的比重为35.18%（26.56/75.5），这样，2017年浙江省经济困难失能老年人享受高龄补贴为3414.75万元。

三、残疾人补贴

2016年，浙江省下发《浙江省人民政府关于全面建立困难残疾人生活补贴和重度残疾人护理补贴制度的实施意见》（浙政发〔2016〕3号），规定了困难残疾人生活补贴及重度残疾人员护理补贴的具体细则。

2017年浙江省享受残疾人“两项补贴”共计85.99万人，发放补贴金额为89 223万元。其中，享受困难残疾人生活补贴40.72万人，金额为47 182.9万元；重度残疾人护理补贴45.27万人，金额为42 040.1万元。60岁以上残疾人共领取残疾人“两项补贴”47 560.93万元，享受人次为18.19万人，该补贴金额占发放总金额的53.31%。因60岁以上领取“两项补贴”的残疾人符合本书所定义的经济困难失能老年人概念，即2017年浙江省经济困难失能老年人享受残疾人“两项补贴”的金额为47 560.93万元。

第四节　多津贴整合的浙江省长期护理津贴财政投入动态预测

一、多津贴整合下长期护理津贴当期财政投入

浙江省养老服务补贴、高龄补贴、残疾人补贴的享受对象，也是长期护理津贴覆盖人群的重点对象。考虑到长期护理津贴与上述三种福利补贴在功能、属性上存

① 浙江省老龄办：《2017年浙江省老年人口和老龄事业统计公报》。

在重合，故将三种补贴整合进长期护理津贴，即对符合经济困难、失能条件的老年人只发放长期护理津贴，避免公共财政资源的浪费和无效率。基于前文测算结果，三种老年福利津贴整合下的浙江省长期护理津贴当期财政投入情况如表 7-4 所示。

表 7-4　多津贴整合的浙江省长期护理津贴财政投入（2017 年）

长期护理津贴成本分类	金额/万元
1.经济困难失能长期护理津贴成本（2+6）	197 602.45
2.居家养老（3+4+5）	92 956.00
其中：3.轻度失能	63 734.00
4.中度失能	19 535.00
5.重度失能	9 687.00
6.机构养老（7+8+9）	104 646.45
其中：7.轻度失能	58 451.27
8.中度失能	23 793.09
9.重度失能	22 402.09
10.经济困难失能已享受福利补贴（11+12+13）	88 243.52
其中：11.养老服务补贴	37 267.84
12.高龄补贴	3 414.75
13.残疾人“两项”补贴	47 560.93
14.多津贴整合后长期护理津贴还需投入（1－10）	109 358.93

表 7-4 显示，2017 年浙江省经济困难失能老年人的长期护理资金需财政投入 197 602.45 万元，目前经济困难失能老年人已享受各项福利补贴共计 88 243.52 万元，因此，多津贴整合的经济困难失能老年人长期护理津贴，财政投入还需 109 358.93 万元，集约财政资金 88 243.52 万元，占长期护理津贴总投入的 44.66%。

二、多津贴整合下长期护理津贴财政投入动态预测（2019~2050 年）

（一）经济困难失能老年人口数量的动态预测

1. 老年人口数量预测

在不考虑非正常死亡的情况下，通过估计某一年度的人口分布计算预期寿命，则可以对老年人口进行较为准确的估计。因浙江省统计的年龄人口分布较为粗略，仅分为 4 组，故要先根据数据分布，推算分布形态，再进行测算。根据 2017 年浙江省统计年鉴的人口数据，18 岁以下人口的比重为 16.96%，18 岁到 35 岁人口的比重为 20.95%，35 岁到 60 岁人口的比重为 40.24%，60 岁以上人口的比重为 21.85%。人口形态大致分布如图 7-1 中的曲线所示。

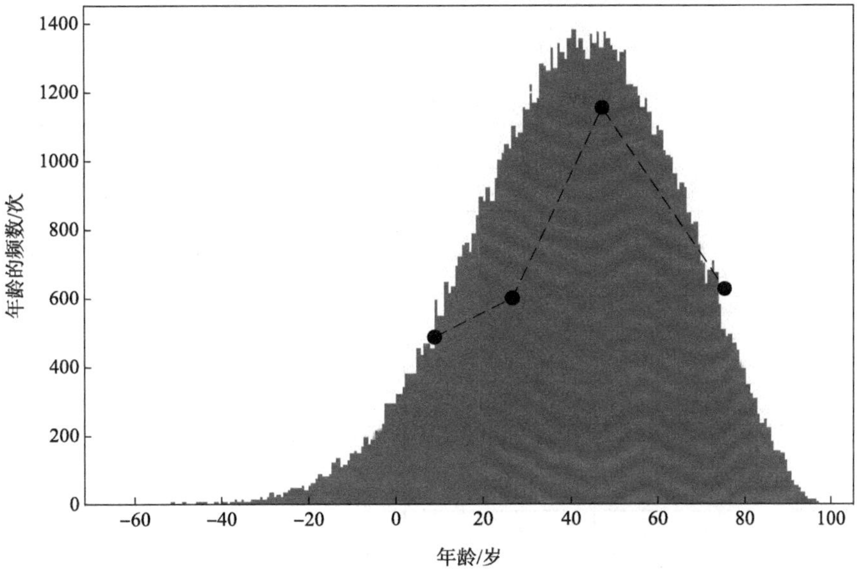

图 7-1　浙江省人口韦伯分布图

图 7-1 中曲线显示，人口分布并非一个对称形态，且分布存在偏斜，有一定的右偏。因而在常用的概率分布形态中，本书选用韦伯分布，该分布主要有三个参数，包括形式参数 *c*、位置参数 loc（均值）和波动参数 scale（标准差）。

由于最终需要预测的是2019~2050年的老年人口规模，对应在2017年分布中，为年龄 27~58 岁人口，因而本书将 18~35 岁与 35~60 岁两个概率区间的累积概率值作为目标，使这两个区间的韦伯分布累积概率值与 2017 年真实值之间的误差最小。为了实现这一目标，本书采用网格搜索算法 GridSearch，即设定 *c*、loc、scale 的取值范围，在范围中遍历所有韦伯分布并计算 18~35 和 35~60 两个区间的累积概率，选择误差最小值。该搜索精度设置如下：*c* 的搜索精度设置为 0.1，loc 和 scale 的搜索精度设置为 1。经过网格搜索，得到 *c*=2.7，loc=98，scale=64。该函数的图像形态，参见图 7-1 中阴影部分。

从图 7-1 可以看出阴影形态与 2017 年人口分布曲线基本吻合。该参数下的韦伯分布 18~35 区间的累积概率为 20.97%，35~60 区间的累积概率为 40.04%，与真实值 20.95%和 40.24%基本吻合。

同时，浙江省 2010 年平均预期寿命为 77.73 岁，2014 年为 78.09 岁，2017 年为 80.82 岁。假设到 2050 年人口寿命的增长率与 2010~2017 年的平均增速相同，即每年以 0.4414 岁的速度增长。

通过上述韦伯分布形态图，可以精确推算出 2017 年浙江省每个年龄段的人数，同时又在前述中已假设每年的平均预期寿命，这样就可以计算出在 2019~2050 年，每一年新增的 60 岁人口和每一年达到预期平均寿命死亡的人口数量，从而计算当年度的老年人口数量，结果如表 7-5 所示。

表 7-5 浙江省老年人口数量动态预测（2019~2050 年）

年份	新增老年人口/万人	平均期望寿命/岁	死亡老年人口/万人	老年人口总数/万人
2019	71.02	81.70	24.06	1176.62
2020	72.64	82.14	25.25	1224.02
2021	74.17	82.59	26.45	1271.73
2022	75.59	83.03	27.67	1319.65
2023	76.90	83.47	28.9	1367.65
2024	78.09	83.91	30.14	1415.60
2025	79.18	84.35	31.40	1463.37
2030	82.71	86.56	37.80	1695.01
2040	80.08	90.97	50.75	2068.78
2050	66.42	95.39	62.87	2226.29

2. 失能老年人口数量预测

因浙江省老龄办并未按失能等级来统计老年人失能情况，故本书只能根据历年老年人失能数据，利用马尔可夫模型预测出浙江省失能老年人口数量。依据如下历史数据进行转移概率矩阵的估计（表 7-6）。

表 7-6 浙江省失能老年人口（2010~2017 年）

年份	失能老年人/万人	占老年人口的比重	正常老年人/万人	占老年人口的比重
2010	79.00	0.1001	710.21	0.8999
2011	74.37	0.0903	749.22	0.9097
2012	73.48	0.0857	783.93	0.9143
2013	67.95	0.0757	829.67	0.9243
2014	65.40	0.0692	879.69	0.9308
2015	69.55	0.0707	914.18	0.9293
2016	76.81	0.0745	954.20	0.9255
2017	75.50	0.0699	1004.61	0.9301

资料来源：历年《浙江省老年人口和老龄事业统计公报》

这里将历年失能老年人口比重和正常老年人口比重，视为老年人口是“失能”

或“正常”的概率期望值。假设在平均寿命以下的老年人每年以一定概率由“正常”向“失能”状态迁移或由“失能”向“正常”状态迁移，同时，由于历史数据中可能存在“失能”或“正常”状态下老年人直接死亡的可能性，即该历史概率值实际包含了该因素的影响。

为了计算失能转移矩阵中的概率，我们将问题进行转化：

设转移矩阵 $P=\begin{bmatrix} P_1 & P_2 \\ P_3 & P_4 \end{bmatrix}$，$P$ 展开则可为 $P=\left[P_1,P_2,P_3,P_4\right]$ 的形式。

将当年度概率可以转换为矩阵 A：

[[0.1001，0.0000，0.8999，0.0000]，
[0.0000，0.1001，0.0000，0.8999]，
[0.0903，0.0000，0.9097，0.0000]，
[0.0000，0.0903，0.0000，0.9097]，
[0.0857，0.0000，0.9143，0.0000]，
[0.0000，0.0857，0.0000，0.9143]，
[0.0757，0.0000，0.9243，0.0000]，
[0.0000，0.0757，0.0000，0.9243]，
[0.0692，0.0000，0.9308，0.0000]，
[0.0000，0.0692，0.0000，0.9308]，
[0.0707，0.0000，0.9293，0.0000]，
[0.0000，0.0707，0.0000，0.9293]，
[0.0745，0.0000，0.9255，0.0000]，
[0.0000，0.0745，0.0000，0.9255]]

根据转移矩阵得到的次一年度概率为 B：

[[0.0903]，[0.9097]，[0.0857]，[0.9143]，[0.0757]，[0.9243]，[0.0692]，[0.9308]，[0.0707]，[0.9293]，[0.0745]，[0.9255]，[0.0699]，[0.9301]]

如果存在最小二乘解，则有：$A\times P=B$

但对于本书而言，由于 P 需要满足以下几个约束条件：① P_i（i=1, 2, 3, 4）的值必须在 0 到 1 之间；② P_i（i=1, 2, 3, 4）需要满足 $P_1+P_2=1$，$P_3+P_4=1$。因而本书使用加入约束条件的随机梯度下降算法，计算矩阵 P 在约束条件下的最优解，对于向量 P 来说，有 $A\times P=\dot{B}$，则损失函数 loss 为 B 与 $\dot{B}$ 的误差平方和。设定损失函数收敛的条件为 loss ≤ 0.01，则损失函数在 24 次迭代后，其值为 0.0079，小于 0.01，则认为 loss 已经收敛，此时得到向量 P，概率转移矩阵为

$$P=\begin{bmatrix} 0.9261 & 0.0739 \\ 0.0071 & 0.9929 \end{bmatrix}$$

以 2017 年浙江省失能老年人占比 6.99%，正常老年人占比 93.01%作为初始值。根据以上转移矩阵，建立马尔可夫链，可以计算 2019~2050 年每年的失能老年人概率和正常概率，再根据浙江省老年人口总数，计算失能老年人数量（表 7-7）。

表 7-7　浙江省失能老年人口数量动态预测（2019~2050 年）（单位：万人）

年份	老年人口	失能老年人口
2019	1176.62	85.49
2020	1224.02	90.42
2021	1271.73	95.37
2022	1319.65	100.31
2023	1367.65	105.25
2024	1415.60	110.17
2025	1463.37	115.05
2030	1695.01	138.54
2040	2068.78	176.07
2050	2226.29	192.71

3. 经济困难失能老年人口数量预测

根据前文对经济困难失能老年人的界定，最低生活保障收入以下的生活自理困难的老年人为经济困难失能老年人。因大部分老年人收入来源较单一，且无大幅度增长，故以 2017 年浙江省经济困难失能老年人占失能老年人 35.18%的比例来预测未来经济困难失能老年人口。各失能等级比例可依据 2017 年数据，结合表 7-7 中每年失能老年人口数量，即可预测浙江省经济困难失能老年人（分失能等级）的数量，参见表 7-8。

表 7-8　浙江省经济困难失能老年人口数量预测（2019~2050 年）（单位：万人）

年份	经济困难失能老年人	轻度失能	中度失能	重度失能
2019	30.08	21.53	5.63	2.92
2020	31.81	22.77	5.95	3.09
2021	33.55	24.02	6.28	3.25
2022	35.29	25.26	6.60	3.43
2023	37.03	26.50	6.93	3.60
2024	38.76	27.74	7.25	3.77

续表

年份	经济困难失能老年人	轻度失能	中度失能	重度失能
2025	40.47	28.97	7.57	3.93
2030	48.74	34.89	9.12	4.73
2040	61.94	44.34	11.59	6.01
2050	67.80	48.53	12.69	6.58

（二）不同养老方式下长期护理津贴投入动态预测

1. 居家护理费用投入预测

根据前文养老方式选择的比例，根据表 7-8 计算出浙江省经济困难失能老年人居家护理分失能等级人数的动态预测，具体情况如表 7-9 所示。

表 7-9　浙江省经济困难失能老年人居家护理分失能等级人数动态预测（单位：万人）

年份	居家护理总人数	轻度失能	中度失能	重度失能
2019	21.36	16.20	3.74	1.42
2020	22.59	17.14	3.95	1.50
2021	23.83	18.08	4.17	1.58
2022	25.06	19.01	4.38	1.67
2023	26.29	19.94	4.60	1.75
2024	27.53	20.88	4.82	1.83
2025	28.74	21.80	5.03	1.91
2030	34.62	26.26	6.06	2.30
2040	43.99	33.37	7.70	2.92
2050	48.15	36.52	8.43	3.20

考虑到价格变动，以收入增长速度预测以后具体年份的护理服务单价，并扣除消费价格指数的影响，估算具体护理服务项目在未来特定年份的价格。根据浙江省统计年鉴的数据，2017 年浙江省居民人均可支配收入增长 9.1%，扣除消费价格指数因素，实际增长 6.9%，并以此作为以后年度的护理服务单价的变动幅度。以 2017 年护理服务单价为基础，预测未来各年度居家护理服务项目的费用，如表 7-10 所示。因预测年份比较多，本表只展示 2019~2022 年的数据，其他年份数据会在计算总额时展示。

表 7-10　浙江省居家护理服务项目的年度费用预测（单位：元）

服务项目	2019 年	2020 年	2021 年	2022 年
助餐	6414.00	6856.57	7329.67	7835.42
助浴	4276.00	4571.04	4886.45	5223.61
助行	4810.50	5142.42	5497.25	5876.56
仪表修饰	320.70	342.83	366.48	391.77
协助更衣	3207.00	3428.28	3664.83	3917.71
排泄照料	1603.50	1714.14	1832.42	1958.85
洗衣服	1603.50	1714.14	1832.42	1958.85
打扫卫生	1924.20	2056.97	2198.90	2350.62
代购陪购商品	1069.00	1142.76	1221.61	1305.90
康复理疗	6414.00	6856.57	7329.67	7835.42
陪同就医	641.40	685.66	732.97	783.54
用药服务	2138.00	2285.52	2443.22	2611.81

2. 机构护理费用投入预测

依据前文不同失能等级的老年人选择机构护理的比例，根据表 7-8 预测出浙江省经济困难失能老年人选择机构护理的人口数量，如表 7-11 所示。

表 7-11　浙江省经济困难失能老年人选择机构护理的人数预测（单位：万人）

年份	机构护理总人数	轻度失能	中度失能	重度失能
2019	8.72	5.33	1.89	1.50
2020	9.22	5.63	2.00	1.59
2021	9.72	5.94	2.11	1.67
2022	10.23	6.25	2.22	1.76
2023	10.74	6.56	2.33	1.85
2024	11.23	6.86	2.43	1.94
2025	11.73	7.17	2.54	2.02
2030	14.12	8.63	3.06	2.43
2040	17.95	10.97	3.89	3.09
2050	19.65	12.01	4.26	3.38

前文已经计算出 2017 年浙江省养老机构长期护理的年收费标准，以 2017 年

浙江省居民人均可支配收入实际增长 6.9%作为以后年度的养老机构长期护理费用收费标准的增长率（表 7-12）。

表 7-12　浙江省养老机构分级收费标准动态预测（单位：元）

年份	轻度失能	中度失能	重度失能
2019	14 211.88	16 281.33	19 248.30
2020	15 192.50	17 404.74	20 576.43
2021	16 240.78	18 605.67	21 996.21
2022	17 361.39	19 889.46	23 513.95
2023	18 559.33	21 261.83	25 136.41
2024	19 839.92	22 728.90	26 870.82
2025	21 208.88	24 297.19	28 724.91
2030	29 607.81	33 919.12	40 100.26
2040	57 700.99	66 103.07	78 149.14
2050	112 450.23	128 824.56	152 300.47

根据表 7-11 和表 7-12，可计算出浙江省未来各年度经济困难失能老年人中选择机构护理的总费用（表 7-13）。

表 7-13　浙江省经济困难失能老年人长期护理津贴的投入预测（单位：万元）

年份	居家护理费用	机构护理费用	长期护理津贴总成本
2019	112 641.24	135 393.48	248 034.72
2020	127 337.38	153 059.78	280 397.16
2021	143 567.97	172 461.87	316 029.84
2022	161 436.02	194 047.84	355 483.86
2023	181 088.29	217 791.63	398 879.92
2024	202 625.31	243 462.47	446 087.78
2025	224 975.15	271 806.85	496 782.00
2030	372 242.30	456 751.54	828 993.84
2040	916 877.23	1 131 601.65	2 048 478.88
2050	2 008 819.94	2 414 095.48	4 422 915.42

3. 居家与机构护理费用总投入

经济困难失能老年人的护理方式分别为居家和机构两种，两种方式的费用加总，就可以得到浙江省经济困难失能老年人长期护理津贴的财政投入成本（表 7-13）。

（三）老年福利补贴动态预测

因缺乏浙江省官方统计经济困难失能老年人享受老年福利补贴的数据，且浙江省实施养老服务补贴、高龄补贴、残疾人“两项”补贴政策的时间较短，尤其是残疾人“两项”补贴于 2016 年才开始实行，所以无法根据历年数据使用时间序列模型进行预测。

这里以 2017 年浙江省经济困难失能老年人已享受的老年福利补贴 88 243.52 万元为基数，假设继续以现在的发放范围，按照 6.9%的人均居民可支配收入增长率作为老年福利补贴投入的增幅，从而可以预测出未来年度浙江省经济困难失能老年人福利补贴的总投入（表 7-14）。假设第 n 年的老年人福利补贴为 P_n，则公式为：$P_n = P_{n-1} \times（1+6.9\%）$。

表 7-14　浙江省老年人福利补贴成本动态预测（单位：万元）

年份	老年人福利补贴成本
2019	100 841.25
2020	107 799.30
2021	115 237.45
2022	123 188.83
2023	131 688.86
2024	140 775.39
2025	150 488.89
2030	210 084.00
2040	409 420.92
2050	797 897.46

（四）多津贴整合的长期护理津贴财政投入预测

多津贴整合的长期护理津贴财政投入成本为经济困难失能老年人长期护理的总投入，减去现行制度下发放的老年人福利补贴（浙江省为养老服务补贴、高龄补贴、残疾人“两项”补贴）。故表 7-13 中的总成本与表 7-14 中的老年人福利补贴的成本之差，即多津贴整合下浙江省长期护理津贴的财政投入成本（表 7-15）。通过表 7-15 发现，相比当前分散型、碎片化的财政投入方式，多津贴整合的长期护理津贴财政投入模式不仅符合当前财政状况，而且更有利于未来长期护理保障制度的可持续发展。

表 7-15　多津贴整合下浙江省长期护理津贴财政投入动态预测

年份	长期护理津贴的财政投入/万元	集约财政资金比重
2019	147 193.47	40.66%
2020	172 597.86	38.45%
2021	200 792.39	36.46%
2022	232 295.03	34.65%
2023	267 191.06	33.01%
2024	305 312.39	31.56%
2025	346 293.11	30.29%
2030	618 909.84	25.34%
2040	1 639 057.96	19.99%
2050	3 625 017.96	18.04%

第五节　整合长期护理津贴投入支持长期护理保险筹资

随着家庭结构规模变小，老年人长期护理问题越来越得到全社会的关注。近年来，随着护理费用的高涨，经济困难失能老年人的养老护理问题显得更加紧迫。落实长期护理津贴政策，需要精准测算长期护理需求的规模及长期护理成本。本章基于多津贴财政整合的视角，预测浙江省经济困难失能老年人长期护理津贴财政投入及在该模式下集约的财政资金，具有前瞻性意义。主要结论如下。

第一，经济困难失能老年人的长期护理费用需要政府财政支持，以体现公共财政的职能。根据居家和机构护理两种养老方式的测算，2017 年浙江省经济困难失能老年人长期护理津贴的财政投入成本为 197 602.45 万元。

第二，长期护理津贴的发放满足了经济困难失能老年人的护理需求，但是目前碎片化的发放方式并未充分利用财政资金。基于整合养老服务补贴、高龄补贴、残疾人补贴的方法，2017 年浙江省经济困难失能老年人长期护理津贴的财政投入只需 109 358.93 万元，可以比原来节约 44.66%的财政资金。

第三，随着经济困难失能老年人口的快速增长和护理费用的不断攀升，长期护理津贴的财政投入将会迅速扩张。2050 年浙江省长期护理津贴的投入成本预计扩张到 4 422 915.42 万元，大约是 2017 年的 22.38 倍，势必会给财政资金带来较大压力。相比现有分散的财政投入方式，多津贴整合的长期护理津贴可集约财政资金 18.04%，避免财政重复投入，更有利于缓解财政压力，推进老年人福利津贴制度的可持续发展。

基于上述研究，我国建立“老有所养”“弱有所扶”的养老保障制度，既要保证长期护理保险试点的扩面，也要考虑长期护理津贴制度的设计。这不仅可以充分利用有限的资源，而且能促进社会公平，降低经济困难失能老年人家庭的经济压力。为此，现阶段需要未雨绸缪，相关决策可以从以下几个方面考虑。

首先，统筹财政资金。目前各地民政、残联的碎片化福利津贴存在重复享受的现象，浪费了财政资源。基于资源稀缺性理论，顶层设计要有前瞻性的、整合性的思考。从现在开始，有条件的地方政府要着手谋划财政资金统筹整合工作，对资金性质、用途、范围相近的津贴项目合并同类项，为全国长期护理津贴制度的出台打下基础。受新冠疫情的影响，近两年我国财政收入较大幅度下降，整合相同目标的财政支出，社会抵触情绪应该不会太大。

其次，整合养老资源。大力推行社区养老模式，2019 年政府工作报告中明确指出，“要大力发展养老特别是社区养老服务业”。整合家庭养老与社区养老，实现两者的优势互补，提升社区健康资源的利用效率，可降低慢性病和失能的发生率。与此同时，重视养老领域志愿者、非营利组织的力量，加强公私部门的良好合作关系，从而减轻养老财政的负担。

最后，加快扩大长期护理保险试点。从预测结果来看，经济困难失能老年人护理津贴的财政压力持续增大，为此，“十四五”期间要加快扩大长期护理保险试点定型，用救助津贴资助失能老年人参加长期护理保险缴费，或者当期用老年和残疾津贴的财政投入支持长期护理保险的政府筹资，以避免长期护理保险待遇与民政、残联相关津贴的重复发放，实现长期护理保险对经济困难失能老年人养老服务保障的主体功能。

第八章　西部地区养老服务供给整合之一：四川省H县失独家庭养老的多维困境①

第一节　引　言

《中国老龄事业发展报告（2013）》显示，2012年中国失独家庭已超百万个，每年新增7.6万个失独家庭。中国社会科学院的研究显示，到2030年每年死亡独生子女人数将达27.7万人；2040年则增至38万人。如生育政策不变，预计到2050年，失独家庭总计将达1000万个以上，失独父母接近2000万人。②目前，农村独生子女总量低于城镇，但每个年龄段农村人口死亡概率都高于城镇，导致农村失独家庭规模大于城镇（周伟和米红，2013）。

由于失独家庭的特殊性，失独父母在养老问题上面临重重困难。本书的养老，是指失独家庭进入晚年生活后在经济、医疗、照料以及精神等方面需求的统称。显而易见，失独家庭群体内部的个体特征、居住方式等存在多样性，其养老需求也存在着差异性。因此，要解决失独家庭的养老问题，了解他们的实际需求是前提条件。在现有的失独家庭扶助政策中，存在着需求识别缺乏精准性、政策供给针对性不足等问题，致使失独家庭养老需求难以得到充分满足。“安居才能乐业”，这条古训体现了中国传统文化对居住的高度重视。因此，从居住方式出发研究失独家庭养老需求的差异，并给予有针对性的扶助，真正践行党的十九大报告所提出的“老有所养”“弱有所扶”的社会正义理念。

---

① 本章参见戴卫东和李茜所发表的《农村失独家庭养老需求的差异性与精准扶助——基于四川省H县调查》（发表在《社会保障研究》2020年第3期）。

② 《失独家庭不应遭遇养老难题》，http://views.ce.cn/view/ent/201412/10/t20141210_4087793.shtml。

总体上，国内相关的文献体现在以下几个方面。

一是农村失独家庭的生活困境。据调研，失独家庭面临着经济十分困难、无人养老等难题（国家统计局人口和就业统计司课题组等，2015），农村失独家庭更是遭受精神、心理无法弥补的创伤（王进，2016），已婚已生子的独生子女死亡给家庭带来更大的伤害（李兰永，2019）。在生育文化落后的农村地区，失独家庭往往面临因果报应信仰下的指指点点（陈恩，2016）。东部省份的发达地区，农村失独老人以公办养老院养老为主，其基本生活及医疗服务等方面能得以满足；较发达地区的失独老人多选择居家养老及家庭养老方式，生活及医疗健康方面缺少保障（任佳焌等，2015）。但在西部欠发达地区，农村失独家庭比重大，普遍面临着经济贫乏、政策扶助单一、精神匮乏、社会互动少、人文关怀度低等主要困境（许亚柯和欧辉，2017）。总之，农村失独家庭的生活存在着精神创伤、经济困难、疾病折磨、基本生活的困境、低收入的失独老人无法实现机构养老等系列问题（肖云和杨光辉，2014）。在诸多生活困境中，失独家庭面对最普遍、最突出、最紧迫的问题当属养老保障和服务的缺位与匮乏（穆光宗，2016）。

二是农村失独家庭的扶助政策局限。目前，国家对农村失独家庭的社会救助尚存在法律、制度依据及落实不足，救助内容、方式与需求的错位等问题（李华成和叶蓓，2013；李洪娟和诸葛至辉，2015）。地方政府一般重视经济和物质上的保障，而忽视了心理上的帮扶；社会力量缺乏，社会组织、机构和志愿者的帮扶缺乏专业性，农村落后的文化环境导致失独家庭的社会融入冲突，邻里支持不够（赵仲杰和张道林，2019）。且在经济扶助上，以个人而非家庭为单位，扶助金额较少，无法满足失独家庭的真正需要（赵仲杰和张瀚罡，2018）。此外，还存在给付政策不均衡现象（贾锋，2014）。

三是农村失独家庭帮扶的政策思考。相比于城镇失独家庭而言，农村失独家庭的生存及保障问题显得愈加突出和严重，主要表现在经济天然弱势、政策保障不足、心理支持坍塌、社会融入困难（方曙光，2013；刘芷含和车闰平，2016）。首先，最根本的是加快农村医疗卫生事业的发展，提高公共卫生预防的能力，全方位地降低农村独生子女死亡率，从根本上减少农村失独家庭的产生（吕世辰等，2018）。其次，政府立法是最为有效的保障手段，国务院先行制定“失独家庭社会救助条例”，待机会成熟时，再考虑制定失独家庭社会救助法（贾锋，2014；李洪娟和诸葛至辉，2015）。再次，政策制定要以人为本，有针对性。社会福利分配要优先照顾失独家庭，按上一年度人均收入百分比发放独生子女死亡伤残扶助金（李兰永，2019），实施“5+1”结对帮扶的策略（王进，2016）。最后，发挥慈善组织、民间机构以及社区等多元社会力量，运用优势视角，动员社区社会资本，介入社会工作等方法，实现失独家庭互助和自我增能（高燕和王海波，2013；赵仲杰和张道林，2019）。

从既有文献来看，研究失独家庭的文献总量较多，但是研究农村失独家庭的数量较少，仅占文献总量的 5.33%（管鹏和张云英，2016）。而且，上述文献基本上都是将失独家庭与普通家庭相比较分析出失独家庭的生活困难表现。本书的研究将失独家庭样本划分为老年、非老年两组，刻画二者对养老的不同诉求，以实现扶助政策的聚焦。

第二节　研究假设与数据来源

一、研究假设

我国目前主要将“是否领取独生子女证”作为判断独生子女家庭的依据。独生子女家庭唯一的子女一旦死亡，则该家庭为失独家庭。2007 年国家人口和计划生育委员会、财政部发布的《全国独生子女伤残死亡家庭扶助制度试点方案》将独生子女伤残死亡家庭扶助制度扶助的对象界定为“我国城镇和农村独生子女死亡或伤、病残后未再生育或收养子女家庭的夫妻”。其中，享有扶助待遇的独生子女死亡家庭还应同时符合以下条件：1933 年 1 月 1 日以后出生；女方年满 49 周岁；只生育一个子女或合法收养一个子女；现无存活子女或独生子女被依法鉴定为残疾（伤病残达到三级以上）。王广州等（2008）将失独家庭界定为“父母年龄在 49 周岁以上、只生育过一个孩子且目前没有子女的家庭”。陈恩（2013）、崔树义（2017）认为，广义上的失独家庭指所有失去唯一子女后的家庭，其中既包括失独后再生育的家庭，也包括丧失生育能力而无法再生育的家庭。马一（2014）、曾维涛等（2015）认为，失独家庭是指独生子女由于疾病或意外事故身亡，父母已过生育年龄期而无法再生育的家庭。陈柏涵（2013）认为，失独家庭父母年龄不应以 49 岁为限制，失独家庭应该包括所有失去唯一子女并丧失生育能力的家庭。现有文献研究中多将失独家庭理解为狭义上的失独家庭，即一般为年龄在 49 岁以上、独生子女死亡且不再有生育能力的家庭。前文文献指出，失独家庭即将或正面临的最多的养老需求体现在物质经济、医疗保健服务、生活照料服务、精神娱乐等方面。本书将父母年龄在 49 岁及以上的失独家庭，划分为 49~59 岁的非老年失独家庭和 60 岁及以上的老年失独家庭。根据文献回顾，本书针对这两类失独家庭养老的差异性需求做如下研究假设。

假设 1：离婚、丧偶的失独者对物质经济、医疗保健服务、生活照料服务、精神娱乐四个方面的需求都会大于已婚（配偶健在）的失独者。老年失独家庭的养老需求超过非老年失独家庭。

婚姻对于一个家庭来说是一个重要的纽带，也是一份保障，在农村地区更是一个重要的身份认同。已婚（配偶健在）的失独者更容易获得经济、感情上的支持；离婚、丧偶的失独者可能对物质经济、医疗保健服务、生活照料服务以及精神娱乐的需求程度更高。由于年龄等原因，一般情况下农村老年失独家庭获取物质或服务资源的能力逐渐丧失，且在精神愉悦方面可能需要更多的慰藉。

假设 2：年龄偏大的失独者、女性失独者、身体健康状况越差的失独者对物质经济、医疗保健服务、生活照料服务有更大程度的需求，对精神娱乐的要求不高；文化程度较高的失独者对精神娱乐有更大的需求。

对于农村失独家庭来说，年龄是影响其养老需求的重要因素，年龄偏大的失独者，特别是老年失独者，对医疗保健服务和生活照料服务的需求较多。从性别差异方面看，一般而言，女性失独者对医疗保健服务的需求程度要高于男性失独者。从文化程度方面看，失独者受教育水平越高，通常收入也相对更高，对精神娱乐方面的需求可能更多，而对物质经济的需求相对较少。在身体健康状况方面，失独者身体健康状况越差，对医疗保健服务和生活照料服务的需求越多，对精神娱乐的需求较少。另外，身体健康状况可能还会影响失独者对物质经济的需求，主要体现在对医疗保险的需求方面。

假设 3：收入越高的失独者、有养老保险的失独者、有积蓄的失独者对医疗保健服务、生活照料服务、精神娱乐的需求越多，而对物质经济的需求相对较少。

本书中物质经济的内容包括收入、养老保险、积蓄等方面。收入是影响农村失独家庭养老需求的一个重要因素。通常来说，收入越高的失独者在医疗保健服务、生活照料服务、精神娱乐方面的需求度越高，对物质经济的需求度可能相对更低。同时有养老保险、有积蓄的失独家庭可能在个人养老方面更有安全感，因此也可能对医疗保健服务、生活照料服务、精神娱乐的需求更多。

二、数据来源

本书的研究对象为四川省 H 县，位于四川省南部边缘，地处四川盆地与云贵高原的过渡地带，该县下辖 27 个乡镇。H 县境内地形起伏较大，各乡镇经济发展不平衡，资源优势呈现不同的区域分布。离县城较远的区域经济发展水平较低、基础设施建设相对落后等问题较为突出，而离县城较近的区域，其经济发展水平、基础设施相对较好。根据 2017 年 H 县《国民经济和社会发展统计公报》，截止到 2017 年末，H 县全县户籍人口 90.1 万人，约 298 076 户。其中，男性占 52.1%，女性占 47.9%。城镇人口 22.5 万人，农村人口 67.6 万人。全年出生人口 8456 人，人口出生率为 9.3‰，死亡人口 6112 人，人口死亡率为 6.7‰，人口自然增长率为 2.6‰。60 岁及以上老年人口 18.9 万人，占全县总人口的 21%。2017 年全县居民人均可支配收入 18 622 元，比上年增长 9.9%。按常住地划分，农村居民人均可支配收入为 14 472 元，增长 10%。城镇居民人均可支配收入为 26 262 元，增长 8.5%。农村居民恩格尔系数为 42.3%，城镇居民恩格尔系数为 40.7%。

据 H 县卫生和计划生育局统计，2012 年底独生子女死亡家庭 49 岁以上父母人数为 751 人。但是到 2017 年底，全县享受特别扶助制度的独生子女死亡家庭约 780 户（其中，农村失独家庭有 658 户，占比 84.36%；城镇失独家庭有 122 户，占比 15.64%），父母共计 1180 人（其中，农村户籍有 989 人，占比 83.8%；城镇户籍有 191 人，占比 16.2%），比 2012 年增加了 429 人。另据统计，2017 年底 H 县母亲年龄 49 周岁以下尚未被纳入特别扶助范围的独生子女死亡家庭约 315 户，父母共计 530 人。

本次问卷调查于 2018 年 7 月 15 日~2018 年 7 月 31 日进行，采取分层抽样的方式，选取 H 县下辖的 8 个镇中享受特别扶助制度的农村独生子女死亡家庭（即母亲年龄 49 周岁以上的农村失独家庭）作为研究样本。问卷设计参见附录 2。这 8 个镇是根据 H 县农村区域的空间分布及社会经济发展水平来选取的，分别为近郊农村 H 镇、R 镇、X 镇、B 镇，远郊农村 F 镇、M 镇、A 镇、W 镇。8 个样本镇农村失独家庭有 331 户、486 人，分别占全县农村失独家庭户数、失独父母人数的 50.3%、49.1%。本次调查为全样本调查，根据各个样本镇失独家庭户数发放问卷，其中，H 镇、R 镇、X 镇、B 镇分别发放问卷 28 份、44 份、37 份、34 份，F 镇、M 镇、A 镇、W 镇分别发放 48 份、59 份、42 份、39 份。为避免养老需求的相似性，每户只调查 1 人。调查总计发放问卷 331 份，回收 305 份，有效问卷 302 份，即最终有效调查了 302 户（人），占全县、样本地区农村失独家庭户的 45.9%、91.2%，占全县、样本地区农村失独父母人数的 30.5%、62.1%。因此，样本整体具有较好的代表性。

第三节　样本特征与养老需求差异的描述性分析

一、问卷设计

根据前文的文献综述，结合 H 县现有的养老保障政策，本书将农村失独家庭的养老需求划分为物质经济、医疗保健服务、生活照料服务、精神娱乐 4 类，各类需求下的具体项目总计 16 项（表 8-1）。问卷中对 4 类 16 项需求的回答包括“非常不需要”“不太需要”“一般需要”“比较需要”“非常需要”五个等级，分别赋值为 1、2、3、4、5。

表 8-1　四川省 H 县农村失独家庭的养老需求项目分布

需求类别	具体项目	频数	比例	需求类别	具体项目	频数	比例
物质经济需求	养老保险	237	78.5%	生活照料服务需求	做饭送饭	41	13.6%
	医疗保险	222	73.5%		洗衣打扫	44	14.6%
	生活物品（米面油）	89	29.5%		行动不便照顾	135	44.7%
	住房	135	44.7%		帮助购物	103	34.1%
医疗保健服务需求	上门诊疗	184	60.9%	精神娱乐需求	心理咨询	131	43.4%
	定期体检	250	82.8%		节日慰问	252	83.4%
	陪同看病	132	43.7%		老年活动（棋牌）室	117	38.8%
	健康咨询	164	54.3%		健身设施	141	46.7%

注：具体项目中“住房”一项包含对危房改造等方面的需求

本书的研究运用最常见的信度检验方法（α 信度系数法）对问卷的 16 个需求项目进行信度检验，通常 Cronbach'α 系数的值达到 0.7~0.8 时表示量表具有相当的信度。统计结果显示，问卷的 Cronbach'α 系数值为 0.754，说明问卷设计具有一定的可靠性。

二、样本特征

在年龄方面，69%以上的失独者是 60 岁以上的老年人。其中 60~64 岁的占 32.8%，65~79 岁的占 33.4%，80 岁及以上的高龄老人占 3.3%，即将步入老年阶段的 49~59 岁的失独者占 30.5%。性别方面，男性的比例为 51.3%，略高于女性的 48.7%。文化水平普遍比较低，不到 30%的失独者为初中及以上的文化程度。健康状况方面，60%以上的失独者身体比较健康或偶尔生病，有 34.8%的失独者经常生病，4.6%的失独者患重大疾病。在婚姻状况方面，有近 60%的失独者仍与配偶一起生活，有 40% 左右的失独者处于离婚、分居、丧偶状态。在经济状况方面，超过 70%的失独家庭人均月收入在 2000 元及以下，只有接近 30% 的失独家庭人均月收入超过 2000 元。在社会保障方面，有养老保险的失独者占 97.4%，2.6%的失独者没有养老保险。在积蓄方面，仅有 24.5% 的失独者有积蓄，大部分失独者没有积蓄。

三、农村失独家庭养老需求差异的描述性分析

1. 农村失独家庭的养老需求项目分布

本章对 302 户失独家庭的调查问卷进行统计分析，初步了解到失独家庭在 4 类 16 项需求方面的大致情况（表 8-1）。

从农村失独家庭的总体需求情况来看，医疗保健服务和物质经济的需求比例最高，均值分别为 60.4%和 56.5%，对精神娱乐的需求比例次之，达到 53.1%，对生活照料服务的需求比例最低，仅为 26.7%。从具体项目需求情况来看，在物质经济需求类别中，失独者对养老保险和医疗保险的需求比例相对较高。在医疗保健服务需求类别中，需求比例从高到低依次为定期体检、上门诊疗、健康咨询、陪同看病。可见，农村失独者对于个人身体保健及疾病预防比较重视。在生活照料服务需求类别中，4 项具体项目的需求比例均较低，仅行动不便照顾项的需求比例相对较高，说明农村失独者持有“自己的事情还是自己干”的态度，否则会有“老了无用”的感觉。在精神娱乐需求类别中，节日慰问的需求比例最高，说明该群体在心理方面孤独感比较强。

2. 农村失独家庭的养老需求差异

在农村地区，相对于有劳动能力的非老年失独者来说，老年失独者无疑是最需要关注的弱势群体，尤其是在经济欠发达的西部农村。为此，本节将着重分析农村老年失独家庭（大于 60 岁（含）的农村失独家庭）和非老年失独家庭（小于 60 岁的农村失独家庭）在养老需求上的差异。为了便于后文的回归分析，本节将需求简化为取整数的二分类变量，即将回答项“非常不需要”“不太需要”归为“不需要”，回答项“一般需要”“比较需要”“非常需要”归为“需要”（表 8-2）。

表 8-2　各年龄段农村失独家庭的养老需求差异

需求类别/项目	需求情况	非老年失独家庭	老年失独家庭	显著性检验
物质经济需求	不需要	78.3%	47.1%	χ^2=26.572
	需要	21.7%	52.9%	p<0.001
养老保险	不需要	42.4%	12.4%	χ^2=31.899
	需要	57.6%	87.6%	p<0.001
医疗保险	不需要	35.9%	22.4%	χ^2=5.786
	需要	64.1%	77.6%	p=0.016

续表

需求类别/项目	需求情况	非老年失独家庭	老年失独家庭	显著性检验
生活物品（米面油）	不需要	90.2%	61.9%	χ^2=28.177 p<0.001
	需要	9.8%	38.1%	
住房	不需要	70.7%	48.6%	χ^2=12.950 p<0.001
	需要	29.3%	51.4%	
医疗保健服务需求	不需要	48.9%	42.4%	χ^2=1.103 p=0.294
	需要	51.1%	57.6%	
上门诊疗	不需要	60.9%	29.5%	χ^2=26.188 p<0.001
	需要	39.1%	70.5%	
定期体检	不需要	13.0%	19.0%	χ^2=1.688 p=0.194
	需要	87.0%	81.0%	
陪同看病	不需要	83.7%	44.3%	χ^2=43.672 p<0.001
	需要	16.3%	55.7%	
健康咨询	不需要	33.7%	51.0%	χ^2=7.799 p=0.005
	需要	66.3%	49.0%	
生活照料服务需求	不需要	98.9%	76.7%	χ^2=31.856 p<0.001
	需要	1.1%	23.3%	
做饭送饭	不需要	98.9%	81.0%	χ^2=24.369 p<0.001
	需要	1.1%	19.0%	
洗衣打扫	不需要	97.8%	80.0%	χ^2=21.322 p<0.001
	需要	2.2%	20.0%	
行动不便照顾	不需要	78.3%	45.2%	χ^2=29.710 p<0.001
	需要	21.7%	54.8%	
帮助购物	不需要	93.5%	53.8%	χ^2=53.347 p<0.001
	需要	6.5%	46.2%	
精神娱乐需求	不需要	37.0%	67.1%	χ^2=23.866 p<0.001
	需要	63.0%	32.9%	
心理咨询	不需要	31.5%	67.6%	χ^2=34.199 p<0.001
	需要	68.5%	32.4%	

续表

需求类别/项目	需求情况	非老年失独家庭	老年失独家庭	显著性检验
节日慰问	不需要	20.7%	14.8%	χ^2=1.556 p=0.212
	需要	79.3%	85.2%	
老年活动（棋牌）室	不需要	48.9%	66.7%	χ^2=8.386 p=0.004
	需要	51.1%	33.3%	
健身设施	不需要	31.5%	62.9%	χ^2=25.586 p<0.001
	需要	68.5%	37.1%	

总体上，农村老年失独家庭和非老年失独家庭的养老需求差异表现为以下 7 个特点：①老年失独家庭各类需求按需要程度由高到低排列依次为医疗保健服务需求、物质经济需求、精神娱乐需求、生活照料服务需求，其物质经济需求、生活照料服务需求显著高于非老年失独家庭。②非老年失独家庭各类需求按需要程度由高到低排列依次为精神娱乐需求、医疗保健服务需求、物质经济需求、生活照料服务需求。③在物质经济需求方面，老年失独家庭对养老保险、医疗保险、生活物品（米面油）、住房 4 个项目的需求比例均显著高于非老年失独家庭。④在医疗保健服务需求方面，老年失独家庭在上门诊疗和陪同看病两项上的需求比例显著高于非老年失独家庭，分别高达 70.5% 和 55.7%，非老年失独家庭在健康咨询上的需求比例显著高于老年失独家庭。⑤在生活照料服务需求方面，老年失独家庭在做饭送饭、洗衣打扫、行动不便照顾、帮助购物 4 项上的需求比例均显著高于非老年失独家庭。⑥在精神娱乐需求方面，非老年失独家庭对各项目的需求比例均超过 50%，并在心理咨询、老年活动（棋牌）室、健身设施 3 个项目上的需求比例显著高于老年失独家庭。⑦在定期体检和节日慰问方面，老年失独家庭和非老年失独家庭的需求不存在显著差异。

第四节　农村失独家庭养老需求困境差异性的实证分析

一、变量选取

本节的因变量是农村老年失独家庭和非老年失独家庭的养老需求，具体包括物质经济需求、医疗保健服务需求、生活照料服务需求、精神娱乐需求，均设为二分变量，即不需要、需要。

自变量是影响农村老年失独家庭和非老年失独家庭养老需求的个体特征、家庭特征、经济特征。个体特征方面选取性别、文化程度、健康状况 3 个指标。家庭特征方面选取婚姻状况、居住方式两个指标。需要特别说明的是，在变量的筛选过程中发现，与配偶住的全为已婚状态，分居的全是自己住，这种完全对应的模式会导致一方的效应无法独立估计。因此，最终在家庭特征方面只保留了婚姻状况。经济特征方面，选取人均月收入、养老保险、积蓄 3 个指标。变量的定义及赋值情况如表 8-3 所示。

表 8-3　变量的定义及赋值

变量		变量定义及赋值
因变量	物质经济需求	不需要=0，需要=1
	医疗保健服务需求	不需要=0，需要=1
	生活照料服务需求	不需要=0，需要=1
	精神娱乐需求	不需要=0，需要=1
自变量	性别	男性=0，女性=1
	文化程度	小学以下=1，小学=2，初中/中专=3，高中/大专=4
	健康状况	健康=1，偶尔生病=2，经常生病=3，重大疾病=4
	婚姻状况	已婚（配偶健在）=1，分居=2，离婚=3，丧偶=4
	收入情况（人均月收入）	小于等于 1000 元=1，1001~2000 元=2，2001~3000 元=3，3000 元以上=4
	养老保险	无=0，有=1
	积蓄	无=0，有=1

二、建立模型

由于被解释变量的 4 类需求被划分为“不需要”和“需要”两种情况，因此本节选用二元 Logistic 回归模型对农村老年失独家庭养老需求和非老年失独家庭养老需求的各影响因素进行分析。二元 Logistic 回归方程表示为

$$\text{Logit}P = \beta_0 + \sum_{i=1}^{k} \beta_i X_i \tag{8-1}$$

式（8-1）中，因变量为“是否需要该类需求”（不需要=0，需要=1）；P 表示对此需要的概率；X_i 为自变量，表示影响农村失独家庭养老需求的各个因素；β_i 为各自变量的回归系数；β_0 为常数项。

三、实证分析

1. 农村老年失独家庭与非老年失独家庭在物质经济需求方面的差异

表 8-4 显示了农村老年失独家庭（老年组）和非老年失独家庭（非老年组）物质经济需求的影响因素差异。无论从模型 I 和模型 II 的卡方 sig 值、R^2 值，还是从 Hosmer-Lemeshow 检验的 sig 值来看，模型的拟合优度都比较好。

表 8-4 农村老年失独家庭和非老年失独家庭在物质经济需求方面的差异性回归结果

变量（括号内为参照组）	模型Ⅰ-老年组		模型Ⅱ-非老年组	
	系数	OR	系数	OR
性别（男）				
女	0.827**	2.286	−0.052	0.949
文化程度（小学）				
小学以下	0.415	1.514	—	—
初中/中专	−1.019	0.361	1.322	3.753
高中/大专	−17.576	<0.001	3.223**	25.110
婚姻状况（已婚）				
分居	1.859	6.415	1.184	3.267
离婚	0.865	2.375	1.255	3.508
丧偶	1.163**	3.199	0.257	1.293
健康状况（健康）				
偶尔生病	0.297	1.345	−0.723	0.485
经常生病	2.602***	13.495	4.749***	115.412
重大疾病	1.443*	4.234	−0.139	0.870
收入情况（1001~2000 元）				
小于等于 1000 元	0.780*	2.181	−0.271	0.762
2001~3000 元	−0.585	0.557	−2.595***	0.075
3000 元以上	−17.640	<0.001	−3.233**	0.039
养老保险（有）				
无	−18.782	<0.001	−19.688	<0.001
积蓄（无）				
有	−1.164**	0.312	0.056	1.058

续表

变量（括号内为参照组）	模型Ⅰ-老年组		模型Ⅱ-非老年组	
	系数	OR	系数	OR
常数项	−1.877**	0.153	−1.689*	0.185
卡方 sig 值	<0.001		<0.001	
−2LL（模型的似然比值）	184.698		42.527	
Cox & Snell R^2（估计因变量的方差比率）	0.396		0.603	
Nagelkerke R^2（Cox & Snell R^2 的调整值）	0.528		0.804	
Hosmer-Lemeshow sig 值	0.604		0.776	

*、**、***分别表示在 10%、5%、1%的水平上显著

在老年组方面，性别、部分婚姻状况、部分健康状况均对其物质经济需求有显著影响：女性与男性相比，其物质经济需求显著更高（验证了假设 2）；丧偶组的需求显著高于已婚组（验证了假设 1）；经常生病和重大疾病组的需求显著高于健康组，分别是后者的 13.495 和 4.234 倍（验证了假设 2）。收入和积蓄对其物质经济需求影响也具有一定的显著性：与 1001~2000 元收入组相比，小于等于 1000 元组具有显著更高的物质经济需求，是前者的 2.181 倍；在有无积蓄方面，与没有积蓄组相比，有积蓄组对物质经济的需求显著更低，仅为前者的 31.2%（验证了假设 3）。

在非老年组方面，高中/大专组的物质经济需求显著高于小学组。此结论与假设 2 不一致，原因可能是文化程度高的失独家庭对经济保障有更高的期望。经常生病组对物质经济的需求显著高于健康组（验证了假设 2）。收入同样是影响其物质经济需求的显著因素。与 1001~2000 元收入组相比，2001~3000 元组与 3000 元以上组对物质经济的需求均显著更低（验证了假设 3）。所不同的是，有积蓄对非老年失独家庭的影响不显著，这与假设 3 不一致，原因可能是与老年组相比，积蓄在非老年组失独家庭经济收入中没有占较大比重。

此外，无论是老年组还是非老年组，养老保险对物质经济需求均无显著影响，这与假设 3 不一致，原因可能是老年组养老金水平低，而非老年组还不能领取养老金。

2. 农村老年失独家庭与非老年失独家庭在医疗保健服务需求方面的差异

表 8-5 显示了农村老年失独家庭和非老年失独家庭在医疗保健服务需求方面的影响因素差异。从模型检验的各指标看，两个模型的回归效果都较好。

表 8-5　农村老年失独家庭和非老年失独家庭在医疗保健服务需求方面的差异性回归结果

变量（括号内为参照组）	模型Ⅰ-老年组		模型Ⅱ-非老年组	
	系数	OR	系数	OR
性别（男）				
女	0.974**	2.648	6.625***	753.907
文化程度（小学）				
小学以下	0.429	1.535	—	—
初中/中专	−0.443	0.642	0.195	1.216
高中/大专	−24.635	<0.001	−1.957	0.141
婚姻（已婚）				
分居	1.158	3.183	−19.788	<0.001
离婚	1.090	2.974	−1.033	0.356
丧偶	2.250***	9.488	−15.893	<0.001
健康状况（健康）				
偶尔生病	2.234***	9.339	3.478***	32.381
经常生病	2.569***	13.047	45.164	4.115
重大疾病	2.111**	8.260	42.762	3.727
收入情况（1001~2000 元）				
小于等于 1000 元	−1.845***	0.158	−63.299	<0.001
2001~3000 元	2.947***	19.041	3.529**	34.077
3000 元以上	20.721	9.980	9.650***	15 517.952
养老保险（有）				
无	−1.894	0.150	2.424	11.294
积蓄（无）				
有	3.463**	31.917	0.506	1.659
常数项	−2.977***	0.051	−8.597***	<0.001
卡方 sig 值	<0.001		<0.001	
−2LL（模型的似然比值）	169.977		55.016	
Cox & Snell R^2（估计因变量的方差比率）	0.425		0.362	
Nagelkerke R^2（Cox & Snell R^2 的调整值）	0.571		0.557	
Hosmer-Lemeshow sig 值	0.659		0.874	

、*分别表示在 5%、1%的水平上显著

在两组失独家庭的医疗保健服务需求方面，女性显著高于男性，偶尔生病组显著高于健康组，2001~3000 元组显著高于 1001~2000 元收入组。假设 2 和假设 3 得到证明。另外，两组失独家庭的养老保险均未产生显著影响，与假设 3 不一致的原因和前文分析得出的原因相同。

对于老年组来说，丧偶组的需求明显高于已婚组（验证了假设 1）。偶尔生病、经常生病、重大疾病组的需求显著高于健康组，但重大疾病组的需求没有前两组显著。这与假设 2 不相符，原因可能是老年人患重大疾病后容易丧失救治的信心。在收入方面，与 1001~2000 元收入组相比，2001~3000 元组的需求显著更高，是前者的 19.041 倍；小于等于 1000 元组的需求则显著更低，仅是 1001~2000 元收入组的 15.8%；3000 元以上组不显著是因为样本数太少。此结果与假设 3 基本一致。此外，老年组养老保险对医疗保健服务无显著影响，这与假设 3 不一致，原因可能是失独老人每月仅能领到最低档次的养老金，对医疗保健服务不敢有过高的需求，后文的访谈资料也证明了这一点。在积蓄上，与无积蓄组相比，有积蓄组对医疗保健服务的需求显著更高，是前者的 31.917 倍（验证了假设 3）。

对于非老年组失独家庭来说，与 1001~2000 元收入组相比，3000 元以上组的医疗保健服务需求显著更高（验证了假设 3）。可以预期，农村非老年失独家庭的医疗保健服务需求会随着收入的增加而增加。积蓄对于非老年组的医疗保健服务需求没有显著影响，与假设 3 不一致的原因可能是该组老年人医治已故子女花光了积蓄。

3. 农村老年失独家庭与非老年失独家庭在生活照料服务需求方面的差异

在农村老年失独家庭和非老年失独家庭生活照料服务需求影响因素的回归模型中，非老年组的 92 个样本中有 91 人对该需求回答“不需要”，过于不平衡的结果使该模型只能简单地预测“全部无需求”，各变量的效用无法估计，模型不收敛。而在老年组当中，161 人回答“不需要”，49 人回答“需要”。所以，对老年组和非老年组该类需求的影响因素无法进行模型差异性分析。

为了能准确地了解老年失独家庭和非老年失独家庭在生活照料需求上的真实信息，调查团队又在每个样本镇中随机抽取老年失独家庭和非老年失独家庭各 1 户进行访谈。在问及做饭送饭、洗衣打扫、行动不便照顾等方面是否有需求时，农村非老年失独家庭通常会回答“不需要”“以后老了再说”。

R 镇 L 姓先生的妻子在十年前就去世了，唯一的儿子生病死亡后他就搬去与唯一的侄子居住。如今侄子常年在外打工，L 姓先生只得独自一人在家。提到生活照料方面是否有需要时，R 镇 58 岁 L 姓先生说：

我现在住的房子都是我侄子的，他们到外面打工去了。每年回来看我一两回，现在我就将就这点儿钱用。以后老了侄子还要管我的，我就跟着侄子住，要是说让其他人来照顾我，我还觉得不方便。

部分非老年失独家庭认为现在的健康状况还比较好，趁现在还有劳动能力，全心挣钱养老，属于该情况的 X 镇 52 岁 Z 姓女士说：

我刚五十出头，身体是好的，还不需要这些照顾，自个儿还可以打点儿工。我在镇上帮人家带娃儿，找点钱来一是要还自己娃儿医病欠的账，二是老了还要用点儿。这个照顾的事情等老了再说。

然而问及同样的问题，一部分老年失独家庭会回答“需要”，并且非常关心服务费的问题，而另一部分老年失独家庭因为无法负担服务费回答“不需要”。A 镇 67 岁 W 姓大爷在经历了丧子、丧偶后精神失常，之前一直住在精神病医院，现与妹妹、妹夫一起居住。据该 W 姓大爷的妹夫介绍：

他大舅的娃儿死了之后，嫂子也过世了。他在精神病医院住了几年，现在接出来我们在照顾。我都是贫困户①，政府把我（易地搬迁）安置到镇上，但是大舅兄在精神病医院住怕了，就不离开现在这个家。没得法子要照顾他，我在镇上的房子也不能（按时）入住。要是不要多少钱，我可以把他那点特扶金拿来请人照顾，但是要给他留点手头钱（生活费）。

同样，部分老年失独家庭认为，年龄越大健康状况肯定越不如以前，生病住院也是必然的，因此在行动不便照顾方面确实有一定的需要。属于该情况的 H 镇 70 岁 D 姓大娘说：

我和老伴儿现在身体都还可以，两人都还能做点事，要（钱）时我们还可以卖点儿小菜。做饭、洗衣这些个人都可以做，实在动不得的时候可能还是要人照顾哦。

也有部分老年失独家庭，由于担心服务费的问题，尽管身体健康状况不太好，仍然选择“不需要”生活照料服务，或者更倾向于由配偶来照顾。属于该情况的 W 镇 72 岁 Z 姓大爷说：

我现在眼睛看不见了，医病都去不了，都是老伴儿在照顾，儿子不在了，媳妇也走（改嫁）了，遇到大事孙子会回来帮忙。你说请一个人来帮忙呢，老伴儿倒要轻松点，但是哪里有那个钱嘛。我们农村人还是老伴儿照顾好点。

---

① 访谈时间是 2017 年 7 月。

上述访谈信息基本上证实了本书的全部研究假设。老年失独家庭的养老需求超过非老年失独家庭；收入水平提高在一定程度上会刺激失能老年人的生活照料服务需求。

4. 农村老年失独家庭与非老年失独家庭在精神娱乐需求方面的差异

表 8-6 显示了农村老年失独家庭和非老年失独家庭精神娱乐需求的影响因素差异。从模型检验的各指标看，虽然模型 II 的 Hosmer-Lemeshow 检验的 sig 值比较小，但两个模型的卡方检验 sig 值均小于 0.001，说明两个模型是合理的。

表 8-6　农村老年失独家庭和非老年失独家庭在精神娱乐需求方面的差异性回归结果

变量（括号内为参照组）	模型Ⅰ-老年组		模型Ⅱ-非老年组	
	系数	OR	系数	OR
性别（男）				
女	−0.223	0.800	0.911	2.486
文化程度（小学）				
小学以下	−0.111	0.895	–	–
初中/中专	1.419**	4.132	0.098	1.103
高中/大专	19.585	3.204	−1.562	0.210
婚姻（已婚）				
分居	−0.533	0.587	0.834	2.303
离婚	0.820	2.270	−0.305	0.737
丧偶	0.667	1.949	1.356	3.882
健康状况（健康）				
偶尔生病	0.681	1.976	1.496*	4.462
经常生病	−0.115	0.891	0.417	1.518
重大疾病	0.183	1.201	−20.053	<0.001
收入情况（1001~2000 元）				
小于等于 1000 元	−0.485	0.616	−20.901	<0.001
2001~3000 元	2.429***	11.351	2.367***	10.664
3000 元以上	20.240	6.167	23.012	9.863E9
养老保险（有）				
无	−2.910*	0.054	−1.449	0.235
积蓄（无）				
有	0.847*	2.334	1.212	3.359

续表

变量（括号内为参照组）	模型Ⅰ-老年组		模型Ⅱ-非老年组	
	系数	OR	系数	OR
常数项	-1.659^{***}	0.190	-2.269^{**}	0.103
卡方 sig 值	<0.001		<0.001	
−2LL（模型的似然比值）	201.262		71.280	
Cox & Snell R^2（估计因变量的方差比率）	0.265		0.419	
Nagelkerke R^2（Cox & Snell R^2 的调整值）	0.369		0.572	
Hosmer-Lemeshow sig 值	0.405		<0.001	

*、**、***分别表示在 10%、5%、1%的水平上显著

在老年组中，与小学组相比，初中/中专组对精神娱乐的需求度显著更高（验证了假设 2），月收入、养老保险、积蓄均对精神娱乐需求有显著的影响（验证了假设 3）。与 1001~2000 元组相比，2001~3000 元组的精神娱乐需求显著更高；与有养老保险组相比，无养老保险组的精神娱乐需求显著更低，仅是有养老保险组的 5.4%；与无积蓄组相比，有积蓄组的精神娱乐需求显著更高，是前者的 2.334 倍。

在非老年组中，与健康组相比，偶尔生病组的精神娱乐需求更高，这与假设 2 不一致，这可能是因为健康状况差的非老年失独者希望有一些娱乐活动缓解压抑的心理，而健康的非老年失独者忙于劳动没时间或不需要娱乐方面的活动。月收入是影响非老年组失独家庭精神娱乐需求的显著因素，与 1001~2000 元组相比，2001~3000 元组的需求显著更高（验证了假设 3）。与老年失独家庭不同的是，积蓄和养老保险对非老年失独家庭需求的影响不显著，这与假设 3 不一致，这可能是因为非老年失独家庭的主要经济来源为务农、进城务工等个人收入，有的家庭为子女治病花光了积蓄，因此有积蓄的非老年失独家庭非常少，而且由于该群体还未到领取养老金的年龄，从而积蓄和养老保险对其生活条件的改善及精神娱乐需求的影响不大。

表 8-6 模型整体显著，表明老年失独家庭与非老年失独家庭对精神娱乐方面的需求都较高，收入为 1001~2000 元的两组失独家庭体现得尤其明显。

第五节　小　　结

通过对农村失独家庭养老需求的描述性分析可以看出：总体上，老年失独家庭和非老年失独家庭除了都对定期体检、节日慰问有较高程度的需求外，对其他

项目的需求比例差异显著；在物质经济和生活照料服务的各需求项目中，老年失独家庭的需求程度更高；在医疗保健服务的各需求项目中，非老年失独家庭的健康咨询需求更大，老年失独家庭对于上门诊疗和陪同看病的需求较大；在精神娱乐各需求项目中，非老年失独家庭对心理咨询、老年活动（棋牌）室、健身设施需求更明显。

进一步地，本书对农村老年失独家庭和非老年失独家庭的养老需求困境展开实证分析，通过比较发现，对于不同的养老需求项目，两个群体的需求影响因素也存在一定的差异。①物质经济需求的影响因素差异。健康状况对老年失独家庭和非老年失独家庭的需求均有显著影响；性别仅对老年失独家庭的需求影响显著；文化程度仅对非老年失独家庭的需求影响显著；月收入对老年失独家庭和非老年失独家庭的需求均有显著影响，但积蓄仅对老年失独家庭有显著影响，养老保险对两者均影响不明显。②医疗保健服务需求的影响因素差异。性别、健康状况对老年失独家庭和非老年失独家庭的需求均有显著影响；婚姻状况仅对老年失独家庭的需求有显著影响；月收入对老年失独家庭和非老年失独家庭需求均有一定的显著影响，但积蓄仍然仅对老年失独家庭有显著的影响，同时养老保险对两类家庭的影响仍不显著。③生活照料服务需求的影响因素差异。过于不平衡的结果导致模型不收敛，变量的效用无法估计，因此无法通过模型进行差异性验证，但访谈资料证实了西部农村失独家庭对生活照料服务的需求受家庭收入影响较大。④精神娱乐需求的影响因素差异。文化程度仅对老年失独家庭的需求影响显著，健康状况仅对非老年失独家庭的需求影响显著；月收入、积蓄均对老年失独家庭的需求有显著的正向影响，但在非老年组中，仅收入对精神娱乐需求有显著影响，养老保险和积蓄的影响不显著。

总的来说，对于农村老年失独家庭来说，收入和积蓄均是影响其各类需求的显著因素；而对于农村非老年失独家庭来说，收入和健康状况均对其各类需求影响显著。值得注意的是，养老保险除了对老年失独家庭的精神娱乐需求有一定的显著影响，对其他需求均无显著影响，说明养老保险对农村失独家庭的养老需求影响不大。此外，如果能提高农村失独家庭的经济水平，那么其弱势地位也能在一定程度上发生改变，当然这些家庭在行动不便时也会需要更多的社会养老服务。实地调查的研究结果表明，老年失独家庭与非老年失独家庭在养老需求方面表现出来的差异性，受到各个因素的影响，这使得两种类型失独家庭的养老需求陷入了困境。

第九章　东部省份养老服务供给整合之二：浙江省杭州市智慧养老的经验推广

逐步进入老龄社会的中国，人口老龄化速度之快前所未有，但我国在应对人口老龄化问题上却存在老龄保障和服务发展滞后、政策制度准备不足等问题。智慧养老模式作为新兴的养老模式，是对传统养老方式进行的一场改革，也成为解决养老难题的一大路径。黄征宇（2010）认为智慧养老实际上就是利用物联网技术，使老年人的日常生活处于远程监控状态。随着各项信息技术在国内的大力发展，“智慧养老”的概念也随之更加完善。左美云（2014）提出智慧养老是指利用互联网、社交网、物联网等信息技术，围绕老人的安全保障、医疗卫生、生活起居等各方面支持老年人的生活服务和管理，通过运用信息技术设备对涉老信息进行自动监测和管理，给予及时的预警甚至主动处置，实现老年人自主式、个性化、友好地与这些技术进行智能交互。后来的大多数学者的研究也都较偏向于左美云对于智慧养老的定义。

杭州作为全国智慧养老项目起步较早、实践较久且相对较成功的城市，早在2010年就开启了智慧养老“关爱手机”试点，2013年开始全面实施智慧养老项目。智慧养老在杭州的蓬勃发展离不开杭州市养老服务政策的支持，与此同时，杭州市的各个社区也发挥着社区养老的优势，整合社区自有的各类资源依据杭州市的各项政策积极部署开展智慧养老实践。春晖社区作为一个典型的杭州市社区代表，社区老年人口比例也日益增长，养老困境是必须面对的一大民生难题，为了更好地解决社区老人的多样化养老需求，提升养老服务质量，春晖社区于2014年开始智慧养老的实践，以智慧养老信息平台为基础，结合养老智慧产品和线下智慧养老服务中心——“慧老驿站”开展智慧养老服务项目，到2020年已有6年的实践经验，与杭州市政府所要求的以智慧平台为依托、以社区居家养老服务为核心整合社区服务资源、社会化服务资源，利用信息化等先进手段及时高效地为老年人提供全方位、多层次、多元化的居家养老服务相符合，具有杭州市社区智慧养老实践的代表性和典型性。

第一节　杭州市“智慧养老”的提出

杭州市智慧养老于 2010 年开始萌芽，以呼叫器形式率先走进老年人的生活，开始了智慧养老新模式的实践。从古至今的历程来看，智慧养老经历了单一终端、多终端和全融合的三个阶段。

一、智慧养老的萌芽

杭州市的智慧养老服务最早起步于 2010 年，中共杭州市委、杭州市人民政府发布的《关于加快推进养老服务事业发展的意见》中提出：“全面推行和提升社区居家养老服务。依托家政服务网、居家护理网、社区关爱网、电子监护和紧急救助网等构建社区居家养老服务体系，是我市养老服务发展的主要形式。”首次提到使用电子监护这种科技产品的养老服务形式。2011 年 11 月中共杭州市委办公厅、杭州市人民政府办公厅印发《关于加快推进养老服务事业发展的实施细则》，文件中提出：“享受政府居家养老服务补贴的对象安装呼叫器的，由各区、县（市）民政局于每年 10 月底前将补贴对象名单报市民政局，经市民政局和市财政局共同审核后，由市财政按照安装费总额的 50%给予补助，其余费用由各区、县（市）财政给予解决。”对居家养老安装呼叫器进行了政府补贴，从某种层面上说鼓励了智能产品进入养老服务使用。随着这些智能产品不断进入养老服务使用中，也预示着新的养老模式正在酝酿。

二、智慧养老 1.0 时代——单一终端阶段

2013 年 2 月 19 日在杭州市第十二届人民代表大会第三次会议上时任杭州市市长邵占维在政府工作报告中提到为民办好十件实事之一就包含了建设杭州“数字养老”信息服务平台，信息呼叫服务基本覆盖主城区 70 岁以上独居、空巢老人。报告还对数字养老进行了定义，数字养老是指对有服务需求的老人派发专用手机或安装固定呼叫器，老人需要服务时只要通过手机或呼号器进行简单操作或电话拨打“96999”号码，就可以连接到全市统一养老服务平台的一种养老服务。而“数

字养老”就是“智慧养老”的前身。

2013 年 4 月，杭州市人民政府办公厅印发《关于成立杭州市“关爱手机”项目领导小组的通知》文件，大力推进“关爱手机”项目，及时高效地为老年人提供多层次、多元化、全方位的居家养老服务，并初步建立养老服务数字平台和呼叫受理中心。此“关爱手机”可帮助统一受理养老服务需求，可高效、快速地响应老年人的需求，实施紧急救助。其中搭建的养老服务数字平台和呼叫受理中心，就是智慧养老信息服务平台的前身。

随着“智慧杭州”城市建设的大力推进，2014 年 2 月 10 日在杭州市第十二届人民代表大会第四次会议上时任杭州市市长张鸿铭在政府工作报告中提到主城区基本实现居家智慧养老 15 分钟服务圈。同年 6 月，杭州市人民政府办公厅印发《深化农村居家养老服务的实施办法》，文件中提出：“‘智慧养老’是指以居家养老服务为中心，整合村（社区）社会化服务资源，利用信息化等手段及时高效地为老年人提供全方位、多层次、多元化的居家养老服务。各区、县（市）政府要搭建或借助‘96345’等平台资源建立‘智慧养老’信息服务平台，将呼叫系统与信息平台系统相连接，为农村老人特别是 70 岁以上的空巢、独居老人和 80 岁以上的高龄老人提供便捷的社区服务、家政服务、紧急救助和生活照料等服务。”该文件不仅对“智慧养老”的含义进行解读，也将智慧养老普惠到农村乡镇。

智慧养老的 1.0 时代以固定呼叫器和“老年关爱手机”为支撑，以通话服务功能为主。运用单一的手机、固定式终端，搭配一个服务平台，为老人及时提供紧急救助、生活服务、精神慰藉等服务，是杭州在全国率先探索养老服务的智慧模式初级形态。

三、智慧养老 2.0 时代——多终端阶段

随着公共服务功能的技术化和信息化水平不断提升，加之“互联网+”概念的到来，智慧养老 2.0 时代也随之应运而生。2015 年 11 月杭州市人民政府印发《关于推进“互联网+”行动的实施意见》，其中提出：“推进全国养老服务业综合改革试点城市建设，以社区养老为基础，搭建养老信息服务网络平台，提供护理看护、健康管理、康复照料等居家养老服务。”“加快推广基于移动互联网的便携式体检、紧急呼叫监控等设备，支持智能健康产品创新和应用，提高养老服务水平。”这也是杭州市首次提出养老与“互联网+”结合的概念。

2016 年杭州市民政局印发的《杭州市养老服务业发展“十三五”规划》中提到推动智慧养老系统升级。“借助互联网、物联网新技术，以‘虚拟养老院’建设为平台和抓手，强化养老服务的信息收集、整理和分析能力，充分利用大数据，

增强政府养老服务的决策、分析和供给能力。搭建市级统一的‘智慧养老’综合信息平台，实现居家养老服务、咨询解答、业务申请、公益互助、政府管理等五大功能的智慧升级，在老年人衣、食、住、行、医等方面提供实时、快捷、高效的‘一站式’服务。推动建设若干个示范性智慧养老社区，完善线上线下（O2O）老年人生活保障服务体系，让智慧养老服务真正落地。打造市级‘智慧养老’展示与服务中心。依托国家自主创新示范区，引导社会资本多方位、全角度参与智慧养老服务，发展远程监测、应急报警、生命信息感应、可穿戴设备等多种智慧养老产业。”

此外，杭州市在智慧养老不断更新升级服务终端和服务平台等“硬件”实力时，也不忘重视智慧养老综合服务在实施监管等方面的“软件”实力。2016 年 11 月出台的《杭州市智慧养老综合服务监管考核办法（试行）》对智慧养老综合服务监管考核进行定义，其是指依托市智慧养老监管平台，对各实施区域平台服务商提供的各项养老服务进行综合性考核评价。并就考核内容、要求等进行说明。推动杭州市智慧养老综合服务管理工作规范化、制度化、日常化，切实提高社会化养老服务水平和效率。

进入 2.0 时代，智慧养老不仅提高了智能科技的应用率，细化了相应准则，加强监察并细化到社区，在筛选上也制定了更为严格的标准。此外，养老服务终端也从 1.0 时代单一的手机、固定式终端，转变为五大类终端，以适应个性化需求。具体包括无线呼叫器；固定的居家式终端设备，如安装在家中的烟感、红外线监测设备；传统的带有紧急报警按钮的关爱手机；可穿戴健康监测设备，如智能手表；其他服务商自行开发的科技产品，符合要求，并经专家评审通过，也可纳入。每家服务商要提供三种以上的终端，手机、手表及定位器是基础设备。从“硬件”的提升到“软件”的配合，打造了全新升级的智慧养老 2.0 时代。

四、智慧养老 3.0 时代——全融合阶段

随着智慧城市建设大力推进，许多行业都插上了“互联网+”的翅膀，对于提高养老服务质量，养老与其他行业间破次元的融合也不再只是设想。2018 年 5 月《杭州市民政局等三部门关于进一步推进示范型居家养老服务设施建设的通知》（杭民发〔2018〕93 号）中提到积极开展全域或部分区域的互联网+配送餐服务。主城区依托覆盖全域的智慧养老服务平台，积极整合线上+线下各类餐饮服务资源，为老人提供一键预约+上门送餐的服务；具备条件的县城可在部分区域利用自身已有的服务网络、科技手段、智能设备，或通过与送餐网、外卖送餐企业（社会组织）合作等多种形式，为老人提供符合当地实际的配送餐服务。智慧养老服

务平台首次实现了与餐饮服务行业的融合。

2019 年 8 月《杭州市民政局关于印发〈杭州市“互联网+养老”服务工作实施方案〉的通知》（杭民发〔2019〕85 号）中的项目目标中提及要融入城市大脑整体规划；持续深化“最多跑一次”改革；尤其在“互联网+助餐服务”“互联网+护理服务”等老年人关注度高、需求强烈的方面开展特色服务项目，探索培育居家养老服务新型业态。从这些目标要求中，我们可以看出，智慧养老与“互联网+”进行了更深度的融合，以“智能化服务、大数据应用、全流程监管”为宗旨，创新“线上+线下”服务模式。

2019 年 8 月杭州市人民政府关于提请审议的《杭州市居家养老服务条例（草案）》议案中提到，市民政部门应当建立全市统一的养老服务综合信息平台，提供养老政策咨询、养老服务供需对接，开展服务质量监督评价；鼓励社会力量建设智慧养老服务平台，为居家老年人提供远程安全监测、应急救援、生活呼叫等服务。社会力量建设的智慧养老服务平台应当统一接入养老服务综合信息平台。首次提出社会力量建设的智慧养老服务平台与官方平台进行融合，这可以有效破除信息孤岛效应，让养老信息更好地得到共享和使用。

智慧养老 3.0 时代是一个全融合的时代，持续深化的“最多跑一次”改革让智慧养老与“智慧政务”的对接成为必然，而与“智慧医疗”的融合也早已成熟，现在随之而来的“互联网+助餐服务”“互联网+护理服务”等老年人关注度高、需求强烈的方面已经慢慢开启更多特色服务项目的探索，所以可以看到由于“互联网+”，我们的养老产业已经可以看到在未来和更多的行业进行融合的可能性，从而为更好地提高养老服务质量，不断提升老年人幸福感和获得感，便捷老年人生活创造更多的福利。此外，除了智慧养老与多行业的融合，还有智慧养老平台的融合，将社会力量建设的智慧养老统一接入养老服务综合信息平台，建立全市统一的养老服务综合信息平台，消除信息壁垒，有助于养老服务信息“跑路”，让这些养老数据发挥更好的作用。

第二节　杭州市春晖社区智慧养老实践

春晖社区位于江干区闸弄口街道（2021 年杭州市行政区划调整后隶属于杭州市上城区）的北部，小区建成于 1998 年，由三里亭苑一区、二区、百合公寓及广利佳苑组成。2019 年有住户 2010 户，其中有 60 周岁及以上老人的家庭 863 户（含空巢、独居老人 72 户），占家庭总户数的 42.94%。春晖社区是个典型的迁入型社区，共有居民 5730 人（流动居民 683 人），其中，0~14 周岁人口为 224 人，占3.91%；15~59周岁人口为4255人，占74.26%；60周岁及以上人口为1251人，占21.83%，其中80周岁以上老人180人。本节数据由闸弄口街道春晖社区居委会提供。

春晖社区居家养老服务中心于2006年9月成立，面积约600平方米。2014年10月，在江干区民政局的指导下，在闸弄口街道的支持下，建立了首个智慧养老服务中心——“慧老驿站”。该中心建设了信息平台，设计了业务流程，组建了专业化服务队伍，建立了老人基础信息数据库。服务体系主要包括线上服务和线下服务，为老年人提供生命安全保障和精神慰藉服务；同时，打造以老年食堂、照料中心为阵地的线下社区服务站点，整合500米半径内的各类为老服务资源，打造O2O生态服务体系。

一、春晖社区智慧养老模式

春晖社区智慧养老主要呈现“1+2+2”模式，即由“一个信息平台+两大项目+两个线下服务站点”组成。

1. 智慧养老信息平台

春晖社区智慧养老服务中心的智慧养老服务体系以养老服务需求为导向，以信息平台为载体，以智能应用为手段，整合数据采集、系统建立、平台搭建、终端运用及实体服务等环节，将老年人、老年人相关赡/扶养人、街道、社区、社区助老员、社区志愿者、社会组织及其他社会资源等紧密联系起来，让老年人足不出户就能享受实时化、多样化、个性化的全方位服务。

2. 安全援助项目

安全援助服务主要通过安装在老人家中的终端居家宝设备，对老人安全实施主动的监测，起到事前预防、事后救助的作用。一旦意外发生，能够第一时间发现并通知相关赡/扶养人及社区人员。高龄、独居、空巢、失独、残疾以及有突发性疾病的部分老人，政府提供兜底服务。终端为第一代居家宝，监测设备包括通信主机、移动紧急求助器、红外线感知仪、煤气探测器、烟雾探测仪。

3. 主动关爱项目

主动关爱项目包括电话关爱和上门关爱。电话关爱即提供每周一到三次不等的电话关爱服务，设置关爱主体和拨打频率，给空巢老人提供包括心灵慰藉、天气变化、养生建议、生日祝福、主动关爱、节日问候、健康干预等方面的信息，给予老人精神上的关爱。上门关爱则是结合社区义工资源，通过银龄（邻里）互助的形式，对一些需要重点关爱的空巢老人提供上门服务。

4. “慧老驿站”居家养老服务照料中心

春晖社区打造的“慧老驿站”居家养老服务照料中心就像一个供应“为老服务”项目的大超市，通过有效地整合政府、社区和社会为老资源，打造“社区十五分钟服务圈”。以无偿、低偿的形式为老人提供以“互联网+生活、健康养生、文娱健身”等为主的服务内容，实行会员制管理，开设远程监控监测、智能应用教学、艾灸、瑜伽、太极拳、公益理发、环保酵素、音乐鉴赏、周五影院等系列课程及服务，为社区老人创造一个安全舒适、和谐快乐的居家养老环境，实现照料中心专业化、品牌化、项目化运营。

5. 老年食堂

春晖社区着力打造面向社区老人的健康厨房，为老人提供安全卫生、健康营养、味美可口、价格实惠的就餐服务，并结合“互联网+配送餐服务”为有不便出行需求的老人提供配送餐服务。在保障老人安全、健康饮食之外，合理利用老年食堂场地资源和老年食堂就餐以外时间，通过沙龙、烹饪教学、烘焙 DIY、厨艺 PK 等多样化的形式向老人和居民普及健康饮食知识、传播健康生活理念，推进老年食堂可持续发展。杭州市春晖社区智慧养老模式如图 9-1 所示。

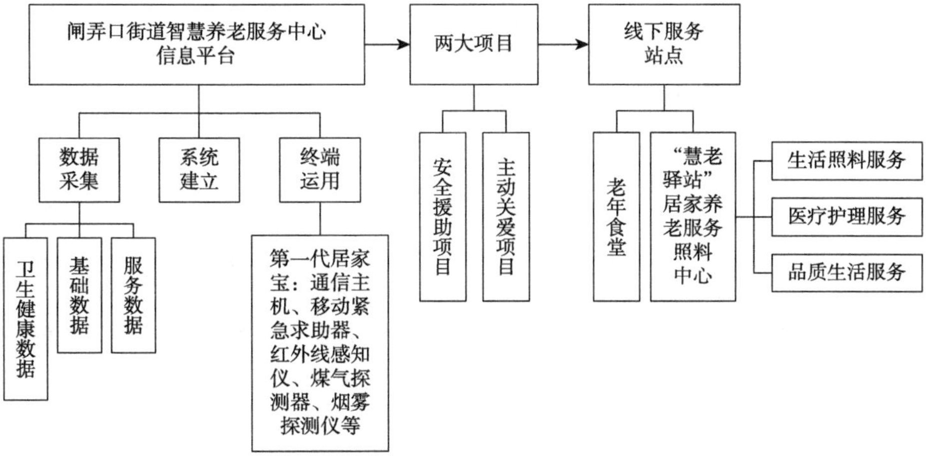

图 9-1　杭州市春晖社区智慧养老模式

二、春晖社区智慧养老服务运作

春晖社区智慧养老服务运作主要由智慧养老信息平台、智慧养老终端设备、线下实体服务站点三大板块构成。

首先，社区通过智慧养老信息平台对社区内所有老人的基础数据、卫生健康数据及服务数据进行采集，建立起相应的信息数据系统。其次，社区老年人可以通过与智慧养老信息平台相连接的通信主机、移动紧急求助器等智慧养老终端设备，向信息平台进行呼叫，智慧养老信息平台会根据呼叫内容，提供相应的紧急援助、上门预约等养老服务。而红外线感知仪、煤气探测器、烟雾探测仪等智慧养老终端设备则是对社区老年人的居家生活环境进行实时的安全监测，并将相应的安全数据信息传送到智慧养老信息平台，这些数据经过系统分析处理后，社区智慧养老服务中心的工作人员会根据数据系统给出的提示对存在居家安全风险的老人进行安全提示或者紧急援助。最后，春晖社区老人还可以根据自身需求前往“慧老驿站”居家养老服务照料中心和老年食堂两个线下实体服务站点，以无偿或低偿的形式选择包括生活照料、医疗护理、品质生活三大类的个性化养老服务。

三、春晖社区智慧养老服务内容

春晖社区坚持边实践边探索，充分利用和整合社区内的各种资源，丰富智慧养老服务内容，通过多渠道智慧路径，希望实现对社区全体老人的智慧养老全覆盖，让老人充分享受到智慧养老带来的便捷和舒适。

（一）生活照料服务

（1）整合场地资源，打造一站式服务驿站。春晖社区将一座近 90 平方米的废弃水泵房改建为总面积约 300 平方米的“慧老驿站”，“驿站”分上下两层，一楼为“夕阳厨房”，低价为老人提供就餐、送餐服务；二楼为“智慧生活馆”，设置医疗保健室、心理疏导室、“智慧体验室”等功能区域，根据老年人的不同需求，量身定制服务菜单，为老年人提供每天的智慧养老活动项目。

（2）做好人员配备，培养专兼职服务人员。“慧老驿站”配备民非组织专业为老工作人员 1 名，为老年居民提供集安全援助、主动关爱、居家服务、健康档案、便利代购和互助时间银行“六位一体”的慧老服务。同时，社区配备助老工作人员 1 名，为老年居民提供上门服务、走访慰问、结对关爱等特殊服务。

（3）远程数据监测，配备“五种装置”保平安。在申请服务的老人家中安装烟感探测器、煤气探测器、红外人体感知仪、随身紧急按钮、综合报警主机等 5 个“安全智能卫士”电子设备，通过红外线实时监测，超过 12 小时无行动迹象，即刻向信息中心平台报警。在触发紧急按钮时，“慧老驿站”会立即电话确认，援助拨打报警、火警、急救等电话，并根据信息数据库向急救人员提供老人血型、过敏史等基础医疗信息，有效提高了漏气起火、疾病突发等紧急突发状况的应对能力。截止到 2019 年 3 月底，驿站接到设备报警 7 起，及时联系老人家属，防范意外发生。

（二）医疗护理服务

（1）依托“智慧医疗”，共享居民健康电子档案。社区居家养老服务中心还与周边医院合作，进行智慧升级。社区老人可去地段医院建立、完善自己的健康电子档案，有了这份档案社区老年人就可以查询到自己的病史、体检、慢性病等信息。而且，现在春晖社区的老年人只要来到社区的居家养老服务中心，就可以检查自己的身体，并查看医院报告，真正实现了远程管理。

（2）成立网格义诊小分队，丰富医疗服务。网格义诊小分队不仅可以为老年人建立健康档案，提供疾病防治、康复护理、日常血压测量以及紧急救助等服务，还可以协助困难老人提供送医、送药的特需服务。此外，在社区中还会定期开展坐诊服务为辖区老年人提供免费专家义诊服务。

（三）品质生活服务

（1）智慧应用教学，标榜“互联潮人”提品质。如今生活中处处都离不开电子产品，许多老年人也非常渴望尝试学习手机微信、上网操作等应用，但是无奈子女不在身边没有人可以教会他们。“慧老驿站”开设了手机微信、上网操作等课程，让老年人参与到现代互联网活动中来，通过志愿者的教学让老年人学会使用电子产品。“慧老驿站”的智慧教学主要是请大学生志愿者为辖区老年人讲解计算机应用入门方面的知识和手机微信的使用，使老年人能利用互联网建立自己的邮箱，学会上网聊天，以及利用微信给儿女发信息、图片，让老年人做一回“互联潮人”。

（2）会员招募制度，特享 VIP 预约服务。为了让“慧老驿站”更集中地为老年人提供 VIP 级的服务，社区实行会员制，为会员提供专项预约服务。每个老人填写会员申请表即可成为会员，获得会员 IC 卡（integrated circuit card）一张，凭此卡，驿站会员可以享受菜单式预约服务。VIP 预约服务控制服务人数，确保服务质量，提高服务准入制，为会员提供更为优质的服务。

（3）电商购物体验，享受“线上线下”快易购。社区电子商务购物是针对“慧老驿站”的会员推出的一项网站进行的交易行为。电子商家在“慧老驿站”内线下免费提供产品，如电子保健器械、养生保健品等让驿站会员进行体验，而会员则根据自己对产品的使用情况来自主选择线上采购。此服务项目对电商而言以低成本形式做到了广告宣传；对会员而言提供了一种更为便捷的社区在线销售方式；对“慧老驿站”而言则是利用服务平台既采购了常用产品又服务了会员，具有快速、高效、低成本等特点，真正做到了快易购。

四、春晖社区智慧养老特征

1. 充分运用先进科学技术

智慧养老服务的开展离不开先进的科学技术。春晖社区就是充分利用了互联网、物联网、大数据等先进科技，搭建了智慧养老服务信息平台，建立数据系统，全面收集社区内老年人的个人、家庭、健康、医疗等信息数据，形成老年人的专属个人健康档案。通过数据系统对这些大数据的分析处理，智慧养老服务中心的工作人员便可以更有效地对社区内老人的情况进行了解，提供社区老年人相应需要的养老服务。而红外线感知仪、煤气探测器、烟雾探测仪等智慧养老服务终端则是对物联网技术的成熟运用，针对高龄、孤寡、独居、空巢、失独、残疾以及有突发疾病的部分老人，这些智慧养老服务终端具有很好的安全监测功能，可以起到事前预防、事后救助的功能。

2. 充分挖掘个性化养老服务

随着人们生活水平的提高，老年人的经济水平也有了较大的提升，养老服务需求也从基础的生活照料转变为更高质量、更多元化的养老需求。春晖社区在不断的实践和摸索中，在生活照料、医疗护理、品质生活三大类服务的基础上，“慧老驿站”居家养老服务照料中心结合自身场地情况、服务人员情况，不断延伸服务内容，根据老人喜好调研而开设各项课程以满足老年人精神层面的需求，小到“代跑腿”便捷老人生活，充分让社区老年人不只老有所养、老有所医、老有所乐，还能老有所学。此外，“慧老驿站”居家养老服务照料中心还推出会员服务制度，让养老服务更具个性化，有特殊需求的老年人还可以有偿定制个性化的养老服务内容，让“慧老驿站”居家养老服务照料中心量身定制服务菜单，让不同需求不同经济水平的老人享受到自己所能负担且真正所需的养老服务内容。

3. 充分发挥社区养老服务主阵地作用

春晖社区十分重视智慧养老服务工作，在制度建设方面，在两委班子及社区工作者的共同努力下，建立了社区管理人员的轮班制度、“慧老驿站”管理人员的管理制度、社区“慧老驿站”志愿者管理制度三项制度。确保社区的智慧养老服务工作顺利、有序地开展，呈现出欣欣向荣的景象。在养老氛围宣传中，社区也不遗余力地积极作为。每逢春节、夏季、“七一”前夕、重阳节，春晖社区积极慰问老党员、老劳模、老干部、困难家庭等人员。对八十岁以上无劳保老人实行高温慰问和春季慰问。而且每年节日到来之际，社区都会挂上宣传横幅和宣传画，宣传尊老、敬老、爱老、助老的传统美德，积极组织开展各项丰富多彩的系列活动。此外，社区还充分利用宣传栏、宣传橱窗、黑板报和科普长廊大力宣传老年人权益法以及一些疾病预防、康复措施、养生保健知识等内容，使如何保护和维护老年人各项权益的法律、法规宣传做到家，更好地让社会都来关心和帮助老年人。

4. 充分整合社会化资源

在智慧养老服务工作中，社区积极整合各项资源，引进社会资源，利用各种形式为社区老年人提供生活帮助与照顾，并丰富他们的精神文化生活。社区内的“慧老驿站”智慧养老服务中心广泛与社区外组织合作，成立了社区舞蹈队、社区太极拳等社区文化队伍，丰富老年居民生活。在提供养老常规服务的基础上，社区的线下实体服务站点“慧老驿站”居家养老服务照料中心还与周边医院开展合作，进行智慧医疗升级，实现医养结合。社区老年人只要来到“慧老驿站”居家养老服务照料中心，就可以检查自己的身体，并查看医院报告，真正实现了医疗远程管理。

为防止春晖社区“慧老驿站”居家养老服务照料中心出现有名无实的现象，春晖社区以政府购买服务形式引进专业社会组织——“海阳慧老服务”，该社会组织具备承接街道智慧养老服务在社区的落地功能，同时基于社区居家养老服务阵地，通过有效整合政府、社区及社会资源，提供社区体育健身、养生保健等服务。

5. 充分吸纳多元化养老服务人员

为丰富春晖社区“慧老驿站”居家养老服务照料中心的服务人员队伍，使为老服务人才队伍更具多元化，春晖社区“慧老驿站”联合“黄丝带手牵手”先锋社团，开展“黄丝带”邻里守望行动，为老人提供送餐、买菜、陪聊、陪看病、量血压、测血糖、理发等一系列的居家养老服务。此外，为了给老年人提供新颖别致的课程体验，“慧老驿站”居家养老服务照料中心还招募了两支特色志愿服务队，一为运动健身团队，让老年人注重自身的健康保养，开设了太极导引功、广场舞等运动型课程，培育社区老年运动健身团队；二为活窍门团队，让老年人通过学习能巧妙运用生活窍门，学习酵素制作、花卉养殖等，使生活品质得到提升，并从中培育老年课堂骨干学员作为助教。

此外，春晖社区“慧老驿站”居家养老服务照料中心还与浙江中医药大学、浙江师范大学等院校进行沟通，将“慧老驿站”居家养老服务照料中心打造成为大学生实训基地，定期为老年人提供养生保健、心理咨询等专业服务，为辖区内的老人提供更优质的服务。截至 2019 年 9 月已有超过 500 名大学生在春晖社区“慧老驿站”实训基地开展了超过 200 次的为老服务，其中包括养生保健讲座、心理咨询服务、智能设备教学使用等。

第三节　春晖社区智慧养老服务及其满意度调查

为深入了解春晖社区智慧养老服务状况，课题组设计了“春晖社区智慧养老服务现状与老年人满意度”调查问卷，参见附录 3。本次共对春晖社区 60 周岁以上老年人进行抽样调查，发放问卷 200 份，收回 193 份，其中有效问卷 180 份，有效率为 90%。问卷内容涉及三个部分，第一部分为老年人个人和家庭的基本情况，第二部分为春晖社区智慧养老服务现状调查，第三部分为春晖社区“慧老驿站”智慧养老服务满意度调查。为了有效地收回问卷，对于部分文化程度较低和身体状况不佳的老人采取直接访谈或者亲属代为填写的方式，从而使调查对象对问卷部分存在理解困难而造成的误差降到最低。在问卷调查的同时，我们还对春晖社区居家养老服务的运营者、社区人员和志愿者进行了访谈（附录 4），以了解智慧养老服务在实践中存在的具体问题以及后续工作开展方面的建议。

一、样本概况

（一）人口学特征

在受访者中，男性 87 人，占 48.33%；女性 93 人，占 51.67%，男性比例略低于女性比例。受访者中已婚 159 人，占被调查人数的 83.33%；丧偶 15 人，占被调查人数的 8.33%；离婚 6 人，占被调查人数的 3.33%。在年龄结构上，60~64 周岁的老人为 78 人，占 43.33%；65~69 周岁的老人为 42 人，占 23.33%；70~74 周岁的老人为 24 人，占 13.33%；75~79 周岁的老人为 18 人，占 10%；80 周岁及以上的老人为 18 人，占 10%。从数据可以看出，春晖社区养老服务对象多为 80 周岁以下的老人，他们相较于高龄老人有更好的服务接受能力。

春晖社区老年人的文化程度水平相对不高，以初高中学历为主。具有小学及以下文化程度的老人为 39 人，占被调查人数的 21.67%；具有初中文化程度的老人为 66 人，占被调查人数的 36.67%；具有高中文化程度的老人为 48 人，占被调查人数的 26.67%；具有大学专科文化程度的老人为 12 人，占被调查人数的 6.67%；具有大学本科文化程度的老人为 12 人，占被调查人数的 6.67%；具有硕士及以上文化程度的老人为 3 人，占被调查人数的 1.67%。

受访者中有 117 人为春晖社区户籍，占被调查人数的 65%；杭州其他地区户籍 39 人，占被调查人数的 21.67%；外地户籍 24 人，占被调查人数的 13.33%。春晖社区老人以杭州本地户籍居多，户籍情况可能与老年人的养老观念、收入水平等有一定程度上的关联。

受访者中退休前为党政机关公务员的老人有 9 人，占被调查人数的 5%；为事业单位人员的老人有 12 人，占被调查人数的 6.67%；为军人的老人有 3 人，占被调查人数的 1.67%；为科研人员的老人有 2 人，占被调查人数的 1.11%；为医务人员的老人有 6 人，占被调查人数的 3.33%；为教师的老人有 9 人，占被调查人数的 5%；为国企人员的老人有 15 人，占被调查人数的 8.33%；为公司、工厂职员的老人有 37 人，占被调查人数的 20.56%；为个体私营业主的老人有 27 人，占被调查人数的 15%；为自由职业者的老人有 12 人，占被调查人数的 6.67%；为其他职业的老人有 48 人，占被调查人数的 26.67%。

受访的大部分老年人退休金在 1001~3000 元和 3001~5000 元两档，分别占到被调查人数的 30%和 43.33%，而且 50%以上的老年人家庭收入超过 10 000 元。春晖社区老年人经济来源主要靠退休养老金，占被调查人数的 76.67%。在对于自我经济状况的评价中，评价自己经济状况相当富余的有 6 人，占被调查人数的 3.33%；评价自己经济状况有余的有 33 人，占被调查人数的 18.33%；评价自己经济状况够用的有 78 人，占被调查人数的 43.33%；评价自己经济状况大致够用的有 57 人，占被调查人数的 31.67%；评价自己经济状况有些困难的有 6 人，占被调查人数的 3.33%。因此，大部分春晖社区老年人对于自己的经济状况评价都较好，能够应对日常开销，经济基础决定养老生活品质，良好的经济状况有利于老年人对于养老服务有更多样化的选择和需求，也可以促进养老服务业的发展。

（二）健康状况

在受访者中，自述非常健康完全可以自理的有 86 人，占被调查人数的 47.78%；患有慢性病但基本可以自理的有 78 人，占被调查人数的 43.33%；患有疾病需要有人照顾的有 12 人，占被调查人数的 6.67%；病重完全不能自理的有 4 人，占被调查人数的 2.22%。春晖社区老年人的疾病困扰主要集中于慢性病方面，如高血压和糖尿病。

（三）居住情况及子女情况

在春晖社区受访老人中，有 15 人为独居，占被调查人数的 8.33%；仅与老伴两人居住的有 83 人，占被调查人数的 46.11%；与子女一同居住的有 45 人，占被调查人数的 25%；与老伴、子女一同居住的有 34 人，占被调查人数的 18.89%；与亲戚朋友一同居住的有 3 人，占被调查人数的 1.67%。从数据中可以发现，半数以上老人属于独居或者与老伴两人居住，养老只能靠自己和老伴，虽然居住空间较舒适但是面对突发疾病或安全状况时会相当不便。

二、智慧养老服务利用情况

春晖社区提供的智慧养老服务主要分为生活照料服务类、医疗护理服务类、品质生活服务类三大类。接受过社区智慧养老服务的受访者，对于各项服务参与使用的积极程度各不相同，其中通过智慧养老终端，获取在线咨询、预约挂号、远程会诊、网上购药、缴费报销、结果查看、紧急救助等服务的使用人次最高，占 78.57%，通过利用无线传感器和报警系统等信息技术，获取送医、送药、心理咨询服务（如一键通紧急呼叫）、精神慰藉服务的使用人次最低，占 37.30%，其他春晖社区智慧养老服务的使用人次较为平均，基本在 50% 以上。具体如表 9-1 所示。

表 9-1 春晖社区受访者智慧养老服务利用情况

服务内容	使用人次	比例
生活照料服务		
A.通过智慧养老终端，获取生活安全便利服务（如智能家居应用、居家防盗红外探测、烟感探测设备、煤气探测设备、红外人体感知仪等）	68	53.97%
B.通过智慧养老终端，获取送餐服务	89	70.63%
C.通过智慧养老终端，获取上门打扫卫生服务	82	65.08%
D.通过智慧养老终端，获取代缴生活费用服务	93	73.81%
E.通过智慧养老终端，获取代买米、面、油等基本生活物品服务	63	47.62%
医疗护理服务		
F.通过智慧养老终端，获取医疗保健知识指导服务	78	61.90%
G.通过智慧养老终端，获取在线咨询、预约挂号、远程会诊、网上购药、缴费报销、结果查看、紧急救助等服务	99	78.57%
H.通过利用无线传感器和报警系统等信息技术，获取送医、送药、心理咨询服务（如一键通紧急呼叫）、精神慰藉服务	47	37.30%

续表

服务内容	使用人次	比例
品质生活服务		
I.通过智慧养老终端，预约线下瑜伽、生活小妙招课堂等服务	72	57.14%
J.通过智慧养老终端，获取线上学习课程服务	88	69.84%
K.通过智慧养老终端，获取线下免费试用后再线上下单购物服务	61	48.41%
L.其他	13	10.32%

三、智慧养老服务的满意度分析

1. 总体评价

春晖社区“慧老驿站”养老服务项目分为生活照料服务、医疗护理服务、品质生活服务三大类13个项目，社区老人根据自己对各个项目的服务体验感进行相应的评价（表9-2）。

表9-2　春晖社区受访者对“慧老驿站”养老服务项目的满意度情况

服务内容	满意	基本满意	基本不满意	不满意	不了解
生活照料服务					
“慧老驿站”烟感探测器、煤气探测器、红外人体感知仪、随身紧急按钮、综合报警主机五种生活安全装置服务	54.76%	30.95%	4.76%	2.38%	7.14%
“夕阳厨房”就餐、送餐服务	57.25%	26.09%	9.52%	0.00%	7.14%
“慧老驿站”居家服务（如上门打扫卫生）	59.53%	30.95%	0.00%	4.76%	4.76%
“慧老驿站”代办服务（如代缴生活费用）	50.00%	33.33%	7.14%	0.00%	9.53%
“慧老驿站”代购服务（如代买米、面、油等基本生活物品服务）	59.52%	28.58%	4.76%	0.00%	7.14%
医疗护理服务					
“智慧生活馆”医疗保健室服务（如获取医疗保健知识指导）	54.76%	30.95%	2.38%	0.00%	11.90%
“智慧生活馆”心理疏导室服务（如获取心理咨询指导）	45.24%	35.71%	0.00%	0.00%	19.05%
“慧老驿站”健康档案服务（如在线咨询、预约挂号、远程会诊、网上购药等服务）	54.76%	26.19%	9.52%	0.00%	9.52%
“慧老驿站”关爱服务（如送医送药、精神慰藉等服务）	47.62%	33.33%	9.52%	0.00%	9.52%
品质生活服务					
“慧老驿站”手机、网络课程学习服务	45.24%	42.86%	4.76%	0.00%	7.14%
“慧老驿站”线上线下快易购服务（获取线下免费试用，线上自主购买商品服务）	40.48%	42.86%	7.14%	2.38%	7.14%
“慧老驿站”会员VIP预约服务	45.24%	47.62%	0.00%	0.00%	7.14%
“智慧体验室”服务（如每周电影预约播放、预约线下瑜伽等课程）	47.62%	45.24%	0.00%	0.00%	7.14%

从表 9-2 可看出，社区老人对于“慧老驿站”提供的智慧养老项目总体满意度还是较好的，各个项目的满意与基本满意度之和均在 80%以上，对于个别存在不满意的项目说明春晖社区“慧老驿站”在这几项服务中还存在一定的进步空间，需要根据社区老人的实际反馈情况去改善相应项目的服务。

2. “慧老驿站”服务价格评价

由图 9-2 可知，受访者中认为满意的有 36 人，占 28.57%；基本满意的有 75 人，占 59.52%；基本不满意的有 12 人，占 9.52%；不满意的有 3 人，占 2.38%。由于春晖社区“慧老驿站”目前所提供的智慧养老服务项目较多是由社区补贴或社会组织赞助的免费服务项目，个别需要收费的项目也是老年人根据自身意愿购买或者定制的专属个性化服务，因此可以看出春晖社区大部分老年人对于服务价格还是满意的。

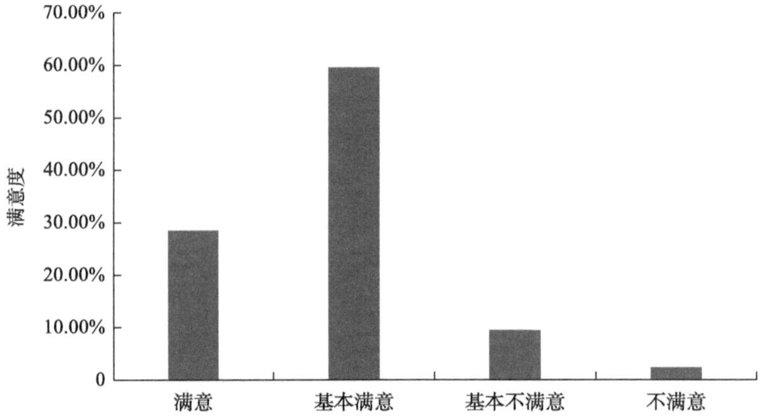

图 9-2　“慧老驿站”服务价格评价

3. “慧老驿站”服务人员专业水平评价

由图 9-3 可知，受访者中认为满意的有 33 人，占 26.19%；基本满意的有 81 人，占 64.29%；基本不满意的有 9 人，占 7.14%；不满意的有 3 人，占 2.38%。总体来看，春晖社区老人对“慧老驿站”智慧养老服务人员专业水平评价以基本满意占大多数，另有 26.19%的人评价为满意，说明慧老驿站智慧养老服务人员专业水平基本符合春晖社区老人的内心标准，当然对于存在不满意的情况还需要根据实际情况进行服务上的改进，并且根据社区老人的实际服务需求加强服务人员的相应专业水平的培训，以期获得更高的满意度。

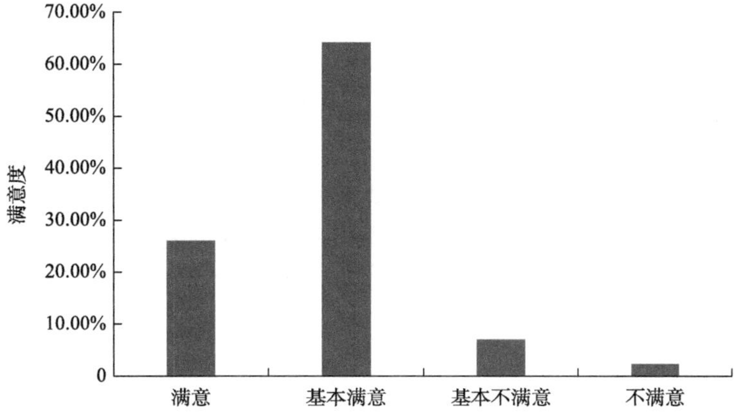

图 9-3　“慧老驿站”服务人员专业水平评价

4. “慧老驿站”服务速度评价

图 9-4 表明，受访者中认为满意的有 39 人，占 30.95%；基本满意的有 69 人，占 54.76%；基本不满意的有 12 人，占 9.52%；不满意的有 6 人，占 4.76%。总体而言，春晖社区老人对于“慧老驿站”智慧养老服务的速度满意度评价也是较好的。

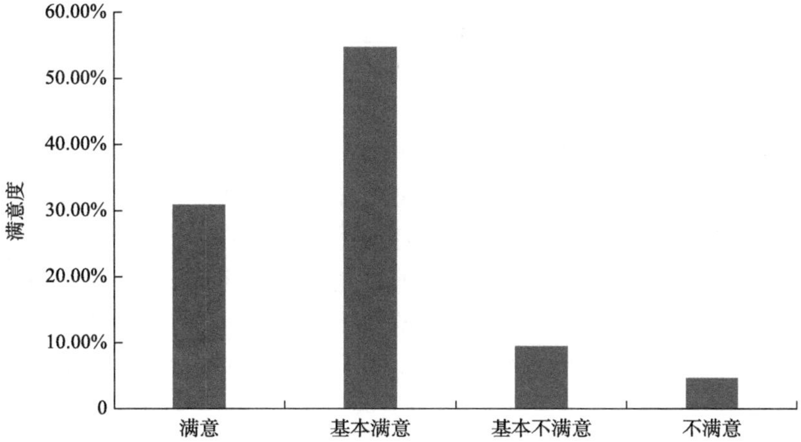

图 9-4　“慧老驿站”服务速度评价

第四节　智慧养老“杭州模式”的特征

在前文总结春晖社区智慧养老特征的基础上，结合杭州市养老服务政策和杭州市各区（县）智慧养老实践的成功经验，凝练出智慧养老“杭州模式”的特征。

一、智慧居家养老的特征

随着老龄化程度的加剧，老年人对于传统居家养老理念的执着，智慧居家养老模式成为杭州市各城区积极探索和实践的一种重要养老模式，呈现出服务更加智能、设施更加标准的特征。此外杭州市也十分重视农村居家养老工作，让好的智慧居家养老服务惠及农村。

（一）服务智能化

智慧居家养老是基于信息化科技建立的支持家庭温情养老的一种新型社会养老模式。它是对传统居家养老的信息化、智能化升级，并在充分融合了高科技的辅助功能后，使得居家的老年人可以享受到家庭成员的亲情。因此，服务的智能化是必不可少的。

1. 智慧信息平台的运用

2015 年杭州市民政局开始新一轮的智慧养老方案制订，利用“互联网+”来提升智慧居家养老服务，设计、建设了新的养老信息平台。通过搭建市级统一的智慧养老综合信息平台，实现居家养老服务、政府管理、业务申请、咨询解答、公益互助等五大功能的智慧升级，在老年人衣、食、住、行、医等方面提供实时、快捷、高效的“一站式”服务。而且，2019 年 8 月提请审议的《杭州市居家养老服务条例（草案）》议案中提到，要将社会力量建设的智慧养老服务平台统一接入养老服务综合信息平台。这样不仅能使养老数据得到有效收集和管理，强化养老服务信息的分析能力，对全市老年人的整体情况和服务需求有更好的了解，而且老年人在办理各项养老事项时可以足不出户轻松解决，让他们的养老生活更加便捷。

2. 智慧产品的运用

杭州市智慧养老服务中，基本在使用的智慧产品包括智慧呼叫终端、移动紧急求助器、安全监测装置等，囊括了生活服务、紧急救护、远程监测等方面的使用场景，只是在实际使用中杭州市各城区对智慧产品的叫法各有不同。例如，本书研究的春晖社区在智慧养老实践中使用的通信主机、移动紧急求助器、红外线感知仪、煤气探测器、烟雾探测仪；滨江区使用的交互式摄像机、红外线报警盒；上城区使用的“一键通呼叫器”，西湖区的“照护宝”等都是智慧产品在杭州市智慧养老实践中的实际应用。而这些智慧产品的使用，也让养老服务工作在老年人居家养老服务需求发生时可以更加快速地响应，使得老年人在居家养老时更有安全感和幸福感。

（二）设施标准化

居家养老服务设施作为智慧居家养老的基础，逐步规范和标准化是杭州市在推进智慧养老过程中一直完善的基础工作，因为只有当居家养老基础设施完备的情况下智慧居家养老才有提供更好智慧居家养老服务的条件支撑。一是明确养老设施规划。2010 年杭州市出台《养老服务设施布点规划（2010-2020）》明确了以每百户 20 平方米、最少不低于 200 平方米标准配置。二是规范居家养老照料中心的相关标准。2012 年杭州市发布《城市社区居家养老服务照料中心建设与管理规范》，明确了居家养老照料中心的建设标准、服务内容、管理模式和管理队伍。2016 年出台的《关于进一步提升我市居家养老服务照料中心建设和服务水平的指导意见》更是明确了杭州市居家养老服务照料中心的建设进度和任务，计划到 2020 年底，实现全市街道（乡镇）级照料中心全覆盖。

（三）城乡一体化

在智慧养老的推广过程中，杭州市为积极应对我市农村人口老龄化发展形势，也为了满足广大农村老年人日益增长的养老服务需求，推进农村养老服务事业发展，在农村也开启实施智慧养老工程，提升农村养老服务质量。《杭州市人民政府办公厅关于印发〈深化农村居家养老服务实施办法〉的通知》（杭政办函〔2014〕89 号）中指出，农村智慧养老是指以居家养老服务为中心，利用信息化手段高效及时地为农村老年人提供多元化、多层次、全方位的居家养老服务。各区、县（市）政府要搭建或借助“96345”等平台资源建立智慧养老信息服务平台，将呼叫系统与信息平台系统相连接。同时，各区、县（市）政府可结合实际不断丰富呼叫终端服务功能，对呼叫终端安装数量、服务情况等进行实时监督，确保智慧养老平台高效、规范运行。杭州市将智慧养老工作实现城乡一体化，让全市老年人都能共享养老福利。

二、智慧社区养老的特征

智慧社区养老是智慧养老和社区居家养老融合而成的新型养老模式，正是因为它将社区空间纳入了智慧养老模式而具有了更高的可行性，不仅能充分发挥智慧养老的优势，还能兼顾老年人居家养老的情感和精神诉求。而且智慧社区养老是结合智慧养老在社区平台上的应用，是将智能设备和信息化技术都嵌入到传统的社区居家养老服务中，不仅能够疏解养老的供需矛盾，优化资源配置，而且可以帮助老年人不用走出社区就可以享受到高质量的养老服务。因此，杭州市将各种智慧养老服务集成进社区，并对智慧养老服务项目进行了精细化的探索，再通过引入社会资源，丰富养老服务队伍的组成，让智慧社区养老服务更便捷且更具品质，提升老人幸福感。

（一）服务便捷化

社区作为智慧养老的主阵地，为了让社区养老服务更智慧、更便捷，社区将不同功能的养老服务内容集成在一起，让社区老人可以不走出社区就能就近享受到服务。杭州市各社区结合居家养老照料中心建设，将援助中心、托老中心、康复治疗中心、餐饮配送中心、文化娱乐中心、示范指导中心等具有功能性和综合性的服务中心集成在社区内，结合当前的先进互联网科技，使社区内老人足不出户就可以享受到紧急救助、生活照料、康复治疗、餐饮配送、文化娱乐等内容丰富的养老服务。例如，本书研究的春晖社区就将老年食堂、医疗保健室、心理疏导室、智慧体验室等功能中心集合在社区中，为社区老人提供多样化的智慧养老服务，社区老人可通过智慧终端进行预约服务，使养老服务更高效的同时也使社区内的老人拥有更多的选择。

滨江区则构建了养老“一主三辅多基点”格局，其打造的街道级照护中心不光有日托照护功能，同时将医养结合，还有老年食堂、文化设施，更像是一座商场综合体。[①]拱墅区“1234+*X*”阳光老人家，其中的“2”即“阳光食堂、阳光客厅”两厅堂，而“3”即“阳光休养中心、阳光乐养中心、阳光健养中心”三中心，将餐饮、休闲娱乐、健康养护服务等功能集合在一起。

（二）项目精细化

随着智慧社区养老的日趋成熟化，社区老年人对于智慧养老服务项目也有了更多的要求。杭州智慧社区养老早期的服务内容主要为运用专用老年手机或者固定呼叫器来呼叫平台派发家政服务、生活照料和紧急救助服务。随着信息化和智能化水平的提升，现如今的智慧社区养老服务内容已经在原来的基础上，不断精细化、个性化以满足不同需求的社区老人。杭州市委办公厅、市政府办公厅下发

① 《老有所养“此心安处是滨江”》，https://hznews.hangzhou.com.cn/xinzheng/quxian/content/2018-07/19/content_7038086.htm。

《关于印发杭州市养老服务业综合改革试点方案的通知》（市委办发〔2016〕56号），也明确了在深化“互联网+”背景下，要在做精做优现有16类居家养老服务基础上，以社区居家养老服务为核心，有针对性地开展养老服务设计，积极拓展名医问诊、家政服务、生活帮助、紧急救助等个性化需求的服务内容，实现数字化和点对点精准化的为老服务。这也促进了各社区要不断结合当前社区老年人的实际养老需求，对社区智慧养老服务项目的不断精细化，从原来的老有所养、老有所医，到现在不断拓展到老有所乐、老有所学、老有所为等方面。

例如，拱墅区“阳光老人家”根据自身实际结合当前老年人需求拓展服务内容，更加注重为老年人提供日托、中短期全托、助医、助餐、助洁、助浴、助行等刚性服务，满足更精致化的养老需求。西湖区则是从生理需求、安全需求、爱与归属需求、尊重需求、自我需求五大方面，提供生活照料、安全和健康监测、心理健康、文化娱乐等项目服务（汤臻怡，2015）。

（三）资源社会化

随着社区对智慧养老服务工作的不断深入，也为了更高、更好的服务质量，社区不断整合社会资源，引进社会力量让社区智慧养老服务更加高效和专业。一是引进专业社会养老组织进社区提供养老服务。社区通过购买服务，积极引进各类社会组织在社区开展养老服务活动，社区只要做好提供场地和服务落地工作，大力推进社区照料中心由社会组织整体承接实现实体化运营。目前杭州全市照料中心均不同程度地引入了社会组织服务，培育专业养老社会组织169家，形成“夕阳红”“慈爱嘉”“海阳”“养安享”等专业品牌（潘海生和陈娜，2016）。本着“专业人做专业事”的理念，从设计、建设到运营，很多社区都引入专业机构的参与，如西湖区引入绿城、巾帼西丽，下城区引入朗和，江干区引入朗颐、佰乐时光。再比如拱墅区通过居家养老服务“即申即评”、家电统保“网上派单”等服务项目，发挥社会组织专业优势的最大效用。目前，已引入公羊会等一大批优质社会组织（企业），建成的10家“阳光老人家”站点全部实现社会化运营。[①] 春晖社区引进“海阳慧老服务”机构开展社区居家照料中心平台运营。

二是引进社会养老服务人员。由于社区工作人员数量的局限性，社区智慧养老服务人员必然不足以满足社区老人的养老服务需求，因此引进社会养老服务人员也是必不可少的。社区联合公益组织或者社团进社区开展为老服务活动，丰富养老服务内容的同时也优化了社区服务质量。

三是社区通过联合各大高校，让学生志愿者以开展养老服务实训的方式，为

① 《杭州市拱墅区：智慧养老服务平台上线了》，https://www.linkolder.com/article/11971154。

社区老人提供更优质的服务。例如，笕桥街道大力推进第三方托管老年食堂和养老照料中心的建设与运营，不断拓展社区为老服务内容。截至目前已有蒋金海爱心车队、金秋服务中心、仁本职业培训学校等多家民办非企业单位参与到街道为老服务工作中来（唐学基和陈雪昊，2019）。

（四）服务队伍多样化

首先，相较于从前，当前的社区智慧养老服务队伍已逐渐壮大并且呈现出多样化的趋势。在社区自有的管理服务队伍基础上，社区还会积极发动社区居民投身到养老服务志愿队伍中，壮大社区自身的养老服务队伍。

其次，杭州市银龄互助志愿者队伍发挥健康低龄老人“年龄相近、性情相投”的特点，立足社区这个维度，从结对关爱高龄、失能、独居、空巢等有特殊需要的老年人入手，为需要帮助的老人提供力所能及的邻里守望、生活照顾、精神关爱等志愿服务，让老年人成为自我服务主体的同时也成为养老服务队伍的重要组成部分。此外，杭州市依托市民卡开发的“志愿汇”APP，实施“时间银行”办法记录志愿服务，通过志愿服务时长来换取免费服务或者实物，并以此积极鼓励志愿者参与到为老服务中。另外还有来自公益组织、社团的成员和高校实训学生，也通过与社区联合结对的方式逐步补充到社区养老服务队伍中，为社区老人提供丰富的养老服务内容的同时使社区养老服务队伍组成更加多样化。

最后，社区还可以借助居家照料中心平台，以项目招标、公益创投等形式积极引进专业的养老服务队伍，主要负责老年人护理、照料、康复等需要专业技术的养老服务项目，以保障社区智慧养老服务队伍的专业性。例如，拱墅区以社区为依托，分别成立“阳光好管家”“阳光好小二”“阳光好帮手”“阳光好大夫”四支专业为老队伍，常驻于阳光养老服务中心，其中“阳光好管家”是指社区养老服务专门管理员和社区养老助老员，“阳光好小二”是对综合平台进行后台运营的特定组织，“阳光好帮手”是志愿者队伍，“阳光好大夫”则主要是来自医学类院校、定点医疗机构、社区卫生所等合作伙伴的专业医疗团队（章菁，2019）。

三、智慧机构养老的特征

智慧机构养老是由养老服务机构利用高新信息技术，借助平台系统、智能手机等终端设备将机构、老人、家属联系在一起，积极主动为老年人提供更加精细、智能的养老服务。近年来，随着各种涉及养老服务的技术研究愈发成熟，并有着非常多的成果转入实际运用，考虑到未来长远的发展，越来越多的养老机构开始大胆尝试将传统的机构养老模式向智慧机构养老模式转变。杭州市不管是公立还是私立的养老机构也都在不断转变传统的养老模式，通过智慧的手段将服务进行融合，提升智慧机构养老的服务水平，再专注品质打造自身的养老品牌，最后推进各项智慧养老相关产业的共同发展。

（一）医养融合化

随着智慧养老服务的普及，养老机构也越来越专业和智慧化，结合当前的“互联网+”，智慧养老的各项服务将更加融合化。一是更进一步地进行医养护融合化。当下的养老机构，已经不再像从前仅针对生活无法自理的老年人，随着老年人经济水平的提升，当下对于健康关注度更高的老人对于机构养老的要求已经不只停留在生活照料，因此杭州市很多养老机构结合先进科技和“互联网+”的优势，推进医养护融合。养老机构通过采取和社区医院合作的方式，运用智慧手段，实现养老机构中老人享受到专业养老护理的同时还对老人进行实时健康动态监测、健康数据的集中管理，在机构内老人发生疾病时还可以享受网上就医、专家远程会诊等服务。

二是模式融合化。杭州市的智慧机构养老已经不仅仅局限于在一个环境优美的郊外打造老人颐养天年的照料中心，而是更多地走进社区、走进老年人更熟悉的环境中，结合智慧化手段借用养老机构专业的人员和服务为老人提供专业的机构养老服务、社区日间照料服务、居家养老服务，满足不同层次的养老服务需求。部分养老机构主动迎合老人生活习惯，带着专业的机构养老服务和智能化的设备走入社区，它们如同一个个嵌入在社区内的“微型养老院”，虽然开设的床位并不多，但更符合一些想要与子女居住距离较近老人的养老需求。此外，这些社区内的养老机构同样可以为社区内的居家老人提供养老服务，缓解社区养老服务工作的压力。例如，在拱墅区半山街道的“阳光老人家”由随园运营，二层以上是长者居住区，引入日本认知症照护领域的领军企业美邸公司的专业团队，共设 100 个全托养护床位，其中特别设置 9 个认知症床位，以国际化的照护标准，为有特殊需求的老年人提供精准、专业的服务。[①]绿康阳光家园是滨江，也是全市规模最大的集“养老、医疗、康复、护理、助残”于一体的公建民营养老机构。园区内的 7 号楼，就是新近启用的认知症照护中心，也是目前全市最大的区级认知症照护中心。该中心总面积有 7000 多平方米，共 9 层，设计有床位 198 张，接收具有轻度、中度、重度认知症的老人，给予相应的医疗照护服务。[②]

①《“阳光老人家”让每一位老人沐浴在阳光下　拱墅区率先探索构建 2.0 版居家养老服务体系》，http://www.gongshu.gov.cn/art/2018/11/6/art_1228917_23215593.html。

②《老有所养“此心安处是滨江”》，https://hznews.hangzhou.com.cn/xinzheng/quxian/content/2018-07/19/content_7038086.htm。

（二）机构品牌化

随着智慧养老在养老机构内的逐步普及，越来越多社会化运营的养老机构为了提升服务质量、提高知名度、拓展服务范围，开始越来越注重养老服务品质和品牌管理。而且拥有好的服务和口碑，更能被广大老年人所接受和选择，这也就意味着拥有更好的市场竞争力，品牌化是诸多养老机构的必选之路。例如，杭州市本土企业绿城就拥有较好的养老品牌。

西湖区北山街道绿城暖君居家养老服务中心是“社会工作+社区微机构+居家养老服务照料中心+老年食堂+医疗保健康复”为一体的综合性枢纽型机构，由北山街道委托绿城养老服务集团建设、运营管理。中心共有四层楼，二楼为居家养老照料中心，三楼为全托区，四楼为屋顶花园。二楼的照料中心活动区（面向活力健康长者）和日托区，按照省级示范居家养老服务中心“六大功能”“八个中心”（餐饮配送中心、托老中心、康复护理中心、文化娱乐中心、志愿者服务中心、法律维权中心、示范指导中心、援助中心）的标准建设。在服务中心二楼，智慧养老数据平台将负责援通呼叫服务，可以第一时间了解长者所需所求。此外，二楼大数据服务厅里有专门为辖区失能老人建立的档案，里面收集了各种养老数据，方便未来给辖区老人提供更精细化的服务。另外，二楼还有蓝熙智慧慢病驿站，只需在手机上点一点，就能实时监控老人的血压、血糖等指标，实现慢病智慧管理。三楼的全托区，除了安排专业的护理人员，提供日常个人照顾、洗衣洗浴、康复保健等托养服务，还配备了很多人性化的智能设施布置，比如拥有先进、便捷的多功能沐浴椅、洗头椅、防滑设施的助浴区，给予行动不便的失能老人更多洗浴方面的舒心便捷和安全保障，让洗个热水澡不再成为难事。好的养老设施加上好的养老服务品质，让北山街道绿城暖君居家养老服务中心在街道内广受好评。

（三）产业纵深化

杭州市养老机构依托“互联网+”的结合，不断升级改造，提升机构养老服务水平。与此同时因智慧机构养老的发展，与其相关的智慧养老产业也得以不断发展，逐步纵深化。随着智慧养老在养老机构中的大力推行，养老机构也逐步智能化，其中需要各项产业的支持，因其大部分是社会化运营，所以也促进了许多相关产业的发展。从安全监测的安防监控设备，到老年智能产品研发生产，到智能医疗器械的制造，到养老服务人员培训，再到与“互联网+”配合的餐饮服务等，都组成了一条与智慧机构养老相关的纵深产业链，这些产业的发展既能带动智慧机构养老的不断升级，而且智慧机构养老要求的不断提升也倒逼这些产业不断升级。此外，智慧机构养老也跟随着老年人的需求不断发展，这也促进了 APP 软件开发、人工智能、物联网、大数据、云计算等新一代信息技术和智能硬件等产品在养老服务领域深度应用。

西湖区紫金港科技城、云栖小镇、西溪谷互联网金融小镇等产业平台围绕养老服务，形成了涵盖生物医药、医疗服务、护理与康复、养生保健、健康管理等领域的大健康产业链，其中银江智慧健康集团有限公司成为中国智慧医疗行业的领军企业，万科随园构建了全国首个养老产业生态圈，绿康医养集团成为中国医养融合养老产业知名品牌。而且西湖区针对家庭、社区、养老机构等不同应用环境，研发智能养老监护设备、自助式健康监测设备、健康管理类可穿戴设备、便携式健康监测设备、家庭服务机器人等，满足个性化、多样化的健康养老需求。目前已推出智慧手机、照护宝、智慧手环、智慧餐台、陪聊机器人、防走失鞋、体征监测床等十多类技术产品。

第五节　智慧养老“杭州模式”的可复制条件

智慧养老“杭州模式”的成功经验值得推广，但在复制推广中也不是任何情况下都是适用的，需要一定的条件支持，主要涉及政策条件、软硬件条件和社会资源条件。

（一）政策条件

智慧养老杭州模式的卓有成效得益于其良好的政策支持，杭州市政府及相关部门对于智慧养老在全市范围内的实践推广相当重视，从 2013 年全面开始智慧养老项目实践，就先后出台了 14 个相关政策，对智慧养老工作的开展进行指导和支持，给予政策上的引导和规范，使得杭州市智慧养老工作能较快走上正轨并蓬勃发展。因此，其他城市在复制推广时也应根据自身城市情况制定适合自身的智慧养老政策，对在发展中的智慧养老项目进行规范和引导，鼓励创新的同时也不要忘记注重服务质量的提升，才能让智慧养老杭州模式在复制推广过程中得到政策上的保障。

（二）硬件条件

智慧养老杭州模式的迅猛发展离不开杭州智慧城市建设中对于硬件基础设施的完善。智慧养老的实践，以互联网、物联网技术搭建信息平台为核心，通过网上的信息汇总交流进行相应的服务派发，还有线下的服务中心来满足部分养老服务所需的场地和设备提供。2010 年杭州市发布《养老设施布点规划（2010-2020）》，2012 年出台《城市社区居家养老服务照料中心建设与管理规范》，明确了养老服务设施和居家养老照料中心的建设标准，因此杭州市各区、县（市）都对相应的硬件基础设施进行了提升和完善。因此，其他城市在复制推广时也应注重自身城市硬件基础设施的提升和完善，无论是互联网基础设施还是线下照料中心的提升改造，都能助推智慧养老项目的蓬勃发展。

（三）软件条件

智慧养老杭州模式的成功也离不开智慧养老专业技术人才的积累和智慧养老氛围的宣传。因为智慧养老杭州模式已有多年实践经验，杭州市部分院校也有相应的人才培养课程，使得专业技术人才有了一定数量上的累积。此外，杭州市各社区也很好地发挥了智慧养老主阵地的作用，对智慧养老服务的氛围宣传做到位，让智慧养老服务得到杭州市广大老年人的认可和接受。因此，其他城市在复制推广时也应注重专业人才的培养和吸纳，可以通过人才引进或者交流进行人才储备，为更好地开展智慧养老项目做好准备。另外，通过老人易接受的宣传方式大力宣传智慧养老服务，让城市内的老人对智慧养老的理念在潜移默化中得到根植，这有利于智慧养老的良性发展。

（四）社会资源条件

首先，智慧养老杭州模式的欣欣向荣得益于对社会资源的有效整合和利用。杭州作为一个发展迅速的城市，不仅有许多实力雄厚的本土企业，也吸引了不少新兴企业的加入，这也使智慧养老杭州模式得到了很多的技术、人才、智慧养老产品上的助力。其次，丰富的城市志愿者队伍也对智慧养老服务人员队伍进行了壮大。因此，其他城市在复制推广时也应注重社会资源条件的吸纳和合理利用，在鼓励诸多社会资源积极参与到智慧养老服务中的同时，要积极发挥它们特有的创新与支持作用。

第十章　国际经验之一：德国长期护理保险整合机制①

德国是世界上最早建立长期护理保险的国家，也是世界上几个主要运用社会保险制度来应对及协调长期护理风险的国家之一（Roth，2000）。德国在建立长期护理保险制度进程中所积累的丰富理论知识、制度架构及技术经验，对于当前正在推行第二轮长期护理保险试点的我国具有不言自明的重要意义。由于德国长期护理保险制度近年通过系列改革后产生了较大程度的转型，而我国学术界和政策实业界对此系列新改革还鲜有涉猎，本章通过对于这些新型改革的介绍与深度分析给正在进行政策试点与实验的我国提供重要的技术资源层面和思想资源层面的支持。

第一节　德国长期护理保险制度的缘起

1994 年德国联邦议会经历了漫长的讨论，最终通过了长期护理保险的议案，关于德国是否要建立长期护理保险的争论与疑惑最终成为历史的一部分，德国确定了要建立世界上第一个长期护理保险制度，这样继历史上的工伤保险、医疗保险及养老保险制度后，德国又再次首创了一个新型的社会保险制度（Hinrichs，1995）。

关于德国为什么在 20 世纪 90 年代建立了这项新型制度，当时德国为什么选择的是社会保险制度而不是其他制度，关于此方面深入、系统的研究依然鲜见，学术界还不足以凝结成强大的共识以解释为何德国在那个时间节点选择了那样的制度。

① 本章参见本项目组合作成员刘涛教授的研究成果《德国长期护理保险制度的缘起、运行、调整与改革》（发表在《安徽师范大学学报》（人文社会科学版）2021 年第 1 期）。此处内容有较大改动。

该项研究通过大量校阅、整理早期的德文关于长期护理保险制度初创时期的文献，倾向于运用美国著名社会政策及福利国家研究学者保罗•皮尔逊所提出的“福利国家路径依赖”的观点来解释德国创立的长期护理保险制度（Pierson，1996）。路径依赖学派的观点认为一国基于其本身历史文化传承而来的制度基因及过去所实施的制度具有沿着相同发展路径惯性前行的趋势，皮尔逊因此深刻地提出了福利国家社会保障项目具有制度黏性的观点。德国由于历史上属于俾斯麦式的社会保险制度首创国，其社会保障制度的“主干”始终为社会保险制度，因此德国在国际上拥有了“社会保险国”及“俾斯麦模式”的美誉（Kocka，2016），从而德国在面临长期护理新型风险时同样因袭了历史传统，而倾向于运用社会保险制度来解决长期护理保险之谜题。

国内学界的一种学术观点认为德国经济强大因此具备建立长期护理保险制度坚固的经济和财务基础，这样的观点其实并不正确。图 10-1 显示，在德国统一后的整个 20 世纪 90 年代，德国的经济处于滞胀时期，不仅经济增速大幅下滑，而且失业率也居高不下，在建立德国长期护理保险制度的 1994 年及 1995 年其失业率一度超过了 10%。德国在制度创立之前事实上面临着较大的经济下行压力以及基于德国统一导致的巨额财政负担，而德国并没有因为经济放缓而放慢长期护理保险制度建立的步伐。认识到这一点，对于我国今天正在努力创建长期护理保险制度是非常重要的。

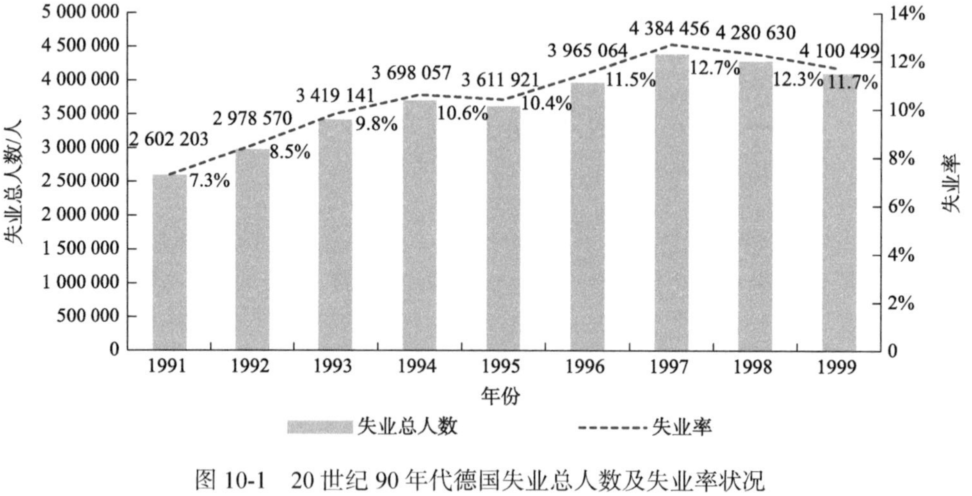

图 10-1　20 世纪 90 年代德国失业总人数及失业率状况

资料来源：德国联邦统计局对于失业和社会福利待遇给付的统计[1]

① 参见 https://www.destatis.de/DE/ZahlenFakten/GesellschaftStaat/Soziales/Soziales.html。

第二节　德国长期护理保险制度运行框架

一、参保对象与方式

从覆盖群体角度来看，德国长期护理保险制度与德国早期传统的理想形态下的雇员社会保险制度有一定程度的区别，其制度类型更加类似第二次世界大战结束以后所凝结而成的新社会保险制度，带有一种准全民性质的社会保险制度，其制度特征为：不再仅仅视雇员为唯一参保群体，越来越多的居民也通过不同制度安排而纳入到长期护理保险制度中来。

表 10-1 显示，如同德国其他社会保险制度特别是医疗保险制度一样，德国建立了一张综合、广泛的长期护理保险网络，覆盖了大多数德国居民，而使得该项制度早就超越了传统的雇员社会保险制度。除了雇员按照工资的比例每月由雇主、雇员缴纳 3.05%的长期护理保险费用之外，[①]德国对家庭在社会保险领域特别是长期护理保险领域有相当明确的优惠政策，如家庭中无收入或是无固定收入一方，可以随着家庭主要收入者免费参加长期护理保险，而儿童也随父母免费参保。大学生甚至外国留学生都有强制义务参加法定长期护理险，需缴纳一个固定金额的长期护理保费，当前大学生每月需缴纳的长期护理保险费为 24.55 欧元，有孩子的大学生则每月缴纳 22.69 欧元。而针对低收入者，如同医疗保险制度一样，在 450 至 850 欧元的收入档之内，征收的长期护理保险费随着收入降低而降低，而雇主缴纳的部分则不断上升，直至收入者低于 450 欧元，雇员则完全豁免缴纳长期护理保险费用份额，而由雇主单独承担缴费义务。针对领取失业救助及社会救助的群体，长期护理保险费用由失业保险机构及社会救助机构来承担，而退休人员作为长期护理保险的受益者须单独缴纳长期护理保险费用。而在德国人数不多的农民也有法定义务参加特殊的由保费筹资的农业长期护理保险，即使联邦德国国防军也必须参加长期护理保险，军人也需缴纳雇员部分的保费。德国少数可以灵活选择参加（或不参加）德国长期护理保险的群体为自由职业者如艺术家、夜校老师等，另外收入在一定界限之上的高收入群体也可以豁免强制参加法定长期护理保险的义务，然而即使对于这部分人群，如果其没有选择参加法定长期护理保险，也必须参加私人长期护理保险，两种保险制度必须参加其中之一。

---

① 没有子女的德国雇员还需额外缴纳 0.25%的长期护理保险费，这样总计缴纳保费达到收入的 3.30%，这是因为长期护理保险与老龄化及人口抚养率密切相关，对于人口走势尤其敏感。

表 10-1　德国法定长期护理保险制度的覆盖机制

长期护理保险参保群体	参保方式	是否有强制义务参加保险
雇员	按收入 3.05%缴纳保费，无子女雇员需额外缴纳 0.25%保费	是
家中配偶无收入一方	随主要参保人免费参保	是
未成年子女	随父母参保	是
低收入人士	450 至 850 欧元的低收入者，雇员缴纳费用下降，雇主缴纳费用上升；收入在 450 欧元以下的低收入者，由雇主单独承担缴费义务	是
失业人员	由失业保险机构代缴保费	是
大学生	缴纳固定金额保费	是
外国留学生	缴纳固定金额保费	是
领取社会救助人员	由社会救助机构代缴保费	是
退休人员	退休人员独自缴纳保费	是
联邦军人	按联邦军人收入由国家与军人合缴	是
农民	需参加农业长期护理保险（保费筹资）	是
自由职业者	可以选择参加法定长期护理保险或私人长期护理保险，二者必选其一	否
高收入者	可以选择参加法定长期护理保险或私人护理保险，二者必选其一	否

通过以上常规制度的安排以及通过社会不同群体的安排，德国实现了长期护理保险领域较高的覆盖率。截至 2018 年，德国 7275 万居民参保法定长期护理保险制度，另有 928 万德国居民参保私人长期护理保险制度，参加法定长期护理保险的居民占德国总人口的 87.8%，参加法定长期护理保险及私人护理保险的德国居民占总人口的 99.1%。[①]这样，德国长期护理保险制度实现了超高的覆盖比例，远远超过传统俾斯麦雇员社会保险的范围，该项社会保险制度已呈现出全民保险的特征。

二、筹资与支付

德国长期护理保险制度从其名称我们就可以看出其是一项社会保险制度（Paquet and Jacobs，2015），之所以其名称为长期护理保险制度，而不是长期护理救助制度或是长期护理普遍服务制度，是因为该项制度完全采取了社会保险其他几项制度的基本运行方式、方法。至于长期护理的社会保险制度，其基本

① 德国联邦健康部年度公报：《2019 年长期护理保险事实与数据》。

特征还是基于筹资模式，德国长期护理保险的筹资来自雇主与雇员共同承担保费，而不是依赖于国家的财政税收。如同其他社会保险项目，长期护理保险费用以企业为单位来征收，每位有强制义务参加社会保险的德国雇员的税前工资都将被自动扣除一笔长期护理保险费用；长期护理待遇则由企业单位之上的社会自治的公法团体来管理、给付，这些都构成了一项德式社会保险制度的基本特征。

三、基金管理与特征

德国长期护理保险制度的经办与运营借助了原有的制度机构体系，德国在其医疗保险制度的经办机构——疾病基金之内建立了一个单独的护理基金，所有具有法定义务参加德国医疗保险的雇员与居民也同样具有强制义务参加德国长期护理保险，这样借助了医疗保险制度的数据优势与现成组织架构优势，长期护理保险制度建立了自己的制度“界域”。然而德国医疗保险与长期护理保险经办机构关系的独特性在于“借力不借道”，虽然在疾病基金内部内植了一个长期护理保险的经办机构，也就是护理基金，但是两个基金之间的账户通道及管理通道是相互隔绝的，一个基金无法向另外一个基金借用盈余的金额，两个基金之间完全实现自主经营、自负盈亏、独立管理，因此两个经办机构之间的账户资本挪用的状况是完全不存在的，这充分保障了长期护理保险这一新生制度的独立性。

四、服务选择与变化

根据德国健康部统计，到2018年底，总计368.5万德国居民在法定长期护理保险的范围之内获得了长期护理保险待遇。德国的长期护理保险内护理方式主要分为居家护理与入院式护理两大类别，其中居家护理又包含了家属护理及护理服务公司、社会服务机构提供的流动上门护理服务，入院式护理包括在养老院与护理院等机构之内接受的护理。截至2018年底，290.5万获得护理待遇的德国居民选择了广义上的居家护理，而78万居民选择了入院护理，也就是我国语境中的机构式护理。选择居家护理的人数（79%）为入院（机构式）护理人数（21%）的3.7倍。

图10-2显示了1995年至2018年德国长期护理人数的变动。1995年德国在长期护理保险制度中的受护人数为106.1万人，而2018年则达到368.5万人，上升幅度为247%。其中，选择居家护理的人数则从1995年的106.1万人上升到2018年的290.5万人，上升幅度为174%；选择入院机构式护理的人数则从1996年的

38.4 万人上升到 2018 年的 78 万人，上升幅度为 103%。无论是从上升幅度来看，还是从居家及机构护理占总受护人数的比例来看，在长期护理保险建立 23 年的时间内，选择机构护理的比重并没有显著上升，反而在这一时间段内有所下降，（入院式）机构护理从 1996 年的 24.9%下降到 2018 年的 21.2%，而居家护理则在同一时间段从 1996 年的 75.1%上升到 2018 年的 78.8%（图 10-3）。

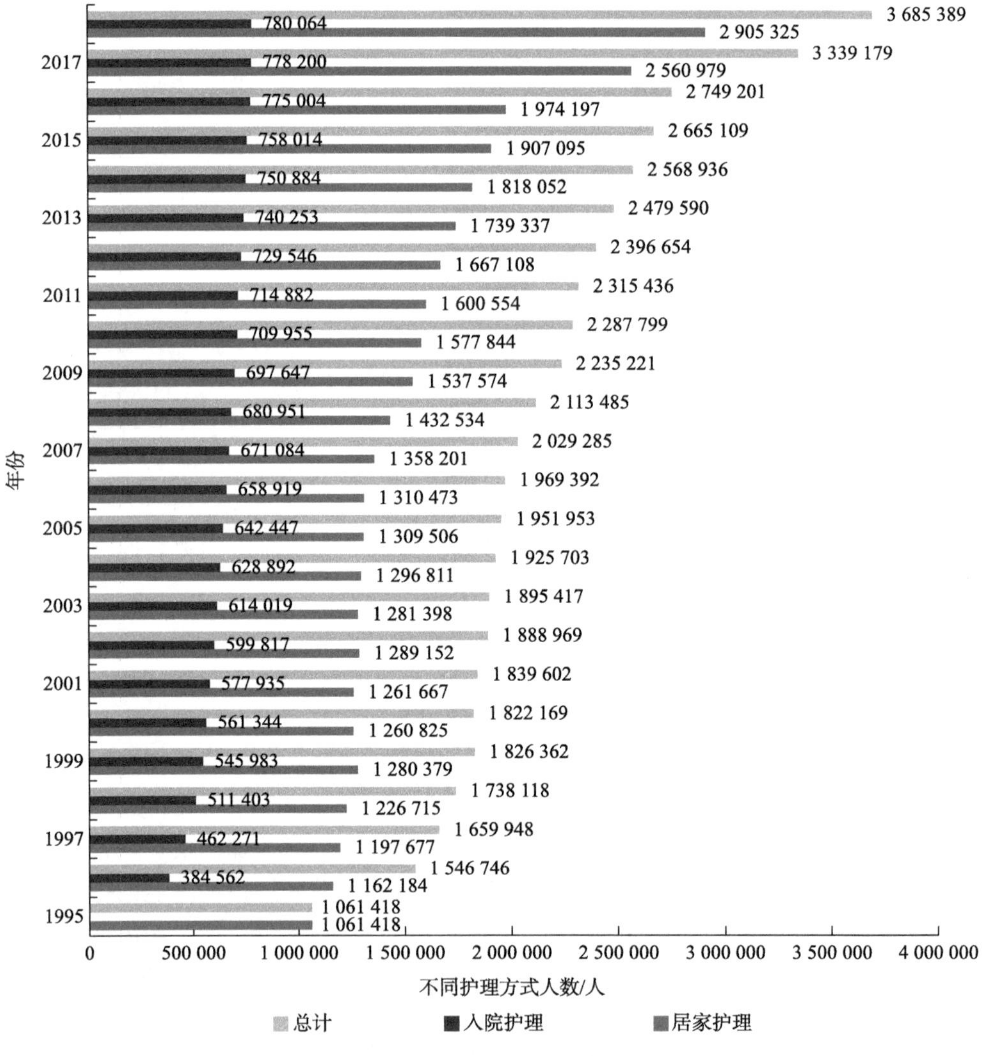

图 10-2　1995 年至 2018 年德国接受长期护理绝对人数变动

资料来源：德国联邦健康部 2019 年报告《长期护理保险事实与数据》

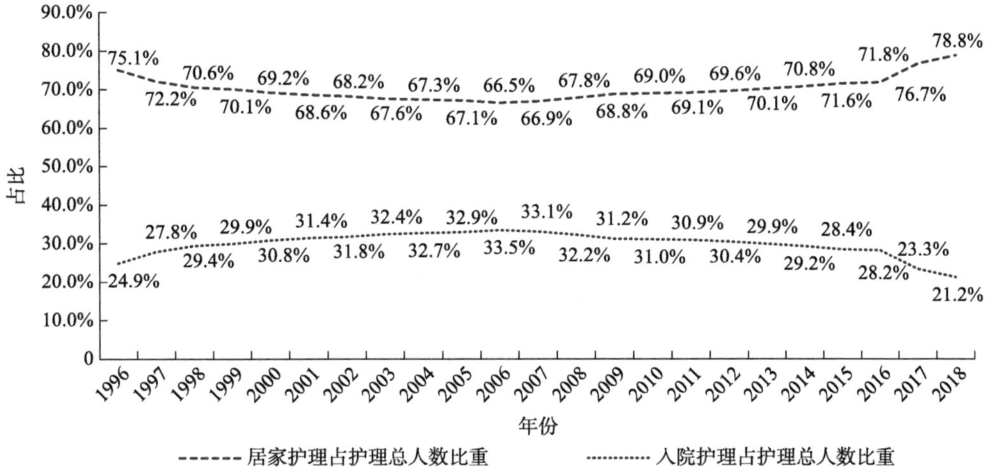

图 10-3 德国 1996 年至 2018 年护理选择占总受护理人数比重变动

一个比较值得注意的现象：自 1995 年长期护理保险制度建立以来，选择居家护理的人数占护理总人数的比重至 2007 年一直呈现平缓下降趋势，而 2008 年以后则呈现平缓上升趋势，而 2016 年后实施长护分级重大改革以来，2017 年和 2018 年居家护理人数的比重上升趋势更加显著。而同一时间段，选择（入院式）机构护理的人数所占比重自长期护理保险建立以来至 2007 年一直呈现上升趋势，而 2007 年之后则呈现平缓下滑之势，尤其是在改革之后其下降趋势较为显著（图 10-3）。

五、护理等级与占比

德国的法定长期护理保险根据护理需求和身体失能程度对接受护理居民进行分级，由疾病基金的医疗服务机构对身体是否失能及身体失能程度提供医疗及护理领域的专业鉴定。德国自实施长期护理保险制度以来，一直将护理等级划分为三级，但通过 2017 年至 2018 年的主要改革其分级制度改为五级。图 10-4 显示 2017 年至 2018 年长期护理保险主要改革以后，五个护理级别的人数分布，其中护理二级人数最多，2017 年、2018 年分别有 127.3 万、138.4 万居民被划定为护理二级，而 2017 年、2018 年共计 69.9 万、77.3 万居民被划归至护理三级，为五个等级中人数第二多的受护群体；而护理最高等级，也就是身体失能最严重等级的第五级人数最少，2017 年与 2018 年护理五级的人数基本持平，保持在 10.9 万人左右。按百分比计算，2018 年护理二级占受护总人数的 47.6%，护理三级占受护总人数的 26.6%，护理一级、四级、五级分别占受护总人数的 11.8%、10.1%、3.8%（图 10-5）。

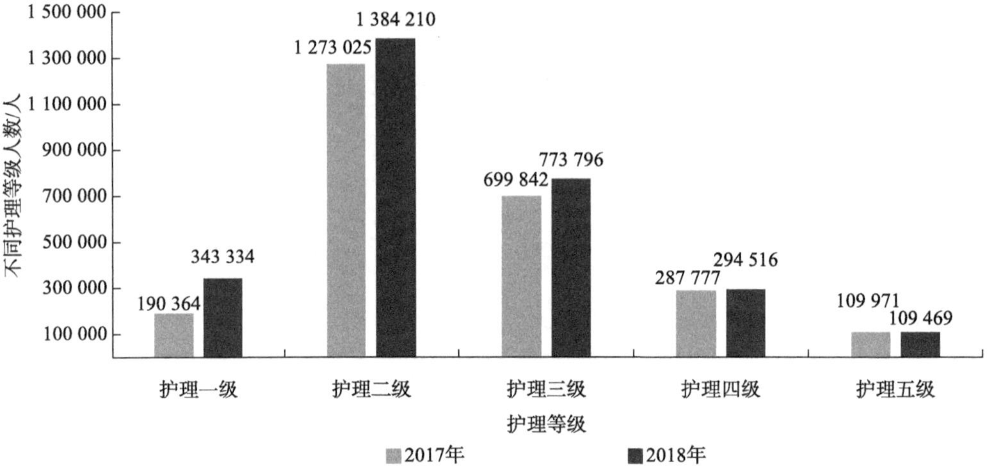

图 10-4 德国 2017 年、2018 年法定长期护理保险五个护理等级的人数分布

资料来源：德国联邦健康部 2019 年报告《长期护理保险事实与数据》

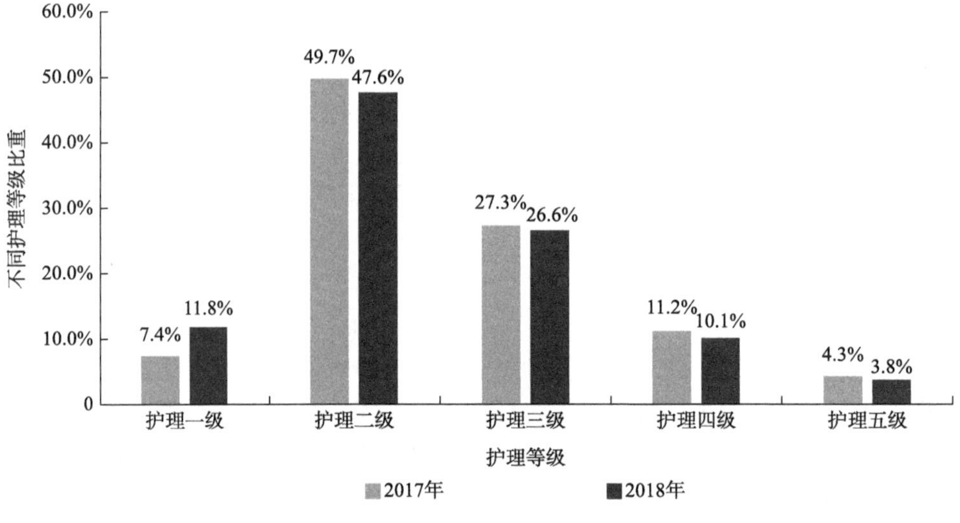

图 10-5 德国 2017 年、2018 年法定长期护理保险五个护理等级百分比

第三节 德国长期护理保险的整合机制与近年改革

一、高度整合性建制

我国在社会保险制度的建立及实施过程中常常面临着制度整合、经办机构整

合、筹资机制整合等诸多难题，在此过程中我们更加关注德国在其长期护理保险制度建立以来的整合问题。

德国长期护理保险建立之初，其组织架构及经办机构就处于相对清晰的状态之中。前文述及，德国长期护理保险制度虽然和医疗保险制度具有一定的制度交界面，长期护理保险制度也部分借助了医疗保险现存的制度及组织架构，如德国在疾病基金内部内植了一个护理基金作为长期护理保险的经办机构，但护理基金作为一个独立运行的公法团体，具有完全独立于医疗保险之外的独立地位，实施自我管理、自负盈亏、独立运行，这样的制度安排防止了其他制度或是其他域外经办机构干预长期护理保险制度的运行，保证了长期护理保险作为德国第五大社会保险险种的制度独立性。在德国联邦政府层面，德国联邦劳动及社会事务部负责全德涉及劳动保护和社会保障的所有政策领域，而在联邦劳动及社会事务部之下又设有联邦社会保障局①，为联邦层面专门负责社会保障特别是社会保险的国家机构。

由上述两个层面我们可以看到，德国的长期护理保险制度自诞生之日，就是一个具有较高整合程度的制度，这也是在德国长期护理保险制度领域及经办机构整合没有成为一个焦点议题的重要原因。这里，德国不同的经验非常值得我国参考。

二、近年来主要改革措施

德国长期护理保险建制的高度整合性决定了未来制度的可持续发展不需要进行体制性、结构性大调整和大改革，这样避免了制度改革的重创，提高了制度效率。因此，高度整合下的德国长期护理保险制度后来的改革大多是政策层面、技术层面的改良和调整。

（一）失能等级的调整

自 2017 年以来，德国长期护理保险制度实施了一些较为重要的改革措施，而几乎所有改革措施都与德国分级制度发生的重要变化紧密相连（Gaertner et al., 2020）。这里选择分级制度改革作为理解德国长期护理保险制度改革的一项枢纽核心措施，围绕着分级制度的改革，德国长期护理保险在理念上、技术上、范式上乃至涉及长期护理保险的核心信念上都产生了较大程度的变化。因此抓住分级改革这条总纲，有助于我们从各个角度来理解德国长期护理保险制度的变化。

---

① 联邦社会保障局的前身为联邦保险局，自 2020 年始，联邦保险局更名为当前的社会保障局。

在德国 2017 年主要改革之前，其长期护理保险制度分为三个主要级别，医疗保险中医疗服务机构负责身体失能的鉴别与分级鉴定，等级越高，就标志着身体失能程度越高，相应的护理需求也就越高。自 2008 年开始，德国将失智人员[①]定义为一个单独的护理级别，为这个群体建立了一个单独的护理 0 级，事实上德国护理级别的重要改革之前已经呈现出护理级别“三加一”的局面。将失智人员单独定义为一个护理级别，这是德国长期护理保险历史上的一次重要转变。

2017 年开始实施的改革在核心思想理念上更加重视接受护理人员的自主生活能力以及甄别出那些影响受护人独立生活能力的因素，同时德国的新改革更加注重细致、精确地校准具有长期护理需求的人群，让更多事实上具有长期护理需求的群体可以更加容易地获得长期护理保险待遇，可以说新改革大幅降低了领取长期护理保险待遇的难度和障碍度。其中比较核心的改革是重视精神和心理疾病患者对长期护理服务的需求，在更大程度范围内将认知和心理障碍等因素纳入到长期护理保险中来。因此，长期护理保险从三级到五级的改革并非单纯涉及技术标准的精确化重置，更涉及核心理念领域的一些认识论转变以及理论基础的创新，在这一过程中认知障碍、失智人员包括具有一些心理问题、精神器质性疾病人员是这一改革过程中最重要的受益者。与过去“三加一”时代的分级制度不同，德国的长期护理及医疗护理实业界通过大量实践知识的积累认识到了将认知领域之失智作为一个单独的、最轻微的级别与其他三个级别相区分开来是有问题的，事实上认知障碍可能贯穿从身体失能较轻至较重的每个级别，乃至存在于护理需求的每个等级内，因此新改革将认知障碍症融入了长期护理的五个新分级中去。换句话说，认知障碍、失智及精神心理问题等与老龄化、护理需求等完全可能交织在一起，而不是截然分开的不同问题或是不同护理阶段，而且随着高龄化时代的来临，越来越多具有护理需求的高龄、超高龄人员可能也同时具有认知障碍和心理问题。在新分级改革中，德国采取的做法是原有级别自动向上浮动一级，而原有级别中有因认知障碍症制约了日常生活及行动能力的人群则向上浮动两级，比如原有的 1、2、3 级分别调高至 2、3、4 级，原有的 1 级加认知障碍症则提升到 3 级，2 级加认知障碍症则提升到 4 级，3 级加认知障碍症则调高到 5 级，而原先未被纳入长期护理等级的较轻微失能群体在新分级中则被纳入长护 1 级（表 10-2）。由这项改革我们可以看到，在新长期护理等级中认知障碍及心理因素的权重大大增加了，同时新改革使得更多轻微身体失能群体可以较为容易地申请到长期护理待遇。

---

① 也就是我国在医疗及护理领域的日常口语中常常指涉的“阿尔茨海默病”。

表 10-2　德国新旧长期护理等级改革的转变方法

旧级别	新级别
之前未纳入者（轻微护理需求）	1 级
1 级	2 级
1 级加上认知障碍制约生活行动能力	3 级
2 级	3 级
2 级加上认知障碍制约生活行动能力	4 级
3 级	4 级
3 级加上认知障碍制约生活行动能力	5 级
3 级加上特殊严重的护理状况	5 级

资料来源：作者整理

（二）失能等级调整的依据

在实施分级改革之前，德国对于长期护理保险三个等级的划分借助于四方面的鉴定标准，包括与身体相接触的护理、膳食餐饮、活动能力、家政家务自理。与身体相接触的护理包含了洗漱梳头、淋浴洗浴、擦洗身体、卫浴如厕、置换尿布及排尿袋等；膳食餐饮包括自我准备三餐的生活能力以及自主进餐用餐的能力等；活动能力则包括了能否独立起床、就寝、穿衣解衣以及能否独立户外活动、散步、上下楼梯及搬迁等；家政家务自理则包含了购物、买菜、做菜、打扫房间以及日常家庭卫生如洗衣等。

根据上面这四大项目的各类小项目，鉴定机构会根据生活自主能力及不能自主能力做出相应的评分，根据每项分数的累积最终确定失能等级。而护理等级改革之后，对于新（五个）等级评估的鉴定标准也进行了重要的改革。这样的改革为增量调整改革，增量改革是指过去的鉴定标准依然保留，然后在过去标准的基础之上叠层添加新鉴定标准，并对新增标准进行类别和结构调整，经历这样的改革后我们看到了新的鉴定标准如下：过去的标准 3“活动能力”保持不变，转化为现在的标准 1，活动能力特别是空间的“移动能力”占新鉴定标准权重的 10%；而过去的其他三项标准包含与身体相接触的护理、膳食餐饮、家政家务自理现在则转化为鉴定标准 4“自我调养”，这三项合并而成的标准 4 占新鉴定标准权重的 40%。在其余新增加的鉴定标准中，主要涉及认知、心理及精神等方面的因素，新增标准所占权重达到 50%（图 10-6）。

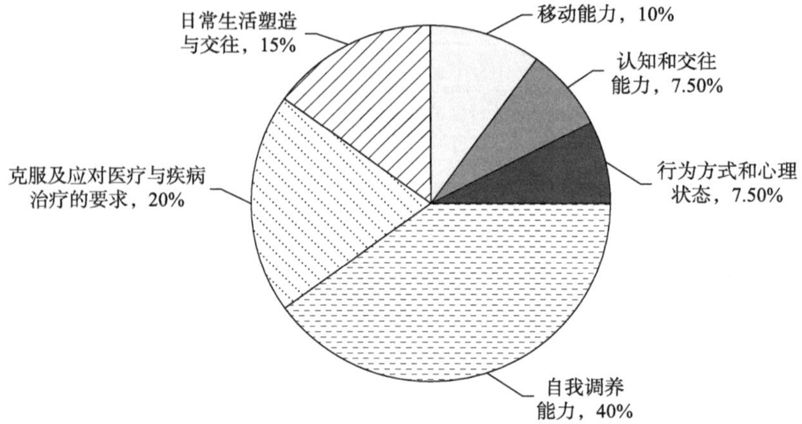

图 10-6　德国新分级制度鉴定标准及其权重分布

从图 10-6 看到新增的鉴定标准包含标准 2“认知和交往能力”（权重为 7.50%），标准 3“行为方式和心理状态”（权重为 7.50%），标准 5“克服及应对医疗与疾病治疗的要求”（权重为 20%），标准 6“日常生活塑造与交往”（权重为 15%）。具体而言，标准 2“认知和交往能力”包含了对生活周围的人、事、物的回忆及记忆能力，包括能否在认知层面清楚地辨识家人、熟人、邻居及专业照护人员，能否清楚地辨别周围的生活环境及居住环境，是否保持基础的方向感，能否在时间向度上对日期（年月日及每周）等有正确的记忆，能否对生活中的过往事件保持记忆，能否保持着长期记忆，能否驾驭生活中多步骤的行为活动（如铺好餐桌、用餐等），能否在生活中做出独立的行动及选择，能否在生活中具有接受知识和信息的能力（如读书与看报），能否识别生活中的危险与风险，能否自主表达出生活中的需求（如饥渴、冷热、疼痛）等，能否理解他人提出的针对本人需要的问题（如是否理解关于是否要用餐和洗浴的提问），能否参与和他人的谈话与对话等。标准 3“行为方式和心理状态”包含了受护人的异常行为，如离家出走的倾向或是在无人注意及看管的情况下离开住所，夜间喧闹与在房屋来回不停走动，时常出现的躁动不安的状态，也包括自残及伤害自己的行为，以及（攻击性）损害物品的行为，针对他人的攻击性行为（包含了言语攻击及行动上的攻击），针对他人的谩骂及威胁，音量大幅提高包括尖叫等，除此之外还包括对于护理的防御、排斥和拒绝，反对护理人员对其进行身体护理与医疗护理，带有精神器质的迫害想象以及恐惧感，或是在极度抑郁状态下而精神萎靡不振、无所作为，还包含其他一些不正常的偏离社会常规的行为。标准 5“克服及应对医疗与疾病治疗的要求”包含了用药协助，包括协助口服药物、使用眼药水及滴耳剂，协助使用栓剂和药物贴剂等，协助使用注射剂（如胰岛素注射剂或药物泵），静脉通路及置管，协助使用呼吸充氧设备，涂抹医生规定使用的软膏及药剂等，测量血压、血糖及体重等，协助使用有助于身体活动的辅助工具如假肢、眼镜和压力袜等，换药及伤口护理等，造口护理，协助导管插入及协助通便等，在家庭环境中的辅助治疗措施如呼吸调节、自我锻炼与语言治疗等，协助看医生、看病等，协助在其他医疗机构接受一些短时或长时的特殊训练及治疗等，如职业治疗、言语治疗，遵守饮食或其他一些与疾病及治疗有关的行为规定。标准 6“日常生活塑造与交往”包含了日常生活的计划安排和实施这些计划安排以及根据具体变化改变原有计划安排的能力，还包含能否自行合理休息及睡眠，能否保有正常的日夜生活的节奏，能否在时间向度上对未来的生活进行合理安排，与其他护理人员和家属的互动与交流能力（如能否交谈以及与他人接触和互动），能否在自己的居住环境之外与其他朋友、同事、熟人进行互动，受护人在何种程度上可以保留原有的社会交往网络等。

（三）五级失能标准与评分

根据上述鉴定标准 1 至 6 及其各个子标准，德国通过长期护理保险制度改革将长期护理需求群体划分为当前的五个级别（表 10-3），长期护理第 1 个级别获得的鉴定评分是 12.5 至 27 分，被定义为“生活自理能力的轻微受损”；第 2 个级别获得的鉴定评分是 27 至 47.5 分，被定义为“生活自理能力显著受损”；第 3 个级别获得的鉴定评分是 47.5 至 70 分，被定义为“生活自理能力严重受损”；第 4 个级别获得的鉴定评分是 70 至 90 分，被定义为“生活自理能力最严重受损”；第 5 个级别获得的鉴定评分是 90 至 100 分，被定义为“生活自理有特殊护理需求的最严重受损”。

表 10-3　德国长期护理新级别的评定

级别	失能程度	评定分数
一级	生活自理能力的轻微受损	12.5~27 分
二级	生活自理能力显著受损	27~47.5 分
三级	生活自理能力严重受损	47.5~70 分
四级	生活自理能力最严重受损	70~90 分
五级	生活自理有特殊护理需求的最严重受损	90~100 分

资料来源：作者整理

（四）待遇标准

经历长期护理保险从三级到五级的改革之后，德国长期护理保险当前的待遇如下：①如果选择了家庭成员的居家护理，那么受护人可以得到一笔护理现金的补贴分配给家人，其金额从护理一级的无特别待遇上升至护理五级的每月 901 欧元，另外选择家属护理的家庭从一级至五级每月可以获得额外的 125 欧元的“减压金”；②如果选择的是居家护理中的流动上门护理服务（由专业服务机构提供），那么服务待遇则要高于家属护理，受护人可以获得的服务待遇超过家属护理两倍多，从护理二级的 689 欧元直至护理五级的 1995 欧元；③受护人员也可以选择半入院式的护理，也就是白天或夜间在护理院或养老院接受护理，而另外的时段则居家护理，选择半入院式护理的待遇从护理一级的无待遇一直上升到护理五级的 1995 欧元；④如果选择全入院及全机构式护理，那么每月所获的服务待遇从护理一级的 125 欧元上升到护理五级的 2005 欧元。

除了以上的几种主要护理待遇以外，德国还有一些特殊的制度安排。①如果选择的是居家护理中的家属护理，如果家属由于生病、短期休息、度假等原因而在一年中的某些时段无法完成护理任务，那么可以在这段时间寻找其他家庭成员、近亲或是依靠专业的上门护理服务机构来在这段护理空窗期代理护理，代理护理最长给付时间为六周。如选择的是其他家人或近亲来代理护理，那么从护理二级至护理五级每年可以获得 474 到 1351.50 欧元的额外补贴待遇；如果选择的是服务公司的专业代理护理，那么从护理二级到护理五级每年可以额外获得 1612 欧元的补贴。②短时护理则是另外一种特殊状况：选择居家护理的受护人，每年如果有一定的时段需要入院机构护理，如出于疾病治疗和康复训练的需要等，在这样的情况下可以申请短时（入院）护理，这里的短时是指主要居家由家属护理的前提下一年有部分时间短时接受入院式护理，短时护理给付时间为每年八周，受护理人（二级至五级）可以每年申请额外 1612 欧元的补贴待遇。除此之外，当前德国护理形式呈现多元化趋势，一些老年人结伴成为一个互助的护理群体，住在一个公寓的各个套间，每一个护理群体构成的居住团体可以每月获得 214 欧元的补贴（表 10-4）。

表 10-4　德国长期护理保险主要待遇（单位：欧元）

项目	护理一级	护理二级	护理三级	护理四级	护理五级
护理现金（每月）	0	316	545	728	901
家庭护理服务（每月）	0	689	1298	1612	1995

续表

项目	护理一级	护理二级	护理三级	护理四级	护理五级
“减压金”（每月）	125	125	125	125	125
居家受照护的居住团体额外待遇（每月）	214	214	214	214	214
部分入院式的日间及夜间护理（每月）	0	689	1298	1612	1995
全入院式护理（每月）	125	770	1262	1775	2005
代理护理（家人，每年）	0	474	817.50	1092	1351.50
代理护理（家人，每年）	0	1612	1612	1612	1612
短时护理（每年）	0	1612	1612	1612	1612

除了针对护理服务所提供的现金待遇及服务待遇之外，在其他一些领域，如技术设备及长期护理基础设施等领域，长期护理保险也提供了一些补贴待遇。例如，在入院式机构护理中，住院费用及餐饮费用需要个人自理，但是针对残疾人的护理群体，护理基金可以提供 10%的住院费用补贴，最高补贴额可达每月 266 欧元；而个人使用的护理设备及辅助器械等，每月可以额外获得 40 欧元的补贴。而技术护理设备及硬件包括用于护理的辅助硬件设备，如护理床及配套设备、与护理床配套的桌板、护理轮椅、浴缸升降器，同时还包括针对护理人员的特殊淋浴及洗浴设备如淋浴车等，也包括提高受护人自主生活能力的呼叫系统等，这些护理设备设施的增添及改善等完全由护理基金来给付。另外，养老院及护理院改善居住环境的设施，对居住房间及楼层等进行适宜护理的改造等，对于这些改造措施每项可以从护理基金获得 4000 欧元的补贴（表 10-5）。

表 10-5　德国长期护理保险辅助设备、器械及其他补贴

事项	补贴额度
残障人士全入院式护理住院费用	10%的住院费用补贴，最高补贴额为每月 266 欧元
个人使用的护理技术设备	每月 40 欧元
技术护理设备及硬件等	100%由护理基金承担
居住环境和改善措施	每项措施补贴 4000 欧元

（五）护理服务内容

德国并未在全国范围内制定统一的长期护理服务目录或是长期护理服务项

目表，但一些服务公司和护理机构根据德国社会法典第十一部“法定长期护理法案”制定了一些长期护理服务项目目录（Krahmer et al.，2018），各服务公司及机构的项目目录虽非完全一致，但皆参照德国社会法典而来，一般分为多个大项，而每一大项下还包含子属项。例如，①基本生活护理包含了全身清洗如洗澡淋浴等，也包含了洗漱护理服务如口腔清洁护理、刮胡子、梳理服务、皮肤护理、指甲护理，也包含了协助更衣等；②排泄护理则包含了协助如厕、协助安置大小便装置、清洗便器、清洗被罩床单，也包含了大小便节制训练及失禁护理，导管护理、尿袋安置及更换，还包含了医疗意义上的人工肛门照护（在腹部设置大肠与小肠造口）；③协助进食护理则包含了准备食品及饮料、呈递和帮助用餐及饮水、注意食品的洁净与卫生、介绍与饮食相关的知识（如针对糖尿病人）；④协助起身运动训练等则包含了扶起、抬起床上的受护人员、协助起床就寝、协助进行起身练习，协助展开站、卧、行走、坐等练习，也包括协助受护人离开居住房间外出散步及上下楼梯等；⑤住所卫生护理则包含了清洗打扫所有与生活相关领域包括住所、洗浴间、洗浴设备等，也包含清理垃圾等；⑥购物买菜服务则包含了购买食品、将食品放置到合适存储之处，也包含了买药、取药服务，还包含了将衣物送去洗涤及取回洗净衣物等；⑦陪伴服务包括陪伴客人来访、陪伴外出散步、陪伴参观文化设施（如博物馆、展览与音乐会等）、陪伴至公共机关办理手续等；⑧支援服务包括协助游戏及个人爱好的维护，协助照顾家庭宠物，协助处理情感问题及维护受护人的朋友联系，协助对未来实施规划等；⑨监管服务包括识别及防范生活中的隐患和安全风险，训练方向感等；⑩帮扶服务包括帮助训练对过去事务的记忆及促进记忆能力的恢复，帮助受护人与他人的交谈，帮助生活中的安排与计划，帮助训练理解与认知能力，帮助维持日夜的正常生活节奏。

第四节　改革后德国长期护理保险制度的财务状况

德国长期护理保险制度是一项典型的社会保险制度，采取的是由社会保险费用来筹资的方式，而国家财政不介入长期护理保险的待遇给付。长期护理保险费率发展状况在一定层面上可以直接折射出长期护理领域中不断增长的需求。在长期护理保险制度建立的 1995 年，其费率为税前工资的 1.0%，其后至 2007 年保持在税前收入的 1.7%，2008 年其调升为 1.95%，2013 年其又再次调升为 2.05%，而 2015 年又调升至 2.35%，仅仅两年后又在 2017 年升至 2.55%，而 2019 年至今则保持在 3.05%（图 10-7）。德国长期护理保险费率在 2009~2019

年的十年间连续不断地调升反映出随着人口老龄化以及长期护理保险制度的结构性改革，长期护理需求不断上升的基本事实。

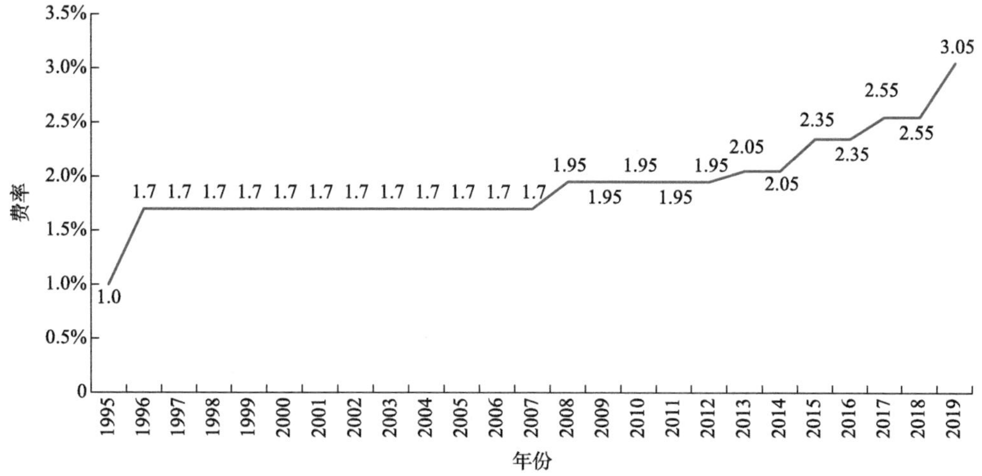

图 10-7　德国长期护理保险制度费率发展趋势

如果从长时段及全局性的角度来审视德国社会保险制度各险种保费的发展，可以看到德国自统一以来一直试图控制社会保险总费率，德国一般的社会共识是将社会保险几大险种总计费率控制在税前收入的40%以下。图 10-8 显示自长期护理保险制度建立以来，新建立的长期护理保险在整体格局上并未使得社会保险的总计费率状况失控，由于在养老保险、医疗保险特别是失业保险领域德国成功地控制了费率，因此整体而言，近年来德国社会保险的整体费率稳中有降，2019 年社会保险总费率维持在税前收入的 38.85%。

图 10-9 显示了德国长期护理保险制度 2003 年至 2018 年以来的财务发展状况，我们可以清晰地观察到从 2003 年至 2007 年德国长期护理保险每年的财务处于净负状态，而 2008 年至 2016 年则处于较长时段的盈余状态，结合图 10-7 德国长期护理保险费率的发展，我们发现这一时段的收支盈余与德国在同一时段不断调高长期护理保险费率直接相关。而在 2016 年进行长期护理保险分级制度改革之后，德国长期护理保险的年度财务又出现了净负的状况。2018 年德国长期护理保险收入为 377.2 亿欧元，支出为 412.7 亿欧元，当年净负为 35.5 亿欧元，当年长期护理保险的总盈余额从 2017 年的 69 亿欧元大幅下降到 2018 年的 34 亿欧元。

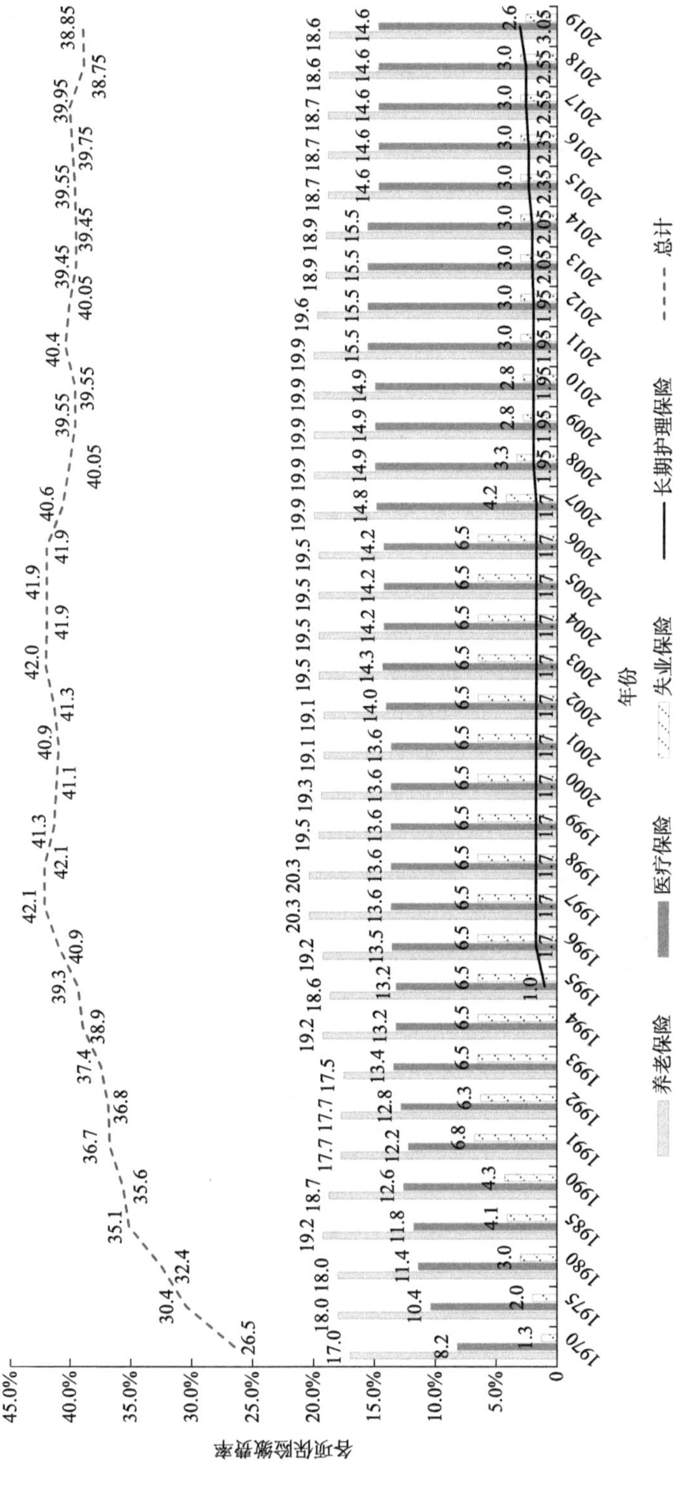

图 10-8 德国各项社会保险费率发展趋势（1970~2019 年）

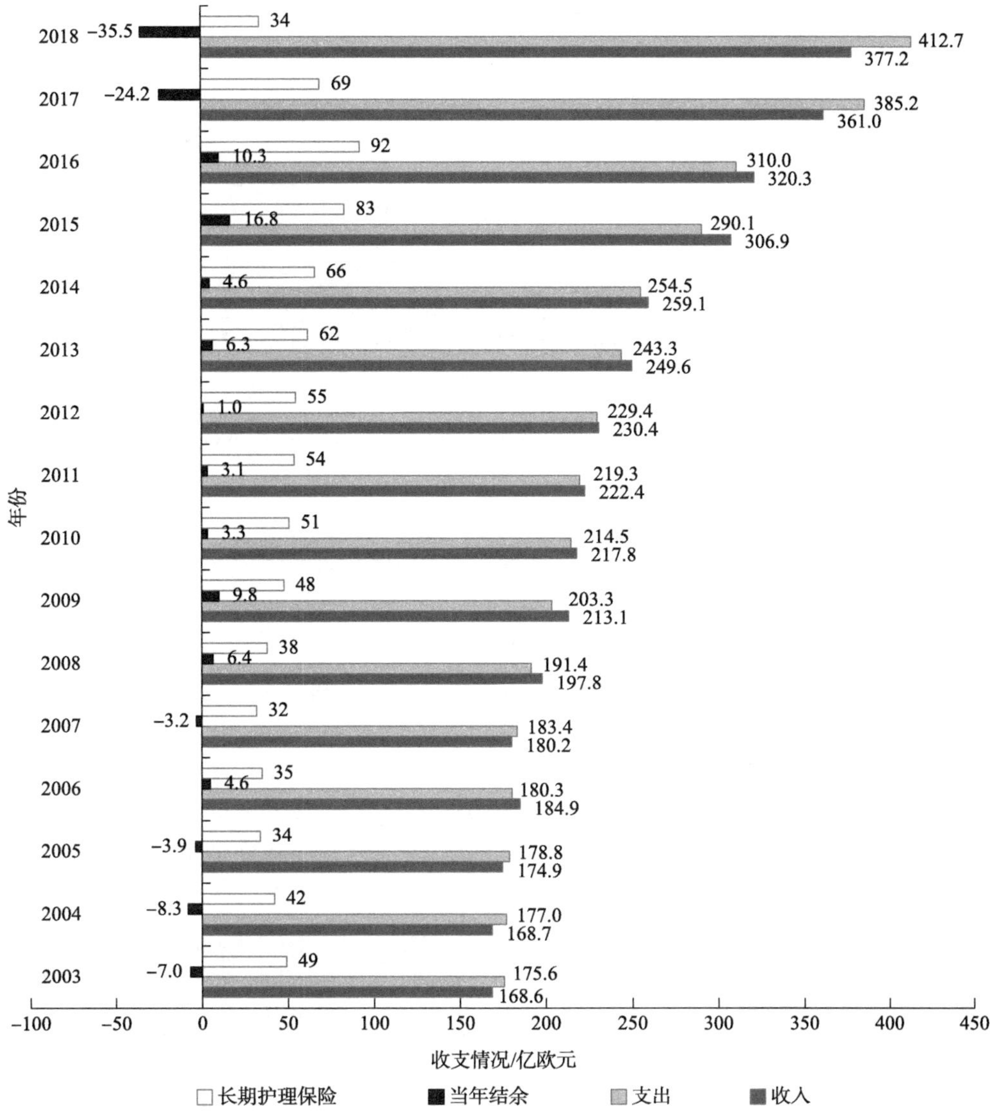

图 10-9 德国长期护理保险财务状况（2003 年至 2018 年）

资料来源：德国联邦健康部 2019 年报告《长期护理保险事实与数据》

如果区分居家护理与入院式机构护理，前者的支出从 2003 年的 82 亿欧元上升至 2018 年的 235 亿欧元，上升幅度为 187%；而后者的支出则从 2003 年的 84 亿欧元上升至 2018 年的 148 亿欧元，上升幅度为 76.2%；在同一时间段，长期护理的总支出费用从 166 亿欧元上升至 383 亿欧元，上升幅度为 131%（图 10-10）。

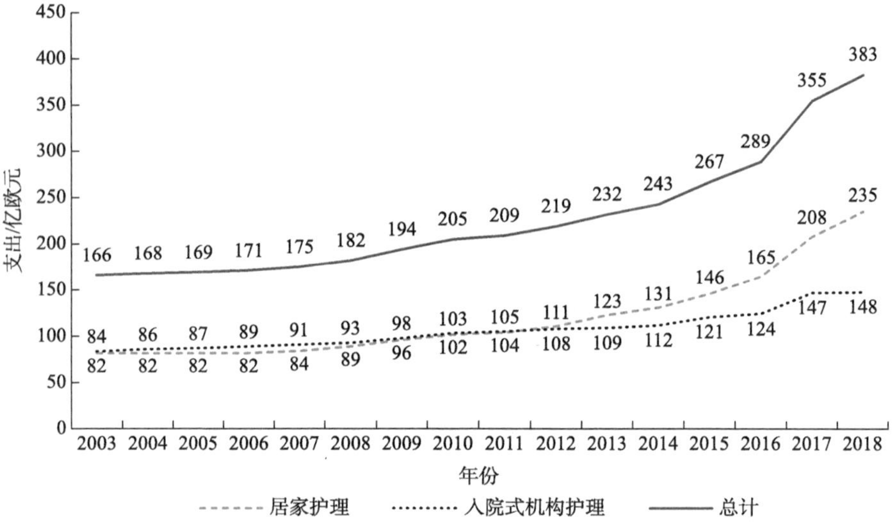

图 10-10　德国 2003 年至 2018 年长期护理保险支出状况

资料来源：德国联邦健康部 2019 年报告《长期护理保险事实与数据》①

第五节　几点思考

通过分析德国长期护理保险制度的历史性缘起、主要运行方式、制度整合特征，以及当前所实施的主要改革措施，相关经验值得我国长期护理保险试点扩面借鉴。

第一，德国长期护理保险是在德国经济黯淡、失业率高涨、德国统一的巨大财政负担下建立的（Heilemann，2000），与一般的认知不同，德国不是在经济优越与宽裕的条件下建立长期护理保险制度的，因此德国建立长期护理保险制度的关键性因素不是经济与财政，而是国家的总体政治意志。

第二，公共财政责任没有体现值得质疑。正因为德国在经济下滑时期建立的长期护理保险制度，考虑到经济因素与工商业界的受压及反弹区间，德国长期护理保险初始的政治契约是单纯依靠社会保险费用来筹资，而国家财政不再额外介入，由于制度的黏性，这样的制度安排一直保留到今天，但随着长期护理保险的刚性需求不断上升，这样的税收不介入的做法越来越受到挑战与质疑。

第三，多层次制度设计和多元化责任主体值得借鉴。德国长期护理保险实施

① 图 10-10 与图 10-9 德国长期护理保险的支出采取不同的统计途径，图 10-9 长期护理保险支出费用包含了长期护理保险领域的管理费用及管理成本等，而图 10-10 采用的是长期护理保险领域的纯待遇支出费用。

的是广覆盖、宽准入、中低水准的待遇给付，通过各种不同的制度安排将非雇员的居民及社会弱势群体也纳入到长期护理保险中来，同时通过新分级改革进一步降低了获取长期护理保险待遇的障碍度，在待遇上提供中等偏低水平的保障待遇，国家法定的社会护理制度承担了首要责任，长期护理救助依然发挥着拾遗补漏的辅助作用（Kochskämper，2018），而个人及家庭也要承担相当一部分责任，这样的责任主体多元化充分考虑到了长期护理保险的刚性需求及责任多方共担的因素，值得我们借鉴。

第四，制度设计体现了包容性和人文关怀精神。德国在2017年以来的改革中，在长期护理鉴定、分类及分级中大幅增加了对于认知障碍、失智及精神、心理和社会因素的考虑，应该说，在这一点上，德国继续走在了全球长期护理事业的前列，德国的新改革经验值得我们探讨与学习。

第五，高度整合性建制。德国不采取地方试点而直接在联邦层面立法建制，从而保障了制度的高度整合性以及后来推进政策改革。事实上，社会保障新制度建立过程中是否需要反复试点，是否试点越多越好、试点时间越长越好，的确值得我们重新审慎思考。制度试点虽然要考虑到路径依赖，但也要考虑到经济社会发展的阶段性，因为路径依赖与制度转轨同样都需要成本。

第十一章　国际经验之二：日本社区医养服务整合策略①

老年人养老的照护②服务需求是连续的，而专业化的医疗、医护、照护服务却被政策分割成条块状。政策之间存在的重叠造成了公共资源的浪费；政策之间存在的空白又使得服务产生了真空区域。传统社会中，真空区域由家庭成员提供的非正式照护弥补。但是随着人口老龄化、疾病结构由急性病为主转向慢性病为主、独居的老年人家庭越来越多，照护需求骤增而传统服务供给减少，专业的社会化照护服务从分割向整合化发展成为时代趋势。

第一节　日本社区医养服务整合背景

日本是人口老龄化率世界第一的国家，其整合分割的医疗、医护、照护等服务的需求尤为突出。日本的人口老龄化率（65 岁以上人口占比）在 1970 年达到7%后，老龄化速度不断加快，1994 年超过 14%，2019 年已经达到 28.4%，2036 年将超过总人口的 1/3，65 岁以上老年人口将在 2042 年迎来峰值 3935 万人，但老龄化率还将不断上升，2065 年将达到 35.6%。③而且失能比率高的 75 岁以上老年人口占比增速还将继续加快，2055 年将达到 25.5%，即每 4 个日本人中就有 1 个是 75 岁以上老年人，75 岁以上老年人口中有 23.3%处于失能、半失能状态（日本内閣府，2019）。因此，在日本人口结构的老龄化、高龄化背景下，医疗、养

① 本章参见本项目组合作成员张继元博士的研究成果《社区医养结合服务：日本的探索与启示》（发表在《安徽师范大学学报》（人文社会科学版）2021 年第 3 期）。

② “照护”在日语中被称为“介护”。

③ 《日本の将来推計人口平成 29 年推計》，http://www.ipss.go.jp/pp-zenkoku/j/zenkoku2017/pp29_ReportALL.pdf。

老护理的需求在迅速攀升。

随着老龄化的进展与医疗技术的提高，日本的疾病结构也发生了变化。从日本死亡人口的死因变化来看，20 世纪 30~40 年代结核是最主要的致死疾病，50~70 年代脑血管疾病变为排名第一的死因，而 1981 年以来恶性新生物（癌）成为最主要的致死疾病。[①]2018 年因恶性新生物死亡的人数占死亡总人数的 27.5%，即日本死亡人口中 3.6 个人就有 1 个人是因癌症死亡。同时老年人口中认知症患者人数也在增加，2012 年日本仅有 462 万 65 岁以上认知症患者，但是 2025 年认知症患者人数将达到约 700 万，即每 5 位 65 岁以上老年人中就有 1 位认知症患者（日本内閣府，2017）。疾病结构的变化，标志着居家治疗及护理的需求超过住院治疗及护理的需求，医疗、医护、照护等服务亟须在社区层面整合。

人口结构与疾病结构的变化导致了需求侧的变化，而家庭结构的变化则代表了供给侧的变化。2015 年日本 65 岁以上老年人的家庭约为 2372 万户（占总家庭户的 47.1%），其中独居老人户有 656 万户，占老年人总家庭户的 27.7%；老年夫妇户有 747 万户，占老年人总家庭户的 31.5%（日本内閣府，2019）。老年夫妇户与独居老人户的增加，意味着传统家庭照料资源的减少，越来越多的老年人只能依靠社会化的社区及居家照护服务。

在人口结构、疾病结构与家庭结构变动的背景下，为了满足老年人综合性的生活、健康需求，日本自 20 世纪 90 年代开始探索保健、医疗与福祉的整合性服务供给体系，经过几十年的尝试与发展，形成了包括制度层面、组织层面、专业层面和临床层面的全方位社区医养服务整合体系。

第二节　日本社区医养服务整合历程

日本社区医养服务整合的发展受欧洲整合照护理论的影响不明显，这是因为整合照护的发展趋势是东西方同步出现的，而且各国护理需求与政策不同（菊池いづみ，2016）。但日本社区医养服务整合体系是基于日本社会需求与政策环境下，结合了欧洲的整合护理与以社区为基础两个概念的体系（筒井孝子，2014）。

基于利奥波德·冯·维泽（Leopold von Wiese）的社会关系学的社会过程理论，武川正吾（2009）将社会服务供给中的整合分为四个阶段：第一阶段是联系，即各供给主体之间突破隔离状态，互相共享相关信息的阶段；第二阶段是调整，即各供给主体之间不仅进行信息共享，还有一定程度的调整行为；第三阶段是协

① 《平成 30 年（2018）人口動態統計（確定数）の概況》，https://www.mhlw.go.jp/toukei/saikin/hw/jinkou/kakutei18/index. html。

作，即各供给主体之间共享同一目标，积极地采取行动；第四阶段是融合，即分散的供给主体融合成一个主体的阶段，作为一个主体不存在联系、调整、协作的关系，但是在同一主体内的不同部门之间仍存在联系、调整、协作的关系。尽管融合可以更加有效地满足老年人连续性的服务需求，但目前各国整合照护体系的发展尚未达到融合的层次。

因此，日本社区医养服务整合的发展阶段可以分为未整合的分立时期、联系整合的萌芽时期、调整整合的探索时期与协作整合的建立时期。

一、分立时期（20 世纪 50 年代到 60 年代）

20 世纪 50 年代到 60 年代是日本战后经济复苏发展、各项社会保障制度起步的阶段。这一时期肺炎、结核等死亡率仍然较高，医疗与老年人福利是完全分立的体系。1959 年日本出台了《国民年金法》，实现了“国民皆年金”。但是年金之外的老年人福利政策非常欠缺，而且实施的福利政策也处于分立状态（植田章，1996）。譬如，这一时期的养老院是基于《生活保护法》（1950 年）的养护机构，而 1962 年建立的财政补贴的低费养老院是基于《社会福祉事业法》建立的机构。因此，这一时期养老资源整合迫在眉睫。在这样的背景下，1963 年日本制定了《老人福祉法》，整合了老年人福利相关政策。

二、萌芽时期（20 世纪 70 年代到 80 年代）

20 世纪 70 年代到 80 年代是日本经济进入高速增长、社会保障制度趋于完善的阶段。这一时期疾病结构开始发生变化，脑血管疾病、心脏病、癌症的死亡人数增加，老年人医疗以急性病住院治疗，治愈后回家由家人照顾为主。730 万老年人口中有 3 成处于失能、半失能状态，而养老院只有 6.7 万张床位，社区里卧床不起的老年人的护理不足问题逐渐成为社会关注的话题（植田章，1996）。为了解决这一问题，厚生省在 1971 年制定了“社会福利设施紧急整备 5 年计划”，社区相关机构之间协作的必要性也日渐凸显。

1973 年日本实施了老年人医疗免费政策，这一政策的初衷是减轻老年人的医疗费用负担，但由于社区居家护理服务不足，与其回家无人照顾，不如免费住院享受专业护理服务，因此这一时期长期住院的情况成为严重的社会问题。为了限制老年患者医疗费用的增长，1982 年日本废除老年人医疗免费政策，出台了《老人保健法》，并在第二十四条第二款提出要协调医疗服务与保健服务，1987 年制定了《老年人服务协调小组设置运营纲要》《保健所保健福祉服务协调推进事业实施纲要》，通过建立机构间的联络协调会议，推动保健服务与医疗、福祉服务的整合。为了切实推动保健服务与福祉服务的整合，1988 年厚生省进行了机构调整，合并了老人保健部与社会局老人福祉课。同时需要医疗服务与福祉服务的患者不断增多，越来越多的人认识到医疗护理与福祉服务整合的必要性。1989 年日本设立了老人保健机构，这是针对不需要住院治疗、症状稳定的患者，在医护与医学管理下进行照护与功能训练的医养结合的新型老人机构。1989 年中央社会福祉审议会、身体障碍者福祉审议会和中央儿童福祉审议会共同向厚生大臣提交的政策建议书《社会福祉未来之路：为实现健康长寿福祉社会的建言》中提出，要在社区建立综合的福祉、保健、医疗服务体系。①

三、探索时期（20 世纪 90 年代到 21 世纪初）

进入 20 世纪 90 年代后，日本开始探索整合医疗、保健、照护、福祉服务的养老服务体系。1992 年医疗制度改革把医院按照功能分为“特定功能医院”与“疗养型病床群”。“特定功能医院”主要提供专业医疗服务，而“疗养型病床群”医院则以需要长期疗养的患者为对象提供医疗及照护服务。在医院的功能分化改革中，一部分长期需要医疗和照护的患者回到家中，因此需要长期照护的居家疗养患者增加（大阪民主医療機関連合会，1991）。

1989 年 12 月日本政府制定的《高龄者保健福利推进十年战略》（简称“黄金计划”）中，家政服务、日间服务、短期入住等居家福祉服务是重点内容。为了推动“黄金计划”，1990 年日本修订了《老人福祉法》等福祉相关法，将居家福祉服务整合到老年人保健福祉范畴之内，将老年人福祉的实施权限从都道府县下放到市町村，并要求市町村要制订老人保健福祉计划。由于老龄化增速超过预期，1994 年日本全面修订“黄金计划”，制定了“新黄金计划”（高龄者保健福祉 5 年计划），同时加快居家养老及机构养老服务建设（厚生労働省，2007）。这一系列的政策都强调了保健、福祉、医疗三者的整合，而允许市场进入“居家生活支援事业”领域则带来了供给主体的多样化，孕育了医疗、福祉、志愿者等之间整合的萌芽（植田章，1996）。

2000 年开始实施的《介护保险法》将分散在老人福祉与医疗中的照护服务，整合到一个统一的社会保险制度中（厚生労働省，2007），但福祉、照护、医疗之间仍然需要进一步整合才能更好地满足老年人连续性的需要。特别是在医疗改革推动居家医疗、照护改革推动居家照护的趋势下，医疗、照护、福祉的社区整

① 《今後の社会福祉のあり方について（意見具申）——健やかな長寿・福祉社会を実現するための提言》，http://www.ipss.go.jp/publication/j/shiryou/no.13/data/shiryou/syakaifukushi/376.pdf。

合成为主要方向。

2003 年厚生劳动省老健局设立的高龄者照护研究会提出了“社区综合照护系统”的概念，2005 年的《医疗改革大纲》提出了推进医疗制度的结构性改革，同年《介护保险法》的修订提出建立社区综合支援中心以及社区嵌入型服务，医疗、照护、福祉等养老资源的制度性整合加快了步伐。

四、建立时期（2010 年至今）

2011 年日本修订的《介护保险法》明确提出了要建立整合医疗、照护、预防、生活支援、居住的无缝服务社区综合照护体系，为了支援和照护老年人的居家生活，除了提供日间、晚间访问照护与访问医护外，还建立了定期寻访与应对的新服务——“定期寻访随时应对型访问照护医护”。2012 年基于社会保障制度改革推进法设立的社会保障制度改革国民会议在报告中指出，医疗要从之前的“医院完结型”向“社区完结型”转型，即患者在居住习惯的社区中享受医疗服务恢复健康，实质是医疗、居住、照护、生活支援等服务无缝连接的医疗。[①]同时报告书还强调了建立社区综合照护体系的居家医疗、居家照护的改革方针。2013 年的《推进为实现可持续的社会保障制度改革的相关法律》是确定社会保障制度改革的整体目标及推进方法的一部法律，该法从社会保障制度改革大布局出发提出了整合医疗、照护、照护预防、居住及生活支援的社区综合照护体系的目标。在这一方针指导下，2014 年《医疗法》《介护保险法》等 19 项法律同时修订，制定了《为综合保障社区医疗及照护服务的相关法律整备的相关法案》（以下简称《医疗照护综合保障促进法》）。这一为养老资源整合专门制定的法律奠定了日本养老资源整合的制度基础。

第三节　日本社区医养服务整合策略

日本社区医养服务的资源整合策略可以从制度层面、组织层面、专业层面和临床层面四个层次整理。经过分立、萌芽、探索、建立四个时期的发展，日本的社区医养服务整合已经基本实现了这四个层次的整合。在制度层面，日本出台了《医疗照护综合保障促进法》，实现了《医疗法》《介护保险法》等福祉相关法律之间的协作整合，设立了“社区医疗照护综合保障基金”。在组织层面，中央

---

① 《社会保障制度改革介護報告書——確かな社会保障を将来世代に伝えるための道筋》，https://www.kantei.go.jp/jp/singi/kokuminkaigi/pdf/houkokusyo.pdf。

政府的厚生劳动省统管医疗、保健、福祉、照护，而且在1988年就合并了老人保健部与社会局老人福祉课；地方政府层面，福祉保健局统管医疗、保健，而且各地区还设立了“社区综合照护支援中心”。在专业层面，“医疗照护综合保障促进会议”制度，通过多主体参与的会议平台协调整合资源。在临床层面，通过照护经纪人制度及个案讨论组，进行资源整合，同时复合型人才培养也将为临床层面的整合提供坚实的保障。

一、制度层面整合：医疗照护综合保障推进法

《医疗照护综合保障促进法》是专门为养老资源整合制定的法律，第一条写道“本法目的是，在国民保持健康、增进福祉方面多样化服务需求增大的背景下，充分利用社区创新性资源，同时建构社区高效率高质量医疗服务供给体系和社区综合照护体系，采取促进社区医疗照护整合的措施，从而促进老年人等国民的健康与福祉，并促进建设国民可以过上有价值的健康、安逸生活的地域社会”。

1. 社区医养结合规划体系

《医疗照护综合保障促进法》设立了推动医养结合的“社区医疗照护综合保障基金”，规定了厚生劳动大臣制定综合保障方针、都道府县制定社区医疗照护综合保障事业实施计划（简称都道府县计划）、市町村制定本地区医疗照护综合保障事业实施计划（简称市町村计划）的义务。

厚生劳动大臣要制定《社区医疗照护服务供给综合保障基本方针》，主要通过在社区建构提供高效、高质的医疗服务供给体系与社区综合照护体系。整合基本方针必须包括以下几个内容：①社区医养结合保障的意义与基本方向；②国家制定的医疗计划基本方针及照护保险事业计划基本方针等基本事项；③社区医养结合保障的都道府县计划与市町村计划的制定和综合性的保障；④都道府县的社区医养结合保障计划、医疗计划、照护保险事业支援计划的整合性的保障；⑤社区医养结合保障基金资助事业的公正性与透明性的保障相关基本事项；⑥其他社区医养结合保障所需事项。该法规定厚生劳动大臣在制定基本方针时，必须充分听取服务利用者、都道府县知事、市町村长、医疗保险机构、医疗机构、照护服务机构、学界专家的意见，为此设立了“医疗照护综合保障促进会议”。

都道府县必须根据基本方针，结合本地实际情况，制定本都道府县的计划。都道府县计划必须包括以下几方面内容：①各地区医养结合保障的目标及计划期间；②为实现目标的具体事宜，如医疗机构及设备项目事业、居家医疗相关事业、

公共照护机构建设相关事业等；③医养结合计划必须与医疗计划及照护保险事业支援计划保持整合性；④都道府县在制定计划或变更计划时，必须听取服务利用者、医疗保险者、医疗机构、照护服务机构、学界专家等相关者的意见；⑤都道府县在制定或更改计划后，要迅速向厚生劳动大臣提交。

市町村要根据基本方针，结合本市町村实际情况，制定市町村计划，要求和都道府县计划相同，在制定和变更计划后要迅速提交给都道府县。

2. 社区医疗照护综合保障基金

社区医疗照护综合保障基金是为了实现医疗、照护服务供给体制一体化改革创设的基金，是与全国统一的诊疗报酬与照护报酬不同的财政支援制度。该基金主要用于都道府县计划中制定的项目实施，国家负责 2/3 的资金，2014 年筹资开始划转增收部分的消费税，都道府县负责 1/3。2020 年社区医疗照护综合保障基金（照护部分）预算为 2018 亿日元（国家财政 1345 亿日元），其中医疗部分 1194 亿日元（国家财政 796 亿日元），照护部分 824 亿日元（国家财政 549 亿日元）。[①]基金主要用途有：①为实现社区医疗开展的医疗机构、设施建设；②居家医疗服务供给；③照护设施等建设；④医疗从业人员的保障与培养；⑤照护从业人员的保障与培养等。

3. 医疗制度改革

为了实现医疗制度从“医院完结型”向“社区完结型”的转型，医疗制度改革主要从病床功能分化与居家医疗两个方面入手，分别推进病床功能报告制度与社区医疗构想调整会议两项制度。

病床功能报告制度是指各医疗机构自主选择决定病床的医疗功能，并向都道府县报告的制度。都道府县会以本地区各医疗机构的报告，推算未来医疗需求及所需病床数，进而制定医疗计划。医疗需求及所需病床数，要按照高度急性期、急性期、恢复期、慢性期 4 种功能，以二次医疗圈为基础的都道府县内区域推算。

社区医疗构想调整会议是为了制定社区医疗构想，以构想区域为单位，政府和医疗机构共同参与讨论的会议。会议以病床功能报告结果等为基础，对目前医疗供给体制及病床需求量等进行讨论，并在各医疗机构之间进行协调，调整功能分化及协作的制度。这一制度是利用社区医疗照护综合保障基金，推进医疗机构自主进行功能分化及协作的机制。

---

① 《全国厚生労働関係部局長会議資料》，https://www.mhlw.go.jp/topics/2020/01/dl/8_roken-01.pdf。

4. 照护制度改革

照护制度改革中，除了下文重点介绍的社区综合照护体系外，还增加了居家医疗照护协作推进项目，主要包括 8 个项目。

（1）社区医疗照护资源摸底。掌握社区内的医疗机构分布及功能，并共享相关信息。

（2）居家医疗照护协作问题提出与对策讨论。召开社区医疗及照护机构参加的会议，掌握居家医疗照护协作的现状，找到问题，探讨解决方案。

（3）无缝的居家医疗与居家照护服务的供给体制建构。获取社区内医疗照护相关机构的协作，推进居家医疗、照护服务供给体系的建设。

（4）医疗照护机构信息共享支援。在医疗及照护机构之间共享患者居家健康情况等信息。

（5）居家医疗照护协作相关咨询支援。通过设置支援医疗照护机构之间协作的协调机制，支援居家医疗及照护相关咨询窗口的设置运营。

（6）医疗照护相关研修。召开多职种协作方法的讨论会和面向照护职业的医疗相关研修。

（7）社区居民普及启蒙。面向社区居民的讲座、宣传单等普及启蒙活动。

（8）相关市町村居家医疗照护协作。同一、二次医疗圈内各市町村以及相邻市町村之间协作等更广域的整合事宜展开相关讨论。

5. 社区综合照护体系

2015 年日本对护理保险制度进行修改，正式提出构建社区综合照护服务体系。该体系在成熟的地域福利基础上将护理康复、保健预防、医疗看护、生活援助、居家住宅有效衔接起来，整合和利用当地服务资源，满足老年居民的需求，以迎接“2025 年挑战”（赵建国和邵思齐，2019）。社区综合照护体系是日本医养结合最主要的政策机制，社区已经成为日本养老服务等社会福利服务的主要载体（张继元，2018）。《医疗照护综合保障促进法》第二条第一项对社区综合照护体系进行了定义：“根据社区实际情况，为实现老年人尽可能地在原有住惯了的社区过上因能而立[①]的日常生活，综合保障医疗、照护、照护预防、居住及自立生活支援服务的体制。”

社区综合照护体系是结合“自助、互助、共助、公助”四大原则的服务体系。自助是指自己的事情自己做，自己进行健康管理以及自己从市场购买服务。互助是指志愿者服务、居民组织活动等非正式的服务。共助是指以照护保险所代表的

① “因能而立”是指根据老年人既有能力实现最大程度自立生活的照护理念。

社会保险制度及其服务。公助是指政府财政购买的老年人福祉服务、最低生活保障、权益保障等服务。

社区综合照护体系有五大构成要素，即 30 分钟日常生活圈内协作提供的居住、医疗、照护、照护预防和生活支援服务。五大构成要素具体如下：①以居住为基础，包括自有住宅、租赁住宅、老年公寓等，在住惯了的社区/想居住的社区里充分保护隐私与尊严是最基本的部分；②医疗服务指医院、社区医院、居家医疗、访问医护、访问康复等服务；③照护服务包括机构养老服务和居家养老服务；④照护预防是指防止失能或减轻失能程度的维持、提高生活技能的服务；⑤生活支援服务包括专业社工提供的正式服务和家人及邻居提供的非正式服务。

日本社区综合照护服务体系以每 1 万~2 万个居民的生活圈为单位设立地域综合援助中心，社区综合援助中心由社会福祉士、护理援助员、保健师三类人员构成，由市町村基层政府直接负责管理，或者委托当地社会福利法人运营。社区综合援助中心不仅要求与地方政府的行政层级相适应，更强调与当地居民生活紧密相连，做到与居民零距离沟通（込山爱郎，2019）。

二、组织层面整合：中央与地方行政机构改革

无论是在中央政府还是地方政府，日本的医疗、保健、福祉服务都整合到一个部门进行管理，即中央政府层面由厚生劳动省主管，地方政府层面由各都道府县的福祉保健局（部）来主管。

厚生劳动省下设医政局、健康局、医药生活卫生局、社会援护局，分别管理医疗、保健、医药、福祉，但是在老年人保健与福祉服务层面，实现了进一步的组织整合，统一由厚生劳动省老健局主管。

老年人的保健与福祉最初并不隶属同一部门，20 世纪 80 年代分别由老人保健部和社会局老人福祉课主管。为了推动医疗服务与老年人福祉服务整合，日本厚生省在 1988 年将老人保健部与社会局老人福祉课整合为老人保健福祉局。2001 年日本政府机构改革时厚生省与劳动省合并为厚生劳动省，与此同时厚生省老人保健福祉局改为老健局，主管促进老年人福祉事业、老年人保健事业、照护保险事业等老年人综合性服务。下设总务课（内设照护保险指导室）、照护保险计划课、老年人支援课、振兴课、老年人保健课。

地方政府层面，各都道府县具体部门设置略有区别，但都设有保健福祉局（部），主管从摇篮到坟墓的各种福祉、保健、医疗政策与服务。例如，东京都设有福祉保健局，下设医疗政策部、保健政策部、生活福祉部，分别主管医疗、保健与福祉服务，在老年人层面设有高龄社会对策部，综合管理照护保险、居家

支援、机构支援等政策及服务。北海道设有保健福祉部，综合管理医疗、保健、食品卫生、老年人福祉、残疾人福祉、儿童福祉等。保健福祉部下设老年人保健福祉课，主管老年人福祉服务、照护保险服务、社区综合照护服务。

养老资源整合不仅需要政府部门的组织整合，更需要政府、医疗机构、照护机构、志愿者组织、居民组织等各主体组织之间的整合。因此，《社区医疗照护综合保障促进法》设置了“医疗照护综合保障促进会议”机制，在制定及修改规划时必须有服务利用者、政府官员、医疗保险者、医疗照护服务机构、学界专家的共同参与。在推动社区综合照护服务时，根据《介护保险法》，市町村设置了由照护经纪人、保健医疗和福祉服务人员及专家共同参与的社区照护会议。社区照护会议是将法律规定的正式服务与家属、居民及志愿者团体提供的非正式服务整合为综合资源网络的会议。社区照护会议有讨论个别案例的微观会议，也有探讨本地区照护政策的中观会议。

社区照护会议是一种通过联席会议机制进行组织整合的形式，而社区综合支援中心则是基于《介护保险法》地方政府设置的支援服务整合的实体机构。社区综合支援中心既有市町村直接设置的机构，也有政府委托给医疗法人、社会福祉法人、公益法人等第三方设置的机构。

社区综合支援中心的主要功能是在接受都道府县、市町村支持的同时，将社区内医疗保健、照护、福祉等各种社会资源网络化，以提供周到的整合服务来满足居民多样化需求。具体包括以下服务内容：照护预防健康管理、照护预防推进、居家医疗照护服务综合提供体制建设、认知症照护支援、生活支援服务协调事务、社区照护会议召开等（豊島康子和立石宏昭，2016）。

三、专业层面整合：主体间整合

在日本，与老年人照护相关的专业职种有医疗专业、福祉专业两大类，医疗专业有医生、护士、药剂师、康复师等国家资格，福祉专业有照护福祉士和社会福祉士国家资格，此外还有营养师等专业职种。无论是社区照护还是医院或养老机构内的照护，都需要专业职种之间的协作。此外，社区综合照护体系还提出要整合志愿者等非正式资源，如图 11-1 所示。

日本临床层面的整合主要是通过成立个案小组，召开个案小组会议的形式确定分工、共享信息、协同提供服务的。无论老年人入住医院、养老院抑或居家医疗或照护，都会有一支由多职种组成的个案小组提供全方位的整合服务。

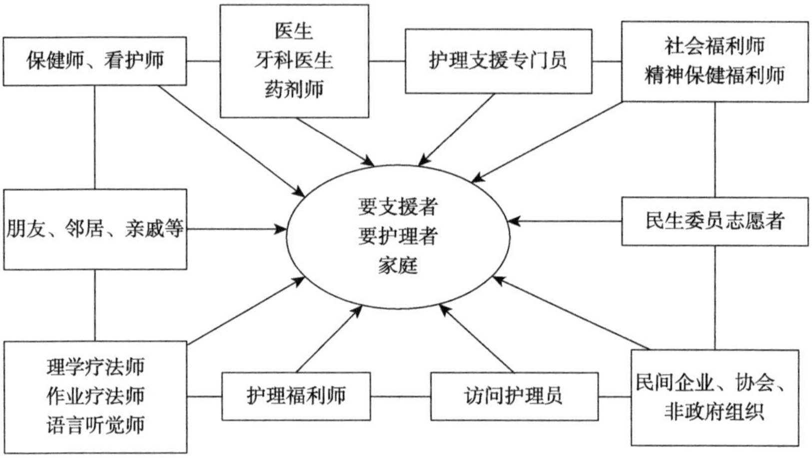

图 11-1　日本与老年人照护相关的职业与部门

资料来源：住居广士. 2009. 日本介护保险. 张天民，刘序坤，吉见弘译. 北京：中国劳动社会保障出版社：122

以安宁疗护中专业层面及临床层面整合为例，各专业职种之间协作参见表 11-1。福利机构会多次向本人及家属确认生命末期生活方式及医疗方式，在刚入住的时候会由照护经纪人、身体状态变差时由护士进行确认。被诊断为临终期时，会有医生对现状进行详细的说明，并确认治疗内容的意向。日常观察由照护职员和医护职员进行，对状态变化预测主要由医生和护士负责，同时需要其他专业人员从各自专业角度提出意见。对于身体痛苦的安宁疗护主要由医师、医护职员、照护职员进行，照护经纪人、康复职员、营养师辅助。精神痛苦的安宁疗护则主要由医护职员、照护职员、照护经纪人负责。最后的死亡诊断由医师负责。安宁疗护的目的是让患者/老年人减少痛苦、没有痛苦地迎接死亡，必须要多工种之间协作，从不同的专业视角，按照患者/老年人的意愿，提供安宁疗护服务。

表 11-1　安宁疗护中多工种协作示意表

项目	医师	照护经纪人	医护职员	照护职员	康复职员	营养师
与本人及家属确认生活末期的意愿	○	◎	○			
确认治疗意愿（是否使用管饲营养等）	◎	◎	○			
症状观察，如早期发现异常	○	○	◎	◎	○	○
预测余命、状态变化	◎		○			
身体痛苦的安宁疗护	◎	○	◎	◎	○	○
精神痛苦的安宁疗护	○	◎	◎	◎		○
死亡诊断	◎					

资料来源：岛田千穗和高桥龙太郎（2011）

注：◎主要参与，○辅助参与

四、临床层面整合：复合型职种的设立与人才教育改革

临床层面整合包括整合到团队和整合到个人两个层次，整合到团队是指上述不同专业职种之间的协作，而整合到个人是指通过培养复合型人才，在服务供给终端进行的整合。前者协作机制的实现也充分利用了复合型人才的照护经纪人制度，而后者关于服务供给终端的基本服务复合型人才建设仍在探讨之中。

为了准确把握老年人的健康状况，有计划、综合地提供照护服务，2000 年照护制度起步的同时，日本设立了照护经纪人（照护支援专门员）制度。照护经纪人的主要工作内容包括，听取老年人及其家属的意向、掌握老年人的健康状况，制定科学合理的综合性照护计划，并与各服务供给机构联系进行协调工作。在照护、医护、康复等服务高度专业化的背景下，照护经纪人成为整合各种服务的重要节点，在多职种协作体系中起到非常重要的枢纽作用。

因为照护经纪人需要协调的内容涉及医护、照护、康复，而且与医疗的联系紧密不可分割，所以照护经纪人要求有多学科的知识结构与较为丰富的实践经验。因此日本的照护经纪人资格考试门槛很高，要求拥有医生、护士、社会福祉士、照护福祉士等国家资格证书[①]，并从业 5 年以上且具有 900 天以上经验者。在通过国家资格考试后，还要参加研修，研修合格后才发放资格证书。照护经纪人中持有国家资格占比的前三位分别是照护福祉士（59.3%）、社会福祉士（11.1%）和护士（9.6%）。[②]

医护与照护之间的界限在政策层面规定明确，尽管 2012 年《社会福祉士及照护福祉士法》修订时放开了鼻饲、吸痰等医疗行为，但是目前照护福祉士仍然无法进行打针、点滴等医疗行为。因此，居家养老必须依靠由医生、护士、照护福祉士等组成的团队进行，从而提高了成本、降低了效率。特别是少子化时代背景下护士、照护福祉士等养老护理人才急缺，亟须服务供给端的功能整合以提高效率、降低成本，从而缓解人才短缺问题。因此日本厚生劳动省参考芬兰的保健医疗共通基础资格制度，提出要建立日本版的保健医疗共通基础资格制度。芬兰的保健医疗共通基础资格制度是整合了准护士、精神障碍护士助手、牙科助手、保育士等 10 种国家资格的制度，即通过学习和考取共通基础资格，就可以从事十种工作。为了解决偏远地区小规模多功能型等养老机构人才短缺问题，通过整合专

① 指定国家资格包括：医生、牙科医生、药剂师、保健师、助产师、护士、准护士、理学疗法士、作业疗法士、社会福祉士、照护福祉士、视能训练士、义肢装具士、牙科卫生士、言语听觉士、按摩指压师、针师、灸师、柔道整复师、营养士、管理营养士、精神保健福祉士。

②《居宅介護支援事業所及び介護支援専門員の業務等の実態に関する調査研究事業（結果概要）》，https://www.mhlw.go.jp/file/05-Shingikai-12601000-Seisakutoukatsukan-Sanjikanshitsu_Shakaihoshoutantou/0000116471.pdf。

业职种推动福祉服务融合，2015 年日本厚生劳动省设置了“照护福祉服务人才融合研讨小组”①，探讨日本版共通基础资格制度的可行性。未来如果出台日本版共通基础资格制度，不仅可以在一定程度上缓解护理人才的短缺问题，从服务利用者角度来看，也是服务供给末端的照护资源整合，更有利于提供无缝连接的社会化服务。

第四节　经验反思

经过几十年的尝试与探索，日本形成了较为成熟的社区医养服务整合体系。制度层面通过出台《医疗照护综合保障推进法》，为《医疗法》《介护保险法》等福祉相关法律的协作奠定了法律基础，弥补了制度间空白；同时通过设立“社区医疗照护综合保障基金”，为激励医疗、医护与照护服务的整合提供了稳定的财政基础。组织层面，无论中央政府还是地方政府，医疗、保健、福祉服务都整合到一个部门进行管理，从而降低了组织间协作成本，减少了因部门职能重复所造成的资源浪费。专业层面，护士、照护福祉士、康复师等专业护理人员通过个案小组会议、社区照护会议等形式协作开展护理服务。临床层面，除了实现个案小组的协作机制之外，还通过设立照护经纪人等复合型人才的方式进行照护资源的整合。

日本照护资源整合的历史与经验给我们带来了很多启示。目前我国养老服务事业远景规划是“一体（照护保险）两翼（照护福利服务与照护津贴）”的体系（戴卫东，2020），下一步最重要的任务是如何整合照护资源，全方位利用养老服务的各种驱动机制（张继元，2019），推进养老服务事业高质量、可持续发展。特别是，正值我国在探索长期护理保险试点，从制度层面上看，日本照护资源的整合历史是医疗保险与照护保险由分离到整合的过程，那么面对未来照护资源整合的大趋势，我国该如何处理医疗保险与照护保险之间的关系？从组织层面看，我国政府机构涉及老年人照护服务的有国家卫健委、国家医疗保障局、人社部、民政部以及全国老龄委等部门。从社区基层实践来看，有很多补贴、服务是重合的，存在很大的整合空间。从专业层面来看，我国照护服务人才队伍中只有护士一个较为成熟的人才体系，养老护理员等专业人才体系尚不成熟，且面临着严峻的专业化程度低、数量不足等问题，亟须提升专业化、职业化，并进行专业人才培训体系的整合。从临床层面看，照护经纪人、中国版护理共通基础资格制度等复合型人才的设立与培养也许是一个解决养老护理人才短缺的新思路。

① 《塩崎大臣閣議後記者会見概要》，https://www.mhlw.go.jp/stf/kaiken/daijin/0000082683.html。

第十二章　从传统养老服务到现代长期护理：转型、定位与整合①

本书的研究对象是中国养老服务体系的资源整合。养老服务资源的重点在于资金筹集和服务供给。基于此，从第三章至第十一章的研究逻辑按照以下几个部分的思路展开。第一部分，提出问题：我国养老服务供需失衡问题。其中，第三章是关于我国养老服务需求侧在人口结构老龄化、疾病结构慢性病化、高龄老人失能化等社会结构转型大背景下所发生的相应变化；第四章论证了我国养老服务供给侧呈现出不充分性、不均衡性、低效性和碎片化的“三性一化”特征。第二部分，分析问题：养老服务体制改革——长期护理保险试点又陷入碎片化的新困境。体现在第五章，该章重点分析了国家采取长期护理保险试点改革寄希望解决传统养老福利服务资金不足和推进养老服务发展问题，但又陷入了各试点城市政策碎片化的新困境。第三部分，解决重点问题：养老服务制度的筹资来源与服务供给的整合路径。其中，第六章和第七章分别从城镇职工基本养老保险和老年人、残疾人多津贴的两个角度探讨了长期护理保险筹资来源整合的两个渠道的可能性；进而第八章和第九章分别从两个个案出发分析了养老服务供给在西部地区面临多维困境，以及在东部省份有智慧养老这个值得推广的创新经验。第四部分，国际借鉴，“他山之石，可以攻玉”。第十章和第十一章分别探究了德国长期护理保险的整合机制和日本社区医养服务整合的发展策略，运用中外比较、国际比较的研究方法推动本主题研究向纵深发展。第五部分，解决问题的总体思路：运用系统论理论，重点规划我国养老服务事业的远景和蓝图。随着一系列经济社会结构的转型，我国这样一个人口老龄化大国的养老服务事业该何去何从，总的来说，养老服务事业需做全面大幅度调整（郑功成，2015）。

---

① 本章参见戴卫东所发表的《中国养老服务事业的转型、定位与发展》（发表在《安徽师范大学学报》（人文社会科学版）2020 年第 3 期）。此处内容有较大增补。

第一节 养老服务体制改革：亟须两个转型

一、从传统养老服务向现代长期护理转型

1. 传统养老服务的局限

养老服务是以老年人为服务对象的服务业。养老服务既属于服务业的范畴，又是服务业的重要内容。现有最权威的界定是《国务院办公厅转发全国老龄委办公室和发展改革委等部门关于加快发展养老服务业意见的通知》（国办发〔2006〕6号），即养老服务业是“为老年人提供生活照顾和护理服务，满足老年人特殊生活需求的服务行业”（民政部政策研究中心，2013）。

新中国成立后，处在当时国际风云变幻、国内百废待兴的局势中，国家开始了大规模的恢复和发展城乡经济的一系列活动，人民生活水平低，吃饭穿衣是首要的民生问题。1954年新中国颁布的第一部宪法就明确规定：“中华人民共和国劳动者在年老、疾病或者丧失劳动能力的时候，有获得物质帮助的权利。”1956年全国人大颁布《高级农业生产合作社示范章程》，规定：“农业生产合作社对于缺乏劳动力或者完全丧失劳动力、生活没有依靠的老、弱、孤、寡、残疾的社员，在生产上和生活上给以适当的安排和照顾，保证他们的吃、穿和柴火的供应，保证年幼的受到教育和年老的死后安葬，使他们生养死葬都有依靠。”农村“五保”制度诞生。为了解决一些老年人无人照料的问题，一些地方开始试办敬老院，对“五保”对象实行集中供养。1958年12月，中共八届六中全会通过的《关于人民公社若干问题的决议》指出：“要办好敬老院，为那些无子女依靠的老年人（‘五保户’）提供一个较好的生活场所。”1962年以后，各省（自治区、直辖市）遵照《农村人民公社工作条例（修正草案）》的规定，统筹安排五保户的基本生活。在城市，从1949年到1955年，民政部门成立了大批养老院和生产教养院，收养安置了数十万无家可归、无依无靠、无生活来源的“三无”孤寡老人。1962年主管部门对城市老年人福利机构的服务管理做出了明确规定，养老院在生活上要着重抓办好老人食堂、照顾好老人的日常生活等。

改革开放后，养老服务事业开始走上社会化的路子，重点在于资金筹集社会化。1987年6月，中国社会福利有奖募捐委员会在北京成立，并发布了《中国社会福利有奖募捐委员会章程》和《发行社会福利有奖募捐券试行办法》。1994年国务院发布了《农村五保供养工作条例》，农村五保供养制度得到了完善。这一历史时期，城乡养老院仍然延续传统养老以老年人的衣、食、住等日常生活保障

为主的做法。进入 21 世纪，民政部于 2001 年启动“星光计划”，截至 2004 年 6 月，全国城乡共新建和改建社区“星光老年之家”32 490 个（郑功成，2005）。从“星光老年之家”的功能看，基本包括了院舍住养、日间照料、入户服务、紧急援助、信息咨询等服务内容。事实上，据调查，许多城市设置的“星光老年之家”的日间照料室被大量闲置（史柏年，2008）。由于后续资金短缺，“星光计划”在提供养老服务过程中出现了空壳现象（高灵芝等，2003）。

2006 年 2 月，全国老龄委办公室等部门联合发布《关于加快发展养老服务业的意见》，第一次明确提出“养老服务”的概念，正式提出“居家养老为基础、社区服务为依托、机构养老为补充的服务体系”。2010 年 10 月，党的十七届五中全会进一步提出优先发展社会养老服务，培育壮大老龄服务事业和产业的要求，首次将社会养老服务纳入国家战略规划。2011 年 12 月，国务院办公厅印发《社会养老服务体系建设规划（2011—2015 年）》，这是新中国成立以来第一部关于社会养老服务体系建设的专项文件。尤其是 2013 年来，国务院、国家发展改革委、民政部、财政部等部门先后密集颁布了一系列关于促进养老服务事业的政策措施，主要包括资金支持、服务递送、医养结合、智慧养老、人才培养、评估体系、机构管理等方面。从上述国家养老服务政策的连续出台，可以看出政府对养老服务事业的高度重视，养老服务事业得到了较快的发展。但由于养老服务事业的基础薄弱等诸多原因，养老服务的进展较为缓慢。据有关调查，养老院为入住老人提供的养老服务，主要包括送餐做饭、洗澡清理、打扫卫生等日常起居服务，相关医疗服务仅限于测量血压、服药打针、定期体检以及急症送医院（青连斌，2017c）。根据对全国 421 家养老机构（这些机构都获得了 2014~2015 年中央公益彩票金资助）的调查发现，医养结合不理想，有的养老院只有一个很普通的医务室；养老机构职工队伍建设面临着缺少专业人员的困境，尤其是心理咨询师、营养师、持有资格证书的护理员和厨师，以及老年科医生和护士；有近 10%的养老机构没有配备护理人员（青连斌，2017a）。

总体来说，传统养老服务主要以家庭养老为主，由于受传统养老院的经营模式、筹资能力以及职业化程度等诸多因素的影响，现阶段各类型养老机构提供的养老服务还是以负责照顾入院老年人备餐、吃饭、穿衣、梳洗、如厕、服药以及突发病时送医等方面日常生活照料为主要服务内容。大多社区也限于开办老年人食堂、老年活动室等服务。而老年人的慢性病康复、健康维持和精神抚慰等服务显得严重不足，临终关怀更是闻所未闻。根据人的需求，养老保障一般包括物质保障、服务保障以及精神保障三个逐层推进的方面。目前我国养老保障主要是物质保障，服务保障还处在起步阶段，精神保障才开始得到关注。总体来说，如第四章指出的我国养老服务供给侧在宏观上表现出不充分性、不均衡性、低效性和碎片化“三性一化”特征。

2. 现代长期护理的需求

本书第一章已经对“长期护理”的概念做了解释，通过比较分析可以发现，我国传统养老服务与现代长期护理存在较大的差异性，主要表现在如下方面。①服务对象的差异。长期护理的对象是持续一段时间内不具备完全自我照料能力的人，包括老年人和非老年人，但在国外实践中以老年人为主。我国养老服务的对象只针对 60 岁及以上老年人，但在各地养老机构中却以非失能的、健康的老年人为主要服务对象。②服务提供者的差异。长期护理服务提供者包括非正规护理者（家庭、朋友或邻居）和专业人员（卫生和社会服务者），一般以专业人员为主。我国养老服务格局是“9073”或“9064”（居家、社区、机构三种养老方式的比重分别是 90%、6%、4%），换言之，以家庭照料为主，社区照顾和机构服务不占主体地位，而朋友和邻居提供照料帮助更是少之又少。③服务内容的差异。长期护理包括失能期生活照料、慢病期治疗、康复期护理、临终期安宁疗护等一体化的照料护理和精神抚慰服务。我国的养老服务一直是以生活照料为主，保健康复服务近几年才逐步得以重视，情感慰藉还局限在学术讨论层面。④服务方式的差异。长期护理的方式有家庭照顾、日间照料、养老院、疗养院以及临终关怀院等。我国养老服务的方式主要有家庭照料、社区服务以及养老院三种，疗养院和临终关怀院还是新生事物，对老年人来说也是“奢侈品”。

显然，相比我国传统养老服务，现代长期护理体现了人本的服务理念、严格的服务对象、专业的服务方式、多元的服务机构以及临终的关怀服务等多方面的现代性特征。那么，现阶段我国进入了需要建立现代长期护理体系的关键时期吗？回答是肯定的。尽管在第三章已经分析了我国养老服务需求侧的变化，但那是根据北京大学 CHARLS 数据的微观调查，这里通过宏观数据分析可以在全国层面推导出建立现代长期护理制度的根本原因。

一是老年失能残疾人口呈现快速增长的趋势。2010 年全国老龄委办公室和中国老龄科学研究中心的全国失能老年人状况专题研究报告《全国城乡失能老年人状况研究》显示，2010 年全国城乡部分和完全失能老年人约有 3300 万人，占全部老年人口数的 19.0%，其中 1100 万左右（占 6%）为完全失能。2015 年，全国失能、半失能老年人已经达到 4063 万人，占老年人口的 18.3%。[①] 调查显示，85 岁及以上高龄老年人行动不便的比例为 46.6%，比 65~69 岁低龄老年人高 35.4 个百分点，50%以上的 80 岁及以上老年人在自我照顾上存在困难。在城市和农村，长期卧床的老年人比例分别是 3.4%、3.2%，没人帮不能行走的老年人所占的比例

①《我国失能半失能老人 4063 万 占老年人口近两成》，http://www.gov.cn/xinwen/2016-10/10/content_5116532.htm。

分别是 1.9%、2.1%，近一个月生活起居需要照顾的比例分别是 11.9%、11.2%（国家卫生计生委统计信息中心，2015）。

而且，老年残疾人口呈继续增长的趋势。从规模来看，2035 年以前 60 岁及以上残疾老年人每年增加量预计都在 140 万人以上，特别是 2020~2030 年的十年间，每年增加量都在 200 万人以上；到 2050 年，残疾老年人规模预计比 2010 年增加了 1.5 倍。随着人口老龄化速度不断上升，高龄残疾老年人占整体残疾老年人的比例，2030 年预计为 23.2%，2040 年增加到 30.7%，2050 年达到 43.3%，高龄残疾老年人是 2010 年的 4.3 倍。在年均增长上，60 岁、65 岁和 80 岁及以上的残疾老年人预计分别增长 154.4 万人、146.5 万人和 85.7 万人。在 2030 年以前，60 岁及以上的残疾老年人增幅较大，此后 80 岁及以上的高龄残疾老年人增速较快（丁志宏，2008）。

据估算到 2050 年，我国失能老年人加上残疾后转为失能的老年人当中，需要日常照护和帮助的老年人总数达 6600 万人，约占需要照护总人数（1.105 亿人）的 60%（世界卫生组织，2016）。① 据调研，重度失能、完全依赖他人照料的人群占比从 60~69 岁低龄老人的 6%上升至 80~89 岁高龄老人的 23%，90~99 岁老人的完全依赖比例则高达 43%。

二是老年慢性病患者居高不下，城乡之间差异大。老年慢性病的高患病率、多病共存以及严重的后遗症，是老年人失能的主要原因。中国有近 50%（1 亿人）的老年人患有慢性疾病；其中 3700 多万人存在明显的躯体功能减退（吴玉韶，2013）。60 岁及以上老年人高血压的患病率为 66.9%，关节炎的患病率为 25%，糖尿病的患病率为 19.6%，慢性阻塞性肺炎的患病率为 15.5%，抑郁症患病率从 11%到 57%不等（Chen et al.，2012），脑卒中患病率为 5.7%，哮喘的患病率为 3.4%，帕金森病的患病率为 1.6%（约有 198 万人）。阿尔茨海默病的年龄别患病率在 60~64 岁年龄组为 0.5%，85~89 岁组的患病率为 18%，95 岁及以上组的患病率则上升至 48%。其他类型的老年痴呆症患病率在 60~64 岁组为 1.3%，95 岁及以上组的患病率则上升至 60%。到 2030 年，与现在相比，中国患有一种及以上慢性病的人数将增加 3 倍以上，占比 40%，大约 80%的 60 岁及以上老年人将死于慢性疾病。

慢性病在城乡之间分布也有较大差异。据调查，我国老年人慢性病患病率为 71.8%。城市老年人慢性病患病率从 1993 年的 73%上升到 2013 年的 81.1%，农村地区则从 1993 年的 37.8%上升到 2013 年的 61.6%，可见，城市地区高于农村地区，但农村老年人慢性病患病率的增速是城市的 3 倍多（国家卫生计生委统计信

① 世界卫生组织：《中国老龄化与健康国家评估报告》，https://apps.who.int/iris/bitstream/handle/10665/194271/9789245509318- chi.pdf;sequence=5。

息中心，2015）。老年人患慢性病前五位依次是高血压、糖尿病、脑血管病、缺血性心脏病和慢性阻塞性肺病，这五种疾病的患病人次占总患病人次的 69.7%；老年人患一种慢性病的占比为 33.6%，患两种及以上慢性病的占比为 16.2%（国家卫生计生委统计信息中心，2015）。而且，城市老年人患多种慢性病的比例要高于农村。

三是临终关怀服务捉襟见肘。临终关怀是指患者从病危状态到走向生命结束之前的全部医疗和照护服务的总称，主要针对预期生命不超过 6 个月的病症晚期病人。全球的实践表明，临终关怀服务是缓解疼痛、舒适护理、减轻病人的心理负担和恐惧情绪，也包括对病人家属或亲友进行心理疏导。中国生命关怀协会的数据显示，我国对晚期癌症病人临终关怀服务覆盖率约为 10%，而发达国家和地区均在 80%以上。目前，我国专门性的临终关怀机构仅约 200 家，其中，上海市共有公办机构 80 多家，浙江省已有区级以上公办临终关怀医院 5 家，床位数 1320 张（吴晶和周膺，2018）。

根据疾病谱规律，老年人是肿瘤等慢性病的高发人群，也是临终关怀的主要对象。按照年龄划分 60 岁及以上、65 岁及以上、70 岁及以上、75 岁及以上、80 岁及以上和 85 岁及以上，2015 年我国城市老年居民患恶性肿瘤的死亡率（1/10 万）分别是 409.86、623.24、797.07、1050.93、1558.04、2044.05，比 2012 年分别增长 52.02、103.5、27.88、−58.02、98.55、416.07；这些年龄段的农村老年居民患恶性肿瘤的死亡率（1/10 万）分别是 386.02、628、828.86、1015.61、1187.48、1333.18，比 2012 年分别增长−6.05、104.4、99.95、0.57、−56.91、−22.32。[①] 由此可见，城市老年人患恶性肿瘤的死亡率除了 75 岁及以上年龄段外，其他年龄段都显著增长，尤其是 65 岁及以上年龄段的增幅超过 100%，80 岁及以上年龄段的增幅近 100%，85 岁及以上的增幅则超过 400%。农村 65 岁及以上、70 岁及以上两个年龄段的增幅都在 100%左右，其他年龄段的死亡率有所下降。由于我国养老服务还未能满足国民的基本需求、“孝”文化观念的抵触、专业人才缺乏、现有医保支付政策的束缚，以及患者家庭治病后的经济窘迫等多种因素制约（戴卫东，2017b），临终关怀服务的有效需求在很大程度上也抑制了临终关怀事业的发展。

总的来说，当前我国高龄老人 3000 多万人，失能老人共计 4000 多万。据调查，2015 年，我国城乡老年人需要照护服务的比重为 15.3%，比 2000 年上升将近 9 个百分点。其中，高龄老年人对照护服务的需求最为强烈，高达 41.0%，比 2000 年提高将近 20 个百分点，增幅是 79 岁及以下老年人的 3 倍多。从照护内容来看，需要上门看病的老年人占 38.1%，需要康复护理服务的老年人比例为 11.3%，需

① 根据国家卫生和计划生育委员会的 2013~2016 年《中国卫生和计划生育统计年鉴》（中国协和医科大学出版社）有关数据整理。

要上门做家务服务的老年人占 12.1%（党俊武，2018）。随着我国城乡空巢、高龄、患慢性病、失能老年人的不断增加，长期护理服务体系建设的压力和迫切性日益明显，仅限于基本生活照料的传统养老服务越来越不能适应人民对美好生活的需要。

二、从二元筹资渠道向以长期护理保险为主的多元筹资模式转型

1. 二元筹资体制的支持力度不足

1987 年福利彩票募捐基金成立之前，我国养老服务事业完全依靠政府财政投入。此后，养老服务事业的资金来源于政府财政拨款和福彩基金支持的二元筹资体制。“十二五”以来，中央预算内资金 110 多亿元、民政部本级福利彩票公益金 55 亿元支持地方养老服务设施建设。其中，2013~2015 年，中央安排彩票公益金 30 亿元，支持 10 万个农村互助幸福院建设。2014~2015 年，中央财政安排 48 亿元，支持吉林、山东等 8 省的居家养老、社区养老、培育中小养老企业，推动养老服务与家庭、医疗等融合发展。其中，投入居家养老、社区综合服务、大众化集中养老等资金比例不低于 60%。2015 年 4 月，国家发展改革委办公厅、民政部办公厅、全国老龄委办公室联合印发《关于进一步做好养老服务业发展有关工作的通知》（发改办社会〔2015〕992 号），明确加大政府投入支持养老服务体系建设，社会福利事业的彩票公益金 50%以上用于养老服务事业。

“十三五”期间，中央财政每年安排专项彩票公益金 10 亿元，支持居家和社区养老服务改革试点。2016~2017 年，中央财政分别支出福彩公益金 13.1 亿元、13.2 亿元，支持城镇社区福利机构、社区养老服务设施、农村五保供养设施、光荣院、优抚医院等设施设备改扩建及更新改造。

中央财政专项拨款和福彩公益金的投入对推动我国养老服务事业的发展起到了很大的促进作用，但总体上财政性支持的资金一直处于缺口状态。据有关研究预测，在数千万失能老年人照护服务的需求下，资金缺口数额从 2013 年的 913 亿元下降到 2020 年的 274 亿元。可见，缺口缩小的趋势较为明显，财政支持力度在逐渐加大（图 12-1）。

2. 建立以长期护理社会保险为主的多元筹资模式

长期护理社会保险是指国家颁布照护保险法律法规，以社会化筹资的方式，对由于患有慢性疾病或处于生理、心理伤残状态而导致生活不能自理，在一个比较长的时期内需要依赖他人的帮助才能完成日常生活的人所发生的照护费用进行分担给付的一种制度安排（戴卫东，2012）。20 世纪，工业化发达的国家相继都

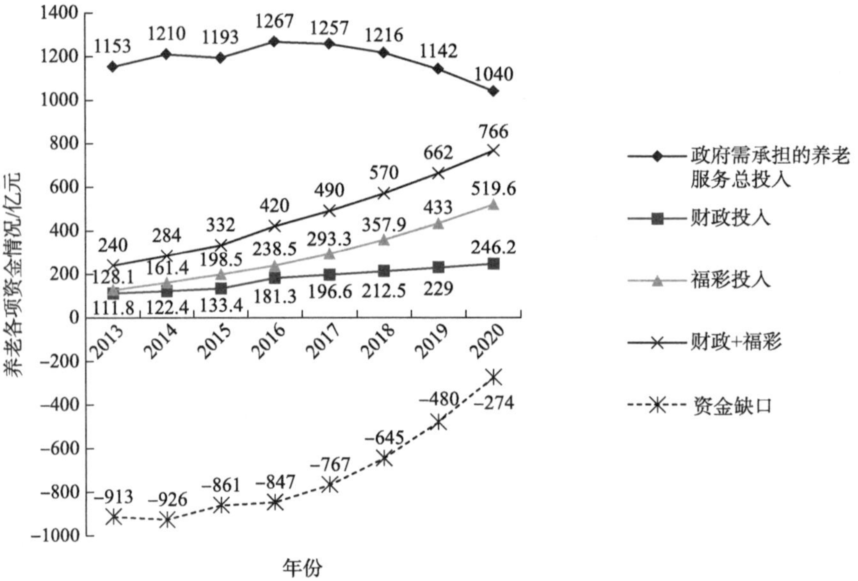

图 12-1　中国养老服务财政资金缺口规模

资料来源：胡祖铨（2015）

进入了人口老龄化社会，到 21 世纪人口日趋老龄化逐步演变成为一个全球性问题。由普遍人口老龄化而带来的身体机能下降导致越来越多的老年人生活不能自理，荷兰、以色列、德国、卢森堡、日本和韩国先后于 1968 年、1986 年、1995 年、1998 年、2000 年和 2008 年正式推行长期护理社会保险，用社会保险筹资的方式来减轻失能老年人口沉重的照护费用负担（戴卫东，2015a）。

考察经济合作与发展组织国家长期护理社会保险的诞生，主要基于两个决定性因素：一是失能风险成为继退休后的收入风险、患病时的健康风险之后的又一个新的社会风险；二是各国在建立一个新的制度时总是存在制度的路径依赖（或制度惯性）。在长期护理社会保险方面，日本学习德国，韩国学习日本，三国之间政策是间接的影响，关键在于国内失能老年人照护需求问题的直接促成（Campbell et al.，2009）。同时，长期护理保险法案的颁布，还源于各个国家社会医疗保险模式的既有制度安排方式（Barr，2010）。法国政府虽然在讨论是否要实行社会化照护保险，但由于受 20 世纪 90 年代实施的现金津贴支付模式影响，这个改革措施坚定了法国长期护理制度的路径依赖，从而难以推行社会化长期护理保险制度（Le Bihan and Martin，2010）。美国实行的私人长期护理保险，由于联邦预算法案和美国政治环境所限，美国没有其他渠道可以解决失能风险，社会保险可能是未来一个较好的选择方案（Frank，2012）。

长期护理社会保险体现了“风险共担，资金互济”的保险原理。日本、荷兰和卢森堡的长期护理保险都实施了工资税替代财政支付，缴纳社会保险税，体现了代际公平；而且，这些国家社会化长期护理保险都是现收现付制，完全积累制的照护保险可能不公正（Colombo and Mercier，2012）。目前，国际上长期护理制度虽然存在多种模式，各种模式都是在各国具体的经济、社会以及制度下的产物，但这些模式的利弊显而易见。第一种，自掏腰包方式。无论是自付还是储蓄积累方式都是最劣的选择。第二种，私人保险方式。由于保险市场的信息不对称，私人保险非常不适合长期护理服务，特别是无法精算个人长期护理服务的需求。第三种，税收支付方式。随着人口老龄化以及养老金、医疗保险金负担的增加，这种方式面临日益严重的压力，因为这些长期趋势与不间断的经济危机完全不适应。第四种，事后的保险补偿方式。这种方式是强制性的，譬如一个人达到 65 岁后或花掉资产后，才能够获得保险金。第五种，事前的社会保险方式。这种事前缴费模式的保险能够解决覆盖面、市场风险、管理以及政治合意性等问题，而且可以利用私人保险、个人储蓄等来补充不同人群的需求（Barr，2010）。

那么，对照经济合作与发展组织国家长期护理保险制度建立的两个决定性条件，显然地，我国老年人口的失能照护已经由传统社会的家庭责任演变成工业化城镇化社会的新风险，而且，五大社会保险制度在我国正式确立，长期护理制度建立如果以非社会保险筹资方式可能会造成更大的制度转轨的成本。由于我国当前的和后续的失能老年人口多达数千万（2018 年为 4000 万人，世界卫生组织预计 2050 年为 7000 万人），依靠财政和福彩公益金难以兜底，商业保险的成本高，更现实的问题是目前市场上的商业健康险不提供长期护理服务，而且社区养老服务普遍存在筹资难、效益低的状况等一系列因素共同作用，长期护理实行社会保险制度无疑是最优选择（戴卫东，2011）。

长期护理进入国家重大政策规划，需要观念和理念的革新，要破除照顾老人只是家庭和私人的责任以及应由市场解决的观念，树立长期护理是国家主导，社区、家庭、市场协同合作，公众参与的新型社会公共服务的理念（杨团，2016）。党的十八届五中全会提出要“探索建立长期护理保险制度”，“十三五”规划要求“开展长期护理保险试点”。2016 年 6 月，人社部办公厅发布《关于开展长期护理保险制度试点的指导意见》（人社厅发〔2016〕80 号），明确在全国 15 个城市试点长期护理保险制度，2017 年底覆盖人数已经超过了 4800 万人。长期护理保险制度试点体现了国家主导的原则。人社部办公厅文件要求当前从社会医疗保险结余资金里划拨长期护理保险基金的办法，应该是我国经济新常态下的过渡策略，未来走向独立建制、单位和个人筹资，以及政府财政补贴的社会保险是必然趋势。当前，可以实施社会保险费率结构性调整的存量改革，如第六章论证的降低职工基本养老保险费率，以便为长期护理保险独立筹资开辟空间。

长期护理保险不仅能缓解传统养老服务的筹资难问题，而且在提高老年人有尊严的晚年生活质量、促进家庭代际的良性互动、减轻老年人及其家庭的经济困难、维系老年人的社会关系网络以及培育老龄产业的增长点等方面具有自身独特的功能（戴卫东，2014）。总的来说，现代长期护理制度的筹资应体现在以长期护理社会保险为主，以及中央和地方政府财政补贴、福彩公益金专项支持与社会捐赠等多元资金来源体系上。

第二节 养老服务体系建设：把握“一体两翼”定位

我国养老服务事业体制确立了从传统养老服务转向现代长期护理、从二元筹资渠道转向以长期护理保险为主的多元筹资模式的两个转型之后，养老服务体系的构成是至关重要的定位。根据习近平同志“要建立老年人状况统计调查和发布制度、相关保险和福利及救助相衔接的长期照护保障制度”的部署[①]，结合我国经济和社会发展的国情，养老服务体系的发展定位应该是“一体两翼”，其中，“一体”就是以相关保险为载体，即以社会保险服务为主体、商业保险为补充；“两翼”，分别是照护福利服务和照护津贴制度。“一体两翼”是基于资金支持的角度来定位的，期望化解养老服务事业资金严重不足的困境，其实，同等重要的是居家、社区和机构等社会照护服务能够跟上去。

一、确立“长期护理保险服务为主体”的“一体”地位

1. 长期护理社会保险的主体位置不能动摇

进入21世纪，面向我国城乡的基本养老保险、基本医疗保险等制度相继建立，劳动者成为社会保险制度的主体。随着人口年龄结构的变化，自2012年起，我国劳动年龄人口的数量和比重连续7年出现双降，7年间减少了2600余万人。但2018年就业人口总量仍达7.8亿人。[②]与此同时，我国社会保险制度改革于1998年确立“统账结合”新制度模式，20年间获得了覆盖面和基金的充足发展。2017年，我国基本养老保险覆盖超过9.25亿人，基本医疗保险覆盖13.5亿人，基本实现全民医保。[③]

---

① 《习近平强调推动老龄事业全面协调可持续发展》，http://cpc.people.com.cn/n1/2016/0529/c64094-28387539.html。

② 《李希如：人口总量平稳增长 城镇化水平稳步提高》，http://www.stats.gov.cn/tjsj/sjjd/201901/t20190123_1646380.html。

③ 《我国基本医疗保险覆盖超13.5亿人》，http://politics.people.com.cn/n1/2018/1010/c1001- 30331787.html。

按照“长期护理保险绑定社会医疗保险”的国际惯例，我国长期护理保险基本上能够逐步覆盖全体国民，筹资体量大，不仅保障了国民失能受保护的权利，而且可实现养老服务事业筹资的可持续性。这是因为社会保险的特点是国民社会权利资格的体现，它以参与劳动市场和社保缴费记录为前提条件，即取决于一个人的工作和参保年限、过去的收入与现在的给付之间的关联程度，带有保险的精算性质，具有明显的劳动激励作用。换句话说，长期照护保险与国民的劳动权利相关。因此，社会化长期照护保险制度所供给的长期照护服务在我国养老服务事业中的主体地位毋庸置疑。

2. 商业长期护理保险的补充功能不容忽视

我国商业保险于 1984 年开始恢复，在 1998 年基本医疗保险制度建立前，商业健康保险发展非常缓慢。在 2008 年之前，商业健康保险整体发展有限，处于行业自发推动的阶段。2008 年后，随着新医改的启动，发展商业健康保险成为国家战略，政府相关文件相继出台，商业健康保险开始在大病保险、税优健康险和参与长期护理保险试点等领域探索。当前，商业健康保险发展较快。2017 年实现保费收入 4389 亿元，理赔支付 1330 亿元，产品增长率达到 40%。①

各国保险制度的实践证明，社会保险与商业保险存在挤占的关系。社会保险发达的国家，商业保险的发展就比较缓慢，如瑞典、日本。相反地，商业保险发达的国家，社会保险就相对处于萎缩状态，如美国等。此外，还与国民收入水平的高低有很大关联。商业保险的本质是追求市场利润，所以一般情况下投保的成本较高，投保人大多是高收入群体。20 世纪后 20 年，我国商业保险的慢速发展与我国国民收入水平较低的状况呈正相关关系。

21 世纪以来，尤其是近十年我国国民收入水平显著提升，家庭经济实力得到明显增强。据中共中央统一战线工作部消息，当前我国中高收入群体规模约为 7200 万人。② 只要这个群体的收入来源具有合法性，我们就应该认可他们的消费能力而不应具有过去的“仇富”心理。高收入群体在“人民对美好生活向往”的新时代，其社会保障权利有理由得到支持和鼓励，高收入群体投保商业保险是合理合法的诉求。因此，大力发展商业长期护理保险，满足 7000 多万中高收入群体（超过法国总人口）的高品质生活，在新的时代不可缺位。

---

①《商业健康保险发展历史和现状》，https://www.zgylbx.com/index.php?m=content&c=index&a=show&catid=10&id=32915。

②《年薪高、消费惊人！7200 万人成中国“新社会阶层”，有你吗？》，http://m.21jingji.com/article/20170107/herald/672760783fef9c7fa83bdecd29710421.html。

二、强化“福利服务与照护津贴相衔接”的“两翼”功能

1. “老有所养”中要保持养老服务事业的福利性

1986 年民政部制定第二个五年规划（1986~1990 年），提出养老要实现从“救济型”事业到“福利型”事业的转变。最显著的标志是 1987 年《发行社会福利有奖募捐券试行办法》的颁布，我国开始通过福利彩票的市场化途径筹集社会福利资金。2011 年国务院办公厅印发《社会养老服务体系建设规划（2011—2015 年）》（国办发〔2011〕60 号），明确要求充分发挥市场在养老服务资源配置中的基础性作用。2012 年民政部印发《关于鼓励和引导民间资本进入养老服务领域的实施意见》（民发〔2012〕129 号），进一步规范市场化资本参与居家和社区养老服务的具体措施。2013 年国务院印发《关于加快发展养老服务业的若干意见》（国发〔2013〕35 号），再次强调，“充分发挥社会力量的主体作用，健全养老服务体系，满足多样化养老服务需求”“要通过完善扶持政策，吸引更多民间资本，培育和扶持养老服务机构和企业发展”。可见，第六次全国人口普查以来国家更加重视确立发展养老服务事业的市场化方向。

为此，要厘清“市场化”、“社会化”和“福利性”三者之间的阶段性与侧重点。首先从其阶段性来看，在我国养老服务事业发展过程中，三者都体现了我国经济社会不同的发展阶段，推进养老服务的侧重点有所不同。在计划经济阶段，养老服务以国家财政和集体经济承担的福利供给为主；从改革开放初期的加强社区服务到 2000 年民政部等 11 个部委制定的《关于加快实现社会福利社会化的意见》，到 2005 年民政部发布的《关于开展养老服务社会化示范活动的通知》，再到 2011 年的《中华人民共和国国民经济和社会发展第十二个五年规划纲要》，社会化成为养老服务的方向逐渐明确；2011 年以来，国务院和相关部委先后出台了一系列法规文件，极大地推动了养老服务体系的全面社会化和市场化。其次就其侧重点而言，养老服务的福利性着重体现政府责任的公共财政职能，社会化是指养老服务在资金筹集、服务供给、信息共享和标准制定等方面多元部门合作的构成体系，而市场化则偏重强调筹资的民间性、提供服务的盈利性、信息递送的非政府性以及技术标准形成的购买性等方面。

养老服务是微利行业，但养老服务事业是功在当代、利在千秋的大业。作为国民养老保障的基本权利，养老服务的福利性需要加强，其宗旨是“在福利化中促进市场化的效率，在市场化中坚持福利化的公平”。福利性具体表现在三大方面：一是中央和地方财政，以及福彩公益金的专项养老服务资金划拨；二是社区养老服务福利设施建设和公办养老机构运营的补贴投入；三是对民营养老机构的

税收优惠政策，尤其是资金和用地的保障，同时，对于承担社会责任，收养“三无”老人等符合特定条件的困难老人达到一定比例的营利养老机构，企业所得税按一定比例减免，等等。只有在市场化中保持福利性的成分不丧失，养老福利服务才有坚实的基础。

2.“弱有所扶”中实现对经济困难者津贴的“底线公平”

党的十九大报告进一步明确“老有所养”“弱有所扶”的民生发展理念。我国老年人普遍收入不高。2017年我国低收入居民的人均可支配收入为5958.4元，其中，城镇为13 723.1元，农村为3301.9元。[①] 重度失能老年人购买家政服务的困难都很大，更谈不上去机构养老。

为了保障经济困难老年人最基本的生存权，有必要实施体现政府“生存照顾”责任的照护津贴制度。最早提出“生存照顾”理念的是德国行政法学者厄斯特·福斯多夫（1902—1974年），1938年他在《作为服务主体的行政》一文中认为，自由人权、个人主义、私法自治以及契约自由这些观念都已经成为过去，随着时代的进步，人们从传统的依赖基本人权（自由权和财产权）转向依赖经济上的分享权这一新的人权。从而，现代社会就从过去的个人照顾自己的“自力负责”，转变为社会力量承担的“团体负责”，进而发展为政党倡导下的国家承诺保障个人生存的“政治负责”。国家有不可推卸的义务向国民提供生存照顾，唯有如此，政府才可免于执政危机（郭道晖，2007）。

目前，虽然部分省市的民政部门实施了困境家庭老年人生活服务补贴、失能老年人护理补贴、高龄老年人津贴，残联部门推行了困难残疾人生活补贴、重度残疾人护理补贴，但职能部门的行政分割导致的养老资源错配和浪费的现象并不少见。为此，下一步在整合资源前提下，推行制度统一的面向经济困难老年人的长期护理津贴制度是可行的选择，具体参见第七章。

长期护理津贴是指由政府负责长期护理服务费用的提供和支持，对患有残疾或慢性疾病而失能的需要照护的服务对象，直接以发放照护津贴的形式，供其自主选择购买专业化的照护服务，或给家属等非正规照护者予以现金补偿的制度（戴卫东和顾梦洁，2018）。表现为普惠制的津贴模式与家计审查式的救助模式两种。不管哪种模式，长期护理津贴制度的社会价值可以从四个方面得到体现，一是对家庭照护者的工作机会成本的补贴和激励；二是在照护服务供给上的“去机构化”导向，以居家和社区照护为主；三是长期护理产业发展推动了信息化技术革新，便于社区掌握失能老年人的健康状况从而对专业护工和家庭护理员进行照护方面的指导；四是促进了非正规照护者与正规照护者、失能老人家庭与非失能老人家

① 《中国统计年鉴2018》，http://www.stats.gov.cn/sj/ndsj/2018/indexch.htm。

庭、劳动者与劳动领域退出者之间的公平。显然，由于失能老年人口基数较大和国力有限，我国未来宜实行救助模式的照护津贴制度，救助对象一般都是收入层次低、生活无保障、极易陷入经济困难、失能后很难获得照护服务资源的家庭成员，特别是失能老人。从救助制度性质而言，属于政府“生存照顾”责任，救助筹资基本来自政府的财政预算拨款与转移支付，彰显了国家对弱者照顾的底线公平。

从瑞典、瑞士、丹麦、澳大利亚等 20 多个经济合作与发展组织国家的实践来看，长期护理津贴制度实施后，逐步扩大了照护服务的受益范围，倡导与激励了社区居家照护模式主流化和“去机构化”方向，更好地整合了医疗服务与社会服务。而且，在较大程度上创造了就业岗位并激发了护理技术革新，推动着老年人护理产业发展，成为各国产业经济不可小觑的新增长点（戴卫东和顾梦洁，2018）。

第三节　养老服务资源整合理论：构建“3WH3P”分析框架

1974 年美国学者尼尔·吉尔伯特和鲍尔·特尔在伯恩思（Burns，1956）、雷恩（Rein，1970）和蒂特玛斯（Titmuss，1970）等前人研究的基础上，提出了社会福利政策的研究分析框架（who-what-how-way，WWHW），即从社会分配的基础、社会福利的类型、输送策略和筹资方式四个维度来考察一个国家或地区的福利政策。

（1）分配基础（target group）。社会福利分配的基础是指将社会福利分配给社会中特定群体时不同原则之间的选择。它涉及社会福利政策“对象”（who）的界定，即哪些人有资格受益于社会福利。制定资格标准的尝试最初发端于普遍性（universalism）和选择性（selectivity）的区分。普遍性指福利是人人都可以享有的基本权利，选择性指福利根据收入审查来决定个人需求。

（2）分配内容（benefit content），即分配什么（what）。福利分配提供的两种基本形式：现金和实物。其中，实物（服务）是针对案主的利益而进行的特定活动，如居家照顾、个人辅导、个案管理等。这些服务对福利利用者来说，尤其是老年人具有不可替代性。

（3）服务输送（delivery strategies）。如何提供（how）福利服务，主办方往往着眼于两个层面的选择：①广义的私营化问题，它涉及服务提供方式是由政府机构直接提供，还是以签约方式由私人提供者（志愿或营利机构）间接提供；②狭义的商业化问题，它涉及营利和非营利组织提供之间的选择问题。

（4）资金来源与支付（operation way），即资金运作渠道（way）。社会福利资金主要有三种基本的获得途径——税收、自愿捐款和收费。在福利国家的实际操作中，上述三项资金来源往往是相互混合的。福利资金的支付则涉及中央集权和地方分权的理念，中央集权具有进步主义特点，表现在国家给予社会弱势群体以最大关注。而地方政府通常比中央政府更了解他们地区的问题，有针对性地做出反应；但地方分权往往不够重视整体性，因资金受限存在差异化现象。

结合中国的国情，本书第四章和第五章对养老服务供给侧“三性一化”和长期护理保险试点碎片化的特征进行了深入分析后发现，政策碎片化是一种普遍现象。结合第五章的图 5-1“长期护理政策整合理论框架”，我们要对 Neil Gilbert 和 Burns 的社会福利政策框架进行第一次补充，即增加“政策整合”（policy）这一个维度。进而，我们也认识到在中国养老服务从业人员数量不足与质量不高并存，主要原因在于养老服务专业化不够、职业化缺失。所以，对社会福利政策框架进行第二次补充，即增加“服务人员整合”（persons）维度。最重要的是，中国幅员辽阔，地区差异大，城市与农村之间、东部与中西部之间、发达地区与欠发达地区之间的养老服务供给能力和供给质量参差不齐，尤其是在“互联网+养老服务”、长期护理保险等推进过程中不可能做到一步到位，因此还需要补充“推进计划整合”（plans）维度。

综合上述 Neil Gilbert 和 Burns 的社会福利政策理论框架（WWHW），以及“政策整合”（policy）、“服务人员整合”（persons）和“推进计划整合”（plans）三个维度的补充，我们构建了一个适合中国国情的养老服务资源整合理论框架，即“3WH3P”养老服务资源整合理论（图 12-2）。按照政策演进逻辑，中国养老服务整合模式需要从政策制定整合、分配基础整合、分配内容整合、服务输送整合、资金来源整合、服务人员整合、推进计划整合七个维度来考虑。整合包括方向性整合与功能性整合，前者有垂直整合和横向整合，后者含医养整合和康养整合。

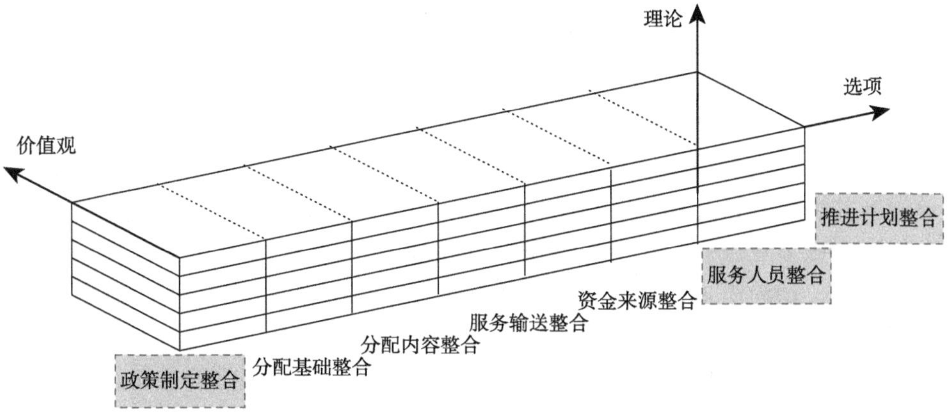

图 12-2　养老服务资源整合“3WH3P”七维框架

第四节　养老服务资源整合路径：全方位十八个指向

我国养老服务事业在实现体制“两个转型”和确立“一体两翼”的体系定位后，下一步最重要的是在传统养老服务的基础上，如何整合现有各方面的照护资源，提高资源利用效率，以推进养老服务事业高质量、可持续的发展。为什么要整合照护资源？世界各国老年人照护体系存在很多突出问题：一是老年服务供给来自不同的部门或机构；二是不同的健康情况与老龄服务政策存在冲突；三是急性病诊疗与长期护理在职业地位、服务方式甚至语境文化等方面存在明显的差异（Kodner，2002）。通过整合照护可以提高照护的质量和连续性，产生更好的系统效率（Walker and Collins，2009）。整合照护已经成为21世纪全球发达国家卫生和养老服务政策改革的一个核心组成部分。2017年世界卫生组织明确指出，整合照护就是把老年人的不仅仅是疾病的所有需求置于照护的中心，更是通过支持老年人、初级照护者以及更广泛的医疗卫生系统等措施实现“健康老龄化”的目标。为此，需要从“3WH3P”七个维度整合资源，才能打破当前我国养老服务碎片化、不充分、不平衡态势的僵局。

一、政策制定整合

1. 部门合作

整合照护作为应对人口老龄化和慢性疾病挑战的一大策略，是对传统照料方式的一种深度改革，这不仅要对以往照料的制度框架做出调整，来寻求各个层次之间的合作，而且也要变革决策部门的服务理念（Hill，2007）。从政府决策部门来说，我国长期护理管理分散在多个职能部门，国务院、国家发展改革委负责养老服务政策的顶层设计，财政、福彩部门负责养老服务的专项资金划拨，民政部门负责社区和机构的养老服务供给，残联部门负责重度残疾人护理津贴，卫生部门负责社区慢性病管理和医养结合，医保部门负责长期护理保险的试点，此外，还有住房和城乡建设、国土资源、税收、消防等多个部门分别管理养老服务机构的建设标准、用地审批、税收优惠以及消防设施达标等多方面。每个部门不仅权责范围不同，而且服务理念也不尽相同。

这种部门分立的现象直接导致了养老服务政策割裂、资源碎片化以及资金重复利用的结果。在“健康中国”的战略规划下，“把健康摆在优先发展的战略地位”，“加强各部门各行业的沟通协作，形成促进健康的合力”。在当前，可以学习新加坡的经验，2009 年新加坡成立了“整合照护处”（Agency for Integrated Care，AIC），隶属于卫生部，目的是整合全国的照护资源，整合与发展家庭照护、社区照护、长期护理和公共卫生制度，形成整合性的区域卫生制度，形成以地理位置为定位、以患者为中心的一套卫生照料系统，主要是通过公共卫生和社区照料的合作，提供全面的、整体性的卫生照护服务（Keong et al.，2012）。当前不管成立什么部门，最重要的是国务院赋权能够调动养老服务各方面的资源。

2. 职责归类

虽然我们做不到像德国那样一开始就高度整合性地建立长期护理保险制度，但我们可以学习日本在中央政府部门适当时机推进老龄和健康部门整合。中长期来看，面临未来 30 年人口老龄化的压力，需要有更大的魄力，整合民政、残联、卫生等部门中相关生活照料、疾病治疗、慢性病康复和安宁疗护等负有长期护理职责的司局组建“老龄健康服务司”，归属卫健部门管理，负责制定和落实全体国民的失能照护、社区疾病预防以及慢性病康复等整合性服务政策。财政部设立新的“养老服务司”，负责全国长期护理资金的预算、投入，并联合其他部门开展资金效益的评估。目前新组建的国家医疗保障局，主要负责城镇职工和城乡居民的基本医疗保险、医疗救助以及药品和医疗服务价格管理，虽然可以负责长期护理保险的试点和长期护理服务的待遇支付，但可能难以承担国民的长期护理、慢性病康复和社区疾病预防等非医疗性质的卫生健康服务。

二、分配基础整合

1. 覆盖对象

聚焦被照护者是发达国家成功的整合照护第一个原则（Berchtold and Peytremann-Bridevaux，2011）。以“人”为导向的整合照护，也是发达国家整合照护的第一种政策取向。从年龄来看，分为 60~65 岁的低龄、80 岁及以上高龄的老年人；从健康来看，有健康、患慢性病和患重病三种老年人；从失能来看，分为轻度、中度以及重度失能老年人；从收入划分，分为困难、一般、中等和高收入老年人；从家庭照料来看，包括有家庭照料、空巢和失独家庭无人照料两大类。上述五种分类，现实中往往交织在一起，确认长期护理的对象需要加以区分。

目前，我国长期护理保险试点城市政策，保障对象碎片化现象比较严重。如成都市、承德市、安庆市等覆盖了城镇职工医疗保险参保人群“窄口径”，而上海市、青岛市、南通市等覆盖了城镇职工医疗保险参保人群和城乡居民医疗保险参保人群“宽口径”。建立长期护理保险制度的目的就是让失能人群长期护理的高额经济费用由个人或家庭承担转向社会共担。显然，制度覆盖面过窄会导致长期护理需要者的风险得不到化解，法理上来说损害了一部分城乡居民的长期护理保险权利。

任何年龄段的人群都有失能的可能性，不过失能率高低不一，老年人由于身体机能衰退、慢性病等，失能率高于年轻人。高龄老人又是失能的高风险群体，其失能率远超过低龄老人，成为失能的最主要人群，因而长期护理保险制度最需要的目标人群优先是老年人。年轻人失能率较低，对长期护理保险基金的冲击力较小。目前，我国养老服务大多针对城乡的“三无”老人、“五保”老人和“低保”老人，体现出的是一种福利机制。总之，从保障对象的法理角度来说，应该是城市和农村全体医疗保险的参保人群，而不应该仅仅保障城镇职工和居民。随着经济社会的发展，养老服务事业要惠及全体老年人，提高所有老年人的生活质量和幸福指数是我们的最终目标。

2. *受益人群*

现阶段，长期护理的对象应重点关注高龄、患慢性病、重度失能、经济困难和无家庭照料的老年人。尤其是占老年人整体 3% 左右的重度失能老年人（唐钧，2017）。“十三五”规划提出“建立以居家为基础、社区为依托、机构为补充的多层次养老服务体系”的要求，受益对象的整合可以有以下几个原则。第一，居家照护，主要以高龄、健康、非重度失能的老年人为主。第二，社区照护，以老年慢性病患者以及大病出院处于康复阶段的老年人、轻中度失能老年人和无家庭照护的老年人为主要对象，前者安排在社区医护中心（老年养护院），后者一般由托老所（日间照料中心）、老年人服务中心提供照护服务。第三，机构照护，应该以收住无家庭照料的、重度失能的老年人为基本准则。

在长期护理保险试点地区，大多地区以通过失能评估标准的重度和中度失能老年人为主要受益人群。在当前长期护理保险基金承受能力有限的情况下，这种政策可以理解。但是现实中，社区医护中心尤其是农村的村卫生室设备简陋，缺乏健康维持和慢性病康复的能力；城市社区老年人服务中心以开办老年食堂和老年人娱乐室为主要业务，老年福利院以收养“三无”老年人为主，农村敬老院主要接纳“三无”“五保”老年人，这些老年人中大多数能够生活自理；城乡民营养老机构则优先安排健康且能自理的老年人，不能自理的老年人入住的费用相当昂贵。这种只顾经济利益、浪费资源的现象必须得到纠正和规范。

三、分配内容整合

现代长期护理服务主要包括老年人特别是失能老年人的日常生活照料、健康维持和康复护理、精神慰藉等方面。其中，日常生活照料和精神慰藉的“养”以及慢性病康复护理的“护”是根本，老年人疾病治疗方面的“医”则是辅助。但现实中，“养”是“看点”，“护”是“难点”，“医”是“痛点”。据有关调查，家庭平均月收入每增加 1 元，老年人需要生活服务的可能性增加 1.002 倍；老年人患慢性疾病的数量每增加 1 个，需要医疗康复服务的可能性增加 1.02 倍；需要生活照料的老年人需要医疗康复服务的可能性是不需要生活照料老年人的 1.213 倍；老年人的年龄每增加 1 岁，对医疗康复服务需求的可能性增加 1.001 倍；子女数量每增加一个，需要医疗康复服务的可能性增加 0.971 倍；老年人的家庭平均月收入每增加 1 元，对文化娱乐和社会参与的需求增加 1 倍（史薇，2014）。在人口老龄化和慢性病化的背景下，康养护三者服务在居家、社区和机构的整合是大势所趋。但是，目前我国养老生活服务与面向老年人群的医护服务发展面临着服务需求与供给的地区不均衡、城乡不均衡、服务专业与种类发展不均衡的一个基本现实（华中生等，2016）。总体上可以借鉴智慧养老“杭州模式”（第九章）的实践，力争做到智慧居家养老的服务智能化、设施标准化和城乡一体化，智慧社区养老的服务便捷化、项目精细化、资源社会化和服务队伍多样化，智慧机构养老的医养融合化、机构品牌化和产业纵深化。

首先，在居家服务中，针对失能、患慢性病的老年人开展提供每天几次或者每周几次的服务，包括助洁、做饭、穿衣、洗澡、送餐上门等生活服务，以及依托社区卫生服务中心的注射、服药和换药等基础护理服务。对于病情较重、家庭经济困难的老年人，依托社区医院和家庭医生签约制度设立家庭病床。志愿者主要帮助空巢、失独家庭的老人购物、清理卫生等。

其次，在社区服务中，主要提供包括餐饮、保洁、娱乐、应急、定期体检等基础服务，老年人可通过付费方式享受其他生活辅助服务，以及用药管理等特殊照护。其中，老年人服务中心从开办老年人食堂和棋牌等娱乐室拓展到老年人运动室、老年人理疗室以及健康咨询等相关服务，普及医疗保健知识，避免老年人在保健品市场受骗造成巨大经济损失的现象。针对家庭照料有困难的老年人开展日托、晚托、暂托等喘息服务。社区医院主要承接上级医院下转病人的康复服务，以及临终关怀服务。社区卫生服务中心主要负责社区的慢性病护理、精神健康和心理指导等公共卫生服务。社区家庭医生对长年卧床的重度失能老人，以及手术后在家的患者，提供送药、用药指导、健康状态跟踪等医护服务。

最后，在机构服务中，倡导中档设施、小型适用、专业水准、优质服务，兼顾社区和居家服务。通过养老院、护理院、养护院等多种形式，为重度失能的老年人提供养护医服务。公办养老机构主要接收居家养老有困难的老年人，公建民营养老机构要优先接收基本养老服务保障对象，重点是满足照护难度较大的老年人。护理中心和护理院主要面向高龄、需要生活照顾的老人，以及有慢性疾病的老人、术后恢复期的老人及记忆功能障碍老人。要特别强调的是，为了充分地整合利用医护专业资源，要注意以下几点。一是所有养老机构（包括公办、民非和民营）应划分为助养型（半失能）、护理型（重度失能），100 张床位以上的护理型机构实行分级护理。二是不鼓励在所有养老机构内普遍设立专科医院、医院里开办养老专区这种简单的“1+1”医养模式（很多是利益驱动下的现象），100 张床位以下的护理型养老机构设立医务诊所，100~500 张床位的医护服务外包给社区医院、二级医院，500 张床位以上的与三甲医院合作开通绿色通道或可设老年病医院和康复医院，同时，二级医院可以开办养老护理分区或附属养老院，便于老年人与家属经常进行亲情联系。

四、服务输送整合

1. 服务机构整合

至于服务机构间的协作，一是非营利组织与营利组织间的协作，当务之急是积极培育民间组织（营利组织与非营利组织）进入照护服务领域。这方面我国台湾地区就有成功的经验可以借鉴，台湾地区有很多有代表性的长期护理非营利民间组织（伍小兰和曲嘉瑶，2010），它们与营利组织一道推进照护服务的专业化和系统化。二是机构合并与服务结盟，传统养老服务机构如果不能转型升级，长期护理机构可以兼并收购。在英国，包括上市公司在内的大型养老服务机构通过兼并和购买小型养老服务机构，变成了市场的主导者（郭林，2014）；社区之间和照护机构之间，因服务需要可以结盟；在照护服务需求集中化地区，也可以推行片区化（非行政区划）整合发展。三是医院与社区卫生服务中心、社区医院达成出院和转院的分级诊疗协议，实现“大病去医院，康复回社区”资源节约的目标。目前，浙江省县级医院共同体就是这样的典范。医共体的建设与发展是进一步推进分级诊疗制度的重要抓手，而分级诊疗是建设医共体实现医疗资源下沉的核心。浙江省医共体试点地区为了强化分级诊疗制度，不断健全完善基层首诊、县域内就诊、县域内转诊、县域外转诊标准和转诊规范，细化双向转诊的标准和管理办法，健全分级诊疗的规章制度。为了实现社区居民能够在基层首诊，县域医共体统筹力量，推进以落实奖惩及绩效考核机制为基础的全科医生签约服务制度，通过社区健康团队重点提高社区高龄以及失能等特殊老年人群和慢性病患者的全科医生签约率，为辖区居民提供常见疾病诊疗、康复护理以及健康管理等全科医疗服务。浙江省县域内组建公共卫生指导团队或直接由县域医共体牵头医院负责，以预防为主、防治结合为导向提供健康管理与服务，参与公共卫生的指导与监督，加强对医共体内卫生工作的业务指导和质量管理。

目前，各地都在推进养老机构与医疗机构之间的医养服务整合，以解决“以医代养”的社会问题。医养结合的实质是“养老服务+医护服务”，并不是简单的“养老机构”与“医疗机构”互相嵌入的唯一形式（这可能是当前全国各地医养结合政策的一个认识误区），当然并不排除这种形式。实践中全国各地整合照料型（医+养，或者养+医）机构模式存在套取医疗保险基金（套保）的利益冲动，长期下去会导致医保基金收不抵支现象的出现。而且，这种现象很难监管到位。因此，我们主张实行以联合运行型（双向转诊型）、支撑辐射型为主的医养机构结合模式。

2. 技术标准整合

在照护服务输送层面，涉及失能评估标准、失能评估办法、质量监督、服务清单、服务标准等诸多方面，各方面需协调一致，缺一不可，才能保证服务质量。

目前各地有民政部门的养老机构服务标准，有医保部门制定的长期护理保险失能等级鉴定标准，也有使用国际上的比较简单易行的巴氏量表等，五花八门。与医疗保险不同的是，失能等级鉴定是参保人享受护理保险待遇的先决条件，所以，失能等级鉴定标准的建立就显得十分重要。这个标准关系到受益人数多少、保险费率高低、缴费方负担、财政投入比例大小、服务供给分级能力以及服务质量评价等诸多方面。可以说，失能等级评估标准是医养服务（将来的长期护理保险）的“守门人”。

定点机构的遴选标准是指养老机构和医疗机构进入医养服务供给体系享受医疗保险待遇支付的条件。一般情况下，由民政、卫生等部门从医养机构的规模与环境、设备和设施、管理规范与服务能力、遴选流程（申请与评估）、变更、监督与改进等方面，牵头制定一个包含一级、二级甚至三级的指标体系，供各地实践参考。

医养服务规范标准，一般是指基本生活照料和医疗护理服务的提供规范。主要包括服务过程要求（服务前、中、后），安全要求，基本生活照料（清洁卫生、营养摄取、排泄护理、移动舒适和安全护理、生命体征观察与护理、用药指导），医疗护理服务（鼻饲管置管、灌肠、导尿、造口护理、留置尿管护理、吸痰、心电监护、雾化吸入、静脉注射、静脉输液、静脉留置针、输液泵/微量输液泵使用、肌肉注射、皮下注射、静脉血标本采集、痰标本采集、咽拭子标本采集、糖尿病足护理、血糖监测、经外周静脉置入中心静脉导管维护、换药术、清创术、普通针刺和头皮针、膀胱冲洗、肌肉练习、服务评价与改进等）的具体服务要求。

养护人才的教育与培训标准，做到高等教育与市场培训相结合。其中，①养护人才的教育标准是指高等院校、高职高专和技师学校开设养老护理专业，依据专业培养方案来培养医养服务人才，或者地方政府委托高校订单式培养，对口接收毕业生到医养机构、社区工作；②养护人才的培训标准是指地方政府招标市场上的第三方专业培训机构集中培训辖区内医养服务从业人员，或者社区自行采购市场培训机构的业务培训服务，无论哪种方式培训都需要有资质的培训机构，具有一系列的培训方案、培训大纲、培训课程、培训方式以及培训人员专业水平等方面的要求。

医养服务质量监督标准，一般是指医保、民政、卫生、市场监督以及消防等相关职能部门（或招标商业保险公司）对医养服务的全程监督，包括监督对象、监督人员、审核年限、质量等级、投诉处理、处罚与退出等相关条款。此外，还包括被服务者监督、社会监督和媒体监督等多种方式。

上述五个标准的制定和完善，有利于建立一个高质量的医养服务规范体系。下一步基于五个服务标准体系，主要推动建设政府、社会与市场相结合的多元服务供给体系。缺乏这些标准体系，服务市场就会呈现出“鱼龙混杂，良莠不齐”的局面，最终有可能出现“劣币驱逐良币”的现象。按照国际经验，失能评估标准需要全国统一，目前各地标准不一会加大以后长期护理保险制度统一的难度。服务标准、结算办法和质量监督最好在省域范围内由卫健和民政部门制定统一的政策。失能评估办法和服务清单，各地可以根据服务市场的供给情况，因地制宜地实施一套本地的政策，一般以市（县）为宜。

3. 智能化整合

智慧健康养老最早是由英国生命信托基金提出来的“全智能老年体系”，它需要以先进的信息技术为支撑。2015 年国务院印发《关于积极推进“互联网+”行动的指导意见》，2017 年工业和信息化部、民政部与国家卫生和计划生育委员会联合下发《智慧健康养老产业发展行动计划（2017—2020 年）》，标志着我国养老服务事业进入了智慧化的新时代，以社区为基础搭建养老信息服务网络平台，提供护理看护、健康管理、康复照料等居家养老服务，以迎合现代长期护理服务的新要求。在“互联网+”时代，将“资金—服务—信息—科技”整合为一体的服务平台，贯穿于居家、社区和机构养老服务体系（唐钧，2015）。

推进“互联网+”智能化的社区居家养老，需要搭建装配相关的硬件信息系统。一是智能呼叫系统。“一键通”智能呼叫终端，连接着社区服务中心、辖区接警中心、第三方服务机构和老年人子女手机，便于老年人在摔倒、火灾或意外生病等紧急情况时社区在第一时间通知片警或第三方服务机构前往应急处理，也有助于行动不便的老年人告知购物的需要。二是定位系统。实时定位系统主要防止失智的老人走失。三是老年人档案管理系统。主要包括老年人和家庭成员的基本信息，以及老年人的健康信息。四是远程健康监护系统。在老年人家中安装带有物联网功能的血糖仪、血压仪等健康监测终端，实时监控老年人的血糖、血压、血氧和心率等生理参数，直接与社区卫生服务中心和医院对接。五是视频关爱系统。主要是便于老年人与子女的远距离沟通，以及老年人子女在老年人突发情况时及时通知社区服务人员。总之，智能化社区居家养老服务涵盖了老年人的日常生活照料、健康维持和康复护理，以及精神抚慰等方面的长期护理需要。尤其是老年人档案管理系统和远程健康监护系统，更能快捷、高效地传递老年人医护服务的需要。老年人的健康信息录入系统后，第一流程是社区慢性病监测就诊流程，由社区平台将老人健康数据发送至三甲等上级医院，由专家进行诊断；第二流程是医药处方配送，如果老年人健康不佳，医生会开具电子处方，再由社区平台在电商药店下单，或在实体药店下单委托物流进行配送，最后通过第三方电子支付；第三流程是影像检查配送流程，如果老年人需要进一步拍片检查，社区平台安排就近医院，再由医院将影像结果扫描上传至医疗服务共享平台，药剂师根据专家的诊断报告和处方开具药品推送给老年人。

随着互联网、物联网推进智能化的发展，将来还可以进一步整合老年人服务需求信息等资源，形成更大范围内（如长三角、珠三角、京津冀）智能化综合照护的城乡养老服务产业网络。最终，以养老服务事业的发展带动养老服务产业的形成，毋庸置疑，没有养老服务事业的制度化就不可能有养老服务产业的规模化。

4. 质量监管整合

由于全国缺乏统一的行业标准，15 个长期护理保险试点城市的质量监管政策各不相同。第一，基金监管。15 个试点城市基金监管归纳为两种模式：第一种是“纳入社会保障基金财政专户，实行预算管理、专款专用”，以苏州市、青岛市等为代表；第二种是“实行市级统筹、分级管理的方式进行专款专用”，由财政部门负责基金监管，以重庆市等为代表。此外，试点地区还建立了举报投诉、信息披露、内部控制等配套监管机制。

第二，服务监管。①业务经办监管。15 个试点城市中有 13 个城市实施商业保险参与经办模式。具体质量监管模式如下。一是实行商业保险参与经办业务的监管。监管方式以“政府购买服务”“委托管理”等为主，即将部分经办业务委托给商业保险公司等机构，其中，青岛市从商业保险公司中抽调人员与社保人员进行合署办公；安庆市以招投标的方式实施“委托管理”；成都市将政策宣传与咨询、居家护理个体服务人员的培训与指导等业务委托给商保管理，市医保部门建立考核考评等监管机制。二是由社会保险经办机构负责经办管理服务，如重庆市。②服务供给监管。试点城市中有 12 个城市的服务供给模式以“机构护理+居家护理”为主。两种类型的服务监管措施如下。一是居家服务监管。居家服务包括上门护理服务和家庭近亲属等提供服务。前者主要实施内外部结合的监管方法，即护理人员对自身服务进行反馈、定点服务机构上门回访等内部监管，以及医疗保险经办部门对上门服务进行回访稽核等外部监管。后者以定期服务培训与考核为基础，以医疗保险经办部门电话调查、上门回访等为主，配套群众举报、抽查等其他方式。如青岛市建立了多层次的居家服务监管体系。二是机构服务监管。首先，建立准入机制。对定点服务机构的基本条件设定准入标准，实行备案管理制度，如齐齐哈尔市、上海市、安庆市、南通市等。其次，加强过程管理。多数试点城市对参保人员享受待遇资格、机构服务标准、护理服务记录及时登记存档、配套协议管理以及质量评价等方面都制定了专门文件。特别是荆门市、上海市等定点机构建立执业护士与养老护理员不同资质要求的管理制度，并且通过购买第三方责任保险的内部管理方式提高护理服务人员的风险意识和应急能力。最后，强化退出机制。部分试点城市对护理服务业务申办、管理、服务及评价等信息的实时上传、监控和统计分析，对违反协议管理规章的服务机构实行警告、限期整改和停办的惩罚措施。

实践中，各地长期护理保险试点质量监管存在以下问题。第一，依附于基本医疗保险的基金监管缺乏独立性。由于缺乏独立险种制度设计，当前基金监管大多以内部审计、外部监管形式进行。由于依托基本医疗保险基金，不同试点地区基金监管形成了不同模式，缺乏统一性，使得整体基金监管存在不足，可能会产生基本医疗保险基金收不抵支时透支长期护理保险基金的风险。

第二，没有相关标准体系作为依据致使服务监管低效，具体表现如下。①失能评定标准不统一。15 个试点城市长期护理保险制度体系的失能评定标准并未完全统一，试点城市整体失能评估率虽已达到 80%以上，但失能评定结果存在较大的差异。②机构遴选标准不统一。试点城市虽实行了定点服务机构的协议管理方案，但每个试点城市的定点服务机构的协议内容大相径庭，更重要的是，多数试点城市的服务机构没有实行分类、分级管理，使得监管难以做到精细化。③服务项目不统一。大多数城市以日常生活照料服务为主，且存在机构上门服务与家庭照料者提供服务重叠的现象，医养结合的康复护理服务未能纳入服务项目体系。④护理人员教育与培训机制不健全。护理人员培养机制缺乏，培训体系不完善，梯队建设严重滞后，而且，因普遍收入较低导致护理员队伍缺乏稳定性。⑤质量监管标准缺失。15 个试点城市都制定了一些条文比较宽泛的质量监管规范，但失能评定、服务项目、机构遴选等标准不统一或缺失，使得护理服务的质量监管难以真正落到实处。

第三，居家服务的监管成本大。居家服务监管困难较多。一是上门服务过程监督机制缺乏，多为事后监管，不能保障服务监管的及时性、有效性，行政稽核成本大；二是如何准确计量失能者居家服务的时长、频次各地尚无成熟的经验；

三是居家服务人员与受益对象共谋以套取资金的道德风险较高。

第四，机构服务准入门槛低、没有分级分类。由于缺乏统一的服务机构遴选标准，机构进入门槛相对较低，失能者及家庭的服务获得感较低。部分试点城市长期护理保险按服务次数与时间无级差结算，没有考虑不同规模、不同等级机构之间的服务水平、服务设施及服务成本的差异，这会造成“劣币驱逐良币”的现象。针对上述问题，传统养老服务向长期护理转型需要做到质量监管方面的整合措施。

（1）统一基金监管机制。加快长期护理保险作为独立险种的制度设计，推动资金筹集与基金监管机制的统一。重点在于强化基金监管的内部审计、财政监督，以及完善配套监管体系。

（2）统一服务监管体系。①统一事前的质量先导机制。第一，统一失能等级鉴定标准。首先，必须明确失能等级数量及其评定形式，如失能人员的信息采集方式、失能等级评定方式等；其次，在具体评定方式上，城市可以通过组建专家库评定，或借助第三方评定机构，农村借助基层定点医院专家开展评定工作。第二，统一服务供给遴选标准。一是定点服务机构准入标准。定点服务机构应划分为照料型（半失能）、护理型（全失能）两大类，护理型机构还应按照失能等级实行分区管理。在此基础上，明确不同类型护理服务机构的准入标准，如机构的软件、硬件设施设备、服务人员数量及资质等。二是服务项目管理标准。首先需要确定失能人员所需的服务项目范围，其次明确各项服务的频次、时长及各项护理服务操作等具体实施标准，最后是设立分类项目的服务标准，如基础生活照料类、临床医学类、康复类等。②统一事中的质量投资机制。第一，加快质量监管技术发展。以信息技术为支撑，以专业设备或测度仪器开发和应用为导向，加快信息化设备服务于长期护理保险的失能评定、服务过程等领域，以降低监管成本，提高监管效率。第二，推进养老护理的专业化与职业化建设。逐步建立护理员培养机制，鼓励相关高等院校和高职高专技师学校开设养老护理与管理专业，推动养老护理的专业化发展；加强与市场第三方合作，积极开展养老护理员的在职培训，逐步实行持证上岗制度，加快养老护理的职业化进程；颁布政策鼓励义工、“时间银行”等志愿服务；联合人社、民政与卫生部门强化专业护理人才的定期培训与考核制度。③统一事后的质量监测机制。建立多主体参与的事后质量监测机制。首先，强调行政督查。建议各地建立政府职能部门合作的长期护理保险联席会议制度，明晰医保、民政、卫健、财政等部门相应的职责和义务，建立定点服务机构年度考核制度。其次，倡导行业自律。提倡建立行业协会，规范定点机构内部绩效考核制度，建立失能对象的服务档案和护理日志等常规管理制度。再次，监督机构自查。定点服务机构规范核查方式与内容，自行或配合经办部门定期开展各项回访和待遇核查工作。最后，面向大众媒体监督。通过群众举报、媒体曝光等方式，充分接受社会监督。

建立集事前、事中及事后于一体的质量监管体系是长期护理保险制度健康、可持续运行的重要动力系统，应是优先关注点和着力建设点。

五、资金来源整合

1. 资金筹集整合

长期护理体系的资金来源以长期护理社会保险为主要渠道，辅之以政府财政、福彩公益金的专项拨款。其中，政府财政责任不可缺位，建议要像日本介护保险那样，确定财政投入的合理边界。城乡居民以社会化长期护理保险为制度保障，高收入居民可以自愿投保商业长期护理保险作为补充保障。现阶段，在长期照护保险的筹资中医保基金、财政、个人筹资占比大体为 7：2：1，[①] 这种筹资结构不够科学。所以，当前最要紧的是整合现有各方面的资金，不仅可以提高财政资金的使用效率，而且可以降低长期照护社会保险的缴费负担。在第六章我们已经测算了通过降低城镇职工基本养老保险费率的方式可以为长期护理保险筹资，同理，也可以对失业保险基金进行测算以论证为长期护理保险筹资的可行性。

据统计，2017 年，我国民政部门发放的高龄津贴为 172.27 亿元，重度失能老年人护理补贴 6.9 亿元，养老服务补贴 61.02 亿元（民政部，2018）。残联部门发放的重度残疾人护理补贴 122 亿元。[②] 中央财政公共卫生服务补助 587.2 亿元，各级财政对城市社区卫生服务中心、乡镇卫生院等基层医疗卫生机构的直接补助 1808 亿元。[③]此外，还有社会资本、慈善捐赠等资金来源渠道。看起来，老年照护的财政政策名目繁多，但每项政策补贴的人均金额较低且利用效率不高（何文炯，2015）。如果能够将这些与长期护理直接相关的津贴和补助整合到长期护理社会保险基金，城乡居民的个人缴费负担可以在较大程度上有所降低。这一点，在第七章已经针对浙江省个案进行研究发现具有可行性。但是，整合部门利益的难度相当大。我们在调研中获悉，东部某省的一个地市级政府打算牵头把财政、民政、卫健相关部门涉及照护的资金进行整合，但是从 2016 年下半年开始整合到 2017 年上半年，用了将近一年的时间，后来整合不下去，只能半途而废。由此看来，整合其他部门的利益单靠地方很难做到，需要中央政府发力。

---

① 《国家医疗保障局对十三届全国人大二次会议第 7348 号建议的答复》，http://www.nhsa.gov.cn/art/2019/8/1/art_26_1604.html。

② 《民政部 中国残联通报全国贯彻落实残疾人两项补贴制度情况》，http://www.gov.cn/xinwen/2017-09/06/content_5222995.htm。

③ 《国务院报告：2013 年至 2017 年全国财政医疗卫生累计支出 59502 亿元保障力度不断加大》，http://www.gov.cn/xinwen/2018-12/24/content_5351797.htm。

另外，福彩基金、社区捐赠等渠道的部分资金也可以纳入长期护理保险基金。从微观层面看，中型规模以上的民营养老服务机构，可以连锁的方式成立品牌的养老服务集团，通过上市开辟募集资金的新渠道。

2. 基金管理整合

至于长期护理保险资金管理的整合，体现在资金的账户管理和保险的待遇支付方面。前者依据德国（第十章）、日本（第十一章）长期护理保险的经验，长期护理保险基金独立建账，但可以与社会医疗保险合作，由医保基金代管长期护理保险基金，实行分账管理，长期护理保险支付医保基金的管理费。后者是指长期护理保险的待遇支付可以与商业保险公司合作，利用商业保险公司精算、审核等方面的优势，以减轻政府职能部门的行政资源的消耗和浪费。地方政府通过购买服务的方式，委托具有资质的商业保险公司具体承办，社保部门负责监督检查。

待遇支付要体现个人责任，防止道德风险行为。与医疗服务一样，长期护理服务也属于准公共产品，具有资源稀缺性的特点。为此，服务费用支付一定要体现个人责任、与长期护理保险基金共担的原则。为了引导居家服务、社区服务的方向，待遇以低水平起步，接受居家、社区服务的参保人可以自付费用的比例为10%~20%，而接受机构服务者自付比例高一些，譬如为30%左右。这样可以更加有效地节约照护服务资源。资金充足地区，可适当提高待遇标准。

目前，各地老年人福利（养老服务补贴、高龄津贴和护理补贴）和重度残疾人护理补贴并行发放，在长期护理保险试点阶段建议采取渐进的原则，享受长期护理保险待遇的失能失智老人不能同时享受保险支付和福利津贴，但可以按高标准享受其中一种。

3. 结算方法整合

一般有三种途径：第一种是将费用审核、结算支付等具体业务委托给具有资质的商业保险公司，第二种是从商业保险公司中抽调人员与社保人员合署办公，第三种是将区域内涉及长期护理的申请、鉴定等部分业务打包委托给某一具有资质的商业保险公司。这里，以浙江省长期护理保险试点市县的待遇结算方法为例（表12-1）。

表 12-1　浙江省长期护理保险试点市县的待遇结算办法

试点地区	招标的结算方	经办费用
桐庐	太平洋保险股份有限公司	从长期护理保险基金中列支
嘉兴	泰康人寿保险公司	根据服务对象人数支付，146.3 元/（人/年）
	中国人民财产保险公司	根据服务对象人数支付，140.18 元/（人/年）

续表

试点地区	招标的结算方	经办费用
嘉兴	中国人寿保险股份有限公司	根据服务对象人数支付，143 元/（人/年）
	中国太平洋人寿保险股份有限公司	基金收入的 3%支付
宁波	泰康人寿保险公司	每年签署协议后一个月内先支付总费用的 95%，预留 5%的考核款根据年底考核结果进行支付
义乌	中国人民财产保险公司	前三季度每季度支付合同总额的 20%，年度服务合同到期后，经考核合格后支付经办服务费用的 40%
温州	泰康人寿保险公司 中国人民财产保险公司 中国人寿保险股份有限公司 中国太平洋人寿保险股份有限公司	经办费：参保人保费的 2%，四家商保公司共计服务费 300 万元/年左右，均分 75 万元/年左右 服务费：根据参保人数量设定总金额给商保公司，保费低于设定额返还长期护理保险经办中心，保费高于设定额则长期护理保险经办中心补足给商保公司

资料来源：五个市县医疗保障局提供。时间截止到 2020 年 6 月

浙江试点地长期护理保险经办中心通过招投标的方式，让商保公司参与长期护理保险待遇资格筛查、失能评定、日常监督、待遇支付、服务质量评价及社会效益评估等经办管理工作。这不仅落实了“放管服”改革，而且推动了商保的市场经济发展。表 12-1 显示，嘉兴市和温州市都招标了 4 家商保公司参与经办，引入竞争机制可以提高效率和质量。

4. 风险防控整合

风险防控整合只有实现了机构风险防控、服务风险防控、骗保风险防控以及渎职风险防控“四位一体”协同防控机制，才能有效地保障长期护理保障基金筹集与支付过程中的安全。其中，①机构风险防控。定点机构应当购买第三方责任保险，如入住人员的人身意外伤害险、机构财产损失险等。商业保险公司遵循市场规律，依法提供相关保险，用于定点医养机构及其护理服务人员在提供服务时因发生意外或事故应当承担的赔偿。②服务风险防控。定点机构应当加强内部管理，开展常态化的岗前、岗中业务培训，提高护理服务人员的风险意识和应急能力。③骗保风险防控。受益人群在接受需求评估、享受长期照护服务过程中，存在骗取照护待遇及其他违法违规行为，造成长期护理保障基金损失的，医保部门应当向其追回相关费用；构成犯罪的，依法追究其刑事责任。④渎职风险防控。经办机构及其工作人员有下列行为之一的，由医保部门责令改正：给长期护理保障基金、个人造成损失的，责令依法承担赔偿责任。有下列行为的对直接负责的主管人员和其他直接责任人员依法给予处分：未履行长期护理保障法定职责的，未将长期护理保障基金存入专户的，克扣或拒不按时支付长期护理保障待遇的，丢失或篡改待遇记录等数据、个人权益记录的，有违反法律、法规的其他行为的。

六、服务人员整合

1. 失能等级评估整合

在失能申请照护程序方面，第十章和第十一章德国、日本的经验可以借鉴。考察全球实施长期护理社会保险国家，德国目前已经将失能评估从 3 个等级调整为 5 个等级，法国是 6 个等级、日本是 7 个等级、荷兰是 8 个等级，只有韩国是 3 个等级。失能等级评估可分为以下五个阶段。第一阶段，失能人员或家属向社区（村）提出申请。第二阶段，由街道（乡镇）派出专门的失能评估人员到申请人家中进行日常生活功能、慢性病状况以及认知状态等方面的评估，打出分数。第三阶段，审查照护服务的等级，由街道（乡镇）失能等级认定审查机构依评估结果及医师诊断，核定申请者需要照护的等级。第四阶段，将核定照护需求的等级通知申请人，如对核定结果有异议可以上诉到市（区）长期照护仲裁委员会。第五阶段，拟订照护服务计划，可依照本人或家属意愿，经专业人员指导提出服务方式。

失能等级评估过程有两个方面需要整合。一是失能等级标准需要整合。目前各个长期护理保险试点地区关于失能等级的标准碎片化，如日常生活活动能力评定量表（Barthel 指数评定量表）、××市长期护理保险失能等级评定标准/量表、上海市照护需求统一评估标准等。采取横向学习整合和政府职能部门的垂直整合的方法，制定全国统一的长期护理保险失能等级鉴定标准。二是评定队伍需要整合。成立评定队伍 A、B 两类专家库。失能等级初评人员一般由 B 类基层医疗机构家庭签约团队中级职称医护人员担任，A 类复评专家主要由省市三级医疗机构具有副高及以上职称的医、技、护专家组成。

2. 照护全程管理整合

随着人口老龄化的进展，近些年来养老服务业成为经济发展过程中的一个特别活跃的行业。养老服务从服务载体、老年人为中心、医护人员的三角形服务发展成为还包括管理机构、服务供应商、市场第三方以及老年人家属的多边形服务（Djellal et al.，2006）。照护服务队伍就是多边形当中的重要一方。

照护队伍专业化与管理水平的高低直接影响到提供照护服务质量的优劣。照护队伍分为照护管理者、照护工作者及照护机构三类。其中，第一类，照护管理者包括宏观层面的管理部门、中观层面的市场第三方机构以及微观层面的照护机构业务管理者；第二类，照护工作者包括家庭成员、专业护理员、签约医生护士、社会工作者、心理咨询师、康复师、营养师，以及志愿者、实习生等；第三类，照护机构一般由养老机构、社区机构、老年人协会以及医疗机构等组成。照护机构是服务载体，照护工作者依赖居家、社区和机构三个载体提供照护服务，而管理者主要对照护机构和照护工作者进行业务指导、规范管理等。

三类照护队伍之间整合的步骤如下。第一步，管理机构颁布照护机构的行业标准，负责遴选照护机构的申请并进行资质认定和授权，不定期开展质量监督，负责年度服务质量评估，并对资金分配等方面进行指导、审核。第二步，照护机构在授权后开始运营，招聘照护工作者，可以购买市场第三方专业培训机构提供的入职培训、照护规则以及行业信息等方面服务。第三步，实施岗位培训制度，区域管理机构定期举办岗前、岗中的培训制度，特别是对社区、机构以及老年人协会的业务管理者，家庭护理员、志愿者以及实习生加强培训，做到持证上岗。第四步，建立质量检查制度，管理部门包括民政、卫健、公安、市场监督管理部门、老龄办要经常联合开展质量监督行动，[①] 对养老服务机构的硬件和软件进行全方位的督查。在质量检查的同时，民政和卫健部门可以组织举办先进地区成功案例的交流与学习。第五步，推行机构退出机制，开展老年人养老服务满意度调查，结合管理部门的质量监督情况，对不合格的养老机构实行限期整改和勒令停办的措施。

七、推进计划整合

1. 城乡逐步推进扩面

长期护理保险在中国实施不可能一步到位，要分步骤、分阶段地推进，最后才能做到城乡逐步衔接、整合，达到制度的统一（戴卫东，2012）。这一点我们无法学习参照德国一步到位的建制实践，但是试点时间长短可以进一步商榷。我国长期护理保险试点要遵循三个逐步推进的原则：一是失能老年人占比较高；二是养老服务基础较好；三是地方财政有能力支持。推广长期护理保险的地点应该是在老年“星光计划”和两批社区居家养老服务试点有成效的地区，因为虽然长期护理保险基金筹集社会化，但其照护服务提供却多元化。这些城市老年人服务的物质基础和提供服务的人力资源相对比较充分以及管理服务的机构组织比较完善。通过这些试点及扩大试点的城市带动周边农村地区，实现养老服务事业发展片区化。

在没有试点长期护理保险的农村地区，老年人的长期护理问题当前只能通过

① 《民政部等六部门印发关于开展养老院服务质量建设专项行动的通知》，http://www.gov.cn/xinwen/2017-03/23/content_5180003.htm#1。

社会救助的途径，由国家财政出一部分、地方财政出一部分为主，还可以接受慈善组织以及个人的捐赠等其他资金来共同实行救助政策，救助对象主要是缺乏家庭照料的高龄与低龄中生活不能自理的老人以及重度残疾人。另外，可以学习浙江等地农村成立老年协会的做法，主要体现社会互助养老的精神，农村邻里互助的传统氛围比生活快节奏的城市要浓厚得多。

2. 东西部地区因地制宜发展

东部省份经济相对较发达，多数政策实践走在全国前列。如第九章分析的浙江省杭州市智慧养老模式，自2011年以来开始惠及空巢、独居、高龄及失能、半失能、半失智老人，推进养老服务事业的快速发展，为其他省市积累了非常宝贵的经验。

中西部地区养老服务事业发展较慢，但也需要因地制宜，以年龄、性别、健康状况、经济状况等作为对象识别的重要标准，为不同老年人提供满足其需求的个性化养老服务。一是推行“互助幸福院”养老方式。丧偶又失能的老人常常处于孤立无助的境地，“互助幸福院”养老方式让相对年轻、健康的老年人照顾高龄失能的老年人，降低了机构养老院的成本。二是针对不愿离开家养老的抱病卧床的高龄老人，乡镇政府需安排专项资金购买社会服务，帮助他们解决饮食、清洁、日常生活照料和购物等问题。三是村委会可将针对长期患慢性病老年人的定期检查、送药以及康复服务纳入村医的工作范围。四是卫健部门可采取向社会公开招标的形式购买社会工作服务，着重为失能老人提供心理咨询、心理干预等服务。乡镇成立心理调解小组，定期对高龄失能失独家庭开展心理健康普查、心理疾病义诊等活动（戴卫东和李茜，2020）。

3. 信息化建设要分步骤推进

现代养老服务产业是在信息技术条件下产生的新商业模式、服务方式和管理方法基础上发展起来的养老服务产业，建立片区养老服务产业信息共享平台，是实现完全竞争和产业聚集的前提。因此，应该由县（市）养老服务产业发展中心会同科技局、行业协会、代表企业，整合各方信息和技术资源，分步骤推进，加快本地区信息共享平台建设（蒲丹，2016）。信息化建设包括实现与定点医养机构的连接互通，实现失能等级评估、申请经办、服务全程、待遇结算的信息化。建立以移动网络和智能终端为基础的社区居家照护子系统，实现上门服务过程中的服务内容派送、服务时间监控、服务结果评价和风险预警呼叫等，并实现与民政、残联、医保等行业管理部门相关信息系统互联互通、信息共享。地方财政资金不充分的地区，可以通过招标方式引入专业的信息系统服务供应商或商业保险公司，搭建专属的长期护理保障信息服务平台。将“申请、受理、评估、稽核”

等服务，委托给有资质的、有经验的商业保险公司经办，地方医保部门负责监管。

第五节　进一步思考

养老服务体制体系重构与资源整合的价值不是为了减少成本，而是为了最终建立现代长期护理保障制度，只有这样才能提供更全面、更高质量的服务。从传统养老服务体制转向现代长期护理体系建设，不仅体现在服务内容上医养康护结合，而且体现在筹资机制包括长期护理保险、长期护理津贴以及慈善捐赠等方面，更体现在政府政策走向融合不再碎片化，同时还体现在养老服务供给融入了营利组织和非营利组织，拥有一套科学的标准体系以及依靠信息化时代"互联网+养老"的智慧养老技术，才使得传统的养老服务体系具备现代的长期护理保障制度特征。诚然，这个转型过程不是一蹴而就的，需要有一个渐进的过程。

首先，从体制的两个转型来说，其一，要建立现代长期护理服务，医养康护资源的总量不充分性以及城乡之间、区域之间的不平衡性是一个很大的挑战。这不仅需要公共财政做大做强，而且需要体现民营资本的主导性。其二，长期护理保险正在试点过程中，筹资渠道整合是必然的，但是什么时候整合又如何整合的难题，考验着政府治理执政的能力。在当前经济下行压力加大的形势下，企业和个人缴费参保牵一发而动全身，需要在基本养老保险与医疗保险、长期护理保险的费率上找到一个整合平衡点。

其次，就养老服务事业体系的定位而言，商业保险还处在襁褓之中，福利服务在市场化的大潮中政府显得难以支撑。发达国家的经验表明，非营利组织、营利组织和政府是照护服务的主要承担者，而且以前两者为主。如何让营利组织和非营利组织真正进入养老服务事业的建设中，不仅需要优惠政策，而且需要法律保驾护航。由于养老服务事业的微利性和盈利周期长的特性，更需要土地、金融、公安、消防、税务等基层相关职能部门通力协作，摒弃部门利益，为民营机构进入养老服务市场打开通道。

再次，从照护资源整合的途径来看，政府职能部门整合以及筹资渠道整合最难也最关键，涉及行政体制和财政税收体制改革。政府管理的整合引导着照护对象、照护队伍、医养康护服务以及智能化的整合，而照护对象的整合是"当头戏"，需要进行分类管理，既要保证公平，又要促进效率，否则服务市场就会出现"劣币驱逐良币"的现象。究其原理，这些整合都是为了促进养老服务的可及性、规模化以及高质量的发展，否则，一切无从谈起。尤其是推进养老服务从业人员的专业化和职业化进程，不仅需要理念转变，而且更需要财政支持。要强调的一点是，智能化能带来便捷、高效和高质，但高科技永远不可能代替养护员的高接触，尤其对象是老年人。没有人文关怀的养老服务就根本谈不上是现代的长期护理服务。

最后，我国养老服务资源全方位整合发展，在体制转型和体系定位后，还需要相关政策和法律的协调推动。当前浙江省等一些地市试点长期护理保险建立了长期护理联席会议制度，应该是实践中总结出来的一个较好的经验，值得推广。在服务型政府的理念下，只有上级决策部门真正做到“放管服”，建立容错纠错机制，下级执行部门才有动力去落实和创新。此外，养老服务机构的税惠政策也需要相关法律做出较大调整，对照护服务从业人员尤其是家庭照护者劳动保护和社会保障权益保护的立法也到了应该提上议事日程的时候了。

总之，养老服务体制的“两个转型”是制度方向，养老服务体系的“两个定位”是决策方向，在此前提下运用“3WH3P”七维整合框架，开展十八条路径整合，建立法律等协调机制，那么我国养老服务体制转型改革迈向长期护理保障制度是为必然，可真正实现高质量时代“老有所养”、“病有所医”和“弱有所扶”的民生发展目标。

参考文献

蔡屏. 2011. 对 SERVQUAL 和 LibQUAL 应用缺陷的思考. 图书馆杂志，（5）：21-25.

陈柏涵. 2013. 失独之痛，何以所依？. 中国社会工作，（4）：16-18.

陈策. 2014. 居家失能老人照护服务时间研究. 浙江大学硕士学位论文.

陈恩. 2013. 全国“失独”家庭的规模估计. 人口与发展，（6）：100-103.

陈恩. 2016. 农村失独者的心理困境——基于江苏省若干案例的讨论. 西北农林科技大学学报（社会科学版），（5）：29-36.

陈芳，方长春. 2014. 家庭养老功能的弱化与出路：欠发达地区农村养老模式研究. 人口与发展，（1）：99-106.

陈宁. 2017. 健康战略下我国居家养老服务供给：瓶颈与破解路径. 当代经济管理，（2）：50-54.

陈颖，马丽霞，裴慧丽，等. 2016. 不同失能程度老年人居家养老照护服务项目需求调查. 中国实用神经疾病杂志，（1）：38-40.

陈元刚，邵雅梦，陈孟婷，等. 2018. 重庆市“社区养老”标准化建设与绩效评估的文献综述. 重庆工商大学学报（社会科学版），（3）：102-107.

慈勤英，宁雯雯. 2018. 家庭养老弱化下的贫困老年人口社会支持研究. 中国人口科学，（4）：68-80，127.

崔树义. 2017. 我国“失独家庭”老人社会救助研究. 东岳论丛，（8）：19-26.

戴卫东. 2011. 长期护理保险制度理论与模式构建. 人民论坛，（29）：31-34.

戴卫东. 2012. 中国长期护理保险制度构建研究. 北京：人民出版社.

戴卫东. 2014. 长期护理保险——理论、制度、改革与发展. 北京：经济科学出版社.

戴卫东. 2015a. OECD 国家长期护理保险制度研究. 北京：中国社会科学出版社.

戴卫东. 2015b. 中国长期护理制度建构的十大议题. 中国软科学，（1）：28-34.

戴卫东. 2017a. 推进长期护理保险制度建设的几点建议. 中国劳动保障报，（003）.

戴卫东. 2017b. 安宁疗护：为了生命的尊严与质量. 中国社会保障，（8）：72-73.

戴卫东. 2018. 中国长期护理服务体系建构研究. 北京：社会科学文献出版社.

戴卫东. 2020. 中国养老服务事业的转型、定位与发展. 安徽师范大学学报（人文社会科学版），（3）：22-31.

戴卫东，付王巧. 2021. 贫困失能老年人长期护理津贴救助的财政投入——基于老年福利津贴整合的视角. 财经论丛，（6）：33-44.

戴卫东，顾梦洁. 2018. OECD 国家长期护理津贴制度研究. 北京：北京大学出版社.

戴卫东，李茜. 2020. 农村失独家庭养老需求的差异性与精准扶助——基于四川省H县调查. 社会保障研究，（3）：41-54.

戴卫东，余洋. 2021. 中国长期护理保险试点政策“碎片化”与整合路径. 江西财经大学学报，（2）：55-65.

戴卫东，赵倩. 2019. 城镇职工基本养老保险税预测研究——以浙江省为例. 云南大学学报（社会科学版），（4）：98-107.

党俊武. 2018. 中国城乡老年人生活状况调查报告-2018. 北京：社会科学文献出版社.

岛田千穗，高桥龙太郎. 2011. 高龄者终末期疗护中多职种间协作. 日本老年医学会，（3）：8-12.

丁华，严洁. 2018. 中国老年人失能率测算及变化趋势研究. 中国人口科学，（3）：97-108，128.

丁志宏. 2008. 我国老年残疾人口：现状与特征. 人口研究，（4）：66-72.

丁志宏，曲嘉瑶. 2019. 中国社区居家养老服务均等化研究——基于有照料需求老年人的分析. 人口学刊，（2）：87-99.

董保宝，葛宝山，王侃. 2011. 资源整合过程、动态能力与竞争优势：机理与路径. 管理世界，（3）：92-101.

董西明. 2003. 开征社会保障税问题研究. 现代经济探讨，（3）：62-64.

杜鹏，李兵，李海荣. 2014. “整合照料”与中国老龄政策的完善. 国家行政学院学报，（3）：86-91.

方曙光. 2013. 社会断裂与社会支持：失独老人社会关系的重建. 人口与发展，（5）：89-94，109.

高灵芝，杨洪斌，胡旭昌. 2003. “星光计划”项目“空壳”现象分析. 社会福利，（4）：49-54.

高燕，王海波. 2013. 社会资本视角下农村“失独家庭”养老问题研究. 江西农业学报，（10）：143-146.

葛蔼灵，冯占联. 2019. 中国养老服务的政策选择：建设高效可持续的中国养老服务体系. 北京：中国财政经济出版社.

耿亚男，宋言奇. 2011. 城市老龄化时代社区养老的新路径——基于苏州地区的实地调研. 上海城市管理，（1）：69-73.

管鹏，张云英. 2016. 农村失独家庭社会保障问题研究综述——基于2001-2015年国内文献. 社会福利（理论版），（1）：56-61.

桂世勋. 2017. 应对老龄化的养老服务政策需要理性思考. 华东师范大学学报（哲学社会科学版），（4）：78-84，163.

郭聪. 2016. 医养结合中外比较研究. 东北财经大学硕士学位论文.

郭道晖. 2007. 社会公平与国家责任. 法治研究，（1）：34-40.

郭林. 2014. 西方典型国家私营资本参与养老服务体系建设. 国外社会科学，（6）：47-54.

郭林，张亚飞. 2014. 中国民间资本参与养老服务体系建设的变迁与评析. 学术论坛，（4）：90-94，100.

国家统计局人口和就业统计司课题组，冯乃林，胡英，等. 2015. 中国失独妇女及其家庭状况研究. 调研世界，（5）：3-8.

国家卫生计生委统计信息中心. 2015. 2013第五次国家卫生服务调查分析报告. 北京：中国协和

医科大学出版社.
海龙. 2014. 我国高龄老人长期护理需求测度及保障模式选择. 西北人口，（2）：40-44，49.
韩焱，杜雪平，董建琴. 2017. 家庭医生式服务签约老年人的社区卫生服务需求调查. 中国全科医学，（31）：3929-3932.
何文炯. 2015. 老年照护服务：扩大资源并优化配置. 学海，（1）：88-93.
何文炯. 2017. 照护保险制度运行条件分析. 中国医疗保险，（10）：5-8.
何向阳，刘峥，刘曼云，等. 2017. 老年人抑郁症状合并躯体疼痛的相关因素. 中国心理卫生杂志，（9）：714-717.
胡鞍钢. 2001. 利国利民、长治久安的奠基石——关于建立全国统一基本社会保障制度、开征社会保障税的建议. 改革，（4）：12-18.
胡宏伟，王恩见，张楚，等. 2017. 老年整合照料理念与实践：西方经验与政策启示. 西北大学学报（哲学社会科学版），（4）：86-96.
胡祖铨. 2015. 养老服务业领域政府投资规模研究. 宏观经济管理，（3）：46-48.
华迎放. 2013. 我国城乡居民高龄津贴政策分析与发展建议. 中国劳动，（4）：10-14.
华中生，刘作仪，孟庆峰，等. 2016. 智慧养老服务的国家战略需求和关键科学问题. 中国科学基金，（6）：535-545.
黄健元，杨琪，王欢. 2020. 我国养老服务体系发展：从医养结合到整合照护. 中州学刊，（11）：86-91.
黄瑞芹，张广科. 2003. 社会保障税定位研究. 财经科学，（1）：61-64.
黄征宇. 2010. 养老模式的革命. 中国信息化，（17）：58-59.
纪艳，罗珏，于先清. 2013. 安徽省社区卫生服务机构全科医生职业满意度调查与分析. 齐齐哈尔医学院学报，34（10）：1475-1476.
贾锋. 2014. 农村失独老人社会救助权的国家保障. 理论探索，（2）：115-120.
贾康，杨良初，王玲. 2001. 实行费改税开征社会保险税的研究. 财政研究，（1）：25-34.
吉尔伯特 N，特尔 P. 2003. 社会福利政策导论. 黄晨熹，周烨，刘红译.上海：华东理工大学出版社.
李枫林，黄燕. 2010. 基于 SERVQUAL 的网络公共商务信息服务质量的调查分析. 情报杂志，（8）：169-173，164.
李洪娟，诸葛至辉. 2015. 正义、权利与责任：农村失独老人的社会救助. 当代经济，（27）：71-73.
李华成，叶蓓. 2013. 论农村失独家庭养老机制的建构. 福建农林大学学报（哲学社会科学版），（5）：24-27.
李兰永. 2019. 农村失独家庭社会救助研究——以山东省为例. 山东女子学院学报，（3）：89-96.
李莉，于嘉懿，杨雅楠. 2017. 大数据背景下智能化综合养老服务平台研究——基于资源整合视角. 现代管理科学，（1）：6-8.
李胜兵，李航敏. 2007. 解读管理术语. 北京：企业管理出版社.
李雪艳，代杰，赵沙沙，等. 2019. 简易认知量表在门诊快速识别轻度认知障碍患者中的价值. 中国老年学杂志，（5）：1128-1130.
李翌萱，蒋美华. 2020. 农村互助养老服务支持体系的多元整合与优化——基于关中农村 9 所互助院的调研. 中州学刊，（6）：83-87.
李勇. 2017. 我国养老公共服务供给现状、困境与对策. 北方经济，（11）：12-14.
李元. 2018. 我国失能老人长期照护资金规模的测算分析. 人口学刊，（5）：78-85.
廖专，孙涛，吴浩，等. 2014. 中国早期胃癌筛查及内镜诊治共识意见. 胃肠病学，（7）：408-427.
刘彩虹，安悦. 2014. 基于 SERVQUAL 的专业感知质量实证研究——以公共事业管理专业为例. 国家教育行政学院学报，（9）：72-78.
刘东生. 2018. 养老公共服务供给侧改革：主要短板与策略选择. 天津行政学院学报，（3）：40-46.
刘利君. 2016. 国外老年人整合照料实践及启示. 医学与哲学（A），（9）：58-60，93.
刘日淼，叶坤凤，刘晴，等. 2017. 深圳市某区 75 岁及以上高龄老年人养老需求现况及其影响因素评估. 河南医学研究，（1）：5-7.
刘涛. 2021. 德国长期护理保险制度的缘起、运行、调整与改革. 安徽师范大学学报（人文社会科学版），（1）：74-86.
刘艳茹. 2018. 城市既有社区中嵌入式养老设施的设计策略. 长安大学硕士学位论文.
刘玉玉，林金蕾，张倩，等. 2018. 养老机构老年人能力评估与分级服务需求探究. 护理研究，（7）：1150-1153.
刘芷含，车闰平. 2016. 农村失独家庭生存现状及差异化扶助机制设计. 学理论，（7）：90-92.
刘中一. 2011. 构建符合我国国情的家庭福利政策体系研究. 社会保障研究，（3）：78-88.
罗莉，罗盛，李伟. 2016. 城市社区慢性病老年人护理服务需求及影响因素. 中国老年学杂志，（19）：4883-4884.
罗燕妮，游莉，吴宗辉. 2017. 中医药融入整合照料式养老服务的相关探讨. 保健医学研究与实践，（1）：11-13.
吕世辰，王金，杨华磊. 2018. 农村失独家庭的生命轨迹、弱势地位及扶助措施. 中共山西省委党校学报，（3）：66-68.
马一. 2014. 当代中国失独家庭救济机制的系统建构. 山东大学学报（哲学社会科学版），（3）：42-51.
孟宪范. 2008. 家庭：百年来的三次冲击及我们的选择. 清华大学学报（哲学社会科学版），（3）：133-145，160.
米红，牛春晓. 2013. 健康老龄的人口生物学与多状态历史事件分析. 国际学术动态，（4）：10-12.
民政部. 2018. 2018 中国民政统计年鉴：中国社会服务统计资料. 北京：中国社会出版社.
民政部政策研究中心. 2013. 我国养老服务准入研究. 北京：中国社会出版社.
穆光宗. 2016. “失独”三问. 人口与社会，（1）：31-37.
潘海生，陈娜. 2016. 打造居家养老服务的杭州模式. 政策瞭望，（2）：23-25.
彭宅文. 2014. 长期护理保险需准确定位与科学规划. 中国社会保障，（4）：71.
蒲丹. 2016. 资源整合视角下的养老服务业研究. 云南大学硕士学位论文.
乔晓春. 2019. 养老产业为何兴旺不起来？. 社会政策研究，（2）：7-21.
青连斌. 2017a. 我国养老机构基本情况的调查与初步分析. 晋阳学刊，（1）：68-80.
青连斌. 2017b. 我国养老院的建设与运营——养老院院长问卷调查的初步分析. 理论视野，

（4）：52-58.
青连斌. 2017c. 老年人在养老院过得幸福吗——关于养老院入住老年人状况的调查. 中共中央党校学报，（4）：120-128.
曲绍旭，郑英龙. 2020. 服务资源整合视角下城市居家养老服务供需平衡路径的优化. 河海大学学报（哲学社会科学版），（1）：74-81，107-108.
冉密，孟伟，熊先军. 2017. 长期照护保险制度与其他社会保险制度的衔接研究初探. 中国医疗保险，（10）：15-19.
任佳焌，许倩，金王靓，等. 2015. 农村失独老人养老状况研究——基于浙江三个地级市的调查. 云南农业大学学报（社会科学），（6）：25-30.
日本介护工作研究所. 2009. 日本介护保险. 张天民，刘序坤，吉见弘译. 北京：中国劳动社会保障出版社.
桑特勒 R，纽恩 S. 2006. 卫生经济学——理论、案例和产业研究. 3 版. 程晓明译. 北京：北京大学医学出版社.
史柏年. 2008. “星光计划”项目设计的缺失及其实施困境//田玉荣. 非政府组织与社区发展. 北京：社会科学文献出版社.
史薇. 2014. 城市老年人健康对居家养老服务需求的影响. 老龄科学研究，（8）：68-77.
《世界税制现状与趋势》课题组. 2016. 世界税制现状与趋势（2015）. 北京：中国税务出版社.
世界卫生组织. 2003. 积极老龄化政策框架. 北京：华龄出版社.
世界卫生组织. 2016 中国老龄化与健康国家评估报告.
宋凤轩，丁越，尤扬. 2014. 基于 SERVQUAL 模型的城镇社区养老服务质量测评与提升对策. 经济研究参考，（52）：34-39.
睢党臣，张朔婷，刘玮. 2015. 农村公共服务质量评价与提升策略研究——基于改进的 Servqual 模型. 统计与信息论坛，（4）：83-89.
孙劢，蒋远胜. 2014. 失能老人的医疗养老服务成本分析：基于医养结合式养老机构的调查. 西南金融，（12）：23-26.
汤臻怡. 2015. 需求层次理论下智慧社区养老服务供给探究——以杭州翠苑街道社区为例. 浙江工商大学硕士学位论文.
唐钧. 2014. 失能老人护理补贴制度研究. 江苏社会科学，（2）：75-82.
唐钧. 2015. “十三五”需要什么样的老年服务机构. 中国党政干部论坛，（10）：76-77.
唐钧. 2016. 关于医养结合和长期照护服务的系统思考. 党政研究，（3）：122-127.
唐钧. 2017. 建立长期护理保险制度. 北京观察，（1）：12-16.
唐学基，陈雪昊. 2019-04-23.智慧养老让老人事事不操心——杭州市笕桥街道推进“互联网+”养老模式纪实. 中国劳动保障报.
陶然，徐哲. 2014. 基于 SERVQUAL 的专业体检机构服务质量测量. 工业工程，（4）：103-110，138.
同春芬，汪连杰. 2015. 福利多元主义视角下我国居家养老服务的政府责任体系构建. 西北人口，（1）：73-78，84.
童星. 2015. 发展社区居家养老服务以应对老龄化. 探索与争鸣，（8）：69-72.
汪忠杰，何珊珊. 2014. 社区居家养老服务模式探析——以武汉市为例. 武汉大学学报（哲学社会科学版），（4）：124-128.

王丹，张慧兰，邓静，等. 2016. 整合照料理念下我国社区卫生服务中心托老科建设的设想.医学与社会，（10）：24-26.

王广州，郭志刚，郭震威. 2008. 对伤残死亡独生子女母亲人数的初步测算. 中国人口科学，(1)：37-43，95-96.

王建云. 2015. “医养结合”养老服务模式下资源整合路径研究. 老龄科学研究，（12）：48-57.

王锦成. 2000. 居家养老：中国城镇老人的必然选择. 人口学刊，（4）：19-22.

王进. 2016. 农村失独家庭社会帮扶策略研究. 广西社会科学，（8）：160-162.

王婷，刘耘. 2019. 老年人慢性疼痛的现状及护理干预进展. 现代医药卫生，（1）：79-81.

王维，刘燕丽. 2020. 农村养老服务体系的整合与多元建构. 华南农业大学学报（社会科学版），（1）：103-116.

韦福祥. 2005. 服务质量评价与管理. 北京：人民邮电出版社.

吴晶，周膺. 2018. 中国临终关怀的制度性优化. 理论与改革，（4）：164-175.

吴玉韶. 2013. 中国老龄事业发展报告-2013. 北京：社会科学文献出版社.

伍小兰，曲嘉瑶. 2010. 台湾老年人的长期照护. 北京：中国社会出版社.

武慧荣，崔淑华，张海松. 2012. 基于乘客感知的城市公交服务质量评价研究. 重庆交通大学学报（自然科学版），（5）：1027-1030.

肖云，杨光辉. 2014.优势视角下失独老人的养老困境及相应对策. 人口与发展，（1）：107-112.

小岛克久，王茜铃. 2019. 日本经济发展与社会保障：以长期护理制度为中心. 社会保障评论，（1）：76-88.

谢红. 2018. 医养结合相关概念及政策分析. 中国护理管理，（5）：577-581.

徐勤. 2015. 老年痴呆患者的照护问题研究. 老龄科学研究，（6）：40-47，57.

许文鑫，方千华，吴燕丹，等. 2014. 全日制体育硕士专业学位研究生教育服务质量评价——基于 SERVQUAL 模型. 福建师范大学学报（自然科学版），（6）：117-124.

许亚柯，欧辉. 2017. 欠发达地区农村失独家庭现状及政策实证研究——以怀化市为例. 农业部管理干部学院学报，（1）：66-72.

许源源，朱敏青. 2021. 养老服务中多元合作供给的困境与出路——基于组织整合的视角. 湘潭大学学报（哲学社会科学版），（1）：45-51.

阎坤，曹亚伟. 2003. 我国社会保障税制设计构想. 税务研究，（5）：43-49.

杨芳. 2019. 智慧养老发展的创新逻辑与实践路向. 行政论坛，（6）：133-138.

杨俊. 2017. “统账结合”养老保险制度最优缴费率研究. 社会保障评论，（3）：57-69.

杨团. 2016. 中国长期照护的政策选择. 中国社会科学，（11）：87-110，207.

杨燕绥，陈诚诚. 2017. 银色经济条件下的医疗服务体系重构——辨析老年长期照护与医疗服务的关系. 国家行政学院学报，（2）：46-51，125-126.

杨勇刚，胡琳娜，马刚. 2014. 快速老龄化背景下失独老人养老风险化解机制——基于对河北省保定市的调研. 河北大学学报（哲学社会科学版），（2）：100-106，159-160.

杨贞贞. 2014. 医养结合的社会养老服务筹资模式构建与实证研究. 浙江大学博士学位论文.

于一凡，徐文娟. 2018. 农村地区养老服务设施研究——以浙江省江山市为例. 城市规划，(5)：78-86.

于泽浩. 2019. 整合服务框架及其在居家养老中的运用——以“三一”模式为例. 新视野，（4）：84-89.
袁晓航. 2013. “医养结合”机构养老模式创新研究. 浙江大学硕士学位论文.
原新，周平梅. 2019. 农村“整合式—网格化”养老模式探索研究. 河北学刊，（4）：178-184.
岳经纶，方萍. 2017. 照顾研究的发展及其主题：一项文献综述. 社会政策研究，（4）：38-56.
曾维涛，熊小刚，朱椿荣. 2015. 我国失独家庭经济扶助政策分析及其完善对策. 江西财经大学学报，（3）：42-50.
曾毅. 2010. 老年人口家庭、健康与照料需求成本研究. 北京：科学出版社.
张继元. 2018. 社区福利核心概念和发展路径的中日比较. 社会保障评论，（3）：133-147.
张继元. 2019. 我国养老服务发展的驱动机制与实证检验. 社会政策研究，（1）：25-37.
张继元. 2021. 社区医养结合服务：日本的探索与启示. 安徽师范大学学报（人文社会科学版），（3）：74-82.
张立龙. 2015. 福利国家长期照护制度及对中国的启示. 社会保障研究，（6）：100-108.
张妍妍. 2016. SERVQUAL 模型在高职院校教学质量评价中的应用. 现代教育管理，（1）：107-111.
章菁. 2019. 杭州市社区居家养老的“拱墅模式”研究. 华中师范大学硕士学位论文.
章晓懿，刘帮成. 2011. 社区居家养老服务质量模型研究——以上海市为例. 中国人口科学，（3）：83-92，112.
赵建国，邵思齐. 2019. 日本地域综合照护服务体系的维度分析与启示. 社会科学战线，（11）：270-274.
赵仲杰，张瀚罡. 2018. 农村失独家庭经济扶助政策研究. 当代经济，（23）：148-151.
赵仲杰，张道林. 2019. 人本主义视角下农村失独家庭的社会工作介入探究. 前沿，（3）：58-64.
郑秉文. 2010. 费改税不符合中国社会保障制度发展战略取向. 中国人民大学学报，（5）：23-30.
郑秉文. 2016. 供给侧：降费对社会保险结构性改革的意义. 中国人口科学，（3）：2-11，126.
郑功成. 2000-02-16. 社会保险费改税应当缓行. 中国经济时报.
郑功成. 2005. 社会保障学. 北京：中国劳动社会保障出版社.
郑功成. 2015-11-20. 养老服务业需做大调整. 人民日报.
郑雄飞. 2012. 一种伙伴关系的建构：我国老年人长期照护问题研究. 华东师范大学学报（哲学社会科学版），（3）：135-142，156.
中国阿尔茨海默病协会（ADC）.2010. 中国痴呆与认知障碍诊治指南：轻度认知障碍的诊断和治疗. 中华医学杂志，（41）：2887-2893.
中国老龄科学研究中心. 1994. 中国老年人供养体系调查数据汇编. 北京：华龄出版社.
钟春洋. 2015. 完善社会养老服务体系的五个重点问题. 经济纵横，（1）：28-32.
周伟，米红. 2013. 中国失独家庭规模估计及扶助标准探讨. 中国人口科学，（5）：2-9，126.
朱丹薇. 2016. 行政审批服务质量的实际测评与提升路径研究——以宁波市镇海区为例. 浙江大学硕士学位论文.
朱仁显，李欣. 2018.家庭医生签约服务制度的建构与完善对策——厦门市经验的研析. 东南学术，（6）：64-72.
左美云. 2014. 智慧养老的内涵、模式与机遇. 中国公共安全，（10）：48-50.

大阪民主医療機関連合会. 1991. 高齢者・医療・介護：現場からのレポートー. 大阪：清風堂書店.

厚生労働省. 2007. 厚生労働白書 2007 年版. 東京：内閣府.

菊池いづみ. 2016. 地域包括ケア推進における家族介護に対する支援事業の課題. 社会政策，（1）：179-191.

豊島康子，立石宏昭. 2016. 地域包括ケアシステムのすすめ――これからの保健・医療・福祉. 京都：ミネルヴァ書房.

日本内閣府. 2017. 高齢社会白書 2017 年版. 東京：内閣府.

日本内閣府. 2019. 高齢社会白書 2019 年版. 東京：内閣府.

筒井孝子. 2014. 地域包括ケアシステム構築のためのマネジメント戦略——integrated care の理論とその応用. 東京：中央法規出版.

武川正吾. 2009. 社会政策の社会学. 京都：ミネルヴァ書房.

込山爱郎. 2019. 少子老龄化社会：中国日本共同应对的路径与未来. 北京：社会科学文献出版社.

植田章. 1996. 保健・医療・福祉の連携：総合的な地域ケアの実現に向けて. 社会学部論集，（29）：17-30.

Ajzenstadt M，Rosenhek Z. 2000. Privatisation and new modes of state intervention：the long-term care programme in Israel. Journal of Social Policy，29（2）：247-262.

Anderson G. 2011. The challenge of financing care for individuals with multimorbidities. Paris：Organisation for Economic Cooperation and Development.

Andersson J，Ahgren B，Bihari Axelsson S，et al. 2011. Organizational approaches to collaboration in vocational rehabilitation-an international literature review. International Journal of Integrated Care，11（4）：e137.

Andresen E M，Malmgren J A，Carter W B，et al. 1994. Screening for depression in well older adults：evaluation of a short form of the CES-D（Center for Epidemiologic Studies Depression Scale）. American Journal of Preventive Medicine，10（2）：77-84.

Auschra C. 2018. Barriers to the integration of care in inter-organisational settings：a literature review. International Journal of Integrated Care，18（1）：5.

Axelsson S B，Axelsson R. 2009. From territoriality to altruism in interprofessional collaboration and leadership. Journal of Interprofessional Care，23（4）：320-330.

Banks P. 2004. Policy Framework for Integrated Care for Older People Developed by the Carmen Network. London：King's Fund.

Barr N. 2010. Long-term care：a suitable case for social insurance. Social Policy & Administration，44（4）：359-374.

Behruzi R，Klam S，Dehertog M，et al. 2017. Understanding factors affecting collaboration between midwives and other health care professionals in a birth center and its affiliated Quebec hospital：a case study. BMC Pregnancy and Childbirth，17（1）：200.

Bengtson V L. 2001. Beyond the nuclear family：the increasing importance of multigenerational bonds. Journal of Marriage and Family，63（1）：1-16.

Berchtold P, Peytremann-Bridevaux I. 2011. Ten years of integrated care in Switzerland. International Journal of Integrated Care, （5）：e010.

Berends H, van Burg E, van Raaij E M. 2011. Contacts and contracts: cross-level network dynamics in the development of an aircraft material. Organization Science, 22（4）：940-960.

Bergmann J N, Legins K, Sint T T, et al. 2017. Outcomes and cost-effectiveness of integrating HIV and nutrition service delivery: pilots in Malawi and Mozambique. AIDS and Behavior, 21（3）：703-711.

Berwick D M, Hackbarth A D. 2012. Eliminating waste in US health care. JAMA, 307（14）：1513-1516.

Billings J. 2005. What do we mean by integrated care? a European interpretation. Journal of Integrated Care, 13: 13-20.

Bolin K, Lindgren B, Lundborg P. 2008. Informal and formal care among single-living elderly in Europe. Health Economics, 17（3）：393-409.

Boothroyd R A, Evans M E, Chen H J, et al. 2015. An exploratory study of conflict and its management in systems of care for children with mental, emotional, or behavioral problems and their families.The Journal of Behavioral Health Services & Research, 42（3）：310-323.

Bourdages J, Sauvageau L, Lepage C. 2003. Factors in creating sustainable intersectoral community mobilization for prevention of heart and lung disease. Health Promotion International, 18（2）：135-144.

Bozoki A, Giordani B, Heidebrink J L, et al. 2001. Mild cognitive impairments predict dementia in nondemented elderly patients with memory loss. Archives of Neurology, 58（3）：411-416.

Burchardt T, Jones E, Obolenskaya P. 2018. Formal and informal long-term care in the community: interlocking or incoherent systems? .Journal of Social Policy, 47（3）：479-503.

Burns E M. 1956. Social Security and Public Policy.New York: McGraw-Hill Book Company.

Butt G, Krajden M, Hill W. 2012. Front-line staff-led integrated care. International Journal of Integrated Care, 12: e182.

Campbell J C, Ikegami N, Kwon S. 2009. Policy learning and cross-national diffusion in social long-term care insurance: Germany, Japan, and the Republic of Korea. International Social Security Review, 62（4）：63-80.

Challis D. 1992. Community care of elderly people: bringing together scarcity and choice, needs and costs. Financial Accountability and Management, 8（2）：77-95.

Cheah J, Kirk-Chuan W, Lim H. 2012. Integrated care: from policy to implementation - the Singapore story. International Journal of Integrated Care, 12: 13-25.

Chen A, Brown R, Archibald N, et al. 2000. Best practices in coordinated care. Princeton: Mathematica Policy Research.

Chen Y, Hicks A, While A E. 2012. Depression and related factors in older people in China: a systematic review. Reviews in Clinical Gerontology, 22（1）：52-67.

Chon Y H. 2013. A qualitative exploratory study on the service delivery system for the new long-term care insurance system in Korea. Journal of Social Service Research, 39（2）：188-203.

Christensen J K B. 2016. Does telecare improve interorganisational collaboration? .International Journal of Integrated Care，16（4）：14.

Coleman E A. 2002. Challenges of systems of care for frail older persons：the United States of America experience. Aging Clinical and Experimental Research，14（4）：233-238.

Coleman K，Austin B T，Brach C，et al. 2009. Evidence on the chronic care model in the new millennium. Health Affairs，28（1）：75-85.

Colombo F, Llena-Nozal A, Mercier J, et al. 2011. Help wanted? providing and paying for long-term care.Paris：OECD.

Colombo F，Mercier J. 2012. Help wanted? fair and sustainable financing of long-term care services. Applied Economic Perspectives and Policy，34（2）：316-332.

Comas-Herrera A，Pickard L，Wittenberg R，et al. 2010. The long-term care system for the elderly in England. Brussels：Centre for European Policy Studies.

Conklin A，Nolte E，Vrijhoef H. 2013. Approaches to chronic disease management evaluation in use in Europe：a review of current methods and performance measures. International Journal of Technology Assessment in Health Care，29（1）：61-70.

Cooper M，Evans Y，Pybis J. 2016. Interagency collaboration in children and young people's mental health：a systematic review of outcomes，facilitating factors and inhibiting factors. Child：Care，Health and Development，42（3）：325-342.

Cropper S，Ebers M，Huxham C，et al. 2009. Introducing inter-organizational relations//The Oxford Handbook of Inter-Organizational Relations. Oxford：Oxford University Press.

Cropper S, Ebers M, Huxham C, et al. 2013. The Oxford Handbook of Inter-Organizational Relations. Oxford：Oxford University Press.

Dávalos M E，French M T，Burdick A E，et al. 2009. Economic evaluation of telemedicine：review of the literature and research guidelines for benefit-cost analysis. Telemedicine and e-Health，15（10）：933-948.

David G，Rawley E，Polsky D. 2013. Integration and task allocation：evidence from patient care. Journal of Economics & Management Strategy，22（3）：617-639.

de Bruin S R，Heijink R，Lemmens L C，et al. 2011. Impact of disease management programs on healthcare expenditures for patients with diabetes，depression，heart failure or chronic obstructive pulmonary disease：a systematic review of the literature. Health Policy，101（2）：105-121.

Deeming C. 2013. Addressing the social determinants of subjective wellbeing：the latest challenge for social policy. Journal of Social Policy，42（3）：541-565.

Desmedt M，Vertriest S，Hellings J，et al. 2016. Economic impact of integrated care models for patients with chronic diseases：a systematic review. Value in Health，19（6）：892-902.

Dinesen B，Gustafsson J，Nøhr C，et al. 2007. Telehomecare technology across sectors：claims of jurisdiction and emerging controversies. International Journal of Integrated Care，7：e43.

Dinesen B，Seemann J，Gustafsson J. 2011. Development of a program for tele-rehabilitation of COPD patients across sectors：co-innovation in a network. International Journal of Integrated

Care，11：1-12.

Djellal F，Gallouj F. 2006. Innovation in care services for the elderly. The Service Industries Journal，26（3）：303-327.

Drummond M，Barbieri M，Cook J，et al. 2009. Transferability of economic evaluations across jurisdictions：ISPOR good research practices task force report. Value in Health，12（4）：409-418.

Drummond M，Brandt A，Luce B，et al. 1993. Standardizing methodologies for economic evaluation in health care：practice，problems，and potential. International Journal of Technology Assessment in Health Care，9（1）：26-36.

Drummond M F，Sculpher M J，Claxton K，et al. 2015. Methods for the economic evaluation of health care programmes. Oxford：Oxford University Press.

Elmer S，Kilpatrick S. 2006. Using project evaluation to build capacity for integrated health care at local levels. Journal of Integrated Care，14（5）：6-13.

Frank R G. 2012. Long-term care financing in the United States：sources and institutions.Applied Economic Perspectives and Policy，34（2）：333-345.

Gaertner T，Knoblich S，Muck T，et al. 2020. Die Pflegeversicherung：Handbuch zur Begutachtung，Qualitätsprüfung，Beratung und Fortbildung. Berlin：De Gruyter.

Glendinning C. 2003. Breaking down barriers：integrating health and care services for older people in England. Health Policy，65（2）：139-151.

Glendinning C. 2012. Home care in England：markets in the context of under-funding. Health and Social Care in the Community，20（3）：292-299.

Godlee F. 2012. Integrated care is what we all want. British Medical Journal，344：e3959.

Goldman H H. 1982. Integrating health and mental health services：historical obstacles and opportunities. American Journal of Psychiatry，139（5）：616-620.

Goodwin N. 2013. Understanding integrated care：a complex process，a fundamental principle. International Journal of Integrated Care，13（1）：e011.

Goodwin N，Dixon A，Anderson G，et al. 2014. Providing Integrated Care for Older People with Complex Needs Lessons from Seven International Case Studies. London：King's Fund.

Gröne O，Garcia-Barbero M. 2001. Integrated care. International Journal of Integrated Care，1（2）：e21.

Hansson J，Øvretveit J，Askerstam M，et al. 2010. Coordination in networks for improved mental health service. International Journal of Integrated Care，10（3）：e52.

Hardy B，Mur-Veemanu I，Steenbergen M，et al. 1999. Inter-agency services in England and the Netherlands：a comparative study of integrated care development and delivery. Health Policy，48（2）：87-105.

Hawkes N. 2009. Integrated care. British Medical Journal，338：42-53.

Haynes P，Hill M，Banks L. 2010. Older people's family contacts and long-term care expenditure in OECD countries：a comparative approach using qualitative comparative analysis. Social Policy & Administration，44（1）：67-84.

Healy J，Sharman E，Lokuge B. 2013. Australia：health system review.Health Systems in Transition，

8：155.

Hearld L R，Alexander J A，Mittler J N. 2012. Fostering change within organizational participants of multisectoral health care alliances. Health Care Management Review，37（3）：267-279.

Hébert R. 2012. Integration of services for older people：back to funding. International Journal of Integrated Care，12（7）：e147.

Heilemann U. 2000. Die finanzierung der deutschen einheit. Sozialer Fortschritt，49（10）：253-259.

Heilmann S. 2008. Policy experimentation in China's economic rise. Studies in Comparative International Development，43（1）：1-26.

Hildebrandt H，Schulte T，Stunder B. 2012. Triple aim in Kinzigtal，Germany：improving population health，integrating health care and reducing costs of care-lessons for the UK？.Journal of Integrated Care，20（4）：205-222.

Hill R. 2007. Integrated care—foundation trust or social enterprise？.Journal of Integrated Care，（1）：20-23.

Hinrichs K. 1995. Die soziale pflegeversicherung-eine institutionelle innovation in der deutschen sozialpolitik. Staatswissenschaften und Staatspraxis，6（2）：227-259.

Hofmarcher M M，Oxley H，Rusticelli E. 2007. Improved health system performance through better care coordination. Paris：OECD.

Hofmarcher M M，Quentin W. 2013. Austria：health system review. Health Systems in Transition，15（7）：1-292.

Houde S C，Gautam R，Kai I. 2007. Long-term care insurance in Japan：implications for U. S. long-term care policy. Journal of Gerontological Nursing，33（1）：7-13.

Hudson B，Hardy B，Henwood M，et al. 1997. Strategic alliances：working across professional boundaries：primary health care and social care. Public Money & Management，17（4）：25-30.

Huxham C，Vangen S. 2005. Managing to Collaborate：The Theory and Practice of Collaborative Advantage. London：Routledge.

Ikegami N. 2019. Financing long-term care：lessons from Japan. International Journal of Health Policy and Management，8（8）：462-466.

Isbell M G. 2012. The role of boundary spanners as the interorganizational link in nonprofit collaborating. Management Communication Quarterly，26（1）：159-165.

Jacobzone B S，Jenson J. 2000. Care allowances for the frail elderly and their impact on women care-givers. Pairs：OECD.

Janse B，Fabbricotti I N，Huijsman R. 2012. The effects of integrated care on professionals：a systematic review. International Journal of Integrated Care，12：e84.

Johnson P，Wistow G，Schulz R，et al. 2003. Interagency and interprofessional collaboration in community care：the interdependence of structures and values. Journal of Interprofessional Care，17（1）：69-83.

Kadu M，Ehrenberg N，Stein V，et al. 2019. Methodological quality of economic evaluations in integrated care：evidence from a systematic review. International Journal of Integrated Care，19（3）：17.

Karlsson M, Mayhew L, Plumb R, et al. 2006. Future costs for long-term care: cost projections for long-term care for older people in the United Kingdom. Health Policy, 75 (2): 187-213.

Keong H C, Mun W L, Feng L, et al. 2012. Singapore programme for integrated care for the elderly (SPICE) -an integrated model of care to enable frail elderly to be cared for in the community. International Journal of Integrated Care, 12: 415-421.

Ketelaars C. 2011. Integrated care requires integrated supervision. International Journal of Integrated Care, 11: e009.

King D, Pickard L. 2013. When is a carer's employment at risk? longitudinal analysis of unpaid care and employment in midlife in England. Health & Social Care in the Community, 21 (3): 303-314.

Knai C, Nolte E, Brunn M, et al. 2013. Reported barriers to evaluation in chronic care: experiences in six European countries. Health Policy, 110 (2-3): 220-228.

Kochskämper S. 2018. Wo Pflegebedürftige häufig Sozialhilfe in Anspruch nehmen: Hilfe zur Pflege in den einzelnen Regionen. Köln: German Economic Institute.

Kocka J. 2016. Bismarck und die entstehung des deutschen sozialstaats. Francia, (43): 397-408.

Kodner D L. 2002. The quest for integrated systems of care for frail older persons. Aging Clinical Experimental Research, 14: 307-313.

Kodner D L, Spreeuwenberg C. 2002. Integrated care: meaning, logic, applications, and implications-a discussion paper. International Journal of Integrated Care, 2: e12.

Kontopoulos Y, Perotti R. 1999. Government fragmentation and fiscal policy outcomes: evidence from OECD countries//Fiscal Institutions and Fiscal Performance. Chicago: University of Chicago Press.

Le Bihan B, Martin C. 2010. Reforming long-term care policy in France: private-public complementarities.Social Policy & Administration, 44 (4): 392-410.

Leutz W N. 1999. Five laws for integrating medical and social services: lessons from the United States and the United Kingdom. The Milbank Quarterly, 77 (1): 77-110.

Leutz W. 2005. Reflections on integrating medical and social care: five laws revisited. Journal of Integrated Care, 13: 3-12.

Lind A. 2013. Coming to consensus: developing an approach to measuring quality of integrated care programs. Journal of the American Society on Aging, 37 (2): 54-61.

Ling T, Brereton L, Conklin A, et al. 2012. Barriers and facilitators to integrating care: experiences from the English integrated care pilots. International Journal of Integrated Care, 12: e129.

Lloyd J, Wait S. 2006. Integrated care: a guide for policymakers. London: Alliance for Health and the Future.

Liu W, Li W Z. 2016. Divergence and convergence in the diffusion of performance management in China. Public Performance and Management Review, 39 (3): 630-654.

Loisel P, Durand M J, Baril R, et al. 2005. Interorganizational collaboration in occupational rehabilitation: perceptions of an interdisciplinary rehabilitation team. Journal of Occupational Rehabilitation, 15 (4): 581-590.

Looman W M, Huijsman R, Bouwmans-Frijters C A, et al. 2016. Cost-effectiveness of the "walcheren integrated care model" intervention for community-dwelling frail elderly. Family Practice, 33(2): 154-160.

Lyles A. 2008. Alzheimer's disease: the specter of fragmented policy and financing. Clinical Therapeutics, 30 (1): 192-194.

Lyngsø A M, Godtfredsen N S, Frølich A. 2016. Interorganisational integration: healthcare professionals' perspectives on barriers and facilitators within the Danish healthcare system. International Journal of Integrated Care, 16 (1): 4.

Marchildon G, Mossialos E . 2005. Health Systems in Transition: Canada. Toronto: University of Toronto Press.

Marder K. 2005. Vitamin E and donepezil for the treatment of mild cognitive impairment. Current Neurology and Neuroscience Reports, (5): 337-338.

McGuire M, Agranoff R. 2011. The limitations of public management networks. Public Administration, 89 (2): 265-284.

McPherson C, Ploeg J, Edwards N, et al. 2017. A catalyst for system change: a case study of child health network formation, evolution and sustainability in Canada. BMC Health Services Research, 17 (1): 1-16.

McShane M K, Cox L A. 2009. Issuance decisions and strategic focus: the case of long-term care insurance. Journal of Risk and Insurance, 76 (1): 87-108.

Minkman M M N. 2011. A development model for integrated care. International Journal of Integrated Care, 11 (7): 8-20.

Mitchell O S, Piggott J, Shimizutani S. 2008. An empirical analysis of patterns in the Japanese long-term care insurancesystem.The Geneva Papers on Risk and Insurance- Issues and Practice, 33: 694-709.

Montinola G, Qian Y, Weingast B R. 1995. Federalism, Chinese style: the political basis for economic success in China. World Politics, 48 (1): 50-81.

Mora J, de Manuel E, Arratibel P, et al. 2013. New funding and commissioning model as a driving force for the transformation of the Basque Health Service provision model. International Journal of Integrated Care, 13 (5): 2-10.

Morgan F. 2018. The treatment of informal care-related risks as social risks: an analysis of the English care policy system. Journal of Social Policy, 47 (1): 179-196.

Mosca I, van der Wees P J, Mot E S, et al. 2016. Sustainability of long-term care: puzzling tasks ahead for policy-makers. International Journal of Health Policy and Management, 6 (4): 195-205.

Mountain G. 2004. User involvement and integrated services: using personal reflection to inform the future. Journal of Integrated Care, 12 (6): 2-3.

Nadash P, Doty P, Mahoney K J, et al. 2012. European long-term care programs: lessons for community living assistance services and supports? .Health Services Research, 47(1): 309-328.

Nolte E, Pitchforth E. 2014-10-14. What is the evidence on the economic impacts of integrated care?.

https://www.euro.who.int/__data/assets/pdf_file/0019/251434/What-is-the-evidence-on-the-economic-impacts-of-integrated-care.pdf.

Olejaz M，Juul A N，Rudkjøbing A，et al. 2012. Denmark health system review. Health Systems in Transition，14（2）：1-192.

Olsson L E，Hansson E，Ekman I，et al. 2009. A cost-effectiveness study of a patient-centred integrated care pathway. Journal of Advanced Nursing，65（8）：1626-1635.

Ouwens M，Wollersheim H，Hermens R，et al. 2005. Integrated care programmes for chronically ill patients：a review of systematic reviews. International Journal for Quality in Health Care，17（2）：141-146.

Paquet R，Jacobs K. 2015. Die pflegeversicherung als sozialversicherung — institutionelle rahmenbedingungen und grenzen. Sozialer Fortschritt，64（1-2）：1-7.

Paraurman A P，Zeithaml V A，Berry L L. 1985. A conceptual model of service quality and its implications for future research. Journal of Marketing，49：41-50.

Paraurman A，Zeithaml V A，Berry L L. 1988. SERQUAL：a multiple-item scale for measuring consumer perceptions of service quality. Journal of Retailing，64（1）：12-40.

Paraurman A，Zeithaml V A，Berry L L. 1994. Reassessment of expectations as a comparison standard in measuring service quality：implications for further research. Journal of Marketing，58（1）：111-124.

Pate J，Fischbacher M，MacKinnon J. 2010. Health improvement：countervailing pillars of partnership and profession. Journal of Health Organization and Management，24（2）：200-217.

Pierson P. 1996. The new politics of the welfare state. World Politics，48（2）：143-179.

Pimperl A，Schulte T，Mühlbacher A，et al. 2017. Evaluating the impact of an accountable care organization on population health：the quasi-experimental design of the German Gesundes Kinzigtal. Population Health Management，20（3）：239-248.

Popp J K，MacKean G，Casebeer A，et al. 2013. Inter-organizational networks：a critical review of the literature to inform practice. Washington D. C.：IBM Center for the Business Development.

Prior E，Kitts M. 2017. Innovative funding models to incentivise integrated care. International Journal of Integrated Care，17（3）：137.

Provan K G，Milward H B，Isett K R. 2002. Collaboration and integration of community-based health and human services in a nonprofit managed care system. Health Care Management Review，27（1）：21-32.

Radloff L S. 1977. The CES-D scale：a self-report depression scale for research in the general population. Applied Psychological Measurement，1（3）：385-401.

Raney L. 2013. Integrated care：the evolving role of psychiatry in the era of health care reform. Psychiatric Services，64（11）：1076-1078.

Rein M. 1970. Social Policy. New York：Random House Trade.

Robertson H. 2012. Integration of health and social care a review of literature and models implications for Scotland. Royal College of Nursing，（1）：1-42.

Rocha L. 2019. Integrated care：better and cheaper. International Journal of Integrated Care，19（3）：14.

Roth G. 2000. Fünf jahre pflegeversicherung in Deutschland：funktionsweise und wirkungen. Sozialer Fortschritt，49（8/9）：184-192.

Rothgang H. 2010. Social insurance for long-term care：an evaluation of the German model. Social Policy & Administration，44（4）：436-460.

Roubini N，Sachs J. 1989. Government spending and budget deficits in the industrial countries. Economic Policy，（8）：99-132.

Rowe A K，de Savigny D，Lanata C F，et al. 2005. How can we achieve and maintain high-quality performance of health workers in low-resource settings？.The Lancet，366（9490）：1026-1035.

Sang B. 2007. A citizen-led coalition for integrated care. Journal of Integrated Care，15：44-52.

Schut F T，van Den Berg B. 2010. Sustainability of comprehensive universal long-term care insurance in the Netherlands. Social Policy & Administration，44（4）：411-435.

Seo D，Kim W，Moon S，et al. 2012. Medium and Long-term Prediction of Supply and Demand of Care Workers and Improvements for It.Seoul：National Health Insurance Corporation.

Serxner S，Baker K，Gold D. 2006. Guidelines for analysis of economic return from health management programs. American Journal of Health Promotion，20（6）：1-17.

Shearkhani S，Beltzner C，Beth Carter M，et al. 2019. Integrated comprehensive care- bundled care and funding：transition from hospital to home. International Journal of Integrated Care，19（4）：1-8.

Shortell S M，Wu F M，Lewis V A，et al. 2014. A taxonomy of accountable care organizations for policy and practice. Health Services Research，49（6）：1883-1899.

Smith-Merry J，Gillespie J. 2017. Flexible funding for effective，individualised，integrated care. International Journal of Integrated Care，17（3）：1-8.

Stahl C，Svensson T，Petersson G，et al. 2010. A matter of trust？a study of coordination of Swedish stakeholders in return-to-work. Journal of Occupational Rehabilitation，20（3）：299-310.

Sunwoo D. 2012. A Study on Establishment of the1st Basic Plan to Improve Public Long-term Care System for the Elderly. Seoul：Ministry of Health and Welfare.

Sureshchandar G S，Rajendran C，Kamalanabhan T J. 2001. Customer perceptions of service quality：a critique. Total Quality Management，12（1）：111-124.

Svetlovich T，Mychko V，Haplichnik T. 2018. Social order as mechanism of integrated medicaland social home care funding. International Journal of Integrated Care，18（S2）：319.

Sydow J，Schüssler E，Müller-Seitz G. 2016. Managing Inter-Organizational Relations：Debates and Cases. New York：Red Globe Press.

Tanajewski L，Franklin M，Gkountouras G，et al. 2015. Cost-effectiveness of a specialist geriatric medical intervention for frail older people discharged from acute medical units：economic evaluation in a two-centre randomised controlled trial（AMIGOS）. PloS One，10（5）：e0121340.

Titmuss R. 1970. Commitment to Welfare.New York：Pantheon Books.

Tsasis P，Evans J M，Owen S. 2012. Reframing the challenges to integrated care：a complex-adaptive systems perspective. International Journal of Integrated Care，12：e190.

Tsiachristas A，Stein K V，Evers S，et al. 2016. Performing economic evaluation of integrated care：

highway to hell or stairway to heaven? .International Journal of Integrated Care，16（4）：3.
Tsutsui T. 2014. Implementation process and challenges for the community-based integrated care system in Japan. International Journal of Integrated Care，14：e002.
UK Department of Health. 2009. Use of resources in adult social care. London：Department of Health.
UK Homecare Association. 2012. An overview of the UK domiciliary care sector.London：UK Homecare Association.
Valentijn P P，Schepman S M，Opheij W，et al. 2013. Understanding integrated care：a comprehensive conceptual framework based on the integrative functions of primary care. International Journal of Integrated Care，13：e010.
van Hook M P，Ford M E. 1998. The linkage model for delivering mental health services in rural communities：benefits and challenges. Health & Social Work，23（1）：53-60.
Volkerink B，de Haan J. 2001. Fragmented government effects on fiscal policy：new evidence. Public Choice，109：221-242.
Wadmann S，Strandberg-Larsen M，Vrangbæk K. 2009. Coordination between primary and secondary healthcare in Denmark and Sweden. International Journal of Integrated Care，9：5-22.
Wait S. 2005. Integrated Health and Social Care：Objectives，Opportunities，Challenges. Oakland：European Social Services Conference.
Waldeyer R，Siegel A，Daul G，et al. 2010. Does integrated care lead to both improved service quality and lower care cost? . International Journal of Integrated Care，10：1-5.
Walker A. 2018. Why the UK needs a social policy on ageing. Journal of Social Policy，47（2）：253-273.
Walker B B，Collins C A. 2009. Developing an integrated primary care practice：strategies，techniques，and a case illustration. Journal of Clinical Psychology，65（3）：268-280.
Weber E P，Khademian A M. 2008. Wicked problems，knowledge challenges，and collaborative capacity builders in network settings. Public Administration Review，68（2）：334-349.
Weiss J A，Gruber J E. 1984. Using knowledge for control in fragmented policy arenas. Journal of Policy Analysis and Management，3（2）：225-247.
Whiteford H，McKeon G，Harris M，et al. 2014. System-level intersectoral linkages between the mental health and non-clinical support sectors：a qualitative systematic review. Australian & New Zealand Journal of Psychiatry，48（10）：895-906.
WHO. 1996. Integration of health care delivery：report of a WHO study group. Geneva：World Health Organization.
WHO. 2000. Home-based and long-term care，report of a WHO study group. Geneva：World Health Organization.
WHO. 2018. Framework on integrated，people-centred health services. Geneva：World Health Organization.
Wihlman U，Lundborg C S，Axelsson R，et al. 2008. Barriers of inter-organisational integration in vocational rehabilitation. International Journal of Integrated Care，8：e52.
Wu Y，Zhao Y P，Huang X X，et al. 2015. Exploration and practice of general practitioner

responsibility system in an urban community of Shanghai. Family Medicine and Community Health，3（4）：15-22.

Yong V，Saito Y. 2012. National long-term care insurance policy in Japan a decade after implementation：some lessons for aging countries.Ageing International，37：271-284.

Yoshida K，Kawahara K. 2014. Impact of a fixed price system on the supply of institutional long-term care：a comparative study of Japanese and German metropolitan areas.BMC Health Services Research，14：48.

Zou G Y，Wei X L，Walley J D，et al. 2012. Factors influencing integration of TB services in general hospitals in two regions of China：a qualitative study. BMC Health Services Research，12：21.

附录1　杭州市社区居家养老服务质量测评调查问卷

尊敬的__________社区居民：

您好！我是浙江财经大学社会保障专业的研究生，目前正在开展杭州市各辖区社区居家养老服务质量测评研究，旨在全面、准确地了解和把握杭州市现行政策下社区居家养老服务供给的发展状况，为社区居家养老模式的改进和完善提供理论与实际依据。本次问卷调查采用匿名的方式，所获取的基本信息将严格保密，所获取的相关数据仅供研究，不会对您产生任何不利的影响。

请您根据最真实的感受和想法填写，非常感谢您在享受天伦之乐之余填写本问卷！

2019年8月

一、基本信息

1、性别：A. 男　B. 女

2、年龄：A. 50岁以下　B. 50~60岁　C. 60~70岁
D. 70~80岁　E. 80~90岁　F. 90岁及以上

3、目前有无配偶：A. 有　B. 无

4、目前是否和子女居住：A. 是　B. 否

5、学历：A. 高中及以下　B. 专科　C. 本科
D. 硕士研究生　E. 博士研究生

6、退休前工作单位：A. 政府机关　B. 事业单位　C. 企业
D. 自主创业（包含个体户）　E. 其他

7、您目前的退休工资：A. 1500元以下　B. 1500~3000元
C. 3000~4500元　D. 4500~6000元

E. 6000~7500元　　F. 7500元及以上

8、目前有无居住进社会养老机构/院的意向：A. 有　B. 无

二、社区居家养老服务质量测评

1、实际感知部分

下表给出了关于您现居住的社区居家养老服务相关的24个问项。请您将每个问项的描述与您的实际感受进行对比，1表示非常不符合，7表示非常符合，并在合适的数字上打√。

评价指标	1（非常不符合）→7（非常符合）						
1、社区养老/医疗机构医疗设施较为齐全，能够应对各类疾病	1	2	3	4	5	6	7
2、社区会每日提供就餐服务，且食物健康、美味	1	2	3	4	5	6	7
3、社区会提供完备上门就诊服务，且一周登门多次	1	2	3	4	5	6	7
4、社区会提供完备的老年娱乐设施和组织娱乐活动	1	2	3	4	5	6	7
5、社区养老机构的工作人员专业性强，我十分放心	1	2	3	4	5	6	7
6、社区养老机构的工作人员不会因为忙而拒绝提供服务	1	2	3	4	5	6	7
7、工作人员能够快速、准确、无误地办理各类养老事务	1	2	3	4	5	6	7
8、工作人员能够相互配合协调为我办理事务	1	2	3	4	5	6	7
9、居委会和社区养老机构有明确、详细的规章制度	1	2	3	4	5	6	7
10、居委会和社区养老机构提供服务时会遵守制度与法律	1	2	3	4	5	6	7
11、社区工作人员知晓并遵守居委会或养老机构的制度	1	2	3	4	5	6	7
12、社区工作人员根据社区养老制度和自身道德准则办事	1	2	3	4	5	6	7
13、社区会定期/不定期公开财务状况	1	2	3	4	5	6	7
14、社区会公开养老相关收费服务的定价标准	1	2	3	4	5	6	7
15、社区开通了多种渠道进行投诉、表达意见或自我维权	1	2	3	4	5	6	7
16、社区会将获得的投诉和意见进行公开处理	1	2	3	4	5	6	7
17、居委会有自己的展栏并提供与养老服务相关的各类信息	1	2	3	4	5	6	7
18、居委会会根据国家养老政策及时更新服务与信息	1	2	3	4	5	6	7
19、我/子女的电话咨询或寻求帮助能够及时得到回复	1	2	3	4	5	6	7
20、居委会或社区养老机构的信息查找较为方便	1	2	3	4	5	6	7
21、我/我的子女的投诉或意见能够得到及时的回复	1	2	3	4	5	6	7
22、社区工作人员办事时能够不墨守成规、及时灵活地变通	1	2	3	4	5	6	7

续表

评价指标	1（非常不符合）→7（非常符合）						
23、社区工作人员对高龄老人、失独老人、独居老人给予特别的关心和照顾	1	2	3	4	5	6	7
24、社区工作人员会经常登门听取老人的诉求和抱怨	1	2	3	4	5	6	7

2、期望部分

下表给出了关于您现居住的社区居家养老服务相关的24个问项。请您对每个问项的期望进行打分（即您希望您的社区能做到什么程度），1表示非常不期望，7表示非常期望，并在合适的数字上打√。

评价指标	1（非常不期望）→7（非常期望）						
1、社区养老/医疗机构医疗设施较为齐全，能够应对各类疾病	1	2	3	4	5	6	7
2、社区会每日提供就餐服务，且食物健康、美味	1	2	3	4	5	6	7
3、社区会提供完备上门就诊服务，且一周登门多次	1	2	3	4	5	6	7
4、社区会提供完备的老年娱乐设施和组织娱乐活动	1	2	3	4	5	6	7
5、社区养老机构的工作人员专业性强，我十分放心	1	2	3	4	5	6	7
6、社区养老机构的工作人员不会因为忙而拒绝提供服务	1	2	3	4	5	6	7
7、工作人员能够快速、准确、无误地办理各类养老事务	1	2	3	4	5	6	7
8、工作人员能够相互配合协调为我办理事务	1	2	3	4	5	6	7
9、居委会和社区养老机构有明确、详细的规章制度	1	2	3	4	5	6	7
10、居委会和社区养老机构提供服务时会遵守制度与法律	1	2	3	4	5	6	7
11、社区工作人员知晓并遵守居委会或养老机构的制度	1	2	3	4	5	6	7
12、社区工作人员能遵纪守法办事	1	2	3	4	5	6	7
13、社区会定期/不定期公开财务状况	1	2	3	4	5	6	7
14、社区会公开养老相关收费服务的定价标准	1	2	3	4	5	6	7
15、我可以通过多种渠道进行投诉、表达意见或自我维权	1	2	3	4	5	6	7
16、社区会将获得的投诉和意见进行公开处理	1	2	3	4	5	6	7
17、居委会有自己的展栏并提供与养老服务相关的各类信息	1	2	3	4	5	6	7
18、居委会会根据国家养老政策及时更新服务与信息	1	2	3	4	5	6	7
19、我的电话咨询或寻求帮助能够及时得到回复	1	2	3	4	5	6	7
20、社区养老机构的服务流程快速、便捷	1	2	3	4	5	6	7
21、我/我的子女的投诉或意见能够得到及时的回复	1	2	3	4	5	6	7

续表

评价指标	1（非常不期望）→7（非常期望）						
22、社区工作人员办事时能够及时灵活地变通	1	2	3	4	5	6	7
23、社区工作人员对高龄老人、失独老人、独居老人给予特别的关心和照顾	1	2	3	4	5	6	7
24、社区工作人员会经常登门听取老人的诉求和抱怨	1	2	3	4	5	6	7

调查完毕，非常感谢您的配合！愿您身体健康，万事如意！

附录2　农村失独家庭养老现状及需求情况调查问卷

调查地点：____________

尊敬的居民：

您好！我是浙江财经大学社会保障专业的研究生，目前正在开展农村失独家庭养老状况及需求调查研究，旨在为我县制定农村失独家庭养老保障政策提供参考。本次问卷调查采用匿名的方式，所获取的基本信息将严格保密，所获取的相关数据仅供研究，不会对您产生任何不利的影响。

请您如实填写，非常感谢！

2018年7月

一、个人基本信息

1、年龄

（1）49~59岁　（2）60~64岁　（3）65~79岁　（4）80岁及以上

2、性别

（1）男　（2）女

3、文化程度

（1）没上过学　（2）小学　（3）初中/中专　（4）高中/大专

4、婚姻状况

（1）已婚　（2）分居　（3）离婚　（4）丧偶

5、您现在和谁住在一起

（1）单独居住　（2）仅与配偶居住　（3）与孙辈居住　（4）其他

二、个人经济状况及物质经济需求

1、您的家庭每人每月的经济收入大致在哪一个范围

（1）1000元及以下　（2）1001~2000元　（3）2001~3000元

（4）3000元以上

2、您参加了什么养老保险

（1）城乡居民基本养老保险　（2）其他养老保险　（3）无养老保险

3、您家庭收入的主要来源渠道有

（1）本人/配偶劳动所得　（2）养老保险金　（3）低保补助金

（4）计划生育特别扶助金　（5）亲友资助　（6）其他

4、您家庭的主要支出方面

（1）日常生活（衣服、食品、生活用品、水电交通费）　（2）医疗保健

（3）人情费　（4）农药化肥　（5）照顾孙辈　（6）其他

5、您的医疗费一般由谁承担

（1）自己或配偶　（2）医疗保险　（3）社会捐助　（4）其他

6、您（和老伴）有养老方面的积蓄吗

（1）有　（2）没有

7、您在物质经济方面的需求情况如何

需求项目	不需要	不太需要	一般需要	比较需要	很需要
养老保险					
医疗保险					
米、面、油等生活物品					
住房					

注：“住房”需求项目包含对危房改造、公租房等方面的需求

三、个人健康状况及医疗保健服务需求

1、您目前健康状况如何

（1）健康　（2）偶尔生病　（3）经常生病　（4）患有重大疾病

2、您患有下列慢性病吗　（可多选）

（1）高血压　（2）心脏病　（3）脑血管病　（4）糖尿病

（5）胆石炎胆囊症　（6）风湿性关节炎　（7）白内障等眼科疾病

（8）肺部疾病　（9）胃部疾病　（10）腰椎疾病

3、您生病了一般会去哪里看

（1）市、县医院　（2）乡镇卫生院　（3）村卫生所　（4）药店买药　（5）不看病

4、您村里的卫生所医疗设施怎么样

（1）很好　（2）一般　（3）不好

5、您觉得看病方便吗

（1）方便　（2）一般　（3）不方便

6、您认为当地的医疗情况有哪些需要改进　（可多选）

（1）增加药品种类　（2）增加乡村医生　（3）改善服务态度

（4）提高医生技术水平　（5）更新医疗设备　（6）其他＿＿＿＿＿

7、您在看病方面最大的困难　（可多选）

（1）看病难，看病贵　（2）大医院距离太远，行动不便

（3）门诊就医陪护问题　（4）住院陪护问题　（5）其他困难

8、您对医疗保健服务方面的需求情况如何

需求项目	不需要	不太需要	一般需要	比较需要	很需要
上门诊疗					
定期体检					
陪同看病					
健康咨询					

四、个人自理能力及生活照料服务需求

1、您目前身体的自理能力如何

（1）完全能自理　（2）半自理　（3）完全不能自理

2、如果村里提供下面的养老服务，您需要吗

项目	不需要	不太需要	一般需要	比较需要	很需要
做饭、送饭					
洗衣、打扫卫生					
行动不便时照顾					
帮助购物					

3、如果上述服务的提供需要收取少量的费用，您能接受吗

（1）能接受 （2）不能接受（续问第4题）

4、您不接受的原因是

（1）没有经济条件 （2）担心花钱了服务质量不好 （3）其他原因

5、如果您需要照顾，您最需要谁来照顾您

（1）老伴 （2）朋友 （3）亲戚 （4）志愿者 （5）其他

五、心理健康状况及精神娱乐需求

1、您经常感到孤独或焦虑吗

（1）经常 （2）偶尔 （3）从不

2、您的村里是否有老年活动中心（室）

（1）有（续问第4题） （2）没有

3、老年人活动场所里有哪些设施（可多选）

（1）棋牌室 （2）图书室 （3）健身室 （4）聊天室

（5）其他 （6）不清楚

4、您经常使用老年活动中心（室）的设施吗

（1）从来没有（续问第5题） （2）偶尔 （3）经常

5、您为什么没去使用这些设施（可多选）

（1）自己行动不方便 （2）料理家务和农活 （3）照料（外）孙子女

（4）活动中心（室）条件差 （5）活动中心（室）距离太远

（6）活动中心（室）不开放 （7）心情不好 （8）其他

6、您在精神娱乐方面的需求情况如何

需求项目	不需要	不太需要	一般需要	比较需要	很需要
心理咨询					
节日慰问					
老年活动棋牌室					
健身设施					

调查完毕，非常感谢您的配合！祝您和家人身体健康，万事如意！

附录3　春晖社区智慧养老服务现状与老年人满意度调查

尊敬的先生/女士：

您好！我是来自浙江财经大学的学生，诚挚地邀请您参与本次问卷调查。通过进一步了解目前江干区春晖社区“慧老驿站”智慧养老项目的实际实施情况，为构建更加完善的智慧养老杭州模式打下坚实的基础。本次问卷采用匿名方式，所有数据仅用于学术研究，我们将严格保密，请您放心填写。

您的真实回答对我们的研究非常重要，感谢您的理解与支持！

2020年5月

第一部分　个人及家庭基本情况

1. 您的性别？

A. 男　　B. 女

2. 您的年龄？

A. 60~64周岁　　B. 65~69周岁　　C. 70~74周岁

D. 75~79周岁　　E. 80周岁及以上

3. 您的户口所在地？

A. 春晖社区　　B. 杭州城镇　　C. 杭州农村　　D. 外地________

4. 您的婚姻情况？

A. 已婚　　B. 丧偶　　C. 离婚　　D. 未婚

5. 您的文化程度？

A. 小学及以下　　B. 初中　　C. 高中

D. 大学专科　　E. 大学本科　　F. 硕士及以上

6. 您退休前的职业？
A. 党政机关公务员　B. 事业单位人员　C. 军人
D. 科研人员　E. 医务人员　F. 教师
G. 律师　H. 国企人员　I. 企业/公司人员
J. 个体私营业主　K. 自由职业者　L. 其他
7. 您的平均每月收入（实际到手可用资金）？
A. 1000 元以下　B. 1001~3000 元　C. 3001~5000 元
D. 5001~7000 元　E. 7001 元及以上
8. 您的收入来源？（从高到低排序，最多选四项）____>____>____>_____
A. 个人劳动收入　B. 离退休金、养老金　C. 子女赡养费
D. 财产性收入（储蓄、股份红利或房屋出租等）
E. 政府、社会救助（低保金等）
F. 亲友资助　G. 其他
9. 您对自己经济状况的评价？
A. 相当富余（满足自己开销的同时可补贴儿女生活）
B. 有余（轻松满足日常开销，并还能攒点积蓄备用）
C. 够用（轻松满足日常开销）　D. 大致够用（勉强满足日常开销）
E. 有些困难　F. 十分困难
10. 您的家庭每月收入是多少？
A. 3000 元以下　B. 3001~5000 元　C. 5001~10 000 元
D. 10 001~15 000 元　E. 15 001~20 000 元　F. 20 001 元及以上
11. 您目前的健康状况？
A. 非常健康，完全可以自理　B. 慢性病，基本可以自理
C. 疾病，需要有人照顾　D. 病重，完全不能自理
12. 您是否受到以下疾病的困扰？（可多选）
A. 无明显疾病　B. 心血管疾病　C. 高血压　D. 糖尿病
E. 白内障等眼部疾病造成的视力障碍　F. 风湿病等造成的行动不便
G. 恶性肿瘤　H. 其他
13. 您的居住情况？
A. 独居　B. 仅与老伴两人居住　C. 与子女一同住
D. 与老伴、子女一同住　E. 与亲戚朋友一同居住　F. 其他
14. 您有______个子女？
A. 无　B. 1　C. 2　D. 3　E. 4 及以上
15. 目前子女在同一城市的有______个？
A. 无　B. 1　C. 2　D. 3 及以上

16. 子女与您的居住距离？（可多选）

A. 住在一起　B. 在同一个小区　C. 在同一个城市

D. 子女在其他省市　E. 子女在国外　F. 其他

17. 您的日常生活照料人是谁？（按重要性排序，最多选三个）___>___>___

A. 自己照料　B. 老伴照料　C. 子女照料（包括儿媳、女婿）

D. 孙辈照料（包括孙媳、孙婿）　E. 其他亲属

F. 邻居照料　G. 保姆照料　H. 志愿者照料

I. 社区人员　J. 其他

18. 您理想的主要照料人是谁？（按重要性排序，最多选三个）___>___>___

A. 自己照料　B. 老伴照料　C. 子女照料（包括儿媳、女婿）

D. 孙辈照料（包括孙媳、孙婿）　E. 其他亲属

F. 邻居照料　G. 保姆照料　H. 志愿者照料

I. 社区人员　J. 其他

19. 您的理想养老模式？

A. 居家养老　B. 社区养老　C. 机构养老

第二部分　当前社区智慧养老服务的开展状况调查

20. 您了解智慧养老吗？

A. 基本了解　B. 听说过　C. 不了解

21. 您一般通过什么途径了解养老服务？（可多选）

A. 网络/电视/报纸　B. 子女　C. 亲朋好友

D. 邻居　E. 社区宣传　F. 其他

22. 您是否接受过社区智慧养老服务？

A. 是　B. 否

★（如果选择 B 项，问卷调查终止）

23. 您目前使用过的智慧养老电子产品有哪些？（可多选）

A. 固定呼叫器　B. 无线呼叫器　C. 智能老年手机

D. 可穿戴的监控监测设备（如智能手环等）

E. 跟固定电话连接的居家式终端

F. 与安防平台连接安装在家中的一些红外线、门磁设备

G. 其他________

24. 您目前享受过哪些智慧养老服务内容？（多选题）

生活照料服务

A. 通过智慧养老终端，获取生活安全便利服务（如智能家居应用、居家防盗红外探测、烟感探测设备、煤气探测设备、红外人体感知仪等）

B. 通过智慧养老终端，获取送餐服务

C. 通过智慧养老终端，获取上门打扫卫生服务

D. 通过智慧养老终端，获取代缴生活费用服务

E. 通过智慧养老终端，获取代买米、面、油等基本生活物品服务

医疗护理服务

F. 通过智慧养老终端，获取医疗保健知识指导服务

G. 通过智慧养老终端，获取在线咨询、预约挂号、远程会诊、网上购药、缴费报销、结果查看、紧急救助等服务

H. 通过利用无线传感器和报警系统等信息技术，获取送医、送药、心理咨询服务（如一键通紧急呼叫）、精神慰藉服务

品质生活服务

I. 通过智慧养老终端，获取预约线下瑜伽、生活小妙招课堂等服务

J. 通过智慧养老终端，获取线上学习课程服务

K. 通过智慧养老终端，获取线下免费试用后再线上下单购物服务

L. 其他______________

25. 社区养老服务工作人员跟您联系吗？

A. 从来没有　　B. 很少

C. 经常联系（C1. 电话询问　C2. 上门咨询）

26. 您能接受的每月用于智慧养老服务的费用？

A. 500 元及以下　　B. 501~1000 元　　C. 1001~1500 元

D. 1501~2000 元　　E. 2001~3000 元　　F. 3001 元及以上

27. 您认为您能否熟练操作智慧养老设备？

A. 完全不能　　B. 需要家人或工作人员辅助　　C. 自己会用

28. 您觉得提供服务的人员能否满足您的养老需求，胜任这份工作？

A. 完全不能胜任　　B. 一般胜任　　C. 完全胜任

29. 您觉得智慧养老在社区推广中您最担心以下哪些问题？（最多选四个）

A. 智慧养老设备及服务的花费　　B. 智慧养老设备的质量问题

C. 智慧养老设备的操作性能　　D. 智慧养老设施跟不上需求

E. 智慧养老服务质量一般　　F. 智慧养老服务内容不够丰富

G. 智慧养老服务人员专业性不足　　H. 个人信息失窃

I. 其他_____________

第三部分　对“慧老驿站”智慧养老服务满意度调查

30. 请您对“慧老驿站”的智慧养老服务项目的服务满意度进行评价。（若均不了解，可跳过此题不填写）

生活照料服务

服务内容及满意度	满意	基本满意	基本不满意	不满意	不了解
“慧老驿站”烟感探测器、煤气探测器、红外人体感知仪、随身紧急按钮、综合报警主机五种生活安全装置服务					
“夕阳厨房”就餐、送餐服务					
“慧老驿站”居家服务（如上门打扫卫生）					
“慧老驿站”代办服务（如代缴生活费用）					
“慧老驿站”代购服务（如代买米、面、油等基本生活物品服务）					

医疗护理服务

服务内容及满意度	满意	基本满意	基本不满意	不满意	不了解
“智慧生活馆”医疗保健室服务（如获取医疗保健知识指导）					
“智慧生活馆”心理疏导室服务（如获取心理咨询指导）					
“慧老驿站”健康档案服务（如在线咨询、预约挂号、远程会诊、网上购药等服务）					
“慧老驿站”关爱服务（如送医送药、精神慰藉等服务）					

品质生活服务

服务内容及满意度	满意	基本满意	基本不满意	不满意	不了解
“慧老驿站”手机、网络课程学习服务					
“慧老驿站”线上线下快易购服务（获取线下免费试用，线上自主购买商品服务）					
“慧老驿站”会员 VIP 预约服务					
“智慧体验室”服务（如每周电影预约播放、预约线下瑜伽等课程）					

31. 您觉得社区“慧老驿站”的智慧养老服务价格如何?

A. 满意　　　　B. 基本满意　　　C. 基本不满意　　D. 不满意

32. 您觉得社区“慧老驿站”的智慧养老服务人员专业水平如何?

A. 满意　　　　B. 基本满意　　　C. 基本不满意　　D. 不满意

33. 您觉得社区“慧老驿站”的智慧养老服务的速度如何?

A. 满意　　　　B. 基本满意　　　C. 基本不满意　　D. 不满意

34. 您对社区“慧老驿站”的智慧养老项目有什么建议?

再次感谢您的参与，祝您身体健康，阖家幸福!

附录4　春晖社区“慧老驿站”智慧养老项目（运营者/社区人员/志愿者）访谈提纲

编号：　　　　　　　访谈地点：　　　　　　　　访谈时间：2020年5月　日

第一部分　访谈人员基本情况

1. 访谈对象性别：　A. 男　　B. 女
2. 访谈对象年龄：____岁
3. 访谈对象的文化程度：

A. 小学及以下　　B. 初中　　　　C. 高中
D. 大学专科　　　E. 大学本科　　F. 硕士及以上

4. 访谈对象的职务：
5. 参与春晖社区“慧老驿站”智慧养老项目：____年

第二部分　访谈内容

1. 请您介绍一下“慧老驿站”智慧养老项目的基本情况？（创立时间、机构性质、人员组成、拥有的智慧养老设备设施情况等）

2. 请您介绍一下“慧老驿站”智慧养老项目的实施情况？（日常运营的时间、日常参与社区“慧老驿站”智慧养老项目的老年人数量、日常提供的智慧养老服务内容、日常智慧养老设备设施平台使用情况等）

3. 请您谈谈“慧老驿站”智慧养老项目的人员队伍现状？（管理者人数、专

业服务人员人数、志愿者人数、人员流动情况、培训情况、奖惩机制等）

4. 请您谈谈社区参与“慧老驿站”智慧养老项目的老年人情况？（一般哪类老年人更积极参与、一般哪类服务内容更受到老年人的喜爱等）

5. 请您谈谈“慧老驿站”智慧养老项目在实施中有什么好的做法？

6. 请您谈谈“慧老驿站”智慧养老项目在实施中哪些方面还有待改进？

7. 请您谈谈“慧老驿站”智慧养老项目目前存在哪些困难或问题？排在前三位的是什么？为什么？

8. 您认为政府政策上应如何支持“慧老驿站”这类智慧养老模式的实施和推广？

9. 您认为社区力量应该如何支持“慧老驿站”这类智慧养老模式的实施和推广？

10. 您认为家庭力量应该如何支持“慧老驿站”这类智慧养老模式的实施和推广？

11. 您认为社会力量应该如何支持“慧老驿站”这类智慧养老模式的实施和推广？

后　　记

自从2003年笔者涉猎长期护理这个当时“比较荒芜”的研究领域以来，至今已经走过了20个春秋。在这些累并快乐的岁月里，笔者始终发扬着工匠精神，坚持阅读思考，在最初的长期护理保险研究基础上，逐渐拓展到与之密切相关的养老服务、老年医疗卫生两个研究领域，形成“三点”确定的一个研究平面，开始构筑长期护理保障研究体系。20年来，笔者先后发表了140多篇论文，出版了《中国长期护理保险制度构建研究》（人民出版社，2012年）、《长期护理保险——理论、制度、改革与发展》（经济科学出版社，2014年）、《OECD国家长期护理保险制度研究》（中国社会科学出版社，2015年）、《OECD国家长期护理津贴制度研究》（与顾梦洁合著）（北京大学出版社，2018年）、《中国长期护理服务体系建构研究》（社会科学文献出版社，2018年）以及《长期护理保险通论》（中国劳动社会保障出版社，2022）等六部著作。随着研究的深入，笔者认识到中国养老服务事业发展最大的问题在于资源碎片化。由此，养老服务体制、体系如何重构，以及资源如何整合就进入了笔者的研究视野，本书是一项初步的研究成果。

要特别说明的是，本书是集体劳动与合作研究的一项成果。第三、四、六、七、八、九章分别是在笔者指导的研究生孙幸、王屹啸、赵倩、付王巧、李茜、黄晴晴的毕业论文基础上由笔者修改而成，第十、十一章分别是承担本课题子课题研究的浙江大学刘涛教授、华东师范大学张继元副教授的重要研究成果。研究生刘静同学对第二章的部分英文文献翻译做出了贡献。在此一并致谢。全书由笔者拟定研究框架，撰写、整理相关章节，并最终统稿、校稿和定稿。

本书是笔者主持的国家社会科学基金重点项目“多结构转型社会的老年长期照护保障资源整合研究”（立项批准号：18AGL018）的结项成果之一（结项证书号：20211745）。本书最大的特点在于以下四方面。一是主题创新。迄今学术界关于中国养老服务体制体系改革与资源整合的研究成果不多。二是研究框架逻辑性强、重点突出。从中国养老服务供需失衡和养老服务体制改革的问题意识出发，重点研究资金筹集和服务供给两大方面的资源整合，在借鉴国际经验的基础上提出了中国养老服务资源整合与路径重构的远景规划。三是理论创新。主要表现在：中国整合照护的“3WH3P”理论，传统养老服务转向现代长期护理的前提条件是体制上亟须“两个转型”和体系上定位“一体两翼”，以及中国整合照护系统建构为“三大制度—七维框架—十八条路径—四个协调机制”等。四是多学科交叉的研究方法。通过对社会学、人口学、统计学、经济学、法学和公共管理学等多学科理论与方法的综合运用，本书强化了研究深度，提高了成果质量。

可以看出，本书是在上述六部以长期护理保障为主题的著作基础上进一步深入研究的成果。在我国人口老龄化快速推进的背景下，为了实现新时代“老有所养”“病有所医”“弱有所扶”的民生发展目标，笔者明白自己肩负的学者使命，未来研究还有待于在各级政府部门和学界同仁的支持和帮助下，向更高理论水平、更深研究层次、更系统性研究成果以及更具决策参考价值的方向探索前行。

期待社会各界人士及专家学者批评指正。

2023 年 5 月 25 日